THIAGO MARRARA

TERCEIRA EDIÇÃO 2022

2

MANUAL DE DIREITO ADMINISTRATIVO

FUNÇÕES ADMINISTRATIVAS, INTERVENÇÃO NA PROPRIEDADE E BENS ESTATAIS

Dados Internacionais de Catalogação na Publicação (CIP) de acordo com ISBD

M358m Marrara, Thiago
Manual de Direito Administrativo: funções administrativas , intervenção na propriedade e bens estatais / Thiago Marrara. - 3. ed. - Indaiatuba, SP : Editora Foco, 2022.

272 p. ; 17cm x 24cm. – (v.2)

Inclui bibliografia e índice.

ISBN: 978-65-5515-581-5

1. Direito. 2. Direito Administrativo. 3. Manual. I. Título.

2022-2150   CDD 342   CDU 342

Elaborado por Odilio Hilario Moreira Junior - CRB-8/9949
Índices para Catálogo Sistemático:

1. Direito Administrativo 342

2. Direito Administrativo 342

THIAGO MARRARA

TERCEIRA
EDIÇÃO

MANUAL DE DIREITO ADMINISTRATIVO

FUNÇÕES ADMINISTRATIVAS, INTERVENÇÃO NA
PROPRIEDADE E BENS ESTATAIS

2022 © Editora Foco
Autor: Thiago Marrara
Diretor Acadêmico: Leonardo Pereira
Editor: Roberta Densa
Assistente Editorial: Paula Morishita
Revisora Sênior: Georgia Renata Dias
Revisora: Simone Dias
Capa Criação: Leonardo Hermano
Diagramação: Ladislau Lima e Aparecida Lima
Impressão miolo e capa: DOCUPRINT

DIREITOS AUTORAIS: É proibida a reprodução parcial ou total desta publicação, por qualquer forma ou meio, sem a prévia autorização da Editora FOCO, com exceção do teor das questões de concursos públicos que, por serem atos oficiais, não são protegidas como Direitos Autorais, na forma do Artigo 8º, IV, da Lei 9.610/1998. Referida vedação se estende às características gráficas da obra e sua editoração. A punição para a violação dos Direitos Autorais é crime previsto no Artigo 184 do Código Penal e as sanções civis às violações dos Direitos Autorais estão previstas nos Artigos 101 a 110 da Lei 9.610/1998. Os comentários das questões são de responsabilidade dos autores.

NOTAS DA EDITORA:

Atualizações e erratas: A presente obra é vendida como está, atualizada até a data do seu fechamento, informação que consta na página II do livro. Havendo a publicação de legislação de suma relevância, a editora, de forma discricionária, se empenhará em disponibilizar atualização futura.

Erratas: A Editora se compromete a disponibilizar no site www.editorafoco.com.br, na seção Atualizações, eventuais erratas por razões de erros técnicos ou de conteúdo. Solicitamos, outrossim, que o leitor faça a gentileza de colaborar com a perfeição da obra, comunicando eventual erro encontrado por meio de mensagem para contato@editorafoco.com.br. O acesso será disponibilizado durante a vigência da edição da obra.

Impresso no Brasil (05.2022) – Data de Fechamento (05.2022)

2022

Todos os direitos reservados à
Editora Foco Jurídico Ltda.
Avenida Itororó, 348 – Sala 05 – Cidade Nova
CEP 13334-050 – Indaiatuba – SP

E-mail: contato@editorafoco.com.br
www.editorafoco.com.br

SOBRE O AUTOR

Professor associado (nível 3) de direito administrativo e urbanístico da USP na Faculdade de Direito de Ribeirão Preto (FDRP). Livre-docente pela USP (FD). Doutor pela Universidade de Munique (LMU). Advogado, consultor e parecerista nas áreas de direito administrativo, regulatório e de infraestruturas. Editor da Revista Digital de Direito Administrativo. Entre outras obras, publicou: "Licitações e contratos administrativos"; "tratado de direito administrativo, v. 3: direito administrativo dos bens e restrições estatais à propriedade" (em coautoria com Luciano Ferraz, pela Revista dos Tribunais); "Sistema Brasileiro de Defesa da Concorrência", "Planungsrechtliche Konflikte in Bundesstaaten" (Dr. Kovac, Hamburgo); "Processo Administrativo: Lei n. 9.784/1999 comentada" (em coautoria com Irene Nohara); "Bens públicos, domínio urbano, infraestruturas"; "Direito Administrativo: transformações e tendências"; "Controles da Administração e judicialização de políticas públicas" e "Lei Anticorrupção comentada" (organizada em conjunto com Maria Sylvia Zanella Di Pietro). Encontre mais sobre o autor no LinkedIn, no Instagram e no youtube. Artigos e outras obras disponíveis em https://usp-br.academia.edu/ThiagoMarraradeMatos. Contato: marrara@usp.br

https://www.youtube.com/channel/UClBRr7PF8ISJbu3yp8ylhoA

Esse livro é dedicado a todos os meus alunos e alunas, com os quais diariamente sou levado a repensar o direito administrativo brasileiro. Dedico, com igual alegria, aos meus professores de direito administrativo, com especial carinho à Maria Sylvia Zanella Di Pietro, pelo estímulo e pelos ensinamentos de sempre.

*Meus agradecimentos a Carolina Barbosa Rios, Paulo Victor Barbosa Recchia, Isabella Karollina Rossito e André Luis Gomes Antonietto pela leitura e pelas sugestões para o aperfeiçoamento deste manual.
Meus agradecimentos, ainda, a Gabriela Saiki, que colaborou intensamente com a revisão para a nova edição.*

ABREVIATURAS E SIGLAS

ACP – Ação Civil Pública
ADC – Ação Declaratória de Constitucionalidade
ADI – Ação Direta de Inconstitucionalidade
ADO – Ação de Inconstitucionalidade por Omissão
ADPF – Arguição de Descumprimento de Preceito Fundamental
AgRg – Agravo Regimental
ANA – Agência Nacional de Águas
ANAC – Agência Nacional de Aviação Civil
ANATEL – Agência Nacional de Telecomunicações
ANCINE – Agência Nacional do Cinema
ANEEL – Agência Nacional de Energia Elétrica
ANP – Agência Nacional do Petróleo, Gás Natural e Biocombustíveis
ANPD – Autoridade Nacional de Proteção de Dados
ANS – Agência Nacional de Saúde Suplementar
ANTAQ – Agência Nacional de Transportes Aquaviários
ANVISA – Agência Nacional de Vigilância Sanitária
ANM – Agência Nacional de Mineração
AP – Ação Popular
BACEN – Banco Central
CADE – Conselho Administrativo de Defesa Econômica
CC – Código Civil
CCE – Cargos Comissionados Executivos
CDC – Código de Defesa do Consumidor – Lei n. 8.078/1990
CDUSP – Código de Defesa do Usuário de Serviços Públicos – Lei n. 13.460/2017
CE – Constituição Estadual
CF – Constituição Federal
CLT – Consolidação das Leis do Trabalho
CP – Código Penal
CPC – Código de Processo Civil

CPP – Código de Processo Penal
CR – Constituição da República
CVM – Comissão de Valores Mobiliários
DNIT – Departamento Nacional de Infraestrutura de Transportes
EC – Emenda Constitucional
ECid – Estatuto da Cidade – Lei n. 10.257/2001
EEE – Estatuto das Empresas Estatais – Lei n.13.303/2016
EP – Empresa pública
FCE – Funções Comissionadas Executivas
FNDE – Fundo Nacional de Desenvolvimento da Educação
FUNAI – Fundação Nacional do Índio
IBGE – Instituto Brasileiro de Geografia e Estatística
INMETRO – Instituto Nacional de Metrologia, Qualidade e Tecnologia
IPEA – Instituto de Pesquisa Econômica Aplicada
IPHAN – Instituto do Patrimônio Histórico e Artístico Nacional
LACP – Lei da Ação Civil Pública – Lei n. 7.347/1985
LAI – Lei de Acesso à Informação – Lei n. 12.527/2011
LGPD – Lei Geral de Proteção de Dados Pessoais – Lei n. 13.709/2018.
LLic – Lei de Licitações – Lei n. 14.133/2021
LMS – Lei do Mandado de Segurança – Lei n. 12.016/2009
LOM – Lei Orgânica Municipal
LPA – Lei de Processo Administrativo Federal – Lei n. 9.784/1999
MC – Medida cautelar
MI – Mandado de Injunção
MP – Medida Provisória
MPE – Ministério Público estadual
MPF – Ministério Público federal
MS – Mandado de Segurança
OS – Organização Social
OSC – Organização da Sociedade Civil
OSCIP – Organização da Sociedade Civil de Interesse Público
PL – Projeto de Lei
PNCP – Portal Nacional de Contratações Públicas
RAP – Revista de Administração Pública

RBDP – Revista Brasileira de Direito Público

RDA – Revista de Direito Administrativo (FGV)

RDDA – Revista Digital de Direito Administrativo (USP/FDRP)

RDPE – Revista de Direito Público da Economia

RE – Recurso extraordinário

RESP – Recurso especial

RFDUSP – Revista da Faculdade de Direito da USP

RGPS – Regime Geral da Previdência Social

RIL – Revista de Informação Legislativa do Senado

RPPS – Regime Próprio da Previdência Social

s.p. – sem número de página

SEBRAE – Serviço de Apoio às Micro e Pequenas Empresas

SEM – Sociedade de economia mista

SENAC – Serviço Social de Aprendizagem Comercial

SENACON – Secretaria Nacional do Consumidor

SENAI – Serviço Nacional de Aprendizagem Industrial

SENAR – Serviço Nacional de Aprendizagem Rural

SENAT – Serviço Nacional de Aprendizagem do Transporte

SESC – Serviço Social do Comércio

SESI – Serviço Social da Indústria

SEST – Serviço Social de Transporte

ss – seguintes

STF – Supremo Tribunal Federal

STJ – Superior Tribunal de Justiça

TCE – Tribunal de Contas do Estado

TCM – Tribunal de Contas do Município

TCU – Tribunal de Contas da União

TDA – Títulos da dívida agrária

TJ – Tribunal de Justiça

UFBA – Universidade Federal da Bahia

UFRJ – Universidade Federal do Rio de Janeiro

UFSC – Universidade Federal de Santa Catarina

USP – Universidade de São Paulo

APRESENTAÇÃO E INSTRUÇÕES DE ESTUDO

A função precípua de um manual consiste em oferecer aos leitores, de modo rápido, direto e claro, os fundamentos, os conceitos e um panorama da legislação e da jurisprudência de certa disciplina científica. Não é outra a finalidade desta obra, que apresenta o conteúdo essencial acerca dos tópicos nucleares do direito administrativo brasileiro contemporâneo. Como manual, não é seu foco aprofundar excessivamente os temas, esgotar todas as discussões, nem valorizar análises históricas ou de comparação do direito pátrio com o direito estrangeiro. Por sua função, objetiva principalmente traçar as estruturas do direito administrativo *brasileiro contemporâneo*. Isso abarca: seus conceitos fundamentais; suas fontes, princípios e a teoria da discricionariedade; a organização da Administração Pública e dos entes de colaboração; os agentes públicos; as funções administrativas (serviço público, intervenção econômica, regulação, polícia etc.); os atos, contratos e processos administrativos, inclusive as licitações; os bens estatais públicos e privados; o controle da Administração e a responsabilidade dos entes estatais, seus agentes e terceiros que com eles se relacionem.

Ao longo da exposição, apontam-se os aspectos primordiais das temáticas mencionadas e que conformam uma matéria jurídica bastante complexa. Nessa análise, levam-se em conta "leis *nacionais*" (válidas para todos os três entes políticos da Federação) e "leis *federais*" (relativas à Administração Pública da União). É verdade que também há direito administrativo próprio no âmbito de cada Estado e Município, mas não é possível nem oportuno sistematizá-lo em obra geral e introdutória, daí porque o direito administrativo brasileiro é geralmente exposto pela doutrina aos iniciantes com base na legislação editada pelo Congresso Nacional e na realidade da União. Ao leitor que se debruçar sobre casos estaduais e municipais, recomenda-se sempre o cuidado de observar a legislação própria, sobretudo por sua possibilidade de divergir do quanto estabelecido no direito federal ou nacional em alguns assuntos.

Ao expor os principais capítulos da matéria, seus conceitos fulcrais e leis de referência, este manual aponta questões polêmicas de cada tema acompanhadas de posicionamentos doutrinários e jurisprudenciais, quando cabíveis. Para permitir o aprofundamento da matéria e de seus problemas mais complexos, em especial para fins de pesquisa científica, pareceu-me relevante indicar ao final de cada capítulo uma lista de obras doutrinárias nacionais sobre os temas nele tratados.

Diversos julgados e súmulas também constam diretamente do texto. Aos interessados em examinar com mais detalhes a jurisprudência sugiro a consulta às páginas eletrônicas do Supremo Tribunal Federal, do Superior Tribunal de Justiça, dos Tribunais de Justiça dos Estados e dos Tribunais Regionais Federais. Para obter informações atualizadas sobre a jurisprudência mais significante, recomendo ainda a leitura dos informativos publicados por vários tribunais, principalmente os do STF e do STJ. A consideração dos informativos é essencial tanto para fins de preparação a concursos públicos, quanto para o acompanhamento das principais tendências de interpretação do direito positivo.

Igualmente imprescindível para o estudo do direito administrativo se mostra a jurisprudência construída por entidades e órgãos públicos diversos (não judiciários), cuja quantidade impede a enumeração exaustiva. No estudo da jurisprudência administrativa, convém consultar as páginas eletrônicas do governo. Dentre elas, merece destaque a da Rede de Informações Legislativa e Jurídica (www.lexml.gov.br). Outra fonte relevante de decisões para inúmeros temas da disciplina são os Tribunais de Contas, principalmente o da União, e as agências reguladoras.

Para imprimir mais eficiência e segurança aos estudos do direito administrativo apresentado neste manual, sugiro que os leitores se dediquem simultaneamente ao exame da legislação. No entanto, inexiste código geral de direito administrativo, como no direito civil, penal, processual civil etc., embora a disciplina conte com códigos setoriais (sobre mineração, águas, florestas etc.). Diante da legislação vastíssima e fragmentada, o manuseio de coletâneas de legislação organizadas revela-se bastante útil. Porém, como as leis são muitas e sofrem constantes alterações, o uso das coletâneas deve ser combinado com a consulta frequente às bases de dados oficiais de legislação, sobretudo às páginas eletrônicas do Senado e da Presidência da República.

SUMÁRIO

SOBRE O AUTOR V

ABREVIATURAS E SIGLAS IX

APRESENTAÇÃO E INSTRUÇÕES DE ESTUDO XIII

11. SERVIÇOS PÚBLICOS 1

    11.1   Definição e características gerais.. 1

    11.2   Elementos subjetivo, material e formal.. 5

    11.3   Classificação dos serviços públicos... 7

    11.4   Competência: serviços federais, estaduais e municipais............................. 7

    11.5   Fruição: serviços divisíveis e indivisíveis... 9

    11.6   Remuneração: serviços pagos e gratuitos... 10

    11.7   Objeto: serviços econômicos, sociais e administrativos............................. 12

    11.8   Execução: prestação direta, indireta ou associada 14

    11.9   Serviço adequado e princípios dos serviços públicos 16

    11.10 Continuidade e interrupção de serviços públicos...................................... 17

    11.11 Generalidade e universalidade 19

    11.12 Princípio da modicidade e tarifa básica.. 19

    11.13 Discriminações no serviço público e tarifas diferenciadas........................ 21

    11.14 Mutabilidade e atualidade 22

    11.15 Outros princípios relevantes 23

    11.16 Usuários: Lei de Defesa e Código de Defesa do Consumidor 25

    11.17 Defesa do Usuário: instrumentos obrigatórios.. 28

    11.18 Serviço público digital (Lei do Governo Digital)....................................... 30

    11.19 Bibliografia para aprofundamento.. 32

12. POLÍCIA ADMINISTRATIVA 35

    12.1   Sentidos material, normativo e organizacional 35

12.2	Definição de poder de polícia no direito positivo	37
12.3	Polícia administrativa e outras funções estatais	39
12.4	Polícias preventiva, fiscalizatória e repressiva	42
12.5	Atos e acordos na atividade de polícia	43
12.6	Características e limites	45
12.7	Delegação da polícia a particulares: aspectos legais e teóricos	46
12.8	Delegação da polícia: aspectos jurisprudenciais	52
12.9	Bibliografia para aprofundamento	54

13. INTERVENÇÃO ECONÔMICA ... 57

13.1	Objetivos da intervenção: falhas e políticas	57
13.2	Formas gerais de intervenção na economia	61
13.3	Intervenção direta por participação	62
13.4	Intervenção direta por absorção	64
13.5	Diferença entre serviço público e atividade econômica do Estado	65
13.6	Intervenção indireta por fomento	66
13.7	Intervenção indireta por direção	69
13.8	Regulação estatal	69
13.9	Modalidades de regulação	73
13.10	Lei de Liberdade Econômica: impactos sobre a intervenção econômica	76
13.11	Análise de impacto regulatório (AIR) e avaliação de resultado regulatório (ARR)	78
13.12	Bibliografia para aprofundamento	79

14. RESTRIÇÕES À PROPRIEDADE ... 83

14.1	Propriedade: conceito e restrições	83
14.2	Princípios limitadores das restrições estatais	84
14.3	Fundamentos: interesses públicos e função social	85
14.4	Classificação das restrições à propriedade	87
14.5	Limitação administrativa	89
14.6	Limitação, indenização e desapropriação indireta	91
14.7	Ocupação	92
14.8	Espécies de ocupação	93

14.9	Requisição	95
14.10	Espécies de requisição	97
14.11	Servidão	98
14.12	Espécies de servidão	100
14.13	Tombamento	101
14.14	Classificação do tombamento e indenização	103
14.15	Efeitos e extinção do tombamento	105
14.16	Bibliografia para aprofundamento	107

15. DESAPROPRIAÇÃO 109

15.1	Definição e fundamentos	109
15.2	Panorama das modalidades	110
15.3	Competências para legislar e para executar	111
15.4	Desapropriação por utilidade e necessidade pública	112
15.5	Desapropriação por interesse social	114
15.6	Desapropriação sancionatória rural	115
15.7	Desapropriação sancionatória urbana	118
15.8	Desapropriação confiscatória	120
15.9	Desapropriação indireta, apossamento e restrições à propriedade	122
15.10	Desapropriação parcial e direito de extensão	124
15.11	Desapropriação de bens estatais públicos ou privados	126
15.12	Efeitos sobre terceiros	127
15.13	Fase declaratória	128
15.14	Fase executória	130
15.15	Processo judicial, imissão na posse e desistência	132
15.16	Indenização pela desapropriação	136
15.17	Destinação dos bens desapropriados	141
15.18	Tredestinação e retrocessão	143
15.19	Adestinação	145
15.20	Bibliografia para aprofundamento	146

16. BENS ESTATAIS 149

16.1	Por um "direito administrativo dos bens"	149

16.2　Conceitos fundamentais... 150
　　16.2.1　Território e domínio eminente 150
　　16.2.2　Objetos, bens e coisas.. 151
　　16.2.3　Coletividades.. 153
　　16.2.4　Propriedade estatal 154
　　16.2.5　Patrimônios nacional, estatal e público........................... 157
　　16.2.6　Bens estatais 158
16.3　Bens no direito positivo brasileiro 160
16.4　Bens (estatais) públicos 163
16.5　Tripartição dos bens públicos 163
16.6　Bens públicos de uso comum do povo.................................... 164
16.7　Bens públicos de uso especial 167
16.8　Bens públicos dominicais.. 169
16.9　Bens em espécie: aspectos gerais.. 171
16.10　Bens da União 173
16.11　Bens dos Estados 179
16.12　Bens dos Municípios 181
16.13　Bens da Administração Indireta 182
16.14　Bens na delegação de funções administrativas e no fomento........ 185
16.15　Referências para aprofundamento.. 187

17. GESTÃO DE BENS... 189
　17.1　Gestão de bens como função administrativa............................ 189
　17.2　Escala de dominialidade: a pluralidade de regimes jurídicos 190
　17.3　Impacto da escala na gestão de bens.. 194
　17.4　Formas de aquisição de bens 196
　17.5　Aquisição por reversão de bens... 197
　17.6　Aquisição por perdimento de bens 198
　17.7　Aquisição por doação de entes públicos ou particulares 199
　17.8　Afetação, desafetação e reafetação.. 201
　17.9　Usos, função social e sustentabilidade 204
　17.10　Classificação de usos.. 205
　17.11　Conflitos de uso 207

17.12	Outorgas administrativas de uso	210
17.13	Proposta de reclassificação das outorgas	212
17.14	Concessão de uso, de direito real de uso e de obra pública	213
17.15	Oneração por garantias e penhorabilidade	214
17.16	Prescritibilidade	216
17.17	Alienabilidade	219
17.18	Instrumentos de alienação	222
17.19	Requisitos para a alienação	225
17.20	Autorização legislativa para alienação	227
17.21	Licitação para alienação de bens	229
17.22	Hipóteses de contratação direta	231
17.23	Proibições de alienar a certas pessoas	236
17.24	Tutela dos bens	238
17.25	Mecanismos de tutela administrativa contratual e extracontratual	239
17.26	Tutela na esfera de repressão da improbidade	240
17.27	Tutela por ações especiais	243
17.28	Tutela por ações possessórias	245
17.29	Tutela criminal dos bens	247
17.30	Bibliografia para aprofundamento	248

11
SERVIÇOS PÚBLICOS

11.1 DEFINIÇÃO E CARACTERÍSTICAS GERAIS

A influência do direito administrativo francês, principalmente de León Duguit e Gaston Jèze, sobre o direito brasileiro se percebe na centralidade que o conceito de serviço público ganhou no ordenamento e na doutrina a partir do segundo pós-guerra, sobretudo pela pena de Themístocles Brandão Cavalcanti, autor de um clássico tratado de direito administrativo.[1]

A partir de então os serviços públicos se tornaram um dos pilares centrais do direito público nacional. Isso se vislumbra em dois dispositivos constitucionais que tratam do tema em sentido geral. De um lado, o art. 175, *caput* prescreve que "incumbe ao Poder Público, na forma da lei, diretamente ou sob regime de concessão ou permissão, sempre através de licitação, a prestação de serviços públicos". O parágrafo único desse artigo exige que o Congresso edite lei para tratar, entre outras coisas, dos direitos dos usuários, da política tarifária, da obrigação de manter o serviço adequado, bem como do regime das concessionárias e permissionárias de serviços públicos. De outro lado, o serviço público ganha destaque no art. 37, § 3º, que exige lei para disciplinar "as formas de participação do usuário na administração direta ou indireta, regulando especialmente: I – as reclamações relativas à prestação dos serviços públicos em geral (...)".

Sobretudo por meio dos dois dispositivos referidos, o conceito de serviço público adquiriu inquestionável status constitucional no Brasil. Todavia, a Carta Magna não oferece uma definição abstrata e geral do conceito, nem aponta com toda a clareza seus limites, resumindo-se a indicar alguns deles em dispositivos esparsos e a estabelecer regras básicas para certos setores. Na verdade, não raramente, a Constituição atribui de modo genérico certas atividades ao Estado, que são interpretadas por muitos como serviços públicos, ainda que não tenham sido expressamente rotuladas como tais pelo legislador.

Até 2017, tampouco havia definição geral do conceito no plano infraconstitucional. Com a edição do chamado Código de Defesa do Usuário do Serviço Público

---

[1]. Para uma breve história do serviço público no Brasil, cf. KLEIN, Aline Lícia; MARQUES NETO, Floriano de Azevedo. *Tratado de direito administrativo*, v. 4: funções administrativas do Estado. São Paulo: Revista dos Tribunais, 2014, p. 52.

(Lei n. 13.460), essa lacuna foi suprida. No intuito de tratar dos direitos gerais dos usuários e concretizar o mencionado art. 37, § 3º da Constituição, que trata do direito de manifestação, o Código definiu o serviço público como "atividade administrativa ou de prestação direta ou indireta de bens ou serviços à população, *exercida* (sic) por órgãos ou entidades da administração pública" (art. 2º, II).

Essa definição legal é ampla, pois abarca tanto os serviços públicos administrativos, que têm os próprios órgãos e agentes públicos como clientes, quanto aqueles voltados à população pela oferta de bens e serviços. No entanto, a definição apresenta alguns problemas. Em primeiro lugar, serviço público não é atividade "*exercida*" pela Administração Pública. Trata-se de atividade sob "titularidade" do Estado, com ou sem exclusividade, ou seja, de modo monopolizado ou não. Já o exercício dessa atividade pode ocorrer de maneira direta (pelo próprio titular) ou indireta (por outras pessoas em nome do titular). Em segundo lugar, o dispositivo legal indicado não aponta os fatores ou características que diferenciam o serviço público frente a outras atividades do Estado, como seu caráter necessariamente benéfico e seu regime publicístico.

Por essas razões, apesar da inovação legislativa em definir o conceito, ainda se afigura necessário que a doutrina o discuta e esclareça. Nessa tarefa, entendo mais preciso definir serviço público como atividade de natureza prestativa atribuída ao Estado por opção do legislador, sob monopólio ou não, executada direta ou indiretamente, e que desempenha a função de satisfazer as necessidades básicas da população, submetendo-se a um regime fortemente marcado pelo direito público em contraste com as meras atividades econômicas. Na definição teórica aqui formulada, alguns aspectos fundamentais merecem destaque:

- O serviço público constitui *"atividade estatal"*, mas não necessariamente terciária. Ao contrário do que ocorre na economia, a palavra "serviço" ganha sentido mais amplo no direito administrativo e engloba desde uma atividade do setor primário (exploração dos recursos da natureza para geração de matérias-primas), do setor secundário (industrialização) ou do terciário (serviços propriamente ditos). Isso permite incluir no conceito de serviço público atividades muito diversas, como a geração de energia, a iluminação pública, o tratamento de esgoto, os serviços de educação, o transporte coletivo de passageiros, a saúde e a cultura. Certos serviços públicos sequer se encaixam nos três setores econômicos, pois indicam tarefas administrativas internas do Estado e sem relevância ou função econômica direta, como o arquivamento e a gestão de documentos públicos. Por essa abrangência, andou bem o legislador na Lei n. 13.460/2017 (Código dos Usuários) ao descrever o serviço público ou como *"atividade administrativa"* ou como *"prestação direta ou indireta"*, tanto de *bens*, quanto de *serviços* à população.

- Todo serviço público tem caráter *"prestativo"*. Seu objetivo imediato consiste em gerar uma comodidade às pessoas, diferentemente da atividade de polícia administrativa, das restrições estatais à propriedade e da intervenção estatal na economia, que, de pronto, implicam limitação dos direitos, da liberdade ou do espaço privado para, apenas de modo mediato, irradiarem efeitos positivos à sociedade. Essas três atividades assumem caráter restritivo, enquanto o serviço público e o fomento estatal se mostram prestativos. Nesse aspecto, a definição do Código do Usuário, antes mencionada, foi insuficiente, pois não qualificou o serviço público como atividade prestativa e, com isso, não promoveu a necessária distinção face de outras funções da Administração Pública.

- O serviço público busca *"satisfazer necessidades básicas"* da população para garantir a dignidade humana. É essa característica que difere o serviço público do fomento estatal. Conquanto ambos assumam função prestativa e visem a beneficiar a coletividade, no fomento, o Estado estimula a sociedade a, por si mesma, gerar comodidades para satisfazer suas necessidades. Daí porque o Estado fomenta as atividades privadas de interesse público (esfera pública não estatal). Já no serviço público, o Estado gera a comodidade em si. Vejamos a diferença com o exemplo da cultura. Nesse campo, abre-se ao Estado a possibilidade ou de construir um teatro e contratar agentes públicos para compor uma orquestra que realizará concertos para a população (como serviço público) ou de conceder incentivos fiscais e outros tipos de benefício para que agentes econômicos invistam em orquestras privadas e tornem a música clássica mais acessível à população (fomento). Note-se, porém, que existem serviços públicos administrativos, consistentes em atividades preparatórias de outras, como os serviços de arquivamento ou processamento de dados, de capacitação interna de servidores. Essas atividades exercem papel de suporte ou de complemento do serviço público principal.

- O serviço público, por sua imanente função garantidora da dignidade humana, consiste em um grupo de atividades sujeitas ao *"regime de direito administrativo"*, marcado por princípios, prerrogativas e sujeições não presentes em atividades comuns. Exemplo disso é o princípio da continuidade que, entre outras coisas, limita as hipóteses de interrupção do serviço e impõe restrições ao direito de greve dos agentes públicos. A continuidade, assim como a modicidade, a generalidade, a atualidade e outros princípios gerais formam o conceito de serviço público adequado, detalhado tanto na Lei de Concessões (Lei n. 8.987/1995) quanto no Código de Usuários dos Serviços Públicos (Lei n. 13.460/2017).

- O serviço público não tem uma essência, não decorre da natureza da atividade, mas sim de *"escolha do legislador"* que varia no tempo (período histórico) e no espaço (de acordo com o ordenamento jurídico). Dizendo de outro modo: não existem atividades que por sua mera natureza sejam serviços públicos em qualquer parte do mundo. Como alerta Dinorá Grotti, na qualidade de instituição jurídica, o serviço público está intimamente vinculado "às relações do Estado e sociedade existentes em determinado momento histórico", relações dinâmicas que variam pela ação de forças internas e externas ao direito.[2] Assim, é preciso que os representantes do povo rotulem uma atividade como serviço público (fenômeno da *"publicatio"*) para que ela seja atribuída ao Estado e ingresse em regime jurídico administrativo. Reitere-se: não é a atividade em si que define um serviço público, senão uma decisão político-jurídica baseada em fatores vários, sobretudo a relevância da atividade para a garantia da dignidade humana e o grau de capacidade que a própria sociedade tem de prover essa atividade relevante sem a atuação estatal. Como o serviço é decorrente dessa opção legislativa, é usual que atividades idênticas sejam ora serviços públicos, ora atividades econômicas desvinculadas do Estado. Para exemplificar, em perspectiva comparada, educação universitária é serviço público não monopolizado no Brasil, ou seja, serviço público quando organizada e desempenhada pelo Estado e atividade privada, quando titularizada por agente de mercado a partir de sua livre iniciativa. No entanto, em outros países, nem sempre é assim. Certo país poderia qualificar a educação universitária como ação privada pura e outro país, de modo completamente distinto, poderia considerá-la serviço público monopolizado, afastando-a do mercado. Não há dúvidas de que a atividade educacional citada no exemplo é muito semelhante em qualquer lugar. Não obstante, a depender do ordenamento, ela poderá ou não ser um serviço público.

- Há serviço público em *"regime monopolístico ou concorrencial"*, a depender da escolha do legislador. Em algumas situações, o Estado é titular exclusivo dos serviços, como ocorre com o transporte público coletivo de passageiros nos Municípios brasileiros, a distribuição de água e a limpeza do espaço urbano. Como monopolista, a titularidade será exclusiva do Estado, mas a execução, diferentemente, poderá ser direta ou indireta. No modelo de *execução direta*, o Estado titulariza e presta o serviço. Na *execução indireta*, o Estado continua na qualidade de titular, mas atribui a prestação do serviço a terceiro, que atuará em seu nome por prazo determinado, em regime distinto, preferencialmente competitivo e baseado num contrato. Em outros casos, a titularidade do serviço público não é exclusivamente estatal. A competência do Estado para prestar determinado serviço público convive com a livre iniciativa, de maneira que particulares, caso queiram, poderão exercer idêntica atividade, mas em regime jurídico privado (atividade econômica em sentido estrito). Isso se vislumbra nos campos da saúde, da educação, da cultura e do esporte. O serviço hospitalar oferecido pelo Estado por meio do SUS é serviço público, enquanto o serviço médico oferecido na clínica particular, desvinculada do SUS, constitui

---

2. GROTTI, Dinorá Adelaide Musetti. Teoria dos serviços públicos e sua transformação. In: SUNDFELD, Carlos Ari (org.). *Direito administrativo econômico*, 2ª tiragem. São Paulo: Malheiros, 2002, p. 39.

atividade privada regulada (saúde suplementar). Em relação aos serviços não monopolizados, em verdade, a atuação dos particulares se viabiliza por dois caminhos, cada um sob regime jurídico distinto. O primeiro é o da entrada espontânea no mercado com base na livre-iniciativa (caso da clínica privada desvinculada do SUS), o segundo é o da participação no serviço como delegatário do Estado (caso das Organizações Sociais que gerenciam hospitais públicos). Nessa última hipótese, a participação do particular dependerá da decisão estatal de transferir a execução de seus serviços a particulares. Isso significa que a possiblidade de execução indireta existe tanto para serviços monopolizados, quanto não monopolizados.

Quadro: os serviços pela titularidade e execução

Atividade	Titularidade	Execução	Exemplos
Serviços públicos	Setores Monopolizados pelo Estado (fora da livre iniciativa)	Execução Direta	Serviço de tratamento de esgoto prestado por uma empresa pública municipal
		Execução Indireta	Serviço de coleta de lixo por uma empresa privada (concessionária)
	Setores não monopolizados pelo Estado (abertos à livre inciativa)	Execução Direta	Serviço de saúde no hospital público ou serviço de educação em universidade pública
		Execução Indireta	Serviço de saúde numa organização social (ente privado do terceiro setor) contratada pelo Estado e vinculada ao SUS
Atividade econômica	A princípio aberta à livre iniciativa	Regime privado	Serviço de saúde em uma clínica privada ou serviços de uma universidade privada

Fonte: elaboração própria

11.2 ELEMENTOS SUBJETIVO, MATERIAL E FORMAL

A grande dificuldade de se compreender o conceito de serviço "público" decorre da equivocidade de seu adjetivo. O que é "público"? Aquilo que pertence ao Estado? Aquilo que se mostra relevante para a sociedade? Aquilo que se submete ao direito administrativo? Na tentativa de esclarecer a dúvida, costuma-se apontar três elementos do conceito em debate: o subjetivo, o material e o formal.[3] Isoladamente, nenhum desses elementos logra explicar em sua totalidade toda a extensão dos serviços públicos, razão pela qual eles devem ser combinados.

O *"elemento subjetivo"* (titularidade) ressalta o serviço público como atividade prestada pelo Estado, ainda que sua execução venha a ser delegada aos particulares. Aqui, "público" equivale a "estatal". Todavia, deve-se ter em mente que nem todas as atividades atribuídas ao Estado são serviços públicos por lhes faltar a finalidade

---

3. Cf., entre outros, DI PIETRO, Maria Sylvia Zanella. *Direito administrativo*, 30ª ed. São Paulo: Atlas, 2017, p. 139 e seguintes.

prestativa imediata. É isso que impede considerar serviços públicos as restrições à propriedade e a polícia administrativa. Além disso, muitos serviços atribuídos ao Estado não são considerados "serviços públicos" em sentido estrito para o direito administrativo sobretudo por se submeterem a disciplinas muito específicas, como os serviços de solução de conflitos prestados pelo Poder Judiciário. Em casos assim, haveria serviço público apenas se utilizássemos a expressão em sentido amplíssimo.

O *"elemento material"* ressalta a essencialidade dos serviços públicos ao atendimento das necessidades mais relevantes à vida social. "Público", aqui, indica aquilo que é de interesse da coletividade. No entanto, há que se afastar a ideia de que particulares não desenvolvem atividades de interesse público. Existem incontáveis atividades não estatais extremamente relevantes ao funcionamento da vida em comunidade e à garantia da dignidade humana, como se vislumbra nos setores de cultura, educação, saúde e telecomunicações. Conquanto se possa presumir que uma atividade tenha sido rotulada como serviço público pelo legislador em virtude de sua importância social, disso não se deve concluir que tudo que não é estatal persiga meros interesses domésticos ou egoísticos. Várias ações praticadas por pessoas físicas, por agentes de mercado ou pela sociedade civil organizada (terceiro setor) destinam-se indubitavelmente à promoção de interesses e direitos coletivos e difusos. Aliás, com a popularização da chamada responsabilidade social, é cada vez mais frequente a dedicação de agentes econômicos a ações de interesse público em paralelo a suas funções mercadológicas precípuas. A partir dessa constatação se percebe a incapacidade de o elemento material, sozinho, delimitar o conceito de serviço público.

O *"elemento formal"* valoriza o regime jurídico de direito administrativo que incide sobre os chamados serviços públicos. Sob essa perspectiva, "público" aponta o conjunto de normas exorbitantes do direito comum que incide sobre a atividade. E o serviço público se destacaria pelo regime administrativo, marcado pela intensa sujeição a princípios, prerrogativas e limitações não incidentes sobre grande parte das atividades comuns. Entretanto, muitas atividades excluídas do conceito de serviço público podem sofrer a incidência do direito administrativo, em maior ou menor medida, mormente por sua relevância para a coletividade. Essa incidência do direito público se dará, entre outras coisas, por medidas de cunho regulatório.

Essas e outras críticas servem a um único propósito: revelar que o emprego isolado de um dos três elementos descritos não é suficiente para explicar a pluralidade de atividades desenvolvidas na sociedade atual, nem para diferenciar o serviço público de outras atividades executadas pelo Estado e por particulares. É preciso combinar os três elementos para se chegar a uma definição mais precisa de serviço público como, nos termos já mencionados, atividade estatal (elemento subjetivo), de natureza prestativa, monopolizada ou não, executada direta ou indiretamente, que, por opção legislativa, desempenha a função de satisfazer as necessidades básicas da população (elemento material) e se submete a um regime de direito público (elemento formal).

11.3 CLASSIFICAÇÃO DOS SERVIÇOS PÚBLICOS

Dada a multiplicidade de serviços públicos existentes no ordenamento brasileiro, a busca de pontos comuns por meio de critérios de classificação facilita a compreensão do regime dos mais diferentes serviços e auxilia a doutrina na identificação de quais regras e princípios de direito administrativo incidirão sobre cada um deles. Afinal, embora alguns princípios gerais rejam os diferentes serviços, como bem se nota na Lei Geral de Concessões (Lei n. 8.987/1995) e no Código de Defesa do Usuário de Serviço Público (Lei n. 13.460/2017), inexiste um regime jurídico único e comum a todos eles exatamente por conta de suas diferentes características técnicas.

Com o intuito de se demonstrar a diversidade de serviços públicos, empregam-se usualmente os critérios: (i) da *"competência federativa"*, pelo qual se repartem serviços federais, estaduais e municipais; (ii) da *"exclusividade"*, pelo qual se separam as atividades que existem somente como serviço público daquelas que se encaixam no conceito de serviço público ou, alternativamente, de atividade econômica; (iii) da *"fruição"*, pelo qual se dividem serviços divisíveis e indivisíveis; (iv) da *"remuneração"*, pelo qual se contrapõem os serviços pagos aos gratuitos; (v) do *"objeto"*, pelo qual se separam os serviços conforme a atividade que abrangem; e (vi) da *"execução"*, que inclui os serviços prestados diretamente pelo Estado, os prestados indiretamente, ou seja, por particulares em nome do Estado, bem como serviços prestados de modo cooperativo ou associado. Cada uma dessas classificações será examinada nos itens subsequentes.

11.4 COMPETÊNCIA: SERVIÇOS FEDERAIS, ESTADUAIS E MUNICIPAIS

Em um Estado continental como o Brasil, o legislador necessita distribuir a titularidade dos serviços públicos pelos vários níveis políticos da federação para promover a eficiência administrativa, ampliar a proximidade com a população, incrementar a legitimidade, ampliar o controle social da função administrativa ou otimizar a exploração de recursos ambientais. Por esses e outros motivos, no país, ao lado dos variados serviços públicos federais, atribuídos à União, despontam serviços estaduais e municipais – ambos também sob a competência do Distrito Federal (art. 32, § 1º da CF).

Dos incontáveis serviços públicos, muitos são distribuídos pela Constituição a um único nível federativo de modo exclusivo. Apenas para ilustrar, são de competência da União o serviço postal, os serviços públicos de telecomunicações (definidos por lei), os de radiodifusão, os de energia elétrica, de navegação aérea, de transporte ferroviário e aquaviário entre portos brasileiros, de transporte rodoviário interestadual e internacional de passageiros entre outros (art. 21, X a XII da CF). Aos Estados cabem, por exemplo, os serviços locais de gás canalizado na forma da lei (art. 25, § 2º da CF) e aos Municípios, os serviços de transporte coletivo dentro de seu território, de iluminação pública, de saneamento básicos e outros de predominante interesse local, desde que não tenham sido atribuídos expressamente aos Estados ou à União (art. 30, V da CF).

Em todos os exemplos mencionados, a titularidade sobre o serviço é dada com exclusividade a somente uma esfera política da federação, embora nem sempre se atribua a ela, ao mesmo tempo, a competência legislativa privativa para tratar da matéria. Por exemplo, o serviço de transporte coletivo intramunicipal resta sob competência administrativa exclusiva do Município. Entretanto, a União tem a competência legislativa privativa para traçar "diretrizes da política nacional de transportes" (art. 22, IX da CF). Com base nisso, o Congresso editou a Lei de Mobilidade Urbana, que deve ser observada pelo Município em sua legislação própria e na execução do serviço. Esse exemplo comprova, pois, que não existe no Brasil obrigatória simetria entre competência administrativa (para titularizar e executar o serviço) e legislativa (para discipliná-lo por normas gerais e abstratas).

Diferentemente daqueles que se encontram sob competência exclusiva de um ente federativo, há *"serviços comuns"* ou paralelos, cuja titularidade é atribuída a dois ou mais entes da federação, como os serviços públicos de educação, de saúde, de esporte e de cultura. Esses serviços estão previstos na Constituição, porém não se confere sua titularidade a um único ente da federação. Em alguns desses casos, a Constituição se resume a sugerir a especialização de cada ente federativo, como se vislumbra no âmbito da educação, em que se determina que os Municípios atuem "prioritariamente no ensino fundamental e na educação infantil" e que os Estados se concentrem no ensino fundamental e médio (art. 211, § 2º e § 3º da CF).

Não se igualam aos serviços comuns os chamados *"serviços públicos partilhados"* entre dois ou mais entes da federação. A Constituição trata implicitamente deles ao dispor que "os Estados poderão, mediante lei complementar, instituir regiões metropolitanas, aglomerações urbanas e microrregiões, constituídas por agrupamentos de municípios limítrofes, para integrar a organização, o planejamento e a execução de *funções públicas de interesse comum*" (art. 25, § 3º da CF).

Ao tratar do assunto na ADI n. 1842, antes ainda da edição do Estatuto da Metrópole, o STF assentou que o serviço de saneamento básico em região metropolitana se inclui nesse conceito, de modo que sua titularidade resta compartilhada pelos Estados e Municípios envolvidos nessa área urbana. Trata-se, pois, de serviço público que não pertence nem exclusivamente ao Estado, nem somente a um Município da região metropolitana. Como a titularidade é compartilhada, as decisões acerca da gestão do serviço devem ser tomadas em conjunto e de modo interfederativo.

Mais tarde, em 2015, o Estatuto da Metrópole (Lei n. 13.089/2015) definiu a função pública de interesse comum como "política pública ou ação nela inserida cuja realização por parte de um Município, isoladamente, seja inviável ou cause impacto em Municípios limítrofes" (art. 2º, II). Nisso se incluem as atividades sob competência compartilhada nas referidas áreas urbanas, desde atividades comuns de polícia até serviços públicos.

Advirta-se que a chamada "função pública de interesse comum" é um conceito mais amplo que o de serviço público partilhado. Nos termos do Estatuto da Metrópole, a lei complementar estadual que instituir região metropolitana ou a aglomeração urbana deverá obrigatoriamente definir as atividades consideradas funções públicas de interesse comum (art. 5, II) e, portanto, justificarão a criação da unidade territorial urbana. Isso significa basicamente que: (i) não pode haver região metropolitana ou aglomeração urbana sem função pública de interesse comum; (ii) tais funções variarão de acordo com a realidade de cada unidade urbana instituída e (iii) nem toda função pública de interesse comum é serviço público. Em outras palavras, uma função pública de interesse comum poderá ser ou um serviço, ou uma atividade de polícia, de regulação etc.[4]

Quadro: tipos de serviços na federação

Serviço público	Sob titularidade exclusiva	Competência administrativa de um único nível federativo (e.g. gás canalizado)
	Sob titularidade comum	Vários níveis federativos titularizam, de modo isolado, serviços semelhantes ou segmentos de um serviço público (e.g. educação e saúde pública)
	Sob titularidade compartilhada	Vários níveis federativos titularizam um mesmo serviço (caso do serviço de saneamento em uma determinada região metropolitana)

Fonte: elaboração própria

11.5 FRUIÇÃO: SERVIÇOS DIVISÍVEIS E INDIVISÍVEIS

Sobretudo por motivos econômicos, de custeio dos serviços e por aspectos relacionados à modelagem das delegações aos particulares, consagrou-se a diferenciação entre *"serviços uti singuli"* (divisíveis quanto à fruição) e *"serviços uti universi"* (indivisíveis).

No primeiro grupo, incluem-se os serviços cuja fruição, pessoal, familiar ou por outra unidade, aceita mensuração objetiva. É viável a quantificação do benefício gerado a cada usuário pelo serviço do Estado. Essa possibilidade de mensuração torna possível o custeio dos serviços divisíveis por duas formas. Eles podem ser gratuitos e custeados pelas receitas orçamentárias do Estado ou podem ser onerosos, remunerados por uma taxa de serviço (caso a prestação ocorra diretamente pelo Estado) ou por uma tarifa (quando o serviço for executado em regime de delega-

---

4. Em mais detalhes sobre as funções de interesse comum, cf. MARRARA, Thiago (org.). *Estatuto da Metrópole: Lei 13.089/2015 comentada*. Ribeirão Preto: FDRP/USP, disponível em www.direitorp.usp.br/wp-content/uploads/2022/01/Estatuto-da-metropole-comentado.pdf

ção, por exemplo, mediante concessão). Essas cobranças se vislumbram, no Brasil, em serviços de telefonia fixa, de distribuição de energia e de transporte coletivo de passageiros. Na execução direta pelo Estado, portanto, a cobrança por taxa se submeterá às restrições do direito tributário, enquanto na indireta, a tarifa seguirá regime de preço regido pelo contrato de delegação do serviço e por outras normas regulatórias setoriais.

No segundo grupo (*uti universi*), inserem-se os serviços públicos cuja fruição pessoal, familiar ou por outra unidade não pode ser mensurada por conta de questões técnicas ou do conteúdo do próprio serviço. É o que ocorre com os serviços de drenagem de águas pluviais e de limpeza das ruas. Nessas situações, o serviço é custeado pelo Estado com seus recursos orçamentários, não se viabilizando a cobrança de taxa (como espécie de tributo) nem de tarifa (como preço regulado). A mesma lógica vale para os serviços municipais de iluminação pública. Na *Súmula Vinculante n. 41* (antiga Súmula n. 670), o STF consagrou o entendimento de que "o serviço de iluminação pública não pode ser remunerado mediante taxa". Porém, para contornar a questão, o Congresso Nacional editou a EC n. 39/2002, com a qual se inseriu no art. 149-A da Constituição a contribuição para o custeio do serviço de iluminação pública (CIP).

Já na *Súmula Vinculante n. 19*, o STF estipulou que "a taxa cobrada exclusivamente em razão dos serviços públicos de coleta, remoção e tratamento ou destinação de lixo ou resíduos provenientes de imóveis não viola o artigo 145, II, da Constituição Federal". Essa súmula baseou-se no RE n. 576321, no qual o Supremo considerou que os serviços mencionados são específicos e divisíveis, mas desde que referentes unicamente a resíduos provenientes de imóveis e que eles sejam dissociados de outros serviços de limpeza urbana que apresentam caráter *uti universi*, como os de conservação de logradouros e bens públicos (praças, calçadas, vias etc.). Quanto a esses serviços de limpeza dos espaços públicos, há indivisibilidade, o que impossibilita a cobrança de taxa ou de tarifa.

Há que se ter em mente, porém, que a impossibilidade de mensurar os benefícios gerados por um serviço não é imutável. Avanços tecnológicos ou novos métodos de gestão pública podem transformar um serviço inicialmente indivisível em serviço divisível. Por força desses avanços, a instituição de cobrança por meio de taxa ou tarifa poderá se tornar possível.

11.6 REMUNERAÇÃO: SERVIÇOS PAGOS E GRATUITOS

Todo serviço gera custos significativos. E aí se coloca a questão: quem os assumirá? Por vezes, o ordenamento jurídico prevê serviços pagos diretamente pelas pessoas, físicas ou jurídicas, que os utilizam como destinatárias finais. É o que ocorre nos serviços de distribuição domiciliar de energia ou de água. Em outros momentos, estipula serviços "gratuitos", insuscetíveis de taxa ou tarifa ainda que divisíveis. Mas é preciso afastar uma ilusão: os serviços gratuitos nada mais são que atividades estatais custeadas por outras fontes. Os recursos para tanto ora provêm dos impostos pagos pela coletividade e, então, transformados em subsídios ou em contraprestação ao prestador do serviço, a despeito de fruição pelo contribuinte. Em alguns outros casos, a gratuidade para o usuário é sustentada por meio de receitas alternativas obtidas pela exploração da infraestrutura (como as geradas com a outorga de uso dos canteiros centrais de rodovias ou dos espaços comerciais dos aeroportos) ou, ainda, por meio de subsídios cruzados, ou seja, por parcelas das tarifas pagas por outros grupos de usuários (como geralmente se vislumbra nos serviços de transporte público urbano, em que todos auxiliam a viabilizar a gratuidade em favor de idosos ou estudantes, por exemplo). Serviço gratuito não é sinônimo de serviço sem custo, como já dito. Trata-se somente de um serviço custeado por outras formas que não a de pagamento pelo usuário com base exclusiva no benefício recebido ou colocado à disposição.

Para que se cobre pela prestação de serviços públicos, diante da falta de uma norma legal explícita a prever a gratuidade, é preciso que, ao menos, uma lei institua a taxa ou um contrato preveja e regule a tarifa. Mesmo na ausência de uma norma constitucional ou legal sobre a gratuidade, a cobrança somente será possível se apoiada em norma tributária ou em contrato de delegação do serviço. Além disso, somente se poderá falar de uma cobrança direta do usuário se o serviço público for *"uti singuli"*, ou seja, divisível, passível de mensuração de consumo. Para os serviços indivisíveis, chamados também de *"uti universi"*, a impossibilidade de se medir a fruição, real ou potencial, das unidades consumidoras torna inviável a cobrança de taxa ou tarifa. Por isso, os indivisíveis são mantidos com impostos, receitas alternativas e/ou contribuições.

A taxa e a tarifa são possíveis, a seu turno, apenas no campo dos serviços públicos divisíveis. A diferença entre os dois institutos é de regime jurídico. A *"taxa"* é espécie tributária cabível para a prestação direta e submetida à legalidade forte. A "tarifa" é preço regulado e baseado em contrato de delegação, num regime mais flexível que excepciona o direito tributário por força de norma constitucional (art. 175, parágrafo único, III). A propósito, o STF estabelece, na *Súmula 545*, que "preços públicos e taxas não se confundem, porque estas, diferentemente, daqueles, são compulsórias e têm sua cobrança condicionada à prévia autorização orçamentária, em relação à lei que as instituiu".

Diante dessas considerações iniciais, considerando-se a realidade dos serviços públicos brasileiros, é possível afirmar que existem ao menos três modelos distintos de cobrança e custeio:

- O do *"serviço público remunerado integralmente pelos usuários"*. Aqui, a taxa ou tarifa cobrada do usuário abarca todos os custos internos e externos, fixos e variáveis, de operação e de capital. Para tanto, é preciso que: (i) o serviço se caracterize pela divisibilidade; (ii) a taxa esteja prevista em lei ou, alternativamente, a tarifa conste de contrato de delegação; (iii) a cobrança retrate os custos para a prestação do serviço adequado e (iv) a cobrança não seja abusiva, excessiva ou exageradamente elevada. Essa imposição de razoabilidade na cobrança resulta do *"princípio da modicidade"*, que, em alguns casos, pode ser garantido por subsídios cruzados, de modo que parcela das tarifas pagas por alguns usuários contribuam para reduzir a cobrança de outros grupos, mais vulneráveis. Nesse sentido, a Lei de Mobilidade Urbana prevê que a tarifa de alguns seja barateada com o auxílio de receitas geradas por tarifas pagas por outros usuários do mesmo serviço de transporte público (subsídio intrassetorial) ou de outro serviço de transporte (subsídio intersetorial – art. 9º, § 5º da Lei n. 12.587/2012).

- O do *"serviço público remunerado parcialmente pelos usuários"*. Isso pode ocorrer em duas situações: (i) a remuneração do usuário para custear o serviço se mostra deficitária, exigindo receitas não tarifárias ou (ii) a Constituição, a Lei ou uma decisão administrativa preveem a gratuidade do serviço para alguns grupos de usuários. Assim, os custos do serviço serão cobertos com tarifas somadas, por exemplo, a subsídios pagos pelo Estado ao prestador com base nas previsões de um contrato administrativo de natureza concessória (art. 17, *caput* da Lei n. 8.987/1995), ou somadas a uma contraprestação do parceiro público, caso se trate de PPP patrocinada (art. 2º, § 1º da Lei n. 11.079/2004), e/ou a receitas alternativas resultantes da exploração da infraestrutura do serviço diretamente pelo prestador (art. 11 da Lei n. 8.987/1995).

- O do *"serviço não custeado pelo usuário final"*, que se aplica em duas situações. A primeira se refere aos serviços públicos *uti universi*, para os quais se mostra impossível mensurar a quantidade consumida ou colocada à disposição de cada unidade consumidora. A segunda situação se refere a serviços públicos divisíveis, mas a que se atribui gratuidade, ou seja, quando se proíbe cobrança individualizada de taxas ou tarifas por norma constitucional ou infraconstitucional (como se verifica com o ensino nos estabelecimentos públicos oficiais e com os serviços de saúde no SUS). Em qualquer hipótese, fato é que a gratuidade não faz desaparecer os custos fixos e variáveis dos serviços. Todos os serviços custam, ainda que os usuários não paguem, nem percebam. A gratuidade simplesmente altera a fonte de custeio. O serviço terá que ser suportado ou pelos impostos da coletividade, ou por receitas alternativas geradas pelo prestador ou por subsídios cruzados de outro grupo de usuários. Aqui, portanto, o custeio se dá por *receitas não tarifárias*.

11.7 OBJETO: SERVIÇOS ECONÔMICOS, SOCIAIS E ADMINISTRATIVOS

Não há limites pré-estabelecidos para que o legislador caracterize uma atividade como serviço público em determinado contexto histórico e social, colocando-a sob a titularidade estatal e em regime administrativo. Em cada contexto, a configuração de determinada atividade como serviço público depende basicamente da verificação de sua essencialidade para a dignidade humana ou para a coesão social e da conveniência de se atribui-la ao Estado, com ou sem exclusividade em relação ao mercado.

No Brasil, os incontáveis serviços públicos abarcam atividades das mais diversas, não apenas as consideradas terciárias do ponto de vista econômico. Apesar da variedade, pela influência do direito francês, é comum encontrar na doutrina a separação entre serviços públicos de caráter econômico, comercial e industrial, de um lado, e serviços públicos sociais, de outro. No direito positivo, a verdade é que essa classificação dual e simplista não encontra um suporte evidente. Nem o Código dos Usuários de Serviços Públicos (Lei n. 13.460/2017), nem a Lei de Concessões ou a de PPP a utilizam. A falta de reconhecimento legislativo da distinção decerto tem relação com sua utilidade prática bastante questionável, já que inexiste regime jurídico padrão para cada um desses grupos de serviços. Por consequência, a separação teórica importada do direito francês acaba por gerar mais confusão que esclarecimento.

No texto constitucional, há um amplo conjunto de serviços públicos atribuídos a cada um dos três entes federativos logo no rol inicial de divisão de competências (sobretudo nos art. 21, 25 e 30 da CF). Esses serviços (transporte, energia, correios, entre outros) são com frequência chamados de econômicos, comerciais ou industriais. Além deles, a Constituição trata de muitos serviços públicos dentro do seu título VIII, referente à "ordem social". Aí surge a disciplina dos serviços não monopolizados de saúde, educação, esporte e cultura, chamados de serviços públicos sociais quando prestados pelo Estado.

Seria possível argumentar que a diferença entre os serviços sociais e os serviços econômicos residiria na monopolização da atividade e na gratuidade. No entanto, nenhum dos argumentos convence. Em primeiro lugar, assim como ocorre no campo social, existem certas atividades dos chamados serviços econômicos, como os de telecomunicações e os de transporte, que também estão abertas à iniciativa privada como atividade econômica paralela à ação do Estado, em semelhança ao que se vislumbra nos setores de educação e saúde. Em segundo lugar, apesar de algumas exceções, a Constituição não impõe gratuidade como regra geral para todos os serviços sociais. De outra parte, ainda que muitos serviços econômicos se mostrem divisíveis e sejam taxados ou tarifados, nada impede que se os oferte de modo gratuito. Todos esses argumentos servem unicamente para comprovar a pouca utilidade da distinção, importada da França, entre serviços públicos sociais e serviços econômicos, comerciais e industriais.

Além dos serviços sociais e dos econômicos, existem *"serviços administrativos"*, que não se direcionam imediatamente aos cidadãos, mas sim a apoiar o próprio Estado na execução de suas funções ou complementar os serviços oferecidos aos usuários. Hely Lopes Meirelles bem os definia como serviços executados pela Administração Pública "para atender às suas necessidades internas ou preparar outros serviços que serão prestados ao público, tais como os da imprensa oficial (...)".[5] A Lei n. 13.460/2017 reconheceu esse tipo de serviço ao incluir no seu conceito legal a expressão "atividades administrativas" (art. 2º, II). Diferentemente dos serviços voltados diretamente à sociedade, os serviços públicos administrativos têm como cliente primário os próprios agentes e órgãos públicos.

Além da imprensa, vale citar como exemplos de serviços públicos administrativos os de suporte em informática, gestão de arquivos públicos, alimentação de usuários na área de saúde e educação, bem como os serviços de capacitação de agentes públicos (por escolas de governo, por exemplo). Apesar de seu caráter meramente interno à Administração ou complementar de outros serviços prestados aos usuários, é possível que esses serviços sejam delegados à execução por particular e tarifados desde que se mostrem divisíveis.

11.8 EXECUÇÃO: PRESTAÇÃO DIRETA, INDIRETA OU ASSOCIADA

Os serviços públicos estão sob titularidade estatal, mas isso não significa que o Estado sempre terá que executá-los por suas entidades e seu pessoal. Embora a titularidade estatal sobre a atividade rotulada como serviço público pelo direito positivo permaneça intocada, a execução se dará por três possíveis formas: a direta, a indireta e a associada.

Na gestão ou *"execução direta"*, o titular do serviço é, ao mesmo tempo, o prestador. O ente político competente pelo serviço cuida também de sua execução quer por órgãos da própria Administração Direta, quer por entes especializados da Administração Indireta, criados por meio da técnica de descentralização funcional ou territorial. Nessa última hipótese, por lei ou por autorização legislativa, cria-se uma entidade estatal de direito público interno (*e.g.* uma autarquia) ou de direito privado (*e.g.* uma empresa estatal) e a ela se atribui a titularidade e a execução do serviço. Exemplo disso são as universidades públicas, autarquias responsáveis pelos serviços públicos de educação superior.

Na gestão ou *"execução indireta"*, titular e prestador não se confundem. Dissocia-se a figura do *"titular do serviço"* em relação ao *"prestador do serviço"*, chamado de *"delegatário"*. Certo ente político, titular do serviço, desloca sua execução para uma pessoa física ou jurídica externa, pública ou privada, e por período determinado. É o que se vislumbra, por ilustração, quando a União privatiza a execução da distribuição domiciliar de serviços de energia para uma empresa pública estadual, ou quando o Município atribui a execução dos serviços de transporte coletivo urbano a uma empresa privada.

---

5. MEIRELLES, Hely Lopes. *Direito administrativo brasileiro*. São Paulo: Malheiros, 2003, p. 321.

A execução indireta encontra fundamento em inúmeros dispositivos constitucionais. O principal deles é o art. 175, *caput*, que assim dispõe: "incumbe ao Poder Público, na forma da lei, *diretamente ou sob regime de concessão ou permissão*, sempre através de licitação, a prestação de serviços públicos" (g.n.). Também preveem a execução indireta de serviços públicos os art. 21, XI e XII, art. 25, § 2º, art. 30, V e o art. 223. A despeito do fundamento legal, em geral, é possível sustentar que a execução indireta ou por delegação: (i) jamais ocasiona a transferência da titularidade do serviço; (ii) é viabilizada por contrato sob diversas modalidades (daí ser uma forma de descentralização por colaboração) e (iii) ocorre por prazo determinado.

A transferência da execução do serviço a não titulares, pessoas físicas ou jurídicas, com ou sem finalidade lucrativa, configura uma delegação, que depende do emprego de meios jurídicos específicos como: (i) o contrato de *"concessão"*, que pode ser comum (Lei n. 8.987/1995) ou caracterizar-se como parceria público-privada (PPP) nas duas modalidades previstas na legislação, a PPP administrativa ou a PPP patrocinada (Lei n. 11.079/2004); (ii) o contrato precário de *"permissão"* de serviço público; (iii) o ato de *"autorização"* de serviço público, geralmente utilizado para delegações de curto prazo, não regulares ou em situação emergencial; e (iv) outros ajustes com finalidade de delegação, como os *"contratos de gestão"* com Organizações Sociais (Lei n. 9.637/1998).

Diferentemente das modalidades de prestação direta e indireta, coloca-se a gestão ou *"execução associada de serviços públicos"*. Nesse modelo, o serviço é prestado de maneira conjunta por diversos titulares, o que pode ocorrer basicamente em duas situações. A primeira se refere a serviços públicos sob titularidade de dois ou mais entes federativos, como serviços de saneamento ou de transporte reputados *"funções públicas de interesse comum"* conforme lei complementar estadual que venha a instituir uma região metropolitana. Nessa hipótese, a titularidade sobre um mesmo serviço público é de todos os entes que compõem a unidade regional e sua gestão pode ser realizada em conjunto por eles - caso, naturalmente, não desejem delegar a uma empresa que, como delegatária, atendesse a todos. A segunda situação contempla o serviço titularizado por um único ente (União, Estado ou Município), mas que o executa de modo cooperativo com outro, não titular do serviço, em um sistema de política pública. Exemplo disso se verifica nos serviços de saúde das várias esferas federativas que se articulam dentro do SUS (art. 199, § 1º da CF). Outro exemplo são os serviços de saneamento isolados de cada Município, que podem se unir em um consórcio interfederativo para executá-los de forma regionalizada.

A prestação associada de serviços por entes públicos pode ocorrer por força de lei, por meio da figura do convênio, pela criação de *"consórcios"* estatais de direito público ou de direito privado (Lei n. 11.107/2005), pela criação de empresas públicas ou por outros instrumentos de cooperação interfederativa.

11.9 SERVIÇO ADEQUADO E PRINCÍPIOS DOS SERVIÇOS PÚBLICOS

O desempenho dos serviços públicos subordina-se aos grandes princípios de direito administrativo (art. 37, *caput* da CF) e a princípios especiais resultantes do dever constitucional de o Estado oferecer ao povo um conjunto de *"serviços adequados"* (art. 175, IV da CF). Esse dever se sustenta em vários fatores. Do ponto de vista político, sempre que a sociedade, por meio do legislador, atribui uma atividade ao Estado como serviço público, presume-se que o faz por considerá-la essencial à concretização de direitos fundamentais e de outros interesses públicos primários. Sob essa premissa, a má-execução dos serviços públicos representa afronta aos anseios sociais e deslegitima o Estado. Já sob a perspectiva administrativa, como o Estado não pode renunciar à titularidade dos serviços que a Constituição lhe reserva, resta-lhe buscar a melhor forma de gestão desses serviços (direta, indireta ou associada) no intuito de concretizar a eficiência administrativa e garantir o bom uso dos recursos financeiros que arrecada.

Na legislação ordinária, o dever constitucionalmente ancorado de prestar serviço público adequado foi destrinchado em várias leis. A de Concessões (Lei n. 8.987/1995) define como adequado o serviço que "satisfaz as condições de *regularidade, continuidade, eficiência, segurança, atualidade, generalidade, cortesia* na sua prestação e *modicidade* das tarifas" (art. 6º, § 1º da Lei n. 8.987/1995, g.n.). O Código de Defesa do Usuário de Serviços Públicos (Lei n. 13.460/2017) apresenta diretrizes para a concretização do serviço adequado ao prescrever que: "os serviços públicos e o atendimento do usuário serão realizados *de forma adequada*, observados os princípios da *regularidade, continuidade, efetividade, segurança, atualidade, generalidade, transparência* e *cortesia*" (art. 4º, g.n.).

A partir desses dispositivos legais, a doutrina brasileira extrai os chamados *"princípios dos serviços públicos"*. Embora inexista uniformidade teórica acerca desse corpo principiológico, alguns deles são aceitos de modo praticamente unânime, como: (i) o da continuidade; (ii) o da generalidade; (iii) o da modicidade e (iv) o da mutabilidade.

Independentemente do setor, tanto a Administração quanto o Legislador devem zelar para que esses princípios sejam respeitados de maneira constante e com a máxima eficácia possível, inclusive nas modalidades de execução indireta ou associada do serviço. Porém, essa unidade principiológica não obsta que se construam regimes especiais, próprios de cada setor, necessários para garantir o bom funcionamento de um ou outro serviço diante de suas características técnicas e circunstâncias fáticas. Em cada um desses inúmeros e complexos regimes jurídicos, os princípios poderão ser modelados ou detalhados de modo próprio em norma especial. Exemplo disso se vislumbra no campo dos serviços do SUS, em que a legislação consagra o princípio da autonomia na escolha dos tratamentos de saúde.

11.10 CONTINUIDADE E INTERRUPÇÃO DE SERVIÇOS PÚBLICOS

A imprescindibilidade dos serviços públicos à manutenção da vida social e à garantia da dignidade dos indivíduos gera ao seu prestador, estatal ou privado, o dever de não o suspender injustificada e desnecessariamente. O *"princípio da continuidade"* se traduz nessa necessidade de prestação regular e contínua dos serviços públicos. Continuidade não é sinônimo de atendimento ininterrupto, colocado à disposição da população por vinte quatro horas aos setes dias da semana. A continuidade exige que o serviço tenha um grau de constância minimamente adequado para cumprir suas funções primárias e atender às necessidades dos destinatários. A continuidade varia em intensidade conforme o tipo de serviço e as demandas sociais, o que explica, por exemplo, o fato de o abastamento de água e de energia ser ininterrupto, e os serviços de cultura ocorrerem apenas periodicamente.

Apesar de suas variações na prática, a continuidade acarreta um número incontável de consequências jurídicas para a organização e para os processos da Administração Pública. O princípio da continuidade explica e justifica, por exemplo: (i) a necessidade de previsão de suplentes para membros titulares de órgãos colegiados e de substitutos de chefias no intuito de impedir que a ausência de um ou mais agentes públicos interrompa o funcionamento de órgãos essenciais; (ii) a necessidade de se restringir o direito de greve dos agentes públicos em função administrativa, daí porque a Constituição exigiu lei específica a tratar da situação desses trabalhadores (art. 37, VII); e (iii) a possibilidade de delegação e avocação de atividades.

Nas *"relações contratuais do Estado"*, a continuidade sustenta poderes exorbitantes da Administração Pública, como o de ocupar a propriedade privada de concessionários ou permissionários de serviços públicos em alguns casos definidos em lei e o de afastar os efeitos do contrato administrativo não cumprido (relativização da *"exceptio non adimpleti contractus"*). Especificamente nas concessões, a continuidade explica ainda o conceito de bens reversíveis, ou seja, de bens cuja posse ou propriedade retornam ao ente estatal titular do serviço público após o término do contrato como condição para que o serviço público não se interrompa em prejuízo da coletividade.

Nas *"relações entre o prestador e o usuário"*, o princípio em tela restringe as possibilidades de interrupção do serviço público, salvo em situações excepcionais. De acordo com a Lei de Concessões, aplicável aos serviços públicos federais, estaduais e municipais, "não se caracteriza como descontinuidade do serviço a sua interrupção em situação de emergência ou após prévio aviso, quando: I – motivada por razões de ordem técnica ou de segurança das instalações; II – por inadimplemento do usuário, considerado o interesse da coletividade" (art. 6º, § 3º da Lei n. 8.987/1995).

Desse dispositivo extraem-se três hipóteses legítimas de interrupção: (i) a ocasionada por emergência, ou seja, por uma situação crítica ou perigosa gerada por caso fortuito ou força maior, diante da qual a interrupção ocorre de modo involuntário ou é empregada, voluntariamente, para evitar o risco de danos maiores aos usuários ou ao interesse público; (ii) a decorrente de fator técnico ou de segurança, independente de caso fortuito ou força maior e (iii) a resultante de falta de pagamento do usuário. Nas duas últimas hipóteses, o aviso prévio é obrigatório. Na primeira, a lei não exige o aviso, pois a emergência o torna impraticável.

A importância do aviso para o consumidor é essencial para que o usuário consiga se organizar e, inclusive, buscar solucionar o inadimplemento. A valorizar esse requisito, o Código de Defesa dos Usuários foi alterado e passou a prever como direito do usuário tanto a comunicação do desligamento, bem como o dia a partir do qual ele será realizado. Impediu, ainda, que o serviço seja suspenso por inadimplemento fora do horário comercial, ou de sexta a domingo, bem como em feriado ou dia anterior a ele. O descumprimento ao dever de comunicação dispensa a taxa de religação do serviço e permitirá aplicação de multa ao prestador (art. 5º e 6º, ambos no parágrafo único da Lei n. 13.460/2016).

Além do aviso, em caso específico do inadimplemento do usuário, a interrupção não poderá ferir o *"interesse da coletividade"*, ou seja, não poderá causar prejuízos difusos ou coletivos desproporcionais (art. 6º, § 3º, II da Lei n. 8.987/1995). É o interesse da coletividade que torna indevido o corte de serviços de energia a serviços sensíveis de saúde, seja de instituições públicas ou privadas, caso em que o prestador do serviço público, na qualidade de credor, deverá buscar garantir seus direitos por outros meios.

A respeito da interrupção, Dinorá Grotti aponta grandes variações de entendimento dos Tribunais brasileiros. Com base em farto levantamento de julgados, revela existir jurisprudência contra e favor do corte de energia e de serviços de fornecimento de água. No entanto, Grotti defende que "não pode haver a suspensão dos serviços obrigatórios, cuja prestação se faz no interesse público ou é essencial à dignidade da pessoa humana (é o caso da situação específica do fornecimento de água tratada e de coleta de esgoto)"[6] – entendimento igualmente defendido por Marçal Justen Filho.[7]

Acredita-se, no entanto, que a interrupção deva ser examinada em cada caso muito mais pelos seus efeitos diante do tipo de destinatário que pela natureza do serviço público em si. Serviços de água e de energia são essenciais, não há dúvidas. Entretanto, a interrupção destes e de outros serviços igualmente relevantes poderá ou não ser danosa a depender da situação. Não há como se igualar o corte do serviço público em prejuízo do funcionamento da UTI de um hospital inadimplente ao corte que afete uma simples sorveteria. No primeiro caso, há interesse da coletividade que veda a interrupção; no segundo, não. Como manda o art. 20 da LINDB, não basta olhar para o inadimplemento ocorrido no passado para tomar a decisão. É preciso examinar as consequências efetivas da decisão, não se devendo utilizar a continuidade em termos abstratos, desligada da realidade fática.

---

6. GROTTI, Dinorá Adelaide Musetti. Teoria dos serviços públicos e sua transformação. In: SUNDFELD, Carlos Ari (org.). *Direito administrativo econômico*, 2ª tiragem. São Paulo: Malheiros, 2002, p. 53.
7. JUSTEN FILHO, Marçal. *Concessões de serviços públicos*. São Paulo: Dialética, 1997, p. 130.

11.11 GENERALIDADE E UNIVERSALIDADE

O papel dos serviços públicos para a vida social e para a dignidade humana requer sua disponibilidade tanto em perspectiva temporal (continuidade), quanto do ponto de vista espacial e apesar dos variados graus de demanda de cada localidade. A generalidade, também chamada de universalidade, ressalta a disponibilidade sob essa faceta espacial e quantitativa. Exige que o prestador invista na infraestrutura e nos recursos humanos necessários para estender certo serviço público a todas as pessoas dele dependentes. Não interessa a perspectiva de lucro, o grau de renda de cada localidade. Todos têm igual direito a acessar o serviço, caso desejem. Daí ser inválida a proibição ou a restrição de acesso desvinculada de justificativa lícita e razoável.

Diante da escassez de recursos financeiros, humanos ou materiais, é verdade que o Estado nem sempre logrará oferecer acesso a todos os indivíduos ou estender a todos, simultaneamente, os mesmos padrões de qualidade. Ainda assim, ele deverá se organizar para paulatinamente atingir a universalização, mantendo a sustentabilidade econômico-financeira do serviço. Ao fazê-lo, deverá priorizar os destinatários que mais necessitam da prestação para garantir sua dignidade. A maior ou menor necessidade de um grupo populacional diante de outro é um dos principais critérios a guiar as políticas de universalização, que deverão ser estabelecidas em planos de médio e longo prazo, devidamente acompanhadas pelo titular e, quando houver, pelo regulador.

Mesmo quando se possa atender a todos os destinatários igualmente, a universalidade pode exigir que o Estado atue com base em políticas discriminatórias, ou seja, de modo a tratar diferentemente os variados grupos de usuários. Além disso, a generalidade não afastará distinções baseadas em imperativos técnicos ou destinadas a favorecer a eficiência do serviço, como se demonstrará mais adiante.

Na prática dos contratos de concessões e PPPs, destinados a viabilizar a execução indireta de serviços públicos, uma estratégia relevante para se estimular a universalização consiste em prever, como obrigação do prestador, a obrigação de observar um cronograma claro de obras e metas de cobertura, somada à previsão de remuneração variável, que se eleve conforme as metas sejam atingidas.

11.12 PRINCÍPIO DA MODICIDADE E TARIFA BÁSICA

A modicidade é característica dos serviços públicos pagos, ou melhor, remunerados por meio de taxa ou de tarifa. Módico significa pequeno, insignificante, modesto, reduzido. A tarifa módica configura a tarifa necessária, a menor possível para se prestar um serviço regular, viabilizar os planos de universalização, garantir a atualidade das tecnologias, imprimir eficiência, compensar investimentos e concretizar os demais atributos do serviço adequado.

Sob o ponto jurídico, a modicidade não obriga o Estado a cobrar tarifas deficitárias, incapazes de custear o serviço, nem equivale à gratuidade. A modicidade simplesmente demanda a razoabilidade da cobrança à luz dos custos e investimentos e dos princípios da generalidade, universalidade e acessibilidade real dos serviços remunerados. A razoabilidade é variável, já que depende da situação em que se encontra cada serviço, das metas que se pretende atingir e das condições dos diferentes grupos de usuários atendidos. Exatamente por isso, a modicidade jamais poderá ser verificada com uma análise simplista do valor nominal da tarifa.

A busca da modicidade orienta o Estado a explorar, sempre que possível, as chamadas receitas alternativas, acessórias e complementares, empregando-as para reduzir a cobrança pelo serviço público e para torná-lo cada vez mais acessível e universal (art. 11 da Lei n. 8.987/1995). Assim, por ilustração, para baratear as cobranças pelo uso de transporte coletivo urbano, o Município poderá explorar a publicidade em paradas ou nos próprios ônibus. Já a União, visando a reduzir as taxas aeroportuárias, poderá explorar o comércio em aeroportos, retirando daí receitas acessórias. Para gerar essas receitas adicionais, é importante que as concessões de serviços também prevejam estímulos aos concessionários. No geral, esse estímulo consiste em entrega de parcela dos valores obtidos com a fonte adicional. Ilícita, porém, será a completa absorção das receitas alternativas pelo concessionário, sem compartilhamento com os usuários do serviço público.

Adicione-se a isso que a modicidade impede que o Estado precifique as tarifas com o objetivo disfarçado de se enriquecer, de criar novas fontes de receitas, de arrecadar valores para outras finalidades que não o serviço público. O sistema de custeio desse tipo de serviço não se destina a engordar receitas financeiras. Para servir a essa finalidade, existem outros instrumentos, desde a cobrança de impostos e contribuições, passando-se pela exploração econômica do patrimônio estatal até a emissão de moeda. Entendo, pois, que viola a modicidade a previsão da transferência de um percentual da tarifa cobrada do usuário pelo concessionário, prestador do serviço, ao Estado na qualidade de poder concedente. Se o titular estatal delegou a execução do serviço, não mais assumindo qualquer custo da prestação, não pode se beneficiar de qualquer parcela das tarifas. Seguindo esse raciocínio, tanto as tarifas superavitárias quanto os excedentes delas derivados necessitam ser revertidos à universalização do acesso aos serviços (inclusive mediante subsídios a tarifas diferenciadas de outros usuários) e à atualização qualitativa do serviço público em linha com mudanças das necessidades sociais e avanços tecnológicos.

A modicidade não impede que, em certos setores, direcionem-se parcelas da tarifa de um grupo de usuários para subsidiar o acesso de outros. A Lei de Mobilidade Urbana (Lei n. 12.587/2012), ao tratar do serviço de transporte coletivo urbano, dispõe que "caso o Poder Público opte pela adoção de subsídio tarifário, o déficit originado deverá ser coberto por receitas extratarifárias, receitas alternativas, subsídios orçamentários, *subsídios cruzados intrassetoriais e intersetoriais provenientes de outras categorias de beneficiários dos serviços de transporte (...)*" (art. 9º, § 5º da Lei n. 12.587/2012, g.n.).

Fora isso, a jurisprudência brasileira não vislumbra na modicidade um óbice à cobrança de *tarifa básica* pela disponibilização de certos serviços aos cidadãos. A tarifa básica nada mais é que a cobrança de um valor mínimo, ainda que não haja consumo. Pela sua legalidade, o STJ aprovou a *Súmula n. 356*, conforme a qual "é legítima a cobrança de tarifa básica pelo uso dos serviços de telefonia fixa". Embora a Súmula trate de telefonia, a cobrança se justificará sempre que se mostrar relevante para garantir o serviço adequado. E, do ponto de vista econômico, é compreensível sua instituição a despeito do uso efetivo pelo fato de que o serviço público envolve custos fixos e variáveis. Mesmo quando a unidade consumidora conectada à rede não fizer uso do serviço em um determinado período, deixando de gerar custos variáveis, o prestador terá que arcar com custos fixos, ou seja, custos invariáveis no curto prazo e que se destinam, por exemplo, à manutenção da infraestrutura de rede, ao pagamento de funcionários etc. Mesmo que inexista consumo, a cobertura de todos os custos fixos será essencial para que se disponibilize ao usuário conectado à rede um serviço adequado sempre que ele deseje, daí porque não se pode entender a tarifa em sua mera relação com a quantidade do serviço efetivamente consumido[8]. A precificação do serviço é muito mais complexa que isso.

11.13 DISCRIMINAÇÕES NO SERVIÇO PÚBLICO E TARIFAS DIFERENCIADAS

Os princípios da generalidade e da modicidade não afastam o emprego de *"medidas de discriminação"* quer no tocante à oferta ou ao acesso a serviços públicos, quer em relação à remuneração. Políticas e instrumentos de tratamento diferenciado dos grupos de usuários ora assumem finalidade inclusiva, ora servem para promover a eficiência e a racionalidade na prestação do serviço. Há basicamente dois grupos de discriminações: (i) as de finalidade inclusiva e (ii) as de ordem técnica e lógica.

A discriminações inclusivas encontram justificativa no art. 3º da Constituição da República, que aponta, como objetivos maiores do Estado brasileiro, a construção de uma sociedade justa, a erradicação da pobreza, a redução de desigualdades sociais e regionais, além da promoção do bem de todos sem preconceitos.[9]

Exemplos de ações afirmativas ou discriminações inclusivas nos serviços públicos aparecem em muitos setores. Na saúde, usualmente se desenvolvem programas de conscientização e tipos de atendimentos para certos grupos populacionais a partir de um recorte de gênero, etnia ou faixa etária, considerando-se as vulnerabilidades de cada um. Na educação, empregam-se cotas para ingresso de alunos de escolas

---

8. Em detalhes sobre tarifa básica, cf. MARRARA, Thiago. *Licitude da cobrança de tarifa mínima para manutenção de serviços públicos de fornecimento de água e de coleta de esgoto*. RDA, v. 278. n. 2, 2019.
9. Em sentido semelhante, SCHIER, Adriana da Costa Ricardo. *Serviço público: garantia fundamental e cláusula de proibição de retrocesso social*. Curitiba: Íthala, 2016, p. 246.

públicas e afrodescendentes em universidades públicas com o objetivo de se combater a desigualdade histórica de oportunidades e garantir-lhes condições de desenvolver sua liberdade de trabalho (Lei Federal n. 12.711/2012). Já na prestação de serviços de telefonia, energia e transporte, preveem-se tarifas diferenciadas para grupos em situação de maior vulnerabilidade, como estudantes, pessoas de baixa renda e idosos (nem tanto pela idade em si, mas sim pela redução de renda que geralmente ocorre após a aposentadoria).

Além disso, como dito, existem discriminações de ordem técnica ou destinadas a promover a eficiência na gestão do serviço. Nesse sentido, o STJ editou a *Súmula n. 407*, conforme a qual "é legítima a cobrança de tarifa de água, fixada de acordo com as categorias de usuários e as faixas de consumo". Isso significa que usuários que utilizam mais água, podem ser obrigados a pagar uma tarifa proporcionalmente maior. Além disso, a Lei n. 8.987/1998 prevê de modo explícito a possibilidade de diferenciação de tarifas "em função das características técnicas e dos custos específicos provenientes do atendimento aos distintos segmentos de usuários" (art. 13). Essa lei geral aceita que alguns usuários, por gerarem mais custos à manutenção dos serviços, paguem mais que outros, ou que se cobre uma tarifa maior ou menor de acordo com a técnica empregada na prestação. Assim, por exemplo, é juridicamente válido que os condutores de veículos com mais eixos paguem maior pedágio em rodovias que veículos com menos eixos caso se comprove que o número de eixos está relacionado com o grau de desgaste da via.

Tal como visto ao longo da abordagem do princípio da igualdade no direito administrativo, políticas discriminatórias, inclusive na prestação de serviços públicos, necessitam cumprir alguns requisitos para se tornarem lícitas. Levando-se em conta os critérios desenvolvimento por Bandeira de Mello,[10] aqui adaptados ao serviço público, é preciso que: (i) se comprove uma desigualdade fática entre os grupos de usuários (*e.g.*, no tocante aos custos que geram para o prestador, à característica técnica do serviço que utilizam ou à situação socioeconômica); (ii) se demonstre a necessidade da diferenciação para promover um interesse público (por exemplo, eficiência do serviço, combate à desigualdade ou promoção do bem-estar social); (iii) seja a discriminação efetiva à consecução do objetivo esperado e (iv) se caracterize pela generalidade, atingindo grupos de usuários, e não um usuário individualizado.

11.14 MUTABILIDADE E ATUALIDADE

Embora não apareça com esse nome no art. 4º da Lei n. 13.460/2017 e no art. 6º, § 1º da Lei n. 8.987/1995, o princípio da mutabilidade ou da adaptabilidade, de origem francesa, consagrou-se no ordenamento e na teoria brasileira do serviço

---

10. BANDEIRA DE MELLO, Celso Antonio. *O conteúdo jurídico do princípio da igualdade*, 3ª ed. São Paulo: Malheiros, 2010, p. 21 e seguintes.

público. Como expressão do princípio do interesse público, ele impõe que os serviços públicos evoluam conforme as transformações das necessidades humanas e os avanços sociais, culturais, econômicos e técnicos. Do princípio da mutabilidade, resultam duas consequências relevantes em termos jurídicos, a saber:

- O poder-dever de a Administração Pública regulamentar o modo de prestação do serviço para atender aos anseios sociais, inclusive nas hipóteses de execução indireta, por exemplo, por empresa concessionária. Destarte, sempre que figurar como concedente, poderá o Estado motivadamente alterar as formas de prestação do serviço ao longo do contrato administrativo. Em compensação, a legislação garante ao delegatário do serviço o direito subjetivo ao reequilíbrio econômico-financeiro do contrato para se fazer frente aos custos advindos de novas determinações estatais quanto ao modo de prestação. Em última instância, a mutabilidade relativiza o *"pacta sunt servanda"* no direito administrativo para fazer valer os interesses públicos primários em benefício da coletividade.

- O dever de se manter o serviço atualizado. Nesse sentido, ao cuidar do serviço adequado, a Lei de Concessões determina que "a atualidade compreende a modernidade das técnicas, do equipamento e das instalações e a sua conservação, bem como a melhoria e expansão do serviço" (art. 6º, § 2º). Diga-se bem: os serviços não necessitam ser prestados por meio da tecnologia mais avançada dentre as existentes. Entretanto, cabe ao Estado garantir, ao menos, uma tecnologia adequada para o momento histórico. Fora isso, a atualidade abrange o dever de conservação dos serviços, de suas infraestruturas e equipamentos. Apesar do silêncio da lei, também é preciso compreender a atualidade como geradora do dever de se treinar e capacitar de forma contínua o conjunto de agentes responsáveis pelo serviço, sem o que de nada adiantará o investimento na atualização dos meios materiais.

11.15 OUTROS PRINCÍPIOS RELEVANTES

Ancorado na Constituição e detalhado na Lei de Concessões e no Código de Defesa dos Usuários de Serviços Públicos, o conceito de serviço adequado igualmente abrange uma série de outros atributos essenciais, como:

- A *"regularidade"*, ou seja, a necessidade de que a prestação do serviço público observe "regras, normas e condições preestabelecidas para esse fim ou que lhe sejam aplicáveis".[11] A definição parece inútil em termos jurídicos, já que não poderia o Estado ignorar o direito positivo por força do princípio constitucional da legalidade. No entanto, a previsão da regularidade como elemento

---

11. GROTTI, Dinorá Adelaide Musetti. Teoria dos serviços públicos e sua transformação. In: SUNDFELD, Carlos Ari (org.). *Direito administrativo econômico*, 2ª tiragem. São Paulo: Malheiros, 2002, p. 53.

do serviço adequado reafirma a imprescindibilidade de que a Administração Pública atue de modo exemplar, execute o serviço em consonância com as normas gerais e setoriais que o dirigem e, mais importante, em linha com políticas públicas essenciais ao desenvolvimento do país, por exemplo, em matéria de proteção do ambiente e de garantia da acessibilidade a pessoas deficientes ou com mobilidade reduzida. Não é demais reafirmar essa mensagem na legislação, pois, muitas vezes, é o próprio Estado que mais gera poluição, ignora regras de acessibilidade ou de segurança dos usuários, entre outras irregularidades. Basta olhar para a situação de muitas cidades brasileiras para se perceber essa incoerência: o Estado muitas vezes exige dos particulares o que ele mesmo não observa ao executar seus serviços. A reforçar a regularidade, o Código de Defesa do Usuário estabelece como diretriz geral para os serviços públicos: (i) o cumprimento de prazos e normas procedimentais; (ii) a observância de códigos de ética e de conduta; (iii) a igualdade no tratamento dos usuários; (iv) a razoabilidade, sobretudo pela adequação de meios e fins (art. 5º da Lei n. 13.460/2017).

- A *"eficiência"*, princípio do qual, entre outras coisas, decorre o dever de se evitar o desperdício de recursos públicos (economicidade), de prestar o serviço de modo célere (duração razoável) e, principalmente, de geri-lo no sentido de concretizar os interesses públicos primários e direitos fundamentais para os quais foram criados. Eficiência há que se entendida, portanto, como racionalidade, economicidade e efetividade. O Código de Defesa dos Usuários (art. 5º) estabeleceu inúmeras diretrizes que se alinham ao princípio em questão, tais como: (i) a de "eliminação de formalidade e exigências cujo custo econômico ou social seja superior ao risco envolvido"; (ii) a de "aplicação de soluções tecnológicas que visem a simplificar processos e procedimentos de atendimento ao usuário e a propiciar melhores condições para o compartilhamento das informações" e (iii) a de "vedação de exigência de nova prova sobre fato já comprovado em documentação válida apresentada". Muitos desses mandamentos foram repetidos na Lei de Desburocratização (Lei n. 13.874/2019), que em quase nada inova, apesar do nome pretensioso. Mais tarde, a Lei do Governo Digital (Lei n. 14.129/2021) também veio a reforçar esses mandamentos ao exigir, por exemplo, desburocratização, utilização de plataformas únicas, oferta de serviços digitais, uso de tecnologias para otimizar processos, simplificação procedimental, interoperabilidade de sistemas etc.

- A *"segurança"*, a seu turno, impõe que se organize e se preste o serviço público sem ampliar, injustificadamente, os riscos ao bem-estar do cidadão. A função de qualquer serviço é atender o usuário e ampliar seu bem-estar físico, psicológico e social, não o contrário. Para garantir a segurança, são fundamentais a atualidade técnica, a capacitação constante dos agentes públicos e a orientação dos usuários dos serviços quanto aos riscos que ele carrega (informação). Diante de danos ocasionados pelo serviço público, o Estado ou quem agir em seu nome responderá de modo objetivo na esfera civil, ou seja, a despeito da comprovação de culpo ou dolo (art. 37, § 6º da CF). No Código de Defesa do Usuário (art. 5º), a preocupação com a segurança também aparece em inúmeras diretrizes, como as que determinam a "adoção de medidas visando a proteção à saúde e a segurança dos usuários" e "a manutenção de instalações salubres, seguras, sinalizadas, acessíveis e adequadas ao serviço e ao atendimento".

- A *"cortesia"*, segundo Dinorá Grotti, "traduz-se em bom acolhimento ao público, constituindo-se em um dever do agente, da Administração Pública ou dos gestores indiretos e, em especial, em um direito do cidadão".[12] Acolhimento necessita ser entendido como urbanidade, educação e como cooperação. Nesse sentido, o Código do Usuário prescreve, como diretriz dos serviços públicos, o atendimento pautado na urbanidade, respeito, acessibilidade e cortesia, bem como a presunção de boa-fé dos usuários (art. 5º, I e II). Além disso, a cortesia necessita ser lida como um mandamento de cooperação, pelo qual o prestador assume o dever de orientar e auxiliar o usuário, ou melhor, de prestar-lhe o apoio necessário para que logre cumprir seus deveres e exercer seus direitos, tal como evidencia a Lei de Processo Administrativo federal (art. 3º, I).[13]

11.16 USUÁRIOS: LEI DE DEFESA E CÓDIGO DE DEFESA DO CONSUMIDOR

A Constituição prevê a necessidade de lei que garanta ao usuário a participação na gestão dos serviços e a possibilidade de apresentação de "reclamações relativas à prestação dos serviços públicos em geral, asseguradas a manutenção de serviços de atendimento ao usuário e a avaliação periódica, externa e interna, da qualidade dos serviços" (art. 37, § 3º, I). Note-se bem: a Constituição já falava há muito tempo de manifestação e, mais importante, de avaliação constante dos serviços públicos - mandamento que tem sido solenemente ignorado na prática. Além disso, o mesmo dispositivo exige a edição de lei que disponha sobre o direito dos usuários e o serviço adequado (art. 175, parágrafo único, II e IV).

Até 2017, a Lei de Concessões trazia as previsões mais gerais sobre essa matéria (art. 3º, 7º, 7º-A e 22). Em síntese, nela se prevê: (i) o direito de o usuário cooperar com a atividade fiscalizatória da prestação do serviço público, inclusive mediante denúncia de irregularidades; (ii) o direito ao serviço adequado; (iii) o direito de receber informações para defesa de seus interesses individuais e coletivos; (iv) o direito

---

12. GROTTI, Dinorá Adelaide Musetti. Teoria dos serviços públicos e sua transformação. In: SUNDFELD, Carlos Ari (org.). *Direito administrativo econômico*, 2ª tiragem. São Paulo: Malheiros, 2002, p. 60.
13. A respeito, MARRARA, Thiago. O conteúdo do princípio da moralidade: probidade, razoabilidade e cooperação. *Revista Digital de Direito Administrativo*, v. 3, n. 1, 2016, p. 116 e seguintes.

de escolher entre vários prestadores de serviços, quando houver; (v) o direito de optar por datas para o vencimento de seus débitos e (vi) o direito de obter certidão sobre atos, contratos, decisões ou pareceres relativos a concessão ou sua licitação.

A Lei ainda fixa o dever de o poder concedente "estimular a formação de associações de usuários para defesa de interesses relativos ao serviço" (art. 29, XII) e estabelece a aplicação do Código de Defesa do Consumidor aos usuários dos serviços públicos naquilo que, naturalmente, não tiver sido objeto de suas normas (art. 7º, *caput*). No entanto, a Emenda Constitucional n. 19/1998 estabeleceu em seu art. 27 que o Congresso devia elaborar uma lei específica de defesa do usuário de serviços públicos em 120 dias da publicação da emenda. Em 2013, diante da omissão do Congresso, o STF determinou novo prazo de 120 dias para se superar a mora legislativa ao julgar favoravelmente a ADO n. 24.

A decisão do Supremo estimulou elaboração da Lei n. 13.460, de 26 de junho de 2017, que passou a tratar da "participação, proteção e defesa do usuário dos serviços públicos da administração pública". Em seus 25 artigos e 7 capítulos, o chamado Código de Usuário dos Serviços Públicos abarca: (i) disposições preliminares, incluindo normas de aplicabilidade e definição de conceitos; (ii) direitos básicos e deveres dos usuários; (iii) normas sobre as manifestações de usuários de serviços públicos; (iv) normas sobre as ouvidorias; (v) normas sobre os conselhos de usuários; (vi) disposições sobre a avaliação continuada dos serviços públicos e (vii) disposições finais e transitórias.

Como diploma normativo que concretiza o art. 37, § 3º, I e o art. 175, parágrafo único, II e IV da Constituição, o Código se compõe de um corpo de garantias, direitos e deveres básicos que pautam e direcionam a prestação de serviços públicos do Estado brasileiro. Suas normas atingem os prestadores de serviços públicos em sentido amplo, incluindo atividades administrativas (serviços internos, de suporte ou complementares) ou de fornecimento de bens e serviços à população (art. 2º, II), no intuito de proteger o *"usuário"*, definido legalmente como "pessoa física ou jurídica que se beneficia ou utiliza, efetiva ou potencialmente, de serviço público" (art. 2º, I).

Sob a perspectiva do sujeito que oferta os serviços públicos, seus mandamentos protetivos incidem sobre todos os entes da administração direta e indireta em qualquer um dos três níveis federativos (União, Estados e Municípios). Isso não impede que os entes políticos detalhem seus mandamentos em normativas próprias, como estabelece o art. 17 ao exigir que disciplinem a organização e o funcionamento de suas ouvidorias. Contudo, em relação aos serviços do Judiciário e do Legislativo, o Código não faz qualquer menção dentro do art. 1º, § 1º. No entanto, defende-se que a eles também compete o dever de garantir os mesmos padrões de participação e atendimento dos usuários, sem prejuízo de normas especiais. Essa conclusão se extrai do próprio Código que, em inúmeros outros dispositivos, faz referência direta a palavra "poderes". Essa referência aos poderes em geral evidencia que o legislador não desejou se limitar aos serviços prestados pelo Executivo.

Conforme disposição expressa (art. 1º, § 2º), a aplicação das normas do Código não deve servir de argumento para afastar o cumprimento simultâneo de normas regulamentadoras específicas, nem de normas previstas no Código de Defesa do Consumidor (CDC), quando caracterizada uma relação de consumo. Isso reforça a ideia de que o Código dos Usuários configura um conjunto de normas básicas, às quais se somarão garantias especiais. Porém, no âmbito dos serviços públicos prestados por particulares na qualidade de delegatários, a ordem de aplicabilidade se inverte. Por força do art. 1º, § 3º, o Código do Usuário deverá ser empregado subsidiariamente ao CDC nos casos de execução indireta do serviço, ou seja, execução por terceiros em nome do titular, como ocorre em concessões e permissões, bem como em contratos de gestão com organizações sociais.

Essas regras de aplicabilidade são relevantes para delimitar os destinatários das normas do Código, que criam uma série bastante abrangente de direitos aos usuários e, por conseguinte, impõem muitos deveres aos prestadores de serviços. Nesse sentido, entre outras coisas, o art. 6º do Código confere aos usuários o direito básico à participação na prestação e na avaliação dos serviços; à liberdade de escolha; ao acesso e à proteção de suas informações, assim como o direito à obtenção de informações precisas a respeito do funcionamento do serviço (horários, localização, encarregados, valores de taxas etc.), inclusive pela internet. Em 2020, o Código foi ampliado com normas de proteção do usuário sobre o corte de serviços por inadimplemento, já comentadas quando se tratou do princípio da continuidade. Complementarmente, o Código impõe ao usuário os deveres de utilizar de modo adequado o serviço, de prestar informações quando solicitadas, de colaborar na prestação e preservar os bens públicos necessários a tanto (art. 8º).

Com a aprovação do Código do Usuário, o CDC passou a desempenhar um papel distinto a depender do tipo de prestador. Se o prestador for público, então aplicar-se-á inicialmente o Código do Usuário e subsidiariamente o CDC, se realmente caracterizada uma relação de consumo (art. 1º, § 2º, II). Se o prestador for privado, em delegação, então o CDC é aplicado primariamente, deixando-se ao Código do Usuário em aplicação subsidiária (art. 1º, § 3º). Esse esclarecimento se mostra relevante, pois o CDC também prescreve uma série de deveres aos prestadores de serviços públicos.

Apenas para ilustrar, em primeiro lugar, o CDC aponta que a figura do "fornecedor" abrange pessoas jurídicas de direito público (art. 3º, *caput*), ou seja, entes que componham a Administração Direta ou Indireta. Em segundo, reafirma que: "Os órgãos públicos, por si ou suas empresas, concessionárias, permissionárias ou sob qualquer outra forma de empreendimento, são obrigados a fornecer serviços adequados, eficientes, seguros e, quanto aos essenciais, contínuos" (art. 22, *caput*). Em terceiro, ressalta a necessidade de garantir o serviço adequado, bem como a racionalização e a melhoria dos serviços públicos ao tratar dos princípios da política nacional das relações de consumo (art. 4º, II 'd' e VII).

A partir desses dispositivos resta evidente que o CDC é aplicável às relações de usuários de serviços públicos desde que sirva para ampliar sua proteção como cidadão. Não é possível negar essa aplicabilidade, sob pena de se colocar o usuário de serviço público em situação menos protegida que a do consumidor de um simples serviço privado. Ressalte-se, porém, que o Código do Usuário modificou as normas de aplicabilidade e, como dito, nos serviços públicos prestados diretamente pela Administração, o CDC terá aplicação subsidiária desde que se configure relação de consumo. Já para os serviços públicos privatizados, aplicar-se-á primariamente o CDC e subsidiariamente o Código do Usuário.

11.17 DEFESA DO USUÁRIO: INSTRUMENTOS OBRIGATÓRIOS

A legislação brasileira trata de direitos dos usuários em variados diplomas, desde a Lei Geral de Concessões até a Lei de Governo Digital, que será comentada oportunamente. No entanto, é na Lei n 13.460 que o Congresso Nacional estabeleceu o mais abrangente rol de direitos e deveres dos usuários, bem como diretrizes gerais de funcionamento de serviços públicos. Essa lei disciplina instrumentos de natureza processual e organizacional com o escopo de concretizar seus propósitos e favorecer os usuários. Nesse tratamento normativo, destacam-se seis ferramentas imprescindíveis e que, portanto, devem ser implementados por todos os prestadores de serviços, a saber:

- O *"quadro geral de serviços"* (art. 3º), publicado com periodicidade mínima anual e no qual cada poder nas três esferas especificará os serviços prestados, com os respectivos órgãos e entes responsáveis, assim como a autoridade administrativa a quem eles estão subordinados ou vinculados.

- A *"carta de serviços ao usuário"* (art. 7º) que, conforme regulamentação de cada ente federado, deverá trazer informações precisas sobre os serviços oferecidos, sobre as condições de acesso, as etapas de processamento, a forma e o prazo máximo de prestação, apresentação de eventual manifestação do usuário, bem como sobre os compromissos e padrões de qualidade do atendimento. A Carta será atualizada periodicamente e deverá ser disponibilizada na página eletrônica do órgão ou entidade. Além disso, os entes federativos deverão inserir as informações da Carta na Base Nacional de Serviços Públicos, mantida pelo Poder Executivo federal.

- O *"direito de manifestação"* (art. 9º a 12). De acordo com a definição legal, manifestações são "reclamações, denúncias, sugestões, elogios e demais pronunciamentos de usuários que tenham como objeto a prestação de serviços públicos e a conduta de agentes públicos na prestação e fiscalização de tais serviços" (art. 2º, V). O Código garante ao usuário devidamente identificado o direito de apresentar manifestações nessas mais variadas formas, dirigindo-as à ouvidoria ou, na sua falta, diretamente ao órgão executor ou ao órgão superior ao qual estiver vinculado ou subordinado. Apesar da identificação obrigatória, os dados do requerente deverão ser protegidos nos termos da Lei de Acesso à Informação. Os agentes públicos não estão autorizados a solicitar os motivos determinantes da manifestação, nem mesmo recusar seu recebimento por ter sido enviada por meio eletrônico, por correspondência convencional ou apresentada verbalmente. Para facilitar o exercício do direito em questão, os órgãos deverão elaborar formulários próprios para sua apresentação, facultando-se ao usuário sua utilização. Interessante notar que o Código estabelece um procedimento para o tratamento da manifestação, que se inicia com a recepção pelo canal adequado e com a emissão do comprovante de recebimento, passa pela fase de análise e obtenção de informações e culmina na decisão final, cujo conteúdo deve ser enviado à ciência do usuário.

- As "*ouvidorias*" (art. 13 e seguintes), que configuram órgãos administrativos com funções precípuas de promover a participação do usuário, acompanhar a prestação do serviço, propor seu aperfeiçoamento, a prevenção e correção de irregularidades, propor medida de defesa dos usuários, receber e analisar manifestações, além de promover a adoção de medidas de mediação e conciliação entre o usuário e a Administração, sem prejuízo de outras atribuições previstas em regulamentos de cada esfera federativa. Para que efetivamente demonstrem sua funcionalidade, além de processar as reclamações, as ouvidorias deverão: elaborar relatório anual, em que consolidarão as propostas de melhorias dos serviços; oferecer uma análise qualitativa e quantitativa das manifestações recebidas e indicar as providências adotadas na sua solução. No exercício de sua função, as ouvidorias detêm certos poderes, como o de solicitar diretamente informações e esclarecimentos a agentes públicos do órgão ou da entidade a que se vincula, as quais devem ser respondidas em vinte dias, prorrogáveis por igual período. O ouvidor se submeterá aos meios tradicionais de controle interno e externo, bem como à fiscalização pelo conselho de usuários.

- O "*conselho de usuários*" (art. 18 a 22), órgão colegiado consultivo formado por usuários que tem por funções acompanhar os serviços públicos, participar na sua avaliação, propor melhorias, contribuir para a definição de diretrizes de atendimento adequado e, mais importante, monitorar e avaliar a atuação do ouvidor, bem como ser consultado, facultativamente, quanto à sua escolha. A composição do conselho deve representar todos os grupos de usuários de modo equilibrado e seus membros serão eleitos em processo aberto ao público e diferenciado por tipo de usuário. A lei não estabelece, porém, o período de mandato, mas simplesmente que o exercício da função ocorrerá sem qualquer tipo de remuneração. Nesse aspecto, fica claro que os conselheiros assumem o papel de agentes públicos colaboradores e, portanto, respondem pelo exercício de suas funções, sobretudo na esfera da improbidade e na disciplinar. Os detalhes não definidos no Código deverão ser objeto de regulamento próprio de cada poder nas três esferas da federação.

- E a *"avaliação continuada"* (art. 23 e 24), que deve compreender análises sobre o grau de satisfação com o serviço prestado, a qualidade do atendimento ao usuário, o cumprimento de compromissos e prazos, a quantidade de manifestações dos usuários e as medidas adotadas para a melhoria e o aperfeiçoamento do serviço. A avaliação deverá envolver, no mínimo, uma pesquisa de satisfação anual, cujo resultado se publicará integralmente na internet, acompanhado de um ranking de entidades com o maior número de reclamações. Cada esfera federativa definirá em regulamento próprio os detalhes procedimentais desse instrumento. Como se demonstrará a seguir, a Lei de Governo Digital retoma a obrigatoriedade das ferramentas de avaliação e lhes dá ainda mais destaque.

11.18 SERVIÇO PÚBLICO DIGITAL (LEI DO GOVERNO DIGITAL)

A Lei do Governo Digital – LGD (Lei n. 14.129/2021) tem relevância expressiva no tratamento jurídico dos serviços públicos. Editada pelo Congresso Nacional, trata de "princípios, regras e instrumentos para o aumento de eficiência da administração pública, especialmente por meio da desburocratização, da inovação, da transformação digital e da participação do cidadão" (art. 1º, *caput*). A princípio, a LGD incide sobre todos os órgãos dos três poderes da União, incluindo o Ministério Público e o Tribunal de Contas. Além disso, aplica-se às entidades prestadoras de serviços públicos federais, inclusive a empresas estatais no exercício dessas tarefas. Todavia, diferentemente do que ocorre com a Lei de Defesa dos Usuários, a LGD não se estende automaticamente a Estados e Municípios, que, para adotá-la, deverão editar atos próprios.

Em breve síntese geral, o diploma federal traz: (i) disposições gerais, incluindo princípios e diretrizes de governo digital, bem como definições importantes, como a de autosserviço; (ii) normas sobre digitalização da administração pública e a prestação digital de serviços públicos; (iii) normas sobre identificação de pessoas físicas ou jurídicas nos bancos de dados de serviços públicos; (iv) normas sobre o governo como plataforma, incluindo aspectos de abertura dos dados e interoperabilidade de dados entre órgãos públicos; (v) normas sobre domicílio eletrônico; (vi) sobre os laboratórios de inovação; (vii) sobre governança, gestão de riscos, controle e auditoria; além de (viii) alterações a leis diversas, como a de acesso à informação e a de defesa dos usuários de serviços públicos.

Muitos desses temas são estratégicos para a melhoria e a extensão de serviços públicos com o apoio de novas tecnologias pelo território continental brasileiro, no qual boa parcela da população enfrenta dificuldades e custos significativos para interagir presencialmente com órgãos públicos e viabilizar direitos fundamentais. No sentido de superar essas adversidades, os princípios e as diretrizes constantes do art. 3º da LGD impõem, entre outros aspectos: a desburocratização, a modernização, o fortalecimento e a simplificação das relações do Estado com a sociedade, mediante serviços digitais e acessíveis inclusive por dispositivos móveis; a disponibilização de plataforma única de acesso a informações e serviços públicos, sem prejuízo da prestação presencial; a possibilidade de demandas e acesso a serviços públicos por meio digital sem solicitação presencial; o incentivo ao controle social; o uso de linguagem clara e compreensível; o uso de tecnologias sempre que possível para otimizar processos; a atuação integrada dos prestadores, inclusive com o compartilhamento de dados pessoais; a simplificação de procedimentos nos serviços públicos com foco na universalização do acesso e no autosserviço, definido como "serviço público prestado por meio digital, sem necessidade de mediação humana" (art. 4º, II); o estímulo à qualificação de servidores para uso de tecnologias, para inclusão digital da população, para adoção de assinaturas eletrônicas e para implantação de estratégias de transformação digital na Administração Pública.

Além dos princípios, a LGD exige que a Administração Pública utilize soluções digitais para suas políticas públicas (art. 5º) e que a prestação digital de serviços públicos se dê preferencialmente por autosserviço (sem mediação humana) e por tecnologias de amplo acesso à população, inclusive no sentido de favorecer a de baixa renda e a residente em áreas rurais ou isoladas (art. 14). Para contribuir com a equidade de acesso e sua universalização, sobretudo em favor de grupos vulneráveis, a lei também estimula que o Poder Público garanta acesso e conexão para uso dos serviços digitais, de maneira a reduzir os custos dos usuários (art. 50).

A prestação digital de serviços públicos, de acordo com a LGD, baseia-se em três componentes essenciais (art. 18). O primeiro deles é a Base Nacional de Serviços Públicos, que reúne informações sobre todos os serviços públicos prestados em cada ente federado (art. 19). O segundo é a Carta de Serviços ao Usuário, nos termos definidos pela Lei n. 13.460/2017. O terceiro, as plataformas de governo digital (art. 21), que viabilizam a prestação dos serviços e devem conter, entre outras funcionalidades, ferramentas de solicitação de atendimento e acompanhamento do serviço, agendamento digital, avaliação pelos usuários, meios de pagamento digital, ouvidoria etc. A plataforma também deverá oferecer o painel de monitoramento dos serviços públicos, que albergará informações sobre solicitações em andamento e concluídas, tempo médio de atendimento e grau de satisfação dos usuários (art. 22).

Para que a política de governo digital seja efetiva, a LGD estabelece uma série de obrigações aos prestadores. O art. 24 estipula que lhes caberá, por exemplo, manter devidamente atualizadas as Cartas de Serviços e as Plataformas de Governo Digital, buscar e monitorar a melhoria dos serviços a partir das avaliações dos usuários, eliminar exigências desnecessárias aos usuários e tornar os serviços interoperáveis. A valorizar o diálogo com a sociedade, os prestadores deverão igualmente realizar testes e pesquisas com os usuários para tornar os serviços digitais mais simples, intuitivos, acessíveis e personalizados. Além disso, com o objetivo de favorecer, compartilhar e disseminar as melhores práticas nos serviços digitais, discutir soluções e novas tecnológicas, bem como estabelecer padrões e políticas, o Executivo federal poderá criar "redes de conhecimento" (art. 17). Nesses dispositivos, portanto, a lei valoriza a cooperação e a comunicação tanto na relação do Estado com a sociedade, quanto nas relações de natureza intra e interadministrativas, buscando afastar o insulamento dos órgãos públicos.

Somando-se ao Código de Defesa dos Usuários, a LGD ainda traz um rol de direitos dos usuários, com destaque para a realidade dos serviços digitais (art. 27). Nesse tocante, prevê: a gratuidade de acesso; o atendimento conforme a Carta de Serviços; a padronização de procedimentos; o direito ao recebimento de protocolo e de escolha do canal preferencial de comunicação. Esse canal é chamado de domicílio eletrônico (art. 42) e será fixado de acordo com a opção do usuário dentre os meios digitais disponíveis. Nas comunicações, ademais, será fundamental que se adotem meios de comprovação de autoria e de comprovação de emissão e de recebimento, mantendo-se esses dados comprobatórios por, ao menos, 5 anos (art. 43).

11.19 BIBLIOGRAFIA PARA APROFUNDAMENTO

AGUILLAR, Fernando Herren. *Serviços Públicos*. São Paulo: Saraiva, 2011.

AMARAL, Antônio Carlos Cintra do. *Concessão de serviços públicos*. São Paulo: Quartier Latin, 2012.

ARAGÃO, Alexandre Santos de. *Direito dos Serviços Públicos*, 2ª ed. Rio de Janeiro: Forense, 2008.

BACELLAR FILHO, Romeu Felipe; BLANCHET, Luiz Alberto. *Serviços públicos – estudos dirigidos*. Belo Horizonte: Fórum, 2015.

BANDEIRA DE MELLO, Celso Antônio. *Prestação de serviços públicos e administração indireta*. São Paulo: Revista dos Tribunais, 1979.

BARATIERI, Noel Antônio. *Serviço público na Constituição Federal*. Rio de Janeiro: Livraria do Advogado, 2014.

BATISTA, Joana Paula. *Remuneração de serviços públicos*. São Paulo: Malheiros, 2005.

BITENCOURT NETO, Eurico. *Devido procedimento equitativo e vinculação de serviços públicos delegados*. Belo Horizonte: Fórum, 2011.

CAMPOS, Rodrigo Augusto de Carvalho. *As competências para regulação dos serviços públicos: a visão dos Tribunais Superiores*. São Paulo: Verbatim, 2012.

CARVALHO, Ricardo Motta Vaz de. *A greve no serviço público*. Rio de Janeiro: América Jurídica, 2005.

CHEVALIER, Jacques. *A reforma do estado e a concepção francesa do serviço público*. Revista do Serviço Público, v. 120, n. 3, 1993.

CONRADO, Regis da Silva. *Serviços públicos à brasileira*. São Paulo: Saraiva, 2013.

COUTINHO, Diogo Rosenthal. *Direito e economia política na regulação de serviços públicos*. São Paulo: Saraiva, 2017.

DAL POZZO, Augusto Neves. *Aspectos fundamentais do serviço público no direito brasileiro*. São Paulo: Malheiros, 2012.

DI PIETRO, Maria Sylvia Zanella. *Parcerias na Administração Pública: concessão, permissão, franquia, terceirização, parceria público-privada e outras formas*, 8ª ed. São Paulo: Atlas, 2011.

FALEIROS JÚNIOR, José Luiz de Moura. *Administração Pública Digital*. São Paulo: Foco, 2020.

FERRAZ, Sérgio; SAAD, Amauri Feres. *Autorização de serviço público*. São Paulo: Malheiros, 2018.

FREIRE, André Luiz. *O regime de direito público na prestação de serviços públicos por pessoas privadas*. São Paulo: Malheiros, 2014.

GABARDO, Emerson. O novo Código de Defesa do Usuário de Serviço Público: Lei n. 13.460/2017. *Revista Colunistas*, n. 367, 2017.

GASIOLA, Gustavo Gil; MARRARA, Thiago. Concessão de rodovia: análise crítica da prática contratual brasileira. *Revista de Direito Público da Economia*, v. 52, 2015.

GROTTI, Dinorá Adelaide Musetti. *O Serviço Público e a Constituição Brasileira de 1988*. São Paulo: Malheiros, 2003.

GROTTI, Dinorá Adelaide Musetti. Teoria dos serviços públicos e sua transformação. In: SUNDFELD, Carlos Ari (org.). *Direito administrativo econômico*, 2ª tiragem. São Paulo: Malheiros, 2002.

JUSTEN FILHO, Marçal. *Concessões de serviços públicos*. São Paulo: Dialética, 1997.

KLEIN, Aline Lícia; MARQUES NETO, Floriano de Azevedo. *Tratado de direito administrativo*, v. 4: funções administrativas do Estado. São Paulo: Revista dos Tribunais, 2014.

MACERA, Paulo. Serviço público no século XXI: conceito e finalidades. *Revista Digital de Direito Administrativo*, v. 3, n. 2, 2016.

MARQUES NETO, Floriano de Azevedo. *Concessões*. Belo Horizonte: Fórum, 2009.

MARRARA, Thiago. *Aspectos concorrenciais da concessão de florestas públicas*. Revista de Direito Público da Economia, v. 32, 2010.

MARRARA, Thiago (org.). *Estatuto da Metrópole: Lei 13.089/2015 comentada*. Ribeirão Preto: FDRP/USP, disponível em www.direitorp.usp.br/wp-content/uploads/2022/01/Estatuto-da--metropole-comentado.pdf

MARRARA, Thiago. Licitude da cobrança de tarifa mínima para manutenção de serviços públicos de fornecimento de água e de coleta de esgoto. *RDA*, v. 278. n. 2, 2019.

MARRARA, Thiago. O Código de Defesa do Usuário de Serviços Públicos. *Colunistas*, n. 383, disponível em http://www.direitodoestado.com.br/colunistas/thiago-marrara/o-codigo-de-defesa-do-usuario-de-servicos-publicos-lei-n-13460-2017-seis-parametros-de-aplicabilidade.

MARRARA, Thiago. Serviços de taxi: aspectos jurídicos controvertidos e modelos regulatórios. *Direito da Cidade*, v. 8, 2016.

MARRARA, Thiago. Transporte público e desenvolvimento urbano: aspectos jurídicos da política nacional de mobilidade. *Revista Digital de Direito Administrativo*, v. 2, n. 1, 2015.

MENEGAT, Fernando. *Serviço público, regulação e concorrência*. Rio de Janeiro: Lumen Juris, 2020.

MOTTA, Fabrício; VALLE, Vanice Regine Lírio. *Governo digital e a busca por inovação na Administração Pública*. Belo Horizonte: Fórum, 2022.

OLIVEIRA, Carlos Roberto de. *A greve nos serviços essenciais no Brasil e na Itália*. São Paulo: LTr, 2013.

PEREIRA, César A. Guimarães. *Usuários de serviços públicos*. São Paulo: Saraiva, 2008.

PFEIFFER, Roberto. Aplicação do Código de Defesa do Consumidor aos serviços públicos. *Revista de Direito do Consumidor*, v. 17, 2008.

PFEIFFER, Roberto. Serviços públicos concedidos e proteção do consumidor. *Revista de Direito do Consumidor*, v. 36, 2000.

PIRES, Luís Manuel Fonseca. *O Estado Social e Democrático e os serviços públicos*. Belo Horizonte: Fórum, 2012.

POZZO, Augusto Neves Dal. *Aspectos fundamentais do serviço público no direito brasileiro*. São Paulo: Malheiros, 2012.

RAIS, Diogo; PRADO FILHO, Francisco Octavio de Almeida. *Direito público digital*. São Paulo: Revista dos Tribunais, 2020.

SCARTEZZINI, Ana Maria Goffi Flaquer. *O princípio da continuidade do serviço público*. São Paulo: Malheiros, 2006.

SCHIER, Adriana da Costa Ricardo. *Serviço público: garantia fundamental e cláusula de proibição do retrocesso social*. Curitiba: Editora Íthala, 2015.

SCHIRATO, Vitor Rhein. *Livre iniciativa nos serviços públicos*. Belo Horizonte: Fórum, 2012.

SILVEIRA, Raquel Dias da. O repensar da noção de serviço público sob o paradigma da realidade brasileira. In: FERRAZ, Luciano; MOTTA, Fabrício (coord.). *Direito público moderno: homenagem ao professor Paulo Neves de Carvalho*. Belo Horizonte: Del Rey, 2003.

SOUZA, André Luiz de. *A modicidade tarifária nas concessões de serviços públicos*. Faculdade de Direito de Ribeirão Preto da Universidade de São Paulo (dissertação de mestrado), 2016.

SOUZA, Rodrigo Pagani de. Cooperação interfederativa na gestão de serviços públicos: o caso dos resíduos sólidos. *RDDA*, v. 2, n. 2, 2015.

VALE, Murilo Melo. *Obrigações de serviços públicos no setor privado*. Belo Horizonte: Fórum, 2022.

ZOCKUN, Carolina Zancaner. *Da intervenção do estado no domínio social*. São Paulo: Malheiros, 2009.

12
POLÍCIA ADMINISTRATIVA

12.1 SENTIDOS MATERIAL, NORMATIVO E ORGANIZACIONAL

Diante de um Estado tão extenso, complexo e imiscuído nos mais diferentes espaços sociais e econômicos, a definição do poder de polícia talvez consista em uma das mais dificultosas tarefas do direito administrativo contemporâneo, como registrou Caio Tácito há algumas décadas.[1] Apesar disso, *grosso modo*, reconhece-se que o conceito de poder de polícia (ou polícia administrativa ou poder ordenador) aceita três definições a depender da perspectiva que se adote.

Num *"sentido material"*, a polícia configura função administrativa, uma atividade de restrição de liberdades e outros direitos fundamentais destinada a tutelar interesses públicos primários. No *"sentido normativo"*, designa o conjunto de normas criadas pelo legislador e pela Administração Pública para reger essas atividades restritivas. Já no *"sentido organizacional"* ou subjetivo, a polícia desponta como o corpo de entidades, órgãos e agentes públicos que executam referidas normas e desempenham a atividade de restrição das liberdades. À polícia administrativa em sentido material (como atividade) soma-se a polícia em sentido normativo (como regras e princípios de polícia) e em sentido organizacional (como sujeitos competentes para executá-las). Isso mostra que o conceito em questão é plurissignificativo.

Na doutrina, mostra-se mais frequente o emprego da expressão "poder de polícia" no sentido material, também chamado por alguns de atividade ordenadora da Administração.[2] A faceta material fica evidente na definição de Caio Tácito, para quem polícia é "o conjunto de atribuições concedidas à administração para disciplinar e restringir, em favor do interesse público adequado, direitos e liberdades individuais. Essa faculdade administrativa não violenta o princípio da legalidade, porque é da própria essência constitucional das garantias do indivíduo a supremacia dos interesses da coletividade. Não há direito público subjetivo absoluto no Estado moderno. Todos se submetem com maior ou menor intensidade à disciplina do interesse público, seja em sua formação ou em seu exercício".[3]

---

1. TÁCITO, Caio. O poder de polícia e seus limites. *RDA*, v. 27, 1952, p. 2.
2. Isso se verifica no direito alemão e, mais raramente, em algumas obras brasileiras, a exemplo de SUNDFELD, Carlos Ari. *Direito administrativo ordenador*. São Paulo: Malheiros, 1993, em geral e, mais tarde, BINEMBOJM, Gustavo. *Poder de polícia, ordenação, regulação*, 2ª ed. Belo Horizonte: Fórum, 2017.
3. TÁCITO, Caio. O poder de polícia e seus limites. *RDA*, v. 27, 1952, p. 8.

O sentido material também aparece na definição de Bandeira de Mello, para quem a função de polícia tem por objeto, inversamente ao serviço público, "restringir, limitar, condicionar, as possibilidades de atuação livre das pessoas, fiscalizá-las e penalizar os comportamentos infracionais, a fim de tornar exequível um convívio social ordenado".[4] Trata-se, em essência, de "ação administrativa de efetuar os condicionamentos legalmente previstos ao *exercício da liberdade e da propriedade* das pessoas a fim de compatibilizá-lo com o bem-estar social. Compreende-se, então, no bojo de tal atividade a prática de atos preventivos (como autorizações, licenças), fiscalizadores (como inspeções, vistorias, exames) e repressivos (multas, embargos, interdição de atividades, apreensões)".[5]

Embora elaboradas em momentos distintos, as duas definições e tantas outras que as seguem abarcam elementos fundamentais do poder de polícia. Trata-se de uma função estatal que restringe ou condiciona direitos fundamentais de pessoas físicas e jurídicas para promover interesses públicos primários. A restrição dos direitos não é fim em si, senão ferramenta para promoção ou proteção de outros direitos e interesses públicos.

Exemplos dessa ação estatal encontram-se nos mais diferentes campos. Ora o Estado limita o direito de construir, exigindo licenças urbanísticas de quem deseja levantar um edifício ou promover sua demolição. Ora o Estado limita o exercício de atividade profissional, por exemplo, mediante imposição de exames de habilitação técnica. Ora o Estado limita atividades empresariais ao estipular horários de funcionamento de estabelecimentos, normas de prevenção de incêndios, zoneamento para desempenho de certas atividades pelas áreas da cidade etc.

Em todos esses exemplos, a finalidade imediata da polícia administrativa é de natureza restritiva que, mediatamente, favorece interesses públicos. É essa finalidade inicialmente restritiva que a diferencia das funções administrativas prestativas, como o serviço público e o fomento. Por se embasar no domínio eminente do Estado sobre seu território, a polícia implica constrangimentos ao exercício da liberdade ou da propriedade privada daqueles submetidos à soberania estatal, ainda que não sejam nacionais e mesmo que não tenham praticado atos dentro do território, contanto que tais atos nele tenham produzido efeitos. Veja-se, apenas para exemplificar essa afirmação, que o poder de polícia repressivo do CADE na seara da defesa da concorrência se estende a qualquer pessoa que tenha praticados atos contra a ordem econômica que produzam efeitos danosos no Brasil (teoria dos efeitos).

Porém, o caráter restritivo por si só não é suficiente para caracterizar e singularizar a polícia diante de certas funções administrativas, como o poder disciplinar.

---

4. BANDEIRA DE MELLO, Celso Antônio. *Grandes temas de direito administrativo*. São Paulo: Malheiros, 2010, p. 291.
5. BANDEIRA DE MELLO, Celso Antônio. *Grandes temas de direito administrativo*. São Paulo: Malheiros, 2010, p. 295.

Por isso, é preciso considerar que a polícia não é qualquer poder restritivo, mas sim um *"poder extroverso"*, que se estende de dentro da entidade estatal em direção à sociedade. O poder de polícia atinge qualquer pessoa física ou jurídica, de direito público ou privado, sob a jurisdição do ente que está legitimado a exercê-la. Dada essa faceta restritiva, o ordenamento somente atribui poder de polícia a certas entidades.

12.2 DEFINIÇÃO DE PODER DE POLÍCIA NO DIREITO POSITIVO

O direito administrativo brasileiro, marcadamente esparso e fragmentado, não contém uma sistematização a respeito das atividades de polícia ou ordenação. Não há lei geral de polícia, nem competência do Congresso para editá-la. Na verdade, existem leis setoriais, ora editadas pelo Congresso Nacional, ora pelas Assembleias Legislativas ou pelas Câmara Municipais a depender da divisão constitucional de competências para cada campo (proteção ambiental, urbanismo, defesa da concorrência, saúde, alimentação, comércio etc.).

Além de não haver lei geral, não se vislumbra qualquer norma dentro da Constituição da República que mencione as expressões "poder de polícia" ou "polícia administrativa". A Constituição contém unicamente alguns dispositivos que autorizam o exercício dessa atividade restritiva em nichos específicos. Exemplos disso se vislumbram nas previsões de fiscalização estatal da indústria bélica e do mercado financeiro (art. 21, VI e VIII); de controle estatal de procedimentos, produtos e substâncias de interesse para a saúde, bem como de alimentos, bebidas e águas para consumo humano (art. 200, I e VI); de controle de produção, de comercialização e emprego de técnicas, métodos e substâncias que comportem risco para a vida, a qualidade de vida e o meio ambiente (art. 225, § 1º, V); de disciplina dos investimentos de capital estrangeiro e remessa de lucros (art. 172) ou de repressão das práticas contra a ordem econômica e financeira (art. 173, § 5º).

Apesar desses vários dispositivos, nem a previsão explícita, nem a definição da atividade de polícia administrativa figuram no texto constitucional. É o Código Tribunal Nacional que busca definir o conceito, mormente em vista de sua relevância para o regime das taxas. De acordo com o CTN (art. 78), a polícia administrativa consiste na "atividade da administração pública que, limitando ou disciplinando direito, interesse ou liberdade, regula a prática de ato ou abstenção de fato, em razão de interesse público concernente à segurança, à higiene, à ordem, aos costumes, à disciplina da produção e do mercado, ao exercício de atividades econômicas dependentes de concessão ou autorização do Poder Público, à tranquilidade pública ou ao respeito à propriedade e aos direitos individuais ou coletivos".

Assim como ocorre na doutrina, a definição do Código Tributário Nacional valoriza o sentido material. Fala-se de polícia como *atividade* que limita direito, interesse ou liberdade, e que atinge tanto a prática do ato quanto um comportamento omissivo do particular. Ao descrever o conceito, o legislador esclarece que a polícia administrativa abrange deveres de agir, não agir ou de tolerar. Com isso, afastou a ideia de que a atividade restritiva do Estado se resumiria à imposição de comportamentos comissivos dos particulares.

Ademais, o artigo mencionado do CTN trata da polícia como "disciplina", ou seja, como conjunto de normas que estabelecem restrições a direitos fundamentais "em razão de" interesses públicos inúmeros. Ressalte-se o plural da última expressão. Não há um interesse público, mágico, genérico, obscuro e que tudo justifica. Muito pelo contrário. A Constituição explicitamente destaca inúmeros objetivos ao Estado, dentre os quais a defesa do consumidor, a proteção do ambiente, a garantia da livre iniciativa e da livre concorrência, a promoção da saúde e da educação. Em complemento, há outros valores e objetivos gerais implícitos no ordenamento. Todos eles representam interesses públicos primários. Protegê-los é a tarefa maior do Estado, em última instância, porque todo interesse público se associa a um direito individual, coletivo ou difuso.[6]

A *"presença do interesse público"* configura o ponto fundamental a justificar a polícia administrativa como poder restritivo e novamente a distingui-lo de poderes semelhantes, como o disciplinar. A polícia consiste em atividade restritiva que limita direitos para garantir direitos! Cronologicamente, passa-se do interesse público primário devidamente identificado, que justifica uma medida restritiva concreta de limitação de direitos para, como resultado indireto, ocasionar a promoção de direitos. A polícia instrumentaliza a restrição de uns no curto prazo em benefício de muitos em uma segunda fase, mais ou menos distantes do momento em que a restrição ocorreu. Daí porque polícia sem interesse público é abuso ou arbítrio. Polícia sem benefício a direitos é restrição desnecessária.

Por conta da ausência de comprovação de benefício da medida de polícia para o interesse público, o STF já editou súmulas para barrar algumas iniciativas legais. A *Súmula Vinculante n. 49* (antiga Súmula 646) afirma que "ofende o princípio da livre concorrência lei municipal que impede a instalação de estabelecimentos comerciais do mesmo ramo em determinada área". Leis que tratam de localização de estabelecimentos nada mais são que leis de polícia urbanística, mas, para o Supremo, a restrição que ocasionam contraria interesses públicos primários tutelados por normas constitucionais regentes da ordem econômica, como a livre iniciativa, já que novos agentes econômicos ficarão impedidos de concorrer em certa área urbana. Em caminho diverso, a Corte entende ser constitucional a fixação de horário de funcionamento de estabelecimento comercial pelo Município, tal como dispõe a *Súmula vinculante n. 38* (antiga Súmula 645). Aparentemente, aqui, não há problema na regra de polícia, já que o horário atinge igualmente a todos.

---

6. MARRARA, Thiago. O exercício do poder de polícia por particulares. *RDA*, v. 269, 2015, p. 260.

12.3 POLÍCIA ADMINISTRATIVA E OUTRAS FUNÇÕES ESTATAIS

Para se bem compreender o conceito de polícia administrativa, é preciso resgatar e aprofundar suas diferenças frente a outras funções estatais, sobretudo a polícia judiciária, os serviços públicos, o fomento, o poder disciplinar, a intervenção econômica e as restrições à propriedade.

Ao longo de sua evolução histórica, o direito administrativo consagrou uma distinção entre "polícia administrativa" e "polícia judiciária". Em um primeiro momento, tentou-se fazer a distinção em tela com base no conteúdo da atividade. A polícia administrativa seria preventiva de lesões ao ordenamento jurídico e a polícia judiciária, reparatória. A primeira envolveria, por exemplo, o controle de porte de armas, controle de uso de espaços públicos etc. Além disso, seria marcada por alto grau de discricionariedade para se garantir ao Estado a flexibilidade necessária à proteção de valores coletivos e difusos considerados fundamentais – mesmo porque o Legislador jamais lograria prever todos os casos de antemão. Enfim, estaria sob incumbência do Executivo. A seu turno, a polícia judiciária seria executada pelo Poder Judiciário e, de modo geral, serviria à investigação dos delitos que a polícia administrativa não pudesse evitar, à coleta de provas e sua entrega aos tribunais e entidades competentes; à preparação de processos, possibilitando a repressão pela sanção judicial – sempre coordenada pelo Poder Judiciário e regida por normas processuais judiciais (CPC e CPP).

Essa separação radical, sobretudo com base em um critério pautado na atividade exercida, tem-se mostrado incapaz de explicar a realidade estatal hoje predominante. Há muitas décadas, Themístocles Brandão Cavalcanti ressaltava a artificialidade da distinção em tela. A polícia é mista sob perspectiva material. Tanto a administrativa quanto a judiciária congregam atividades preventivas e repressivas.[7] Para Ruy Cirne Lima, a real diferença entre os dois conceitos está no tipo de ordenação jurídica a que se submetem.[8] A polícia judiciária segue normas processuais judiciais, enquanto a polícia administrativa, o direito e o processo administrativos. José Cretella Júnior reforça ambas as ideias: quanto à atividade, as polícias são mistas (sempre preventivas e repressivas) e quanto à organização, distintas.[9] Em síntese, a ideia de prevenção e repressão perdeu todo sentido para explicar a repartição entre polícia judiciária e administrativa.[10] Se alguma distinção existe, ela repousa muito mais na entidade que exerce os poderes policiais (aspecto organizacional) e no ordenamento sobretudo processual e punitivo que a rege (aspecto formal).

---

7. CAVALCANTI, Themístocles Brandão. *Curso de direito administrativo*, 3ª ed. Rio de Janeiro: Freitas Bastos, 1954, p. 128.
8. CIRNE LIMA, Ruy. *Princípios de direito administrativo*, 7ª ed. São Paulo: Malheiros, 2007, p. 314.
9. CRETELLA JÚNIOR, José. *Tratado de direito administrativo*, volume V, 2ª ed. Rio de Janeiro: Forense, 2006, p. 39 a 42.
10. Também nesse sentido, KLEIN, Aline Lícia; MARQUES NETO, Floriano de Azevedo. *Tratado de direito administrativo*, v. 4: funções administrativas do Estado. São Paulo: Revista dos Tribunais, 2014, p. 239.

Outra importante distinção envolve o poder de polícia e o disciplinar. Para se compreendê-la, é necessário recordar que existem, ao menos, quatro tipos de relação jurídica entre o Estado e as pessoas, a saber: (i) relações contratuais (Estado x contratante privado); (ii) relações funcionais ou laborais (Estado x agente público); (iii) relações especiais (Estado x beneficiários de serviços públicos); e (iv) relações de sujeição geral (Estado x pessoas sujeitas a seu poder soberano sobre o território).

O *"poder disciplinar"* diz respeito às relações funcionais e às relações especiais. As funcionais envolvem o Estado e o agente público; as relações especiais, o Estado e aqueles que recebem seus serviços. Os destinatários do poder disciplinar são tanto os agentes públicos da entidade estatal quanto os usuários de seus serviços. Trata-se de um poder introverso, voltado para dentro, existente em todas as entidades públicas e que se destina a viabilizar seu bom funcionamento e a garantir o respeito interno aos princípios e regras de direito administrativo. Não é outra a função do poder das universidades estatais sobre seus discentes, docentes e demais servidores no tocante às atividades desempenhadas no âmbito da pesquisa, do ensino e da extensão.

Diversamente, o exercício do poder de polícia ocasiona restrições à vida de pessoas, físicas ou jurídicas, para proteger valores públicos e promover harmonia social. Nessas situações, a sujeição pessoal ao poder estatal de polícia baseia-se no domínio eminente, na soberania do Estado sobre um território, independentemente de um contrato, de uma relação funcional ou de um vínculo formal de prestação de serviço. Tampouco depende da presença do indivíduo no território. No entanto, o poder de polícia ocorre nos limites territoriais do ente político que é competente para exercê-lo. Por força de seu caráter limitativo da vida privada, ou seja, de comportamentos que ultrapassam as fronteiras da entidade que o exerce, trata-se de um poder extroverso (de dentro para fora do Estado), baseado sempre em lei e titularizado apenas pelas entidades que o ordenamento jurídico apontar. Isso revela, pois, que todas as entidades estatais detêm poder disciplinar (sobre usuários e servidores), mas apenas algumas têm competência para exercer a polícia administrativa.

Quadro comparativo: poder de polícia x poder disciplinar

	Poder de polícia	Poder disciplinar
Destinatários	Pessoas físicas ou jurídicas, estatais ou não estatais, a despeito de vínculo com o ente que o exerce (poder extroverso)	Agentes públicos e usuários de serviços no âmbito das atividades oficiais da entidade estatal que o exerce (poder introverso)
Titularidade	De entidades selecionadas por lei	De todas as entidades estatais
Fundamento	Domínio eminente (soberania de cada ente político da federação sobre seu território)	Hierarquia
Objetivos	Tutela de interesses públicos primários (como a ordem urbanística, o ambiente, a defesa do consumidor, da segurança e da concorrência)	Organização interna, promoção dos princípios de direito administrativo no âmbito do ente estatal

Fonte: elaboração própria

É preciso igualmente ressaltar a diferença entre poder de polícia, serviço público e fomento. O serviço público gera uma comodidade que beneficia diretamente o cidadão (educação pública, por exemplo), enquanto o fomento estatal consiste no estímulo à geração dessas comodidades pela própria sociedade (por exemplo, mediante crédito estudantil para que cidadãos possam custear a graduação em uma universidade particular). Serviço público e fomento são amostras de funções administrativas prestativas ou benéficas. Diversamente, a polícia administrativa atinge negativamente a esfera particular com o objetivo de gerar, em um segundo momento, benefícios indivisíveis para a coletividade. Trata-se de atividade restritiva de direitos e interesses.

Por se tratar de atividade de limitação, as normas que regem o poder de polícia devem estar previstas em lei, devem ser razoáveis e interpretadas restritivamente. A legalidade para o poder de polícia é forte. Exige-se que o Estado tenha, ao menos, um fundamento legal para restringir os direitos fundamentais no intuito de promover interesses públicos primários. Essa exigência é chamada de "reserva legal" e se extrai da Constituição, cujo art. 5º, II determina que "ninguém será obrigado a fazer ou deixar de fazer alguma coisa senão em virtude de lei". Em outras palavras, o que se está a dizer é que o Estado somente poderá obrigar alguém a fazer algo independentemente de sua vontade quando o legislador o autorizar a tanto.

Por força do princípio da segurança jurídica, não se pode esperar que o indivíduo adivinhe o que o Estado dele espera em termos comportamentais. Por isso, salvo em casos legítimos de deslegalização, os deveres de agir ou não agir devem ser expressos na lei de modo minimamente claro e interpretados de maneira restritiva. Além disso, por seu caráter restritivo, é fundamental que as normas de polícia respeitem a razoabilidade, baseada no princípio constitucional da moralidade. As normas e medidas de restrição de direitos fundamentais necessitam demonstrar aptidão para atingir o fim que delas se espera (regra da adequação), devem ser a mais branda possível dentre as adequadas (regra da necessidade) e não devem gerar mais malefícios que benefícios (regra da proporcionalidade em sentido estrito). Haverá razoabilidade no caso concreto somente quando essas três regras forem simultaneamente observadas.

Tampouco se confunde o poder de polícia com as técnicas de *"intervenção na economia"*, nem com as de intervenção estatal na propriedade. Esses conceitos se sobrepõem em alguns momentos, mas não se identificam por completo. É verdade que a intervenção econômica poderá se valer de polícia administrativa, sobretudo quando for indireta por direção (regulação). No entanto, existem formas de intervenção econômica indireta que têm caráter positivo e prestativo (intervenção por indução ou fomento a certos segmentos de mercado) e de intervenção direta (por participação ou por absorção a partir da atuação de empresas estatais) – formas essas que não se encaixam no conceito de polícia administrativa.

De igual modo, o conceito em debate nem sempre se confunde com a intervenção estatal na propriedade. É verdade que inúmeras vezes o Estado restringe a propriedade baseando-se no poder de polícia (por exemplo, quando o CADE intervém na gestão de uma empresa). No entanto, existem situações em que a propriedade privada sofre limitações estatais com base em poderes disciplinares ou contratuais (como ocorre na ocupação de bens de concessionárias de serviços públicos). Torna-se, assim, impossível afirmar que toda e qualquer medida de restrição estatal da propriedade materialize o poder de polícia, embora muitas delas se sustentem nesse poder.

12.4 POLÍCIAS PREVENTIVA, FISCALIZATÓRIA E REPRESSIVA

Além de depender de amplo arcabouço normativo, no plano operacional ou material, adotando-se um critério finalístico de análise, a polícia administrativa busca promover interesses públicos primários por meio de:

i) Atividades *"preventivas"*, que orientam o comportamento dos particulares com o objetivo de evitar lesões a interesses públicos primários determinados e de resguardar direitos. Atos liberatórios são exemplos típicos dessa faceta preventiva, como a licença ambiental para construção de uma indústria, a licença urbanística para demolição de um edifício ou a autorização do CADE para a realização de uma fusão empresarial. Além disso, na política de prevenção são frequentemente utilizados atos acautelatórios (como apreensões de mercadorias ou fechamento de estabelecimentos comerciais)[11] e atos ordinatórios (como ordens de controle de trânsito nas cidades). Mais recentemente, tem se tornado igualmente comum a prevenção por meio de ações comunicativas, como as campanhas de orientação ou conscientização da sociedade a respeito da importância de se observarem certas normas, por exemplo, na seara ambiental ou do trânsito. Essas ações não geram efeito limitativo direto dos direitos fundamentais, mas, ainda assim, configuram atividade de polícia de caráter acessório.

ii) Atividades *"fiscalizatórias"*, que englobam um conjunto de medidas necessárias à obtenção de informação a respeito do cumprimento da legislação administrativa e servem a fornecer à Administração Pública dados necessários para combater infrações a normas de polícia por meio de medidas cautelares ou processos administrativos repressivos.

iii) Atividades *"repressivas"*, que abrangem a responsabilização de pessoas físicas ou jurídicas por infrações administrativas, a imposição de medidas punitivas (sanções) contra aqueles que agem em violação das normas administrativas de polícia e, mais recentemente, o estabelecimento de medidas corretivas baseadas no consenso. Enquadra-se nessa última situação o uso de alguns acordos, como os compromissos de cessação de prática lesiva do ambiente ou

---

11. Em mais detalhes sobre o poder cautelar, cf. CABRAL, Flávio Garcia. *Medidas cautelares administrativas*. Belo Horizonte: Fórum, 2021.

da ordem econômica. Muitos desses mecanismos repressivos também podem servir para fins preventivos, por exemplo, ao se estipular que o particular adote medidas capazes de mitigar os riscos de nova infração.

Em última instância, baseadas na normatização, a prevenção, a fiscalização e a repressão são estratégias estatais empregadas no desempenho da função de polícia administrativa para limitar direitos fundamentais num primeiro momento para, em seguida, promover interesses públicos primários. Essas estratégias devem ser sempre públicas em virtude da necessidade de se legitimá-las democraticamente. Melhor dizendo: elas dependem de uma "escolha do povo" por meio de seus representantes, expressa em políticas e assentada em normas legais. A escolha das estratégias demanda alta legitimação, o que pressupõe constante presença estatal, viabilizada pela manifestação do Legislativo, sem prejuízo da adoção eventual de técnicas de deslegalização.

12.5 ATOS E ACORDOS NA ATIVIDADE DE POLÍCIA

A operacionalização das referidas estratégias do ciclo de polícia depende de ações complementares do poder público, ou seja, de medidas de implementação. É preciso evitar a confusão entre as definições de polícia (organizacional, material ou normativa), as estratégias de polícia (repressiva, fiscalizatória ou preventiva) e os meios que a viabilizam. Com base na tradicional classificação dos atos da administração consagrada no direito brasileiro, é possível sustentar que os referidos "meios de ação" englobam:

i) *"Atos normativos"*, ou melhor, regras e princípios que estruturam o poder de polícia, que preveem infrações, sanções, medidas cautelares, atos liberatórios, atos ordinatórios entre outras medidas, bem como as normas que impõem limites à liberdade (*e.g.* limites de velocidade para condução de veículos, limites máximos e mínimos de construção ou limites para emissão de ruído e demais tipos de poluição). Por força da reserva legal imposta constitucionalmente (art. 5º, II da CF), não se deve impor restrições positivas ou negativas ao exercício de direitos sem lei que assim autorize, ainda que implicitamente. Disso decorre que a normatização da polícia pela Administração Pública é muito mais limitada nesse contexto do que em relação às atividades prestativas, como serviços públicos e o fomento. Essas normas, além de baseadas em lei, devem respeito obrigatório também à razoabilidade e à segurança jurídica. Para viabilizar esses princípios, o ordenamento prevê técnicas como os regimes de transição e a proteção de direitos adquiridos e atos jurídicos perfeitos, por exemplo.

ii) *"Atos administrativos em sentido estrito"*, entendidos como provimentos administrativos que viabilizam, modificam, condicionam ou impedem o exercício de direitos, incluindo licenças, autorizações, credenciamentos, sanções, mandamentos cautelares. Esses atos são expedidos por escrito, por meio oral ou gestual, bem como mediante atos mecânicos, elétricos ou digitais intermediados por máquinas, como os sinais de trânsito. Típicos atos de polícia preventiva são as autorizações e as licenças, vistas, respectivamente, como atos discricionários e vinculados. Na prática, entretanto, o ordenamento nem sempre observa essa distinção. Já a polícia repressiva é materializada no geral por atos sancionatórios, que, além de previstos em lei, somente poderão ser cominados com respeito prévio do devido processo legal. Afinal, de acordo com o art. 5º, "aos litigantes, em processo judicial *ou administrativo, e aos acusados em geral* são assegurados o contraditório e a ampla defesa, com os meios e recursos a ela inerentes" (g.n.). Os atos repressivos deverão respeitar, ainda, outros princípios básicos do direito administrativo sancionador (*lex certa, lex previa, lex stricta e lex scripta*).[12]

iii) *"Atos técnicos ou meramente opinativos"*, incluindo laudos, pareceres, perícias e outros atos informativos ou instrutórios necessários à seleção, preparação e elaboração de medidas preventivas ou restritivas. Exemplos dessa categoria se vislumbram na vistoria veicular, nos estudos de impacto em matéria ambiental ou urbanística (EIA e EIV), nos pareceres econômicos sobre operações concorrenciais e nos laudos técnicos sobre medicamentos pendentes de registro. Os vícios relativos a esses atos somente podem ser atacados na medida em que a análise técnica ou a opinião tenha sido absorvida por uma decisão administrativa. Se o ato não for considerado como suporte da decisão, ele não terá qualquer efeito no mundo jurídico, razão pela qual será inútil o seu controle. Nessa hipótese, sobrará apenas a possibilidade de se buscar a responsabilização do agente responsável por sua elaboração, caso tenha violado alguma norma comportamental, como as que regem impedimentos, deveres disciplinares, conflitos de interesse etc.

iv) *"Atos materiais ou de mera execução"*, incluindo a remoção ou a destruição de objetos, a entrega e a coleta de documentos, a filmagem de eventos, a gravação de dados, as escutas ambientais e as inspeções. De modo geral, tais atos materializam um mandamento normativo que influencia direitos. Quando mal executados, é possível que tanto o Estado quanto o agente responsável pelos atos materiais sejam responsabilizados por eventuais danos ocasionados de maneira indevida aos indivíduos.

v) *"Acordos administrativos"*, que, por conta do movimento de consensualização que permeia o direito administrativo a partir da década de 1990, hoje se tornaram frequentes seja polícia preventiva ou na repressiva. Exemplo de acordo preventivo é o celebrado entre um empreendedor e a autoridade do

---

12. A respeito, cf. MARRARA, Thiago; NOHARA, Irene Patrícia. *Processo administrativo: Lei n. 9.784/99 comentada*, 2ª ed. São Paulo: Revista dos Tribunais, 2018, p. 539 e seguintes.

SISNAMA para ajustar as condicionantes da licença ambiental ou entre duas ou mais empresas e a autoridade concorrencial do SBDC para estipular condições necessárias à aprovação de uma concentração econômica. Exemplo de acordo celebrado na polícia repressiva são os compromissos de cessação de prática infrativa (por exemplo, no direito ambiental e concorrencial)[13] e os acordos de leniência, pelos quais um dos infratores se propõe a permutar sua colaboração com o Estado nas tarefas de instrução processual para obter uma redução das sanções.[14] Por influência do direito italiano, esses acordos são usualmente classificados como integrativos ou substitutivos. Os integrativos acoplam-se ao processo administrativo (como a leniência e os acordos em processo de concentração econômica). Já os substitutivos ocasionam a princípio a suspensão do processo administrativo e, ao final, seu arquivamento (caso dos compromissos de cessação de prática em relação ao acusado que o celebra).

12.6 CARACTERÍSTICAS E LIMITES

Os atos e acordos empregados no desenvolvimento das atividades fiscalizatórias, preventivas e repressivas de polícia administrativa não são necessariamente discricionários. Há atos marcados por forte vinculação, como a licença estatal para o exercício de certas atividades privadas. Em outros atos, porém, prepondera a discricionariedade, como se vislumbra nas autorizações. Nos acordos de polícia, especificamente, a discricionariedade está presente em alguns momentos (no da celebração, geralmente) e a vinculação em outros (no de abertura de negociações solicitadas pelo particular, por exemplo). Isso se vislumbra nos acordos de leniência e nos compromissos de cessação de prática de maneira semelhante.

É comum que atos de polícia se caracterizem pela coercibilidade e pela autoexecutoriedade, temas que serão examinados com mais profundidade no volume 3 deste manual. Em poucas palavras, a *"coercitividade"* (ou imperatividade) indica a autonomia do ato quanto à vontade do destinatário. O ato pode ser elaborado, editado e ganha eficácia a despeito da concordância do destinatário com sua existência ou com seu conteúdo. Basta que a Administração o edite lícita e moralmente, para que ele ingresse no ordenamento jurídico, seja considerado válido e se torne eficaz. A concordância do particular não constitui requisito de validade ou de eficácia do ato restritivo de polícia, embora a Administração Pública deva respeitar garantias fundamentais, como o devido processo legal, antes de editá-lo.

---

13. Cf. MARRARA, Thiago. Regulação consensual: o papel dos compromissos de cessação de prática no ajustamento de conduta dos regulados. *RDDA*, v. 4, n. 1, 2017.
14. Cf. MARRARA, Thiago. Sistema Brasileiro de Defesa da Concorrência. São Paulo: Atlas, 2015, capítulo 6 e DI PIETRO, Maria Sylvia Zanella; MARRARA, Thiago. *Lei anticorrupção comentada*. Belo Horizonte: Fórum, 2017, comentários ao art. 16 e ao art. 17.

No caso dos acordos administrativos celebrados no âmbito do poder de polícia, inexiste coercitividade. A celebração de qualquer acordo dependerá do consentimento do interessado, ou seja, da concordância da pessoa a que ele se destina como medida de polícia. Por consequência, não há leniência válida sem concordância do infrator, nem compromisso de cessação sem consentimento do acusado.

A *"autoexecutoriedade"*, a seu turno, indica a possibilidade de a Administração executar o ato de polícia, limitativo de direito fundamental, sem a necessidade de manifestação judicial. É preciso ter em mente que essa regra não é absoluta. Em muitos casos, a restrição administrativa é tão intensa, que somente poderá ocorrer mediante autorização prévia do Judiciário. As inspeções administrativas (de restaurante, de fábricas etc.) são medidas fiscalizatórias marcadas pela autoexecutoriedade. No entanto, a busca e apreensão de propriedade particular (por exemplo, computadores de uma empresa investigada pelo CADE) dependem de provimento judicial prévio. Uma das grandes dificuldades que se põe ao intérprete é exatamente a de encontrar elementos que permitam afirmar a existência ou não de autoexecutoriedade no caso concreto, já que o ordenamento jurídico se mostra frequentemente obscuro a esse respeito. A esse tema, voltarei no capítulo de atos administrativos no volume III deste manual.

Por conta do caráter restritivo da polícia administrativa e em virtude dos traços de unilateralidade, coercibilidade e autoexecutoriedade que marcam seus atos, é fundamental que a sociedade incessantemente a acompanhe e a controle. Ao fazê-lo, cumpre verificar se as leis e os meios de execução das variadas estratégias de polícia respeitam: (i) os princípios gerais da Administração Pública, sobretudo o da impessoalidade, o da proporcionalidade em sentido amplo (razoabilidade) e o da reserva legal; (ii) os requisitos de validade dos atos administrativos no tocante a cada um de seus elementos (motivo, finalidade, sujeito, conteúdo e forma) e (iii) os direitos fundamentais garantidos pela Constituição da República, como a ampla defesa, a inviolabilidade da vida privada, da intimidade e do domicílio, e o direito à informação. É verdade que esses limites incidem sobre todo e qualquer tipo de função administrativa, mas, como dito, mostram-se sobremaneira relevantes para a polícia administrativa por sua natureza altamente interventiva sobre a liberdade e outros direitos fundamentais.

12.7 DELEGAÇÃO DA POLÍCIA A PARTICULARES: ASPECTOS LEGAIS E TEÓRICOS

A Lei n. 11.079/2004 veda o uso de contrato de parceria público-privada para transferir ao particular atividades de polícia, regulação etc. (art. 4º, III). No mesmo sentido, a Lei n. 13.019/2014 proíbe à Administração celebrar parcerias sociais que tenho por objeto, envolvam ou incluam, direta ou indiretamente, poder de polícia, regulação ou fiscalização (art. 40, *caput*). Apesar dessas regras muito pontuais, no ordenamento jurídico brasileiro, não se encontra uma norma geral que esclareça, de maneira unificada, se a execução de atividades de polícia pode ou não ser delegada a particulares, como empresas privadas, empresas estatais, pessoas físicas etc. Nesse contexto, tampouco a clareza quanto aos limites de eventual delegação.

Já em 1952, Caio Tácito tratou da delegação de ações de polícia e posicionou-se claramente sobre o tema ao aduzir que a competência pertence à esfera federal, estadual ou municipal, de modo concorrente ou exclusivo conforme a matéria. Nas hipóteses legais, registrou que a polícia *"poderá, ainda, ser delegada ou transferida. Dependerá sempre, no entanto, de determinação legal específica ou genérica, não podendo ser presumida ou deduzida por analogia ou extensão"*. (g.n.).[15] O trecho revela que Tácito reconhecia a possibilidade da delegação, embora não tenha detalhado quais meios policiais ela abrangeria e quem seria o delegatário. Insistiu na existência de previsão legal, específica ou genérica, como condição essencial para retirar a execução das mãos do Estado e lançá-la ao particular.

Há dois pontos que exigem aprofundamento. Em primeiro lugar, as atividades de polícia não são transferidas em bloco aos particulares. Falar de uma delegação genérica parece irreal. A experiência brasileira revela que usualmente se transfere a prática de atos específicos, sobretudo os de natureza fiscalizatória, técnica e material. Ao se fazer a delegação de ações específicas, desponta o debate acerca do que venha a ser atividade de suporte (meio) e atividade principal (fim). Ocorre que nem sempre é clara ou convincente a separação. O direito positivo sequer a trata de forma explícita e geral. Fiscalizar é atividade meio ou fim? Sancionar ou expedir uma licença são ações de suporte ou principais? Contribuir com a instrução de processos baseados no poder de polícia é meio ou fim? Para se responder a essas e outras perguntas, há que se volver às distinções básicas.

As atividades meio correspondem ao suporte para medidas que efetivamente atingem a esfera de direitos do administrado. Na qualidade de ações de suporte, não são elas aptas a diretamente viabilizar, modificar ou obstar o exercício de direitos. Delas não resultam efeitos jurídicos diretos. É o que se vislumbra quanto aos atos materiais (de mera execução), que não se confundem com os atos administrativos que o impõem. Isso também se nota nos atos opinativos que, por si sós, não produzem efeitos contra o cidadão, já que dependem de ato administrativo ulterior que os adote como fundamento. Destarte, atos materiais (como a execução da fiscalização) configuram meios, assim como os atos opinativos (um laudo). Os atos liberatórios, os atos sancionatórios, as medidas cautelares e os atos normativos, bem como certas decisões de fiscalização configuram decisões administrativas e se enquadram no conceito de atividade fim.

A partir dessa separação, ao se falar de delegação do poder de polícia, há que se diferenciar: (a) a delegação de atividades fins, isto é, de atividades que diretamente afetam direitos, como o ato de criar norma geral de polícia e o ato concreto

---
15. TÁCITO, Caio. O poder de polícia e seus limites. *RDA*, v. 27, 1952, p. 11.

que aplica uma sanção administrativa ambiental a um poluidor e (b) a delegação de atividades meio, que apenas indiretamente afetam direitos, como a de instalar um radar de controle de velocidade de tráfego em certa avenida e, eventualmente, operá-lo. Para se examinar a legalidade da delegação, uma diferenciação quanto ao tipo de atividade policial (preventiva, repressiva ou fiscalizatória) parece se colocar em segundo plano. Isso, porque em todas elas existem ações de fim e de meio.

Tome-se o exemplo da fiscalização. A determinação de quem será fiscalizado e como isso ocorrerá exige um juízo discricionário realizado pelo Estado. Portanto, a fiscalização envolve alguns atos com efeitos jurídicos sobre terceiros (atividades fins). Entretanto, uma vez fixadas as determinações pelo Estado, a execução da fiscalização consistirá em pura execução (ou atividade de suporte). Apesar de simples, o exemplo revela que atividades principais e acessórias permeiam qualquer uma das três estratégias de polícia (fiscalização, prevenção e repressão), daí novamente porque se insistiu na distinção do plano estratégico e do plano operacional (atos e acordos).

O detalhamento da delegação da polícia quanto à atividade não esgota toda a complexidade do problema. Valorizando-se o critério subjetivo, cabe olhar para os sujeitos aptos a receberem a incumbência de executar as ações policiais em nome do Estado. A partir desse critério, é possível identificar quatro situações:

i) A delegação a *"pessoas físicas"*, como capitães de navios e comandantes de aeronaves;

ii) A delegação a *"pessoas jurídicas de direito privado sem finalidade lucrativa"* e sem atuação econômica, como as associações de moradores;

iii) A delegação a *"pessoas jurídicas de direito privado, porém estatais"*, como as sociedades de economia mista ou empresas públicas que exercem atividades de polícia de trânsito urbano. Aqui eventualmente haverá finalidade lucrativa, mas o ente privado será dirigido conforme interesses públicos, dado que o Estado exerce poder de controle na sociedade;

iv) A delegação a *"pessoas jurídicas de direito privado não estatais e com finalidades lucrativas"*, como uma empresa sem qualquer participação estatal ou com participação minoritária, sem influência relevante sobre o comando da sociedade. Eis o grande problema quando se pensa em privatização das tarefas repressivas em debate.

O reconhecimento dessa variabilidade de hipóteses de delegação do poder de polícia em razão dos tipos de delegatário e dos meios transferidos revela-se fundamental para compreender e criticar os argumentos favoráveis e contrários à delegação. A favor da delegação a entes privados pesariam:

i) A necessidade de suprir deficiências funcionais da Administração Pública mediante colaborações pontuais de particulares. Ao delegar, o Estado ganharia mais capacidade para responder a alterações de demanda de maneira célere ou para atuar em contextos em que a presença da autoridade pública se mostraria inviável, inconveniente ou altamente custosa;

ii) A presunção de que os particulares seriam capazes de agir com mais eficiência e economicidade, de modo que a delegação ocasionaria benefício no tocante ao uso racional de recursos públicos e, por conseguinte, benefícios ao próprio povo, como grupo que sustenta o Estado por meio do trabalho;

iii) A flexibilidade do regime jurídico aplicado aos particulares, por exemplo, em matéria de contratação de recursos humanos e de obras, bens e serviços, o que lhes permitiria elevada adaptabilidade às necessidades da função administrativa e maior rapidez para absorver avanços tecnológicos;

iv A distinção entre atividades meio e atividades fins de polícia, a partir da qual seria possível afirmar que o exercício das ações de caráter acessório por particulares representaria baixo risco aos interesses públicos primários, contanto que as decisões estratégicas restassem na esfera estatal.

Em sentido contrário, os argumentos imagináveis não são menos numerosos. Dentre eles, vale mencionar os de que:

i) A polícia se inseriria em um campo de atividades típicas e exclusivas do Estado,[16] pois envolveria autoridade e poder de restrição da liberdade e da propriedade, não se igualando a outras funções administrativas que, por não terem caráter predominantemente restritivo, sujeitar-se-iam à execução indireta (quando monopolizadas) e, em alguns casos, à livre-iniciativa;

ii) A execução de polícia por entidades com fins lucrativos, como empresas estatais ou empresas particulares, contrariaria interesses públicos primários em virtude do risco de se manipular a ação restritiva, sobretudo a sancionatória, no intuito de se aumentar o lucro;

iii) O regime mais flexível dos trabalhadores privados não lhes garantiria a imprescindível autonomia para aplicar a lei e as medidas de polícia de modo impessoal, pois restariam sujeitos a maiores pressões por parte do empregador;[17]

iv) O princípio da isonomia ou da igualdade primária dos membros do corpo social seria violado na medida em que os particulares no exercício de atividade de polícia estariam em situação privilegiada em relação ao resto da sociedade. Por conta disso, o poder de polícia somente poderia ser manejado por um corpo neutro, que agisse com base na impessoalidade em relação a todos, ou seja, o Estado;

---

16. Criticamente sobre o argumento, cf. MENDONÇA, José Vicente Santos de. Estatais com poder de polícia: por que não? *RDA*, v. 252, 2009, p. 101.
17. Ver MENDONÇA, José Vicente Santos de. Estatais com poder de polícia: por que não? *RDA*, v. 252, 2009, p. 110.

v) Há dúvida quanto à pressuposição de que o exercício da polícia por particulares seria mais eficiente,[18] já que tal asserção, de cunho extrajurídico, dependeria de comprovação empírica em cada caso; e

vi) Não há autorizativo constitucional para a delegação do exercício de atividade de polícia, diferentemente do que se vislumbra em relação ao serviço público, cuja delegação aos particulares está prevista, por exemplo, no art. 175 da Constituição da República.

Favoráveis ou contrários, os argumentos aqui listados de modo genérico nem sempre levam em conta toda a complexidade da delegação da polícia aos particulares. Retomando-se o quanto exposto anteriormente, ao se cruzar o critério material (quanto à ação de polícia) com o critério subjetivo (quando ao delegatário da ação), chega-se facilmente à conclusão de que muitos argumentos não valem para todas as hipóteses de delegação. Por conseguinte, não logram sustentar respostas bipolares (sim ou não) acerca do debate. A multiplicidade de situações reais parece impor, ao fim e ao cabo, relativizações quanto à delegação do poder de polícia a particulares.

Ao tratar da recente problemática, a doutrina ressalta a necessidade de se flexibilizar o tema e, nesse sentido, persegue o caminho da diferenciação de hipóteses, buscando-se afastar de afirmações peremptórias e genéricas a favor ou contra. Em outras palavras, tem-se evitado posições taxativas integralmente a favor ou contra a delegação a particulares, salvo, por óbvio, quanto a legislação for clara sobre o tema.

Ao examinar o problema em questão, Celso Antônio Bandeira de Mello aparta atos jurídicos e atos materiais. Os jurídicos, que expressam a autoridade do Estado, não estariam sujeitos à delegação, salvo em situações muito excepcionais (como a dos capitães de navio). Em contraste, os atos materiais ou de execução, e que geralmente precedem os jurídicos, seriam passíveis de delegação propriamente dita ou de execução por particulares a partir de um contrato de prestação de serviços. Inexiste, aqui, vínculo jurídico direto entre o executor e os destinatários do poder de polícia. Em verdade, o vínculo se estabelece com o Estado, o qual remunera o prestador de serviço por suas atividades de suporte. Ademais, Bandeira de Mello aceita a prática, por particular, de "ato material sucessivo a ato jurídico de polícia", mas o limita a restrições da propriedade, parecendo-lhe ilegal a execução contra o exercício da liberdade dos administrados. Exemplifica essa possibilidade pela execução de demolição ou implosão de edifícios por particulares.[19]

Posicionamento semelhante é o defendido por Adilson Abreu Dallari em texto clássico a respeito da figura do credenciamento. Para ele, os atos jurídicos de polícia

---

18. Sobre a ilusão da crença de que os meios particulares sejam sempre mais eficientes que os públicos, cf. GUIMARÃES, Bernardo Strobel. Direito privado na administração pública brasileira atual: algumas perspectivas. In: MARRARA, Thiago (org.). *Direito administrativo: transformações e tendências*. São Paulo: Almedina, 2014, p. 217-218.
19. BANDEIRA DE MELLO, Celso Antônio. *Grandes temas de direito administrativo*. São Paulo: Malheiros, 2010, p. 296.

não se submetem a delegação a particulares ou "mesmo entidades governamentais de personalidade jurídica de direito privado". Somente os atos técnicos instrumentais ao exercício da polícia aceitariam delegação, o que seria viabilizado mediante o instituto do credenciamento. No entanto, Dallari parece defender ideia distinta à de Bandeira de Mello no tocante à remuneração. Ao exercer a atividade técnica ou instrumental em nome do Estado, o particular poderia ser remunerado pelo Poder Público que o contratou ou pelo administrado, isto é, pelo "particular diretamente interessado na obtenção da situação jurídica para a qual o trabalho executado é meio, instrumento ou ônus a ser suportado".[20] Esse entendimento parece ser o mais próximo da prática diária.

De maneira semelhante se manifesta Marçal Justen Filho, para quem o monopólio estatal da violência no Estado Democrático de Direito "não significa vedação a que algumas atividades materiais acessórias ou conexas ao exercício do poder de polícia sejam transferidas ao exercício de particulares".[21] Subjacente a esse posicionamento se encontra a diferenciação entre ações de cunho jurídico e ações meramente materiais ou executórias. Aliás, de acordo com os três posicionamentos aqui empregados para fins de ilustração da doutrina brasileira, eis a chave para se compreender o limite de delegação. Quando houver ato que deflagra efeito jurídico, então o exercício da polícia deve restar sob exclusividade do Estado. No entanto, nada impedirá o exercício de atos meramente executórios por terceiros.

Em nenhum dos três posicionamentos examinados se encontra preocupação em diferenciar a conclusão teórica de acordo com a figura do delegatário. Em outras palavras, pouco importa se o delegatário é pessoa jurídica privada com ou sem finalidade lucrativa ou se está inserida no terceiro setor ou no mercado. Isso leva a crer que, para a doutrina predominante, com a qual concordo, o que realmente importa é tão somente a natureza da atividade delegada e não as características do executor – embora elas possam, como demonstrado, influenciar os argumentos empregados para se avaliar a conveniência e oportunidade da delegação. Em síntese, portanto, salvo quando houver norma expressa de vedação total, como as existentes na Lei das PPP e na Lei das Parcerias Sociais, a atividade de polícia poderá ser parcialmente delegada.

Na prática, entendo que a delegação de ações de polícia a particulares, para ser válida, exige uma sequência de considerações. Em primeiro lugar, cumpre verificar se a atividade em questão é normativa ou executória, eis que as competências de editar normas (por lei ou por ato interno da Administração) se mostram indelegáveis a particulares por sua natureza e por mandamento legal, já que dependem de legitimação democrática, que faltará quando realizadas por particulares. Em segundo

---

20. DALLARI, Adilson Abreu. Credenciamento. *REDE*, n. 5, 2006, p. 12 da edição digital.
21. JUSTEN FILHO, Marçal. *Curso de direito administrativo*, 10ª ed. São Paulo: Revista dos Tribunais, 2014, p. 597.

lugar, é preciso averiguar se a tarefa executória, a princípio delegável, envolve atos jurídicos concretos ou atos materiais, pois os primeiros consistem no exercício de autoridade que afeta a liberdade dos particulares e não deverão ser delegados sob pena de quebra da indisponibilidade do interesse público e da isonomia entre os membros do corpo social. Em terceiro lugar, mesmo em relação a atos executórios, é importante confirmar se existe, no Estado, órgão com competência exclusiva para praticá-lo, o que ocorre, muito frequentemente, com atos de cunho opinativo (laudos e pareceres), que influenciam significativamente a decisão jurídica final. Nesse caso, ainda que o ato seja acessório ou material, a competência estatal para realizá-lo não poderá ser modificada pela autoridade pública, impedindo-se que qualquer tipo de delegação a particulares, por ato ou contrato, seja levado a cabo.

Já a delegação de atividades de polícia para entidades estatais com personalidade de direito privado, como as empresas estatais, merece considerações próprias. Nesse caso, a delegação ocorre por descentralização funcional e a entidade executora, a despeito de seu regime, figurará necessariamente como parte da Administração Indireta. Exatamente por isso, existem menos riscos e a questão pode ser tratada com mais flexibilidade. É o que se mostrará a seguir.

12.8 DELEGAÇÃO DA POLÍCIA: ASPECTOS JURISPRUDENCIAIS

Há, pelo menos, três casos de relevância para o debate da delegação do poder de polícia no STF. No julgamento da ADI n. 1.717, relatada pelo ministro Sydney Sanches, a Corte reputou ilícita a delegação de atividade privativa do Estado a particulares e isso abarca tanto o poder de tributar quanto o poder de polícia (embora ali restrito ao controle de atividades profissionais). Com isso, não se aceitou que o poder fiscalizatório relativo ao exercício das profissões fosse executado por particulares. Nos termos de trecho da ementa, a interpretação conjugada de dispositivos constitucionais (art. 5º, XIII, art. 22, XVI e 21 XXIV, 70, parágrafo único, 149 e 175), "leva à conclusão, no sentido da indelegabilidade, a uma entidade privada, de atividade típica do Estado, que abrange até poder de polícia (...)".

No julgamento da cautelar da ADI n. 2.310, o Supremo examinou a lei que trata dos agentes públicos de agências reguladoras (Lei n. 9.986/2000), e ali se posicionou contrário à contratação de servidores em regime celetista. O caso não trata de delegação propriamente dita, mas sim da importância de um regime funcional marcado pela estabilidade para o exercício da polícia administrativa. Nas palavras do ministro Marco Aurélio, relator, "prescindir, no caso, da ocupação de cargos públicos, com os direitos e garantias a eles inerentes, é adotar flexibilidade incompatível com a natureza dos serviços a serem prestados, igualizando os servidores das agências a prestadores de serviços subalternos, dos quais não se exige, até mesmo, escolaridade maior, como são serventes, artífices, mecanógrafos, entre outros. Atente-se para as espécies. Está-se diante de *atividade na qual o poder de fiscalização e o poder de polícia fazem-se com envergadura ímpar, exigindo, por isso mesmo, que aquele que a desempenhe sinta-se seguro, atue sem receios outros, e isso pressupõe a ocupação de cargo público (...). Em suma, não se coaduna com os objetivos precípuos das agências reguladoras, verdadeiras autarquias, embora de caráter especial, a flexibilidade inerente aos empregos públicos, impondo-se a adoção da regra que é revelada pelo regime de cargo público, tal como ocorre em relação a outras atividades fiscalizadoras – fiscais do trabalho, de renda, servidores do Banco Central, dos Tribunais de Contas etc.".*

Note-se, porém, que certas agências reguladoras adotam regime celetista por força de lei. É o que ocorre com consórcios intermunicipais com função regulatória dos serviços públicos de saneamento básico. Pela lei de consórcios públicos, esses entes interfederativos são obrigados a adotar o regime celetista para seu pessoal a despeito de exercerem funções de regulação.

O terceiro e mais polêmico dos casos sobre delegação de atividade de polícia envolve a BHTRANS. Trata-se de situação abordada no Recurso Especial n. 817.534-MG, julgado pelo Superior Tribunal de Justiça em 2009 e no Recurso extraordinário 633.782, julgado pelo Supremo Tribunal Federal em 2020. Aqui, porém, a discussão diz respeito à possibilidade de exercício dessas funções restritivas por empresas estatais, em especial, sociedades de economia mista.

O REsp ao STJ foi interposto pelo Ministério Público estadual contra acórdão do Tribunal de Justiça do Estado de Minas Gerais, o qual, em síntese, aceitou a possibilidade de delegação de atos fiscalizatórios e sancionatórios, de titularidade do Estado e prevista no Código de Trânsito Brasileiro, à sociedade de economista mista estadual, a BHTRANS. A decisão do TJ mineiro foi alterada em parte pelo STJ. De acordo com o voto do ministro relator, Mauro Campbell Marques, somente atos relativos a consentimento e a fiscalização sujeitam-se à delegação, pois os "referentes a legislação e sanção derivam do poder de coerção do poder público". No que se refere aos atos sancionatórios, "o bom desenvolvimento por particulares estaria, inclusive, comprometido pela busca do lucro – aplicação de multas para aumentar a arrecadação". Em seu voto-vista, o ministro Herman Benjamin aduziu que se instituiu a BHTRANS para exploração de empreendimentos econômicos, mas não considera que o "trânsito de uma metrópole" possa ser incluído no conceito. Ainda assim, ao final e por votação unânime, o STJ entendeu que exclusivamente os "atos de consentimento e fiscalização podem ser delegados" para entidade privada, como uma empresa estatal. Isso significa que o poder de polícia foi considerado parcialmente delegável, ou seja, consentimento e de fiscalização aceitam delegação, mas normatização e sancionamento, não.

A história não se encerrou no julgamento do recurso especial. A BHTRANS opôs embargos de declaração em face do Ministério Público do Estado de Minas Gerais. Ao analisá-los, o STJ reconheceu a presença de contradições no acórdão. O relator apontou que "tanto no voto condutor, como no voto-vista do Min. Herman Benjamin ficou claro que as atividades de consentimento e fiscalização podem ser delegadas, pois compatíveis com a personalidade privada das sociedades de economia mista". Entretanto, como o MP buscava obstar apenas o exercício de atividade de policiamento e autuação de infrações pela BHTRANS, "o provimento integral do especial poderia dar a entender que os atos fiscalizatórios não podiam ser desempenhados pela parte recorrida-embargante". Por resultado, fez-se imprescindível a reforma do provimento final para permitir atos de fiscalização (policiamento) pela empresa estatal mineira, mas não a imposição de sanções.[22]

Mais tarde, o caso BHTRANS rumou ao Supremo Tribunal Federal por meio do RE 633.782 e, por maioria de votos, prevaleceu o entendimento do Ministro Luiz Fux. Na qualidade de relator, sustentou que: (i) a restrição constitucional para delegação se refere a serviços públicos e não a atividade de polícia; (ii) a estabilidade do servidor não seria requisito indispensável para a polícia administrativa; (iii) o fato de a polícia ser executada por empresa não significa que se direcionará ao lucro, sobretudo quando se tratar de empresa estatal monopolista, fora de regime concorrencial, o que afastaria o medo quanto à "indústria da multa". Gilmar Mendes acrescentou que polícia administrativa não se confunde com segurança pública, nem há obrigatoriedade de que seja exercida pela Administração Direta. A seu turno, Moraes apontou que em vários casos o ordenamento reconheceu o exercício de polícia por particulares. Assim, por maioria, concluiu o Supremo que "é constitucional a delegação do poder de polícia, por meio de lei, a pessoas jurídicas de direito privado integrantes da Administração Pública indireta de capital social majoritariamente público que prestem exclusivamente serviço público de atuação próprio do Estado e em regime não concorrencial".

12.9 BIBLIOGRAFIA PARA APROFUNDAMENTO

BANDEIRA DE MELLO, Celso Antônio. Serviço público e poder de polícia: concessão e delegação. In: BANDEIRA DE MELLO, Celso Antônio. *Grandes temas de direito administrativo*. São Paulo: Malheiros, 2010.

BEZNOS, Clóvis. *Poder de polícia*. São Paulo: Revista dos Tribunais, 1979.

---

22. Sobre a argumentação do STJ, Dora Ramos afirma que "segmentação do poder de polícia" adotada no tratamento do tema (*i.e.* legislação, consentimento, fiscalização e sanção) seria válida apenas para fins pedagógicos. A seu ver, "o poder de império, inerente à atividade de polícia, está presente em cada um dos segmentos apontados (...) a atividade de certificação do preenchimento dos requisitos legais para exercício do direito que culmina com a expedição de um alvará, bem como os atos necessários à fiscalização do comportamento dos administrados, também encerram, em maior ou menor grau, o exercício de atividade de império, em que o poder público exerce ato de soberania". Não interessa, para a autora, a divisão funcional das quatro atividades, mas sim a diferenciação entre atividades materiais e acessórias de cada uma dessas fases e atividades propriamente jurídicas. Na linha do que aponta a doutrina predominante, as atividades acessórias aceitam delegação, mas não as atividades jurídicas. RAMOS, Dora Maria de Oliveira. A terceirização em matéria de poder de polícia: o caso das vistorias veiculares. In: M ARQUES NETO, Floriano de Azevedo; MENEZES DE ALMEIDA, Fernando Dias; NOHARA, Irene Patrícia; MARRARA, Thiago (org.). *Direito e Administração Pública: estudos em homenagem à Maria Sylvia Zanella Di Pietro*. São Paulo: Atlas, 2013, p. 571.

BINEMBOJM, Gustavo. *Poder de polícia, ordenação, regulação*, 2ª ed. Belo Horizonte: Fórum, 2017.

CABRAL, Flávio Garcia. *Medidas cautelares administrativas*. Belo Horizonte: Fórum, 2021.

CUNHA FILHO, Alexandre Jorge Carneiro da. *Poder de Polícia – compreensão contemporânea do instituto e discussão sobre a possibilidade de delegação de seu exercício a entes privados*. Ribeirão Preto: IELD, 2014.

DALLARI, Adilson de Abreu. Credenciamento. *REDE*, n. 5, 2006.

DI PIETRO, Maria Sylvia Zanella; MARRARA, Thiago (org.). *Lei anticorrupção comentada*. Belo Horizonte: Fórum, 2017.

KLEIN, Aline Lícia; MARQUES NETO, Floriano de Azevedo. *Tratado de direito administrativo*, v. 4: funções administrativas do Estado. São Paulo: Revista dos Tribunais, 2014.

MARRARA, Thiago. Acordos de leniência no processo administrativo brasileiro: modalidades, regime jurídico e problemas emergentes. *RDDA*, v. 2, 2015.

MARRARA, Thiago. Acordos no direito da concorrência. In: OLIVEIRA, Gustavo Justino; BARROS FILHO, Wilson Accioli de. *Acordos administrativos no Brasil*. São Paulo: Almedina, 2020.

MARRARA, Thiago. O exercício do poder de polícia por particulares. *RDA*, v. 269, 2015.

MARRARA, Thiago. Regulação consensual: o papel dos compromissos de cessação de prática no ajustamento de conduta dos regulados. *RDDA*, v. 4, n. 1, 2017.

MEDAUAR, Odete; SCHIRATO, Vitor Rhein. *Poder de polícia na atualidade*. Belo Horizonte: Fórum, 2014.

MENDONÇA, José Vicente Santos de. Estatais com poder de polícia: por que não? *RDA*, v. 252, 2009.

NOHARA, Irene Patrícia; MARRARA, Thiago. *Processo administrativo: Lei n. 9.784/1999 comentada*, 2ª ed. São Paulo: Revista dos Tribunais, 2018.

OLIVEIRA, Gustavo Justino; BARROS FILHO, Wilson Accioli de. *Acordos administrativos no Brasil*. São Paulo: Almedina, 2020.

PALMA, Juliana Bonacorsi de. *Sanção e acordo na administração pública*. São Paulo: Malheiros, 2015.

PEREZ, Marcos Augusto. *Delegação das atividades chamadas de polícia administrativa ou poder de polícia*. Fórum Administrativo, v. 10, 2010.

PEREIRA, Flávio Henrique Unes. *Regulação, fiscalização e sanção: fundamentos e requisitos da delegação do exercício do poder de polícia administrativa a particulares*. Belo Horizonte: Fórum, 2013.

RAMOS, Dora Maria de Oliveira. A terceirização em matéria de poder de polícia: o caso das vistorias veiculares. In: MARQUES NETO, Floriano de Azevedo; MENEZES de ALMEIDA, Fernando Dias; NOHARA, Irene Patrícia; MARRARA, Thiago (org.). *Direito e Administração Pública: estudos em homenagem à Maria Sylvia Zanella Di Pietro*. São Paulo: Atlas, 2013.

SUNDFELD, Carlos Ari. *Direito administrativo ordenador*. São Paulo: Malheiros.

TÁCITO, Caio. O poder de polícia e seus limites. *RDA*, v. 27, 1952.

VITTA, Heraldo Garcia. *Poder de polícia*. São Paulo: Malheiros, 2009.

13
INTERVENÇÃO ECONÔMICA

13.1 OBJETIVOS DA INTERVENÇÃO: FALHAS E POLÍTICAS

O Estado intervém na economia quer para implementar políticas econômicas, quer para corrigir falhas de mercado.

No primeiro caso, intervir no mercado serve para estimular a consecução de objetivos de interesse público (como a distribuição de renda, o aumento dos empregos, a inovação, o aumento da igualdade entre as regiões e a industrialização). A intervenção se justifica pelo interesse em se desenvolver uma *política econômica*. O Estado atua no funcionamento do mercado para implementar anseios sociais e econômicos da comunidade política que ele representa, como o progresso, a estabilidade, a justiça e a liberdade. No Brasil, esses anseios se extraem de inúmeros dispositivos constitucionais. O art. 3º, por exemplo, elenca como objetivos fundamentais do Estado brasileiro os de construir uma sociedade livre, justa e solidária; garantir o desenvolvimento nacional (absorvido posteriormente como objetivo das licitações pelo art. 3º da Lei n. 8.666/1993); erradicar a pobreza e a marginalização; reduzir desigualdades sociais e regionais e promover o bem de todos, sem preconceitos. Já o art. 170 aponta como princípios da ordem econômica a busca do pleno emprego, a defesa do ambiente, a defesa do consumidor entre outros. Em torno desses objetivos e princípios, há praticamente consenso. Difícil, porém, é encontrar concordância em relação aos mecanismos interventivos que o Estado utilizará na prática para atingi-los e concretizá-los.

No segundo caso, o Estado intervém em razão de falhas que impedem certos mercados de desempenhar suas funções naturais, esperadas à luz de um modelo ideal de competição. Isso ocorre, porque os pressupostos teóricos para que os agentes econômicos concorram de forma livre e com base em estratégias legítimas (preço, inovação e qualidade) muitas vezes inexistem. Assim, na prática, nem sempre as forças econômicas são capazes de se equilibrar sem o apoio de fatores externos, como a "mão do Estado". O modelo ideal distancia-se do real, exatamente por conta de *"falhas de mercado"*[1] das mais diversas naturezas:

---

1. Em mais detalhes, cf. NUSDEO, Fábio. *Curso de economia: introdução ao direito econômico*, 5ª ed. São Paulo: Revista dos Tribunais, 2008, p. 138 e seguintes.

- As *"falhas de mobilidade"* dos fatores de produção e de consumo indicam a maior ou menor incapacidade de a oferta ou a demanda se moverem de maneira suficientemente célere para ajustar as forças de mercado e recolocá-lo em equilíbrio. Existe sempre um grau de rigidez na movimentação da oferta ou da demanda (para mais ou para menos). Isso resulta de elementos físicos, operacionais, institucionais ou psicológicos. Assim, por exemplo, o Estado age no fomento à aquisição de novos equipamentos pelos agentes econômicos, na orientação quanto a novas oportunidades de negócio e, em casos mais extremos, na compra de estoques quando a oferta supera demasiadamente a demanda. A ilustrar uma forma de intervenção estatal para combater a falha em questão, a Lei de Licitações prevê a possibilidade de a União adquirir bens e serviços sem licitação (por dispensa) ao "intervir no domínio econômico para regular preços ou normalizar o abastecimento" (art. 75, X).

- As *"falhas de transparência"* expressam a circulação imperfeita ou desequilibrada de informações entre os agentes que interagem no mercado, afetando a racionalidade de suas decisões. Por falta de informação ou por dispor apenas de informações distorcidas ou incorretas, em suas transações, esses agentes nem sempre escolherão um produto ou serviço com consciência e com base em critérios racionais, como qualidade, preço ou inovação. Em outras situações, o acesso a informações privilegiadas permitirá que certos agentes obtenham vantagens injustas sobre outros. Daí a necessidade de o direito atuar em duas frentes: (i) a de combate à falta de informações ou à divulgação de informações falsas (daí, por exemplo, a relevância do princípio da informação e a vedação da propaganda enganosa no Código de Defesa do Consumidor) e (ii) a de controle da divulgação de informações sigilosas, que justifica o fato de a Lei n. 8.429/1992 tipificar como ato de improbidade a conduta consistente em "revelar ou permitir que chegue ao conhecimento de terceiro, antes da respectiva divulgação oficial, teor de medida política ou econômica capaz de afetar o preço de mercadoria, bem ou serviço" (art. 11, VII).

- As *"falhas de estrutura"* apontam a insuficiente atomização ou a concentração indevida de poder de mercado nas mãos de determinados agentes. Certos segmentos econômicos prescindem de um número de competidores adequado para garantir a livre competição. Em outros segmentos, apesar da presença de uma pluralidade de agentes, um deles assume posição dominante que lhe permite manipular e distorcer o jogo concorrencial. Em alguns contextos, a concentração é tão elevada, que se formam oligopólios (pequeno grupo de agentes no polo da oferta) ou monopólios (um único agente no polo da oferta). Em paralelo, no polo da demanda, surgem eventualmente oligopsônios e monopsônios. Tais situações se mostram frequentemente indesejadas, pois, como explica Nusdeo, "para o mercado bem funcionar, deve ser composto por um número razoavelmente elevado de compradores e vendedores em interação recíproca, e nenhum deles excessivamente grande ou importante".[2] Com o objetivo de garantir o grau satisfatório de atomização do mercado e de distribuição do poder econômico, o Estado utiliza algumas ferramentas poderosas, como o controle prévio de operações societárias que redundem em concentrações econômicas por meio de processos administrativos autorizativos regidos pela Lei n. 12.529/2011 e conduzidos pelo CADE com base no poder de polícia. Outra estratégia interventiva prevista na Constituição (art. 179) consiste em obrigar a Administração Pública a dispensar às microempresas (ME) e empresas de pequeno porte (EPP) tratamento jurídico diferenciado por meio da simplificação, redução ou extinção de suas obrigações administrativas, tributárias, previdenciárias e creditícias. As várias ações afirmativas que concretizam essa política se encontram consolidadas no Estatuto Nacional da Microempresa e da Empresa de Pequeno Porte (LC n. 123/2006).[3]

- As *"falhas de sinalização"* representam a dificuldade de fazer os preços de bens e serviços expressar com perfeição todos os custos e benefícios que eles ocasionam em seu ciclo de vida. As atividades econômicas geram *"externalidades"*, isto é, efeitos positivos ou negativos sobre terceiros que não são precificados, não são embutidos no preço final. A poluição visual ou sonora, ainda que lícita, oriunda de certas atividades comerciais acarreta custos que frequentemente não são assumidos pelo agente que as desempenham. Se o agente reparasse adequadamente os danos oriundos da poluição que gerou e outras externalidades negativas de sua atividade, o preço de seu bem ou serviço se tornaria muito maior. Daí porque ele tende a transferir a terceiros o máximo de seus custos. Contudo, a atividade econômica também produz efeitos benéficos a terceiros, como o ocasionado por um estacionamento gratuito de shopping center utilizado por funcionários de empresas dos arredores que não dispõem de garagem. O preço praticado pelas empresas da vizinhança aos seus clientes é imperfeito, já que não absorve o valor que teriam que despender com a construção de um estacionamento próprio. Diante dessas e de outras falhas de sinalização, de um lado, o Estado tenta combater externalidades negativas e imputar seu custo ao responsável pela ação. No direito ambiental, por exemplo, esse objetivo se materializa no princípio do poluidor-pagador. De outro lado, o Estado estimula externalidades positivas, tanto as geradas por atividades privadas, quanto por meio de seus próprios serviços, como a educação universitária gratuita ou a produção e o estímulo à pesquisa.

---

2. NUSDEO, Fábio. *Curso de economia: introdução ao direito econômico*, 5ª ed. São Paulo: Revista dos Tribunais, 2008, p. 146.
3. Cf. MARRARA, Thiago; RECCHIA, Paulo Victor. Microempresas (ME) e empresas de pequeno porte (EPP) em licitações: comentários aos meios discriminatórios da LC 123 e suas modificações recentes. *RDDA*, v. 5, n. 1, 2018.

- As *"falhas de incentivo"* indicam a tendência de o mercado não valorizar a produção e a manutenção de bens coletivos ou públicos, entendidos, na economia, como "aqueles aptos ao atendimento simultâneo das necessidades de um grupo ou coletividade para os quais não vigora o princípio da exclusão no ato de seu uso ou de seu consumo".[4] Exemplos de bens coletivos (no sentido econômico, e não jurídico) são as ruas, as praças, a segurança e o equilíbrio ambiental. Isoladamente, os agentes não investirão nesses bens pelo fato de não poderem torná-los exclusivos, de modo a garantir sua exploração e o respectivo retorno econômico. Na verdade, a tendência é contrária. Os agentes procurarão maximizar o uso de bens coletivos para reduzir seus custos, como se vislumbra na estratégia das academias esportivas que se valem de espaço público para ofertar seus serviços em vez de pagarem aluguéis e custearem um espaço próprio. Para corrigir a falha de incentivo, o Estado tende a assumir o papel central na produção dos bens coletivos e, ao fazê-lo, usa mecanismos de direito financeiro, tributário e administrativo, como a cobrança pelo uso de bens públicos de uso comum do povo ou de bens de uso especial (como rodovias, certas bibliotecas, por exemplo, com base no art. 103 do Código Civil ou em legislação especial). Além disso, ele muitas vezes condiciona o exercício de atividades privadas à produção de bens coletivos, como ocorre nos processos de licenciamento urbanístico e ambiental com suporte nas chamadas "condicionantes", obrigações impostas ao empreendedor no sentido de, por exemplo, destinar parte de um loteamento para áreas verdes de uso comum ou assumir os custos de manutenção de áreas públicas ("adoção" de jardins e canteiros).

- As *"falhas analíticas e institucionais"*, a seu turno, estão relacionadas com os custos de transação, isto é, com os custos que os agentes econômicos assumem para poder realizar suas operações e interações no mercado e que não guardam relação direta com o processo produtivo em si. Exemplos disso são os gastos com cartórios, sistemas de gestão interna, auditorias, avaliação de pessoal, programas de integridade ou *compliance*, assessoria jurídica na preparação, no monitoramento e na execução de contratos. De acordo com Nusdeo, os custos de transação "decorrem, essencialmente, do funcionamento das instituições, o que difere de país para país".[5] Cabe ao Estado trabalhar para reduzir esses custos de sorte a viabilizar a atividade econômica, sobretudo de agentes de menor porte que não detêm recursos e estruturas para arcar com todos eles. Reduzir custos de transação é essencial para favorecer a livre-iniciativa, principalmente em favor dos pequenos agentes econômicos. Nesse

---

4. NUSDEO, Fábio. *Curso de economia: introdução ao direito econômico*, 5ª ed. São Paulo: Revista dos Tribunais, 2008, p. 161.
5. NUSDEO, Fábio. *Curso de economia: introdução ao direito econômico*, 5ª ed. São Paulo: Revista dos Tribunais, 2008, p. 166.

sentido, a Lei de Liberdade Econômica reconheceu a toda pessoa, física ou jurídica, o direito de "desenvolver atividade econômica de baixo risco, parara a qual se valha exclusivamente de propriedade privada própria ou de terceiros consensuais, sem a necessidade de quaisquer atos públicos de liberação..." (art. 3º, I). A LLE também impede que, no exercício do poder regulamentar, a Administração Pública aumente "os custos de transação sem demonstração de benefícios" (art. 4º, V).

13.2 FORMAS GERAIS DE INTERVENÇÃO NA ECONOMIA

As razões pelas quais o Estado intervém na economia são relativamente claras. Difícil é escolher os meios interventivos mais adequados em cada caso. Eros Grau, no que foi seguido por Fábio Nusdeo, aponta quatro formas de intervenção divididas em duas categorias. Adotarei essa classificação por sua clareza, objetividade e capacidade explicativa.

A intervenção *direta* na economia ocorre sempre que o Estado ingressa no mercado. Isso se dá ou pela participação no mercado ao lado dos demais agentes econômicos, ou pela absorção ou monopolização de certos segmento de mercado. Nessas duas hipóteses, o Estado age como empresário, uma vez que assume o controle parcial ou integral de meios de produção e/ou troca em determinado setor da atividade econômica em sentido estrito, daí porque se fala de "intervenção *na* economia". Diversamente, a intervenção *indireta* ocorre por direção ou por indução (fomento). O Estado não ingressa na competição. Ele somente orienta os agentes que operam ou que pretendem ingressar no mercado, razão pela qual desempenha "intervenção *sobre* a economia".[6]

De modo explícito e adequado, Grau afasta o planejamento das modalidades de intervenção e o apresenta como um método que as qualifica para torná-las racionais.[7] Adoto integralmente essa concepção. Como se demonstrou ao longo do estudo da organização administrativa no Brasil, o planejamento configura técnica de estabelecimento de fins e organização de meios que permeia todo e qualquer tipo de ação administrativa, não apenas aquelas formas de ação do Estado na área econômica. Trata-se de método de trabalho, muito mais que uma função administrativa autônoma. Como dito alhures: "Se o Estado ocidental – de cunho racional, legalista e democrático – deve ser um Estado planejador de suas ações prestativas, restritivas ou interventivas, então não há como se conceber que o direito administrativo como direito da Administração Pública ignore o planejamento e seus resultados. Tal como o processo administrativo, o ato administrativo e o contrato administrativo, o

---

6. GRAU, Eros Roberto. *A ordem econômica na Constituição de 1988*, 8ª ed. São Paulo: Malheiros, 2003, p. 126-127 e NUSDEO, Fábio. *Curso de economia: introdução ao direito econômico*, 5ª ed. São Paulo: Revista dos Tribunais, 2008, p. 197.
7. GRAU, Eros Roberto. *A ordem econômica na Constituição de 1988*, 8ª ed. São Paulo: Malheiros, 2003, p. 130.

planejamento se insere nas formas de atuação do Estado quer para restringir a vida dos cidadãos com base em um interesse público maior ('administração restritiva'), quer para oferecer comodidades aos cidadãos ('administração prestativa')".[8] Daí resulta que o planejamento não configura uma forma adicional de intervenção na economia, senão um método que deve permear, preceder e orientar todas as ações estatais e administrativas dentro, sobre ou fora da economia.

Quadro: tipos de intervenção na economia

Categoria	Espécies	Exemplos
Intervenção direta (ou "na" economia)	Por participação do Estado no mercado (competição)	Criação de uma empresa estatal para produção de remédios ou de armamento
	Por absorção de bem ou atividade pelo Estado (monopolização)	Atuação exclusiva do Estado na refinação do petróleo nacional ou estrangeiro
Intervenção indireta (ou "sobre" a economia)	Por indução estatal à atividade (estímulos)	Fundo de fomento à projetos culturais
	Por direção estatal à atividade (restrições)	Restrições à fusão e à aquisição de empresas

Fonte: elaboração própria

13.3 INTERVENÇÃO DIRETA POR PARTICIPAÇÃO

Nesse primeiro tipo de intervenção direta, o Estado ingressa no mercado em um regime de competição, posicionando-se ao lado dos agentes econômicos existentes ou de futuros entrantes. Ele participa do mercado como mais um competidor e, ao fazê-lo, aumenta a atomização, além de poder estimular a inovação, a redução de preços, o aumento de qualidade dos bens e serviços. Para que isso possa ocorrer, é preciso observar alguns requisitos jurídicos: a comprovação do motivo de interesse público e a criação de uma entidade.

Em primeiro lugar, é imprescindível revelar o motivo de interesse público no qual se baseia a intervenção por participação. De acordo com a Constituição da República, "ressalvados os casos previstos nesta Constituição, a exploração direta de atividade econômica pelo Estado só será permitida quando necessária aos *imperativos da segurança nacional* ou a *relevante interesse coletivo*, conforme definidos em lei" (art. 173, *caput*, g.n.).

Desse dispositivo, extraem-se algumas conclusões importantes: (i) o Brasil adotou o *"princípio da subsidiariedade"*, de modo que o Estado deverá ingressar no mercado somente quando o mercado não for capaz de, por si só, fazer o mercado

---

8. Cf. MARRARA, Thiago. A atividade de planejamento na Administração Pública: o papel e o conteúdo das normas previstas no anteprojeto da nova lei de organização administrativa. *REDE*, n. 27, 2011, em geral.

funcionar e tutelar certos interesses públicos; e (ii) o motivo de intervenção está restrito a imperativo de segurança nacional (como o de garantir armamentos ou equipamentos de defesa) ou a um relevante interesse coletivo (como o de tornar acessível medicamentos para doenças graves). Não se permite que o Estado dispute mercado com os particulares em segmentos de produtos supérfluos (como chocolate, videogames e outros) ou de produtos básicos, mas já disponíveis em quantidades e qualidades adequadas à população. Há que se comprovar sempre a relação de causalidade entre a participação no mercado e a consecução do interesse público. É nesse sentido que se deve compreender a subsidiariedade.

Para viabilizar essa forma de intervenção, o Estado necessitará instituir uma entidade que lhe permita competir com particulares. A intervenção direta por participação não se dá por órgãos da Administração Direta, nem por pessoas jurídicas de direito público interno, como autarquias, já que esses órgãos e entidades não dispõem de um regime compatível com a flexibilidade que se requer dos agentes econômicos. Para tanto, na verdade, é imprescindível instituir empresa estatal.

Embora essa conclusão já se depreendesse do art. 173, § 1º da CF, a utilização da forma empresarial para a intervenção estatal na economia está agora determinada de maneira expressa no Estatuto das Empresas Estatais. Nos termos do seu art. 2º, *caput*: "a exploração de atividade econômica pelo Estado será exercida por meio de empresa pública, sociedade de economia mista e de suas subsidiárias". Esse dispositivo legal apresenta uma pequena falha, pois não menciona as empresas controladas pelo Estado, senão apenas as subsidiárias. Daí a necessidade de se interpretá-lo em sentido mais amplo, de modo a abranger as empresas controladas direta ou indiretamente pelo Estado. Nas situações em que o Estado adquire meras participações acionárias minoritárias, não se deve falar de intervenção direta, mas sim de intervenção indireta por fomento.

Como se demonstrou no capítulo sobre organização administrativa, todas as empresas estatais utilizadas para fins de intervenção direta na economia necessitam respeitar regras diversas de governança e de contratação. Cabe-lhes elaborar uma carta anual para tornar transparente seus "compromissos de consecução de objetivos de políticas públicas... em atendimento ao interesse coletivo ou ao imperativo de segurança nacional que justificou a autorização para esse fim, bem como dos impactos econômico-financeiros da consecução desses objetivos, mensuráveis por meio de indicadores objetivos" (art. 8º, I do EEE). Essa carta se afigura bastante relevante por uma série de motivos. Ela reforça a consciência dos órgãos diretivos da empresa quanto à sua finalidade pública primária, torna suas políticas mais transparentes à sociedade e gera segurança jurídica para eventuais investidores, sobretudo nas empresas que aceitam participação de capital privado.

O detalhamento do interesse público referido na carta anual deve se identificar com o que consta da lei formal que autoriza a criação da empresa estatal que a elabora (nos termos do art. 37, XIX e XX da CF). Caso a atuação da empresa se torne desnecessária com o tempo, então caberá ao Estado extingui-la, privatizá-la ou modificar a lei de autorização para que ela venha a perseguir um novo objetivo relacionado ou a um imperativo de segurança nacional ou a relevante interesse coletivo.[9]

13.4 INTERVENÇÃO DIRETA POR ABSORÇÃO

Situações existem em que o Estado absorve por completo um determinado setor produtivo ou comercial por decisão legislativa construída pelos representantes da sociedade. Surge aí um monopólio artificial, ou seja, um monopólio instituído pelo ordenamento jurídico em favor do Estado, diferente do monopólio natural, resultante das elevadas e praticamente insuperáveis barreiras à entrada em um mercado, que, por consequência, passa a se sujeitar ao controle de um único agente. Os monopólios artificiais do Estado se dividem em monopólios de bens e monopólios de atividades.

Os *"monopólios de bens"* se vislumbram no art. 20 da CF, em que se indicam como bens reservados da União, entre outros, os lagos, rios e quaisquer correntes que banhem mais de um Estado ou sirvam de limites com outros países, ou se estendam a território estrangeiro ou dele provenham; os recursos naturais da plataforma continental e da zona econômica exclusiva; os potenciais de energia hidráulica; os recursos minerais, inclusive os do subsolo (afastando, assim, a teoria da acessão do direito privado), as cavidades naturais subterrâneas e os sítios arqueológicos ou pré-históricos.[10] Esses bens são reservados e monopolizados pela União, de modo que sua propriedade sequer poderá ser transferida a outros entes da federação, a não ser sua gestão. Estados e Municípios também detêm seus próprios bens reservados e alguns deles são monopolizados. Dentre os bens estaduais reservados pela Constituição, exemplos de monopólio são os rios estaduais e outros bens que serão abordados no capítulo próprio deste manual.

Os *"monopólios de atividade"* também se ancoram em dispositivos do texto constitucional, afinal eles representam uma grave exclusão dos agentes econômicos a certos espaços que seriam a princípio abertos à livre iniciativa. De acordo com o art. 177 da CF, constituem monopólio da União: "I – a pesquisa e a lavra das jazidas de petróleo e gás natural e outros hidrocarbonetos fluidos; II - a refinação do petróleo nacional ou estrangeiro; III - a importação e exportação dos produtos e derivados básicos resultantes das atividades previstas nos incisos anteriores; IV - o transporte marítimo do petróleo bruto de origem nacional ou de derivados básicos de petróleo produzidos no País, bem assim o transporte, por meio de conduto, de petróleo bruto, seus derivados e gás natural de qualquer origem; V - a pesquisa, a lavra, o

---

9. Para mais detalhes sobre as empresas estatais e seu Estatuto, vale conferir o volume I deste manual, em especial, o capítulo sobre organização administrativa.
10. Cf. MARRARA, Thiago; FERRAZ, Luciano. *Tratado de direito administrativo, v. 3: direito administrativo dos bens e restrições estatais à propriedade.* São Paulo: Revista dos Tribunais, 2014, p. 104 e seguintes.

enriquecimento, o reprocessamento, a industrialização e o comércio de minérios e minerais nucleares e seus derivados (...)".

13.5 DIFERENÇA ENTRE SERVIÇO PÚBLICO E ATIVIDADE ECONÔMICA DO ESTADO

É usual a confusão entre a atividade econômica desempenhada pelo Estado e serviço público. Para se desfazê-la, é preciso ter em mente que não é a natureza fática de uma ação produtiva ou comercial que acarreta a diferenciação, mas sim uma opção legislativa. Dizendo de outro modo: uma certa atividade (como os serviços de educação superior ou a exploração de recursos naturais) pode ser considerada ou serviço público ou atividade econômica a depender do que dirá o ordenamento jurídico de cada país em determinado momento histórico. Hoje, por exemplo, telefonia fixa é vista como serviço público federal no Brasil, mas nada impede que se torne atividade econômica por decisão legislativa futura.

Em verdade, o legislador poderá rotular uma mesma atividade de muitas maneiras, quais sejam: (i) apenas como ação produtiva ou comercial aberta ao mercado (atividade econômica em sentido estrito), como ocorre com planos de saúde; (ii) como atividade econômica monopolizada pelo Estado, como se verifica no setor de minérios nucleares; (iii) apenas como serviço público monopolizado pelo Estado, iluminação pública ou (iv) como serviço público, quando o Estado for titular, e atividade econômica, quando o particular for titular. Essa última situação se vislumbra facilmente nos serviços de saúde. O serviço prestado em hospitais públicos de saúde é serviço público (vinculado ao SUS), enquanto o serviço prestado por um médico em sua clínica privada é atividade econômica sujeita à mera regulação estatal (da ANVISA, por exemplo).

A rotulação de uma atividade como serviço público ou atividade meramente econômica tem uma série de implicações jurídicas.

- Em primeiro lugar, a atividade econômica seguirá o regime de mercado (livre-iniciativa, livre-concorrência etc.), enquanto os serviços públicos submeter-se-ão a regime de direito administrativo, marcado pela continuidade, pela mutabilidade e pela universalidade.
- Em segundo lugar, a ação do Estado nas atividades econômicas deverá ocorrer por meio de empresas estatais, inclusive controladas. Já no campo dos serviços públicos, o Estado agirá por meio de órgãos da Administração Direta ou de entidades da Administração Indireta, preferencialmente por pessoas jurídicas de direito público interno. Nos dois casos, porém, existe possibilidade de delegação a particulares. O art. 175 da Constituição dispõe claramente que "incumbe ao Poder Público, na forma da lei, *diretamente ou sob regime de concessão ou permissão*, sempre através de licitação, a prestação

de serviços públicos". Já o art. 177 da Constituição, referente a atividades econômicas monopolizadas, prevê que "a União poderá contratar com empresas estatais ou privadas a realização das atividades previstas nos incisos I a IV deste artigo observadas as condições estabelecidas em lei". Isso significa que a delegação da exploração da atividade será possível, com ressalva às atividades de pesquisa, a lavra, o enriquecimento, o reprocessamento, a industrialização e o comércio de minérios e minerais nucleares e seus derivados (salvo radioisótopos).

- Em terceiro lugar, as atividades econômicas envolvem consumidores e se pautam no geral pelas normas do Código de Defesa do Consumidor (CDC). Diversamente, para os serviços públicos valem as normas básicas do Código de Defesa do Usuário de Serviços Públicos (CDUSP). Já as normas do CDC poderão ser aplicadas em favor dos usuários desses serviços públicos somente como um complemento às normas do CDUSP e contanto que se caracterize relação de consumo no caso concreto.

Os vários aspectos apontados demonstram que a verdadeira distinção entre o conceito de serviço público e de atividade econômica desempenhada pelo Estado diz respeito ao regime jurídico aplicável e ao sujeito estatal competente para agir. Por consequência, não se deve diferenciar atividade econômica e serviço público nem pela natureza ou característica da ação produtiva ou comercial, nem mesmo pela presença de monopólio. Tanto um quanto outro podem ou não ser atribuídos com exclusividade ao Estado.

13.6 INTERVENÇÃO INDIRETA POR FOMENTO

A intervenção indireta na economia abrange as técnicas pelas quais o Estado influencia as pessoas, físicas ou jurídicas, a agirem de modo a concretizar objetivos constitucionais sem ter que ingressar, ele mesmo, no mercado. Daí, porque essa função administrativa é também conhecida como intervenção "sobre" a economia. O Estado se abstém de ingressar no mercado, restringindo-se a intervir sem competir e sem monopolizar. Suas técnicas passam a ser de estímulo ou de direção, no sentido de fora para dentro do mercado.

Em poucas palavras, o fomento consiste em uma atividade de caráter prestativo ou benéfico, pelo qual o Estado oferece vantagens, jurídicas ou extrajurídicas, materiais ou imateriais, aos agentes, estatais ou não, que atuem no sentido de produzir os resultados sociais e econômicos desejados pela coletividade à luz dos valores constitucionais. Em sentido semelhante, Diogo de Figueiredo Moreira Neto define o fomento como "função administrativa através da qual o Estado ou seus delegados estimulam ou incentivam, direta, imediata e concretamente, a iniciativa dos administrados e de outras entidades, públicas e privadas, para que estas desempenhem ou estimulem, por seu turno, as atividades que a lei haja considerado de interesse público para o desenvolvimento integral e harmonioso da sociedade".[11]

Diferentemente do que ocorre no serviço público, em que a Administração oferece diretamente à população uma comodidade (ensino, tratamento médico ou energia domiciliar, por exemplo), no fomento, o Estado estimula outros sujeitos a produzir essas comodidades e as distribuírem à população. Veja-se o exemplo da pesquisa. Quando uma universidade pública a produzir, realizará serviço público; quando o Ministério da Ciência e Tecnologia oferecer bolsas para que particulares a produzam, praticará o fomento.

Em contraste com as técnicas de polícia e de restrição à propriedade, o fomento é sempre benéfico, gera vantagens, busca estimular quem faz o desejado, daí porque poderá operar com base em uma legalidade "fraca" em grande parte das situações. Como o fomento beneficia, não há necessidade de que suas medidas estejam exatamente previstas em lei, não se aplicando uma reserva legal estrita. Uma universidade pública que deseje fomentar a pesquisa entre seus estudantes não necessitará de autorização legal expressa para tanto. Basta a legalidade como compatibilidade, ou seja, que sua ação seja compatível com o ordenamento e com suas competências institucionais.

A partir dessa explicação inicial, é possível delinear características básicas dessa relevante atividade de intervenção indireta do Estado na economia, quais sejam: (i) o *"conteúdo benéfico"*, pois o fomento favorece, promove, gera vantagens a certos agentes para que eles produzam bens ou comodidades de interesse público; (ii) a *"não exclusividade"*, pois o fato de o Estado fomentar um setor não impede que os agentes sociais e econômicos desempenhem funções análogas e (iii) a *"não coercitividade"*, pois, em geral, ninguém está obrigado a se valer do fomento, cabendo ao sujeito escolher se solicitará ou não o benefício estatal. Sua adesão é voluntária, o que torna o fomento uma função administrativa de natureza consensual, ainda que praticada por meio de atos unilaterais em alguns casos e contratuais, em outros.

Não se deve confundir a não coercitividade, relativa ao destinatário, com discricionariedade administrativa. O fomento estatal ora assume caráter discricionário, ora vem determinado pelo ordenamento jurídico. Há situações em que se abre ao Estado uma margem de escolha para desenvolver políticas de estímulo sob um critério de conveniência e oportunidade (discricionário) e outras nas quais se obriga o Estado a fomentar (vinculado). Num ou noutro caso, o fomento permanecerá não coercitivo ao destinatário, pois ele não tem o dever de aceitá-lo.

O fundamento para o fomento nas suas diversas formas encontra-se espalhado por inúmeros dispositivos constitucionais. O mais importante deles é o art. 174, no qual se afirma que o Estado, como agente normativo e regulador da atividade

---

11. MOREIRA NETO, Diogo de Figueiredo. *Curso de direito administrativo*, 16ª ed. São Paulo: Gen-Forense, 2014, p. 579.

econômica, exercerá "*funções de incentivo*". É exatamente isso que se vislumbra na intervenção em debate. Segundo Marques Neto, no fomento, o Estado "atua de modo a induzir (e não a coagir) a conduta comissiva ou omissiva de um agente econômico, interferindo nas suas decisões", no que se destaca a "função promocional do Direito, em contraposição à sua função coercitiva".[12] Além do art. 174, há dispositivos constitucionais específicos de bastante relevo, como os que preveem o fomento à microempresa e à empresa de pequeno porte (art. 179), ao turismo (art. 180), à cultura (art. 215) e ao esporte (art. 217).

Para dar vida a essas normas, o Poder Legislativo e a Administração Pública se valem de um conjunto bastante variado de instrumentos, que se deixam classificar em:

- "*Honoríficos*" ou de reconhecimento, como prêmios, selos, títulos, medalhas, certificados e outras distinções por reconhecimento a resultados ou ações desempenhadas por pessoas físicas ou jurídicas em favor dos valores constitucionais.

- "*Econômicos*", como subvenções, incentivos, desonerações tributárias, aquisição de participações minoritárias em empresas privadas[13] (com prevê a Lei de Inovação - Lei n. 10.973/2004), benefícios em matéria de acesso a crédito, transferências de recursos financeiros (Lei n. 4.320/1964 e LC n. 101/2000), outorga temporária de uso de bens públicos ou até sua doação (respeitando-se normas licitatórias);

- "*Administrativos*", como treinamentos, capacitações e orientações técnicas a agentes econômicos e cidadãos, além da possibilidade de cessão de agentes públicos em casos previstos na legislação; e

- "*Jurídicos*", a exemplo de direitos específicos conferidos a certos agentes econômicos de menor porte nos procedimentos licitatórios (como direitos à licitação exclusiva, à regularização fiscal diferida, à margem de preferência e ao empate ficto – todos eles conferidos para micro e pequenas empresas conforme a LC n. 123/2006)[14] ou a preferência estatal pela contratação de materiais menos agressivos ao ambiente.

Para se bem compreender os mecanismos apontados, é preciso esclarecer que o "destinatário do fomento" não se confunde com o "agente do fomento". Destinatário final ou beneficiário é a pessoa, física ou jurídica, que o Estado pretende estimular com a política de fomento. No entanto, por vezes, a viabilização do fomento ocorre

---

12. KLEIN, Aline Lícia; MARQUES NETO, Floriano de Azevedo. *Tratado de direito administrativo*, v. 4: funções administrativas do Estado. São Paulo: Revista dos Tribunais, 2013, p. 410.
13. A respeito dessas participações societárias, cf. MARRARA, Thiago; MAFFIOLETTI, Emanuelle Urbano. *Intervenção direta do Estado na economia por participações minoritárias: formas, requisitos e razoabilidade*. RDPE, n. 54, 2016, em geral.
14. A respeito, cf. MARRARA, Thiago; RECCHIA, Paulo Victor. Microempresas (ME) e empresas de pequeno porte (EPP) em licitações: comentários aos meios discriminatórios da LC 123 e suas modificações recentes. *RDDA*, v. 5, n. 1, 2018.

por meio de intermediários que se incumbem de dar suporte à função administrativa. Marques Neto oferece um bom exemplo para esclarecer a distinção. No "programa cultura do trabalhador", o instrumento de fomento "são benefícios fiscais oferecidos às empresas, para que elas incentivem o ensino e a cultura entre seus funcionários por meio de um voucher, que deverá ser utilizado em estabelecimentos comerciais cadastrados voltados à cultura (...). Nesse exemplo, identificam-se tanto agentes do fomento (as empresas cadastradas que recebem incentivos fiscais), como destinatários diretos e indiretos do fomento (os empregados que recebem um voucher para a aquisição de bens culturais, e a área cultural, estimulada com o aumento da demanda decorrente do fornecimento dos vouchers)".[15] Nas discriminações licitatórias previstas na LC n. 123/2006, também é possível proceder-se a uma distinção semelhante. Os entes públicos que realizam a licitação e contratam mediante uso de ações afirmativas são os "agentes do fomento", enquanto as microempresas e empresas de pequeno porte assumem o posto de "destinatários do fomento".

13.7 INTERVENÇÃO INDIRETA POR DIREÇÃO

A intervenção sobre a economia ocorre por indução (fomento) ou por direção. De acordo com Eros Roberto Grau, na intervenção por direção, o Estado se vale "de comandos imperativos, dotados de cogência, impositivos de certos comportamentos a serem necessariamente cumpridos pelos agentes que atuam no campo da atividade econômica em sentido estrito – inclusive pelas próprias empresas estatais que a exploram".[16]

O sentido de intervenção sobre a economia por direção praticamente equivale ao poder de polícia sobre atividades de mercado, ou seja, um conjunto de normas e medidas restritivas das liberdades dos agentes econômicos, necessárias para promover, em um segundo momento, interesses públicos primários. Ressalte-se, porém, que o conceito de poder de polícia é muito mais amplo, pois não se direciona unicamente a pessoas físicas ou jurídicas que apenas desempenhem atividades econômicas. A polícia também atinge pessoas físicas, entes públicos, inclusive prestadores de serviços públicos, entes do terceiro setor, além dos agentes econômicos em sentido mais estrito.

13.8 REGULAÇÃO ESTATAL

Apesar de próximos, o conceito de regulação estatal é mais amplo e multifacetado que o de intervenção por direção. Sob a perspectiva dos destinatários, a regulação atinge tanto atividades econômicas, em regime concorrencial ou monopolizado,

---

15. KLEIN, Aline Lícia; MARQUES NETO, Floriano de Azevedo. *Tratado de direito administrativo*, v. 4: funções administrativas do Estado. São Paulo: Revista dos Tribunais, 2013, p. 433.
16. GRAU, Eros Roberto. *A ordem econômica na Constituição de 1988*, 8ª ed. São Paulo: Malheiros, 2003, p. 128.

quanto serviços ou bens públicos. Sob o ponto de vista do conteúdo, abrange medidas típicas de polícia (previsão de infrações e imposição de sanções administrativas, técnicas de fiscalização e processos preventivos de licenciamento e autorização) e estratégias indutivas, como o fomento, a mediação de conflitos e os serviços de esclarecimentos. Além disso, a regulação pode envolver a regulamentação, ou seja, o poder de edição de normas administrativas específicas, por exemplo, para a execução de serviços de telefonia, de energia, de transporte e de saúde.

Isso revela que o conceito de regulação é aberto e flexível. Repita-se: trata-se de atividade de intervenção do Estado sobre atividades econômicas, mas não só, pois também incide sobre bens e serviços públicos. Trata-se de atividade de direção comportamental do regulado, principalmente por instrumentos de polícia, preventiva e repressiva, e de normatização, mas não só, pois também pode empregar ações prestativas, indutivas e consensuais. O arranjo dos instrumentos regulatórios variará de acordo com as necessidades de cada setor. Sendo assim, é teoricamente possível falar de regulação, ainda que o Estado não se valha apenas de ação restritiva sobre um determinado setor econômico.

Em breve síntese, regulação estatal é função administrativa instrumentalizada por um conjunto de ações, normativas ou concretas, e direcionada a promover o equilíbrio e o desenvolvimento de determinado setor público ou privado. Trata-se de atividade que varia de acordo com as peculiaridades de cada atividade privada ou pública, tendo em vista a necessidade de se implementar certas políticas econômicas e de se solucionar falhas de mercado. Nunca é demais repetir que o objetivo da regulação não é o de proteger um cidadão individualmente. Objetiva-se, em última instância, o bom funcionamento do mercado, da gestão de infraestruturas ou das funções públicas, o bem-estar de consumidores ou de usuários, o incremento da infraestrutura nacional, a inovação e a concretização de interesses públicos estabelecidos democraticamente para diferentes campos da vida econômica e social.

No Brasil, a regulação estatal não é qualquer novidade. Há muitas décadas, nota-se a presença de entes reguladores na estrutura do Estado brasileiro, como o Comissariado de Alimentação Pública de 1918, o Instituto Permanente do Café de 1923 e o Banco Central de 1964. Todavia, o movimento regulatório ganhou força a partir das reformas promovidas na Administração Pública federal a partir de meados da década de 1990. Com a abertura do mercado brasileiro e a reforma do Estado, promoveu-se a redução da intervenção por absorção e por participação, substituindo-as por meios de intervenção sobre a economia.

A partir desse período, multiplicaram-se as chamadas agências reguladoras no âmbito da União, dos Estados e dos Municípios num movimento denominado como *"agencificação"*). No plano federal, esse movimento se caracterizou pela alta diferenciação e setorialização, levando ao surgimento de agências como a ANATEL (telefonia), ANEEL (energia), ANP (petróleo), ANA (água e saneamento), ANVISA (vigilância sanitária), ANTT (transporte terrestre), ANTAQ (transporte aquaviário), ANAC (aviação civil) e ANCINE (cinema).

Hoje, além das leis especiais que as regem e estabelecem a política pública do setor, essas entidades federais são submetidas e articuladas pela Lei Geral de Agências – Lei n. 13.848/2019. Aplicável ao nível federal, esse diploma busca: (i) padronizar minimamente a regulação federal e (ii) contornar alguns inconvenientes da extrema setorialização do modelo adotado. Nesses escopos, estabelece normas básicas principalmente sobre: processo decisório na regulação, incluindo a avaliação de impacto regulatório (AIR); aspectos organizacionais; controle externo e relatório anual de atividades; planejamento, incluindo o plano estratégico, o plano de gestão anual e a agenda regulatória; ouvidoria; interação das agências federais com os órgãos de defesa da concorrência, com órgãos de defesa do consumidor e do ambiente, além de tratar da articulação das agências da União entre si e com agências estaduais, distritais e municipais.

À referida Lei Geral se soma a Lei Federal n. 9.986/2000, que cuida da gestão de recursos humanos das agências da União. Entre outros mandamentos, seus dispositivos: tratam dos órgãos máximos das agências (Conselho Diretor ou Diretoria Colegiada), estipulando uma composição padrão de 4 conselheiros ou dirigentes e 1 Presidente; prevê a necessidade de mandatos não coincidentes para esses dirigentes e estipula as hipóteses de sua perda; assegura à estrutura das agências uma procuradoria que a representará em juízo, uma ouvidoria e uma auditoria; estabelece critérios de experiência profissional e formação acadêmica para escolha dos dirigentes; enumera pessoas que não podem ser nomeadas para direção, por exemplo, em razão de atividade política ou sindical; exige a sabatina dos dirigentes indicados pelo Presidente da República no Senado; prevê vedações aos dirigentes, como atuação sindical ou político-partidária e o exercício de outra atividade profissional, salvo a de magistério; e estabelece a quarentena, de sorte a vedar que dirigentes exerçam atividade ou prestem qualquer serviço no setor regulado por seis meses contados da exoneração ou término do mandato, assegurada remuneração compensatória. Essa mesma Lei previa regime celetista para os servidores das agências federais, mas o comando foi declarado inconstitucional na ADI 2310 e, posteriormente, revogado pela Lei n. 10.871/2004.

Independentemente de aspectos mais aprofundados do direito positivo, é possível afirmar que, em termos organizacionais, as agências nada mais são que autarquias com função regulatória dirigidas por especialistas e protegidas por mecanismos procedimentais e organizacionais contra excessos de influência política por parte do governo ("captura governamental"). No plano funcional, como demonstrado, aos seus dirigentes se garante um mandato para evitar a exoneração *ad nutum* por motivos políticos. Isso faz que eles se caracterizem como agentes comissionados especiais. Existe nomeação livre (condicionada a requisitos pessoais), mas não há livre exoneração. Fora isso, as decisões das agências se submetem usualmente à regra da instância única, de modo que aos interessados se fecha a via do recurso hierárquico impróprio nas situações ordinárias, restando-lhes apenas a via judicial de controle. Vedar recurso administrativo impróprio significa, em outras palavras, impedir que suas decisões sejam submetidas a controle pelos órgãos de supervisão, como os Ministérios ou Secretarias competentes pelo setor em que atuam.

Na prática, nem sempre essas características do modelo ideal de autonomia regulatória são respeitadas, o que acaba por inviabilizar o caráter técnico e neutro da regulação. No Brasil, em vez de especialistas, são frequentemente nomeados indivíduos com forte atuação política e, por vezes, sem qualquer expertise ou experiência em tarefas de regulação, de modo que a direção da agência reguladora passa a atender a interesses de partidos e lobbies. Em 2021, o STF tratou do tema ao discutir a ADI 6276, ajuizada pela Confederação Nacional de Transporte (CNT) para atacar a constitucionalidade do art. 8º-A da Lei das Agências, que veda participação de representantes sindicais como dirigentes dessas autarquias. O STF, porém, formou maioria no sentido de que a vedação legal é constitucional, já que representa cautela legítima para garantir neutralidade regulatória.

Além das tensões relativas à escolha de dirigentes, observa-se Brasil afora que nem todas as leis que criam agências garantem verdadeira estabilidade aos dirigentes durante o mandato. Exemplo disso se encontra no âmbito da própria União. Veja-se a Lei de Defesa da Concorrência (Lei n. 12.529/2011), que prevê a perda de mandato de conselheiro do CADE "em virtude de decisão do Senado Federal, por provocação do Presidente da República" (art. 7º, *caput*) – sem indicar qualquer motivo para tanto![17]

Já a blindagem procedimental das agências tem sido desafiada pelo uso de instrumentos de controle, como os recursos hierárquicos impróprios direcionados aos Ministérios. A Advocacia Geral da União, no parecer AGU AC-51 aprovado pela Presidência da República como vinculante a toda Administração Federal em 2006, entendeu ser cabível recurso administrativo impróprio contra "as decisões das agências reguladoras referentes às suas atividades administrativas ou que ultrapassem os limites de suas competências materiais definidas em lei ou regulamento ou, ainda, violem as políticas públicas definidas para o setor regulado pela Administração Direta". Embora aparentemente lógicos, esses parâmetros, se interpretados de modo abusivo, servirão a distorcer as características da regulação, favorecendo ao jogo de interesses políticos.[18]

Apesar desses problemas, é inegável a crescente importância das agências reguladoras, sobretudo as federais, altamente setorializadas. Registre-se, porém, que:

---

17. Cf. MARRARA, Thiago. *Sistema Brasileiro de Defesa da Concorrência*. São Paulo: Atlas, 2015, capítulo 1.
18. Em detalhes sobre as dificuldades para a concretização da autonomia regulatória no Brasil, cf. SILVA, Leonardo Oliveira da. *Autonomia das agências reguladoras*. São Paulo: USP (Dissertação de mestrado), 2018, em geral.

- A uma, a atividade regulatória estatal não depende da figura da "agência" como autarquia especial. Em muitos casos, ela pode ser desempenhada por autarquias tradicionais ou mesmo por órgãos da Administração Direta. O problema desse modelo é que dificilmente as agências lograrão atuar com a autonomia e a tecnicidade necessárias, podendo ser facilmente capturadas por humores governamentais. Por essa razão, algumas leis, como a de saneamento, destacam o papel da independência e tecnicidade do regulador.

- A duas, como dito e repisado, a regulação desenvolvida pelas agências não incide unicamente sobre atividades econômicas abertas ao mercado. Ela também abarca a prestação de serviços públicos em monopólio (saneamento básico e energia, por exemplo), serviços públicos sociais e ações privadas de interesse público (saúde, educação, cultura e esporte, e.g.), bem como atividades de exploração de bens públicos (como jazidas mineiras ou potenciais de energia hidráulica). Ora as agências se concentram em algum desses campos, ora desenvolvem a regulação, simultaneamente, sobre vários deles. Ademais, existem agências setoriais, como as da União, mas muitas com escopo multissetorial, principalmente nos Estados e Municípios.

- A três, é possível que o Poder Público não regule diretamente por seus agentes públicos um determinado setor. Em lugar da regulação estatal, é concebível e, por vezes, recomendável, que se abra espaço para a regulação por meio de conselhos privados, de bolsas de valores, de entidades de monitoramento ou mesmo de entidades privadas de ação internacional, como se vislumbra no campo desportivo. Isso significa que a regulação *estatal* não esgota a regulação, que também se expressa como autorregulação e regulação direta pelo mercado.

13.9 MODALIDADES DE REGULAÇÃO

A regulação assume diversas formas e aceita classificações baseadas em muitos critérios. Para demonstrar essa riqueza de modelo regulatórios, vale lançar mão de um critério subjetivo (estatal ou privada) e de um critério material (relativo ao tema regulado).

A depender ou não da participação do Estado na qualidade de regulador, fala-se de regulação estatal ou regulação privada. A modalidade estatal é conduzida, no geral, por autarquias de regime especial que se valem de diversos instrumentos de direito administrativo (meios liberatórios e punitivos, por exemplo). Além disso, principalmente no âmbito municipal, em que soluções isoladas geralmente não se sustentam, é comum que as agências se organizem como consórcios de direito público nos termos da Lei n. 11.107. Agências interfederativas, pertencentes a vários Municípios consorciados, oferecem inúmeras vantagens, como: (i) a redução da pressão governamental da Administração Direta sobre a regulação estatal; (ii) o compartilhamento de custos de funcionamento e (iii) o estímulo ao ganho de expertise regulatória, dado o contato do regulador com muitas realidades.

Diferentemente da regulação estatal, a *regulação privada* se realiza por todos os agentes sociais e econômicos de modo contínuo sobre si mesmos. Ela pode ocorrer de modo fragmentado, ou seja, pela ação de cada agente envolvido no setor econômico sobre o comportamento de outro, ou de maneira organizada, em entidades privadas constituídas pelos próprios regulados e destinadas à sua *autorregulação*. Exemplo disso é o Conselho Nacional de Autorregulamentação Publicitária (CONAR). Ademais, entre a regulação estatal pura por servidores especializados e a autorregulação privada, existem sistemas híbridos, como aqueles em que o Estado cria entidades reguladoras de direito público, mas abre sua condução a representantes dos regulados. Isso se verifica no campo da regulação de profissões (a exemplo da OAB) e no setor de educação (como mostra a CAPES ao disciplinar as atividades de pós-graduação *stricto sensu*).

Sob um critério material, a regulação estatal muitas vezes se estruturar de maneira setorial e altamente especializada, orientada a segmentos econômicos ou serviços públicos muito reduzidos, como energia, águas, saúde ou transporte. Além da regulação setorial, realizada por agências especializadas, existem modelos de regulação multissetorial e transversal.

A *regulação multissetorial* opera sobre vários segmentos distintos. Isso se vislumbra, por exemplo, na SP Regula, agência do Município de São Paulo que cuida de diferentes serviços públicos locais ou na AGERGS, do Rio Grande do Sul, bem como na ARSESP, que regula energia, gás e saneamento no Estado de São Paulo. De um lado, a regulação nesse modelo apresenta a vantagem de evitar a setorialização excessiva e o isolamento que ela pode ocasionar, além de reduzir os custos com a multiplicação de agências. De outro, porém, nem sempre permite que as agências atinjam o grau de especialização técnica necessário para viabilizar a regulação eficiente e o diálogo profícuo com os prestadores.

A *regulação transversal*, diferentemente, abrange temas que cruzam os mais diversos setores econômicos. Aliás, exatamente por esse recorte horizontal, os entes que a exercem nem sempre são vistos ou chamados de reguladores. Nesse modelo é possível incluir o Sistema Brasileiro de Defesa da Concorrência (SBDC), o Sistema Nacional de Defesa do Consumidor (SNDC) e o Sistema Nacional de Meio Ambiente (SISNAMA). Os três sistemas, compostos por um conjunto bastante amplo de entidades e órgãos administrativos, agem para tutelar e promover princípios da ordem econômica expressamente previstos na Constituição, a saber: a livre-concorrência, a defesa do consumidor e a defesa do meio ambiente (art. 170, IV, V e VI). Neles, a atuação regulatória baseia-se em instrumentos de prevenção geral (conscientização, orientação, capacitação, pesquisa etc.), de fiscalização, de prevenção concreta (por licenciamento ou autorização), de solução de conflitos e de repressão.

No SBDC, regido pela Lei n. 12.529/2011, papel central é desempenhado pelo CADE, uma autarquia federal dirigida por especialistas em direito ou economia, e composta por um Tribunal Administrativo (TADE), por uma Superintendência-Geral (SG) e por um Departamento de Estudos Econômicos (DEE). Cabe ao CADE orientar o mercado em uma função preventiva geral, autorizar concentrações econômicas por meio de processos administrativos autorizativos (atividade conhecida como controle de estruturas ou função preventiva concreta), além de conduzir processos sancionatórios pela prática de infrações administrativas contra a ordem econômica (controle de condutas ou função de repressão). Além dos processos administrativos, a autarquia concorrencial emprega muitos acordos para incrementar a eficiência de sua atuação: o acordo em concentrações econômicas serve para estipular condicionantes que viabilizem a aprovação prudente de certas operações de mercado; o acordo de leniência, para conceder a infratores confessos a redução ou extinção de sanções no âmbito administrativo e penal em troca de cooperação na instrução do processo de apuração do ilícito mediante, por exemplo, a entrega de provas, bem como o compromisso de cessação de prática, celebrado com acusados no intuito de solucionar conflitos concorrenciais sem a necessidade de se conduzir o processo repressivo até o final.[19]

Por outro lado, o SNDC configura um sistema bastante complexo e que se irradia por toda a federação. De acordo com o Decreto n. 2.181/1997, o sistema congrega Procons, Ministério Público, Defensoria Pública, Delegacias de Defesa do Consumidor, Juizados Especiais Cíveis e Organizações Civis de defesa do consumidor. Papel central no sistema desempenha a Secretaria Nacional do Consumidor (Senacon), criada pelo Decreto n. 7.738/2012. Trata-se de órgão interno do Ministério da Justiça que desempenha funções de planejamento, coordenação e de execução da política nacional e relações de consumo, promovendo a integração dos atores do sistema e a interlocução com mercado, com agências reguladoras e com organismos internacionais, além de políticas de orientação aos consumidores (art. 106 do CDC). Apesar de não previstos explicitamente no CDC, os Procons são geralmente fundações públicas, vinculadas aos Estados ou aos Municípios e incumbidas de orientar, fiscalizar, solucionar conflitos e conduzir processos administrativos sancionadores para apurar infrações administrativas na área (art. 55 e seguintes do CDC). Seu papel de orientação, prevenção e repressão foi fundamental para a consolidação do direito do consumidor do Brasil em curtíssimo espaço de tempo.

Assim como o SNDC, o SISNAMA é composto por uma teia de entidades e órgãos nos três níveis da federação, todos ligados pelo objetivo de prevenir e reprimir danos ao ambiente (art. 6º da Lei n. 6.938/1981). Esse conjunto abrange: "I - órgão superior: o Conselho de Governo, com a função de assessorar o Presidente

---

19. Em detalhes, MARRARA, Thiago. *Sistema Brasileiro de Defesa da Concorrência*. São Paulo: Atlas, 2015, p. 36 e seguintes.

da República na formulação da política nacional e nas diretrizes governamentais para o meio ambiente e os recursos ambientais; II - órgão consultivo e deliberativo: o Conselho Nacional do Meio Ambiente (CONAMA), com a finalidade de assessorar, estudar e propor ao Conselho de Governo, diretrizes de políticas governamentais para o meio ambiente e os recursos naturais e deliberar, no âmbito de sua competência, sobre normas e padrões compatíveis com o meio ambiente ecologicamente equilibrado e essencial à sadia qualidade de vida; III - órgão central: a Secretaria do Meio Ambiente da Presidência da República, com a finalidade de planejar, coordenar, supervisionar e controlar, como órgão federal, a política nacional e as diretrizes governamentais fixadas para o meio ambiente; IV - órgãos executores: o Instituto Brasileiro do Meio Ambiente e dos Recursos Naturais Renováveis - IBAMA e o Instituto Chico Mendes de Conservação da Biodiversidade - Instituto Chico Mendes, com a finalidade de executar e fazer executar a política e as diretrizes governamentais fixadas para o meio ambiente, de acordo com as respectivas competências; V - Órgãos Seccionais: os órgãos ou entidades estaduais responsáveis pela execução de programas, projetos e pelo controle e fiscalização de atividades capazes de provocar a degradação ambiental; e VI - Órgãos Locais: os órgãos ou entidades municipais, responsáveis pelo controle e fiscalização dessas atividades, nas suas respectivas jurisdições" (Art. 6º da Lei n. 6.938/1981). Para fins preventivos, entre outras tarefas, esses órgãos normatizam a ação ambiental em complemento ao que estabelece o Poder Legislativo e conduzem processos de licenciamento ambiental (Lei Complementar n. 140/2011), no qual se expedem licenças prévias, de operação e de funcionamento. Já em termos repressivos, eles combatem as chamadas infrações ambientais tanto na esfera penal, quanto na administrativa (art. 70 da Lei n. 9.605/1998). Nesse âmbito, os órgãos ambientais também se valem de compromissos de cessação de prática, de modo a substituir o processo administrativo sancionador (art. 79-A da Lei n. 9.605/1998).

13.10 LEI DE LIBERDADE ECONÔMICA: IMPACTOS SOBRE A INTERVENÇÃO ECONÔMICA

Importante papel para a intervenção por direção e atividades de regulação desempenha a Lei de Liberdade Econômica – LLE (Lei n. 13.847), editada pelo Congresso Nacional em 2019. Ao instituir a Declaração dos Direitos de Liberdade Econômica, o diploma reforça os seguintes princípios: a liberdade como uma garantia no exercício de atividades econômicas (art. 2º, I); a boa-fé do particular perante o poder público (art. 2º, II); a intervenção subsidiária e excepcional do Estado sobre o exercício de atividades econômicas (art. 2º, III) e o reconhecimento da vulnerabilidade do particular perante o Estado (art. 2º, IV).

Apesar do nome, o novo diploma normativo não está restrito ao âmbito do direito administrativo econômico. Em verdade, suas normas se espraiam por vários campos, atingindo a aplicação e interpretação do direito civil, do direito trabalhista, do direito empresarial e do direito urbanístico (art. 1º, §1). Desnecessariamente, a lei reitera que sua aplicabilidade se estenderá a relações jurídicas que se encontrem no seu âmbito de aplicação (obviamente) e na ordenação pública, inclusive sobre exercício das profissões, comércio, juntas comerciais, registros públicos, trânsito, transporte e proteção ao meio ambiente (art. 1º, §1)

Além de elencar uma série de direitos de liberdade econômica (art. 3º), a LLE estabelece deveres ao Poder Público e às demais entidades vinculadas à lei para que se evite o abuso do poder regulatório (art. 4º). José Vicente Santos de Mendonça define essa figura como "a regulamentação da legislação de direito econômico que, mercê de complementá-la, acaba por restringir injustificadamente alguma garantia da liberdade de iniciativa".[20] As hipóteses abusivas estão relacionadas, por exemplo: à criação de reserva de mercado ao favorecer, na regulação, grupo econômico, ou profissional, em prejuízo dos demais concorrentes; à redação de enunciados que impeçam a entrada de novos competidores nacionais ou estrangeiros no mercado; à exigência de especificação técnica que não seja necessária para atingir o fim desejado; à redação de enunciados que impeçam ou retardem a inovação e a adoção de novas tecnologias, processos ou modelos de negócios; à limitação da livre formação de sociedades empresariais ou a atividades econômicas; à restrição ao uso e ao exercício da publicidade e propaganda sobre um setor econômico.

Para o direito administrativo, além da vedação do abuso do poder regulatório, a LLE contém outros institutos que merecem destaque. O primeiro deles é a previsão do silêncio positivo da Administração, já que o art. 3º, IX, conferiu a toda pessoa física ou jurídica, "a garantia de que, nas solicitações de atos públicos de liberação da atividade econômica que se sujeitam ao disposto nesta Lei, apresentados todos os elementos necessários à instrução do processo, o particular será cientificado expressa e imediatamente do prazo máximo estipulado para a análise de seu pedido e de que, *transcorrido o prazo fixado, o silêncio da autoridade competência importará aprovação tácita para todos os efeitos, ressalvadas as hipóteses expressamente vedadas em lei*". Isso significa que o silêncio do administrador passou a ter efeito positivo como regra geral dentro de processos administrativos liberatórios, como os de licenciamento e autorização de atividades econômicas. Na falta de manifestação expressa, entende-se atendido o pedido de ato liberatório. A LLE contém normas sobre a extensão do instituto a Estados e Municípios (art. 1º, § 5º), sobre a definição de atos de liberação (art. 1º, § 6º), sobre as hipóteses de inaplicabilidade (art. 3º, § 6º, § 7º e § 12) e a fixação do prazo de decisão.[21] A esse tema se voltará no volume III deste manual.

---

20. MENDONÇA. José Vicente Santos de. Art. 4º: requisitos para a regulação pública. In: RODRIGUES JR., Otavio Luiz; LEONARDO, Rodrigo Xavier; MARQUES NETO, Floriano de Azevedo (org.). *Comentários à Lei da Liberdade Econômica: Lei 13.874/2019*. São Paulo: Revista dos Tribunais, 2019, p. 165, edição digital.
21. Em detalhes sobre a aprovação tácita na LLE, cf. MARRARA, Thiago. Administração que cala consente? Dever de decidir, silêncio administrativo e aprovação tácita. RDA, v. 280, n. 2, 2021, p. 240 e seguintes.

13.11 ANÁLISE DE IMPACTO REGULATÓRIO (AIR) E AVALIAÇÃO DE RESULTADO REGULATÓRIO (ARR)

Outros institutos de relevo em matéria de liberdade econômica são a Análise de Impacto Regulatório (AIR) e da Avaliação de Resultado Regulatório (ARR). A LLE obriga a realização da AIR na edição e alteração atos normativos de interesse geral de agentes econômicos ou de usuários dos serviços prestados, editados por órgão ou entidade da administração pública federal, incluídas as autarquias e as fundações públicas. A AIR conterá informações e dados sobre os possíveis efeitos do ato normativo para verificar a razoabilidade do seu impacto econômico (art. 5º).

Note-se que esse comando reforça algumas leis anteriores, como a Lei Geral de Agências Reguladoras (Lei n. 13.848/2019), que previu a obrigatoriedade da AIR para elaboração de atos normativos de interesse geral dos agentes econômicos, consumidores ou usuários dos serviços prestados (art. 6º) e a LINDB, que exige avaliação de consequências na elaboração de decisões administrativas e judiciais (art. 20). É preciso alertar, porém, que a LLE é lei de normas gerais de direito econômico, válidas para todos os entes federativos, enquanto a Lei de Agências é federal. Além disso, a LLE destaca o AIR de atos normativos, enquanto a LINDB se refere a decisões administrativas em geral, incluindo os atos administrativos como decisões concretas. A LINDB é, portanto, mais ampla em seu comando.

Ambos os dispositivos, tanto da Lei de Liberdade Econômica como da Lei de Agências foram regulamentados pelo Decreto n. 10.411/2020, que afasta a AIR para atos cujos efeitos se restrinjam ao âmbito interno do órgão ou da entidade; atos de efeitos concretos, destinados a disciplinar situação específica, com destinatários individualizados; atos que disponham sobre execução orçamentária e financeira, ou sobre política cambial e monetária; atos que disponham sobre segurança nacional e aqueles que visem a consolidar outras normas sobre matérias específicas, sem alteração de mérito (art. 3º, § 2º).

Além das hipóteses de não aplicabilidade, o decreto prevê situações nas quais o AIR pode ser dispensado, mediante decisão fundamentada. Essas situações abrangem urgência; ato destinado a disciplinar direitos ou obrigações definidos em norma hierarquicamente superior que não permita, técnica ou juridicamente, diferentes alternativas regulatórias; ato normativo considerado de baixo impacto; ato normativo que vise à atualização ou à revogação de normas consideradas obsoletas, sem alteração de mérito; ato normativo que vise a preservar liquidez, solvência ou higidez dos mercados de seguro, de resseguro, de capitalização e de previdência complementar, dos mercados financeiros, de capitais e de câmbio; ou dos sistemas de pagamentos; ato normativo que vise a manter a convergência a padrões internacionais; ato normativo que reduza exigências, obrigações, restrições, requerimentos ou especificações com o objetivo de diminuir os custos regulatórios; e ato normativo que revise normas desatualizadas para adequá-las ao desenvolvimento tecnológico consolidado internacionalmente (art. 4º, I a VIII).

Parte importante do Decreto diz respeito ao conteúdo da AIR, incluindo, por exemplo, a determinação do problema, dos agentes envolvidos, da fundamentação legal, dos objetivos; as alternativas que podem ser escolhidas, inclusive as opções de não ação, as soluções normativas e as não-normativas; os impactos dessas alternativas; a consideração das manifestações recebidas, quando for o caso; o mapeamento da experiência internacional quanto ao problema enfrentado; a identificação e a definição dos efeitos e riscos decorrentes da edição, da alteração ou da revogação do ato normativo; a comparação das alternativas consideradas para a resolução do problema regulatório identificado, acompanhada de análise fundamentada que contenha a metodologia específica escolhida para o caso concreto e a alternativa ou a combinação de alternativas sugeridas, consideradas mais adequadas à resolução do problema regulatório e ao alcance dos objetivos pretendidos e, por fim, a descrição da estratégia para implementação da alternativa sugerida, acompanhada das formas de monitoramento e de avaliação (art. 6º). Note-se que o conteúdo do AIR atende a anseios de publicidade, transparência e razoabilidade na edição dos atos normativos pela Administração Pública Federal. Assim, as decisões contrárias ao AIR deverão ser devidamente motivadas (art. 15).

O Decreto de regulamentação da LLE ainda apresenta a figura do ARR (Avaliação de Resultado Regulatório), que consiste na verificação dos efeitos decorrentes da edição de ato normativo, considerados o alcance dos objetivos originariamente pretendidos e os demais impactos observados sobre o mercado e a sociedade, em decorrência de sua implementação (art. 2º, III). Para utilização dos atos que serão objeto da medida, consideram-se os seguintes critérios, avaliados isolados ou cumulativamente: ampla repercussão na economia ou no país; existência de problemas decorrentes da aplicação do referido ato normativo; impacto significativo em organizações ou grupos específicos; tratamento de matéria relevante para a agenda estratégica do órgão; ou vigência há, no mínimo, cinco anos (art. 13, §3º). Nos casos de dispensa de AIR por urgência, o ARR será utilizado em até três anos (art. 12). Verifica-se que os atos submetidos a AIR serão objeto do ARR, ainda que meramente em razão da decorrência do prazo da determinação do ato normativo.

13.12 BIBLIOGRAFIA PARA APROFUNDAMENTO

ARAGÃO, Alexandre Santos de (org.). *Empresas públicas e sociedades de economia mista*. Belo Horizonte: Fórum, 2014.

ARAGÃO, Alexandre Santos de. *Agências reguladoras e a evolução do direito administrativo econômico*. Rio de Janeiro: Forense, 2013.

BARROS, Laura Mendes Amando de. *Participação democrática e fomento nos conselhos deliberativos*. São Paulo: Saraiva, 2016.

BERCOVICI, Gilberto. *Constituição econômica e desenvolvimento*. São Paulo: Malheiros, 2005.

BINEMBOJM, Gustavo. *Poder de polícia, ordenação, regulação*. Belo Horizonte: Fórum, 2015.

CARDOZO, José Eduardo Martins; QUEIROZ, José Eduardo Lopes; SANTOS, Márcia Walquíria Batista (org.). *Direito administrativo econômico*. São Paulo: Atlas, 2011.

CLARK, Giovani. *O Município em face do direito econômico*. Belo Horizonte: Del Rey, 2004.

DI PIETRO, Maria Sylvia Zanella. *Direito regulatório: temas polêmicos*. Belo Horizonte: Fórum, 2004.

DI PIETRO, Maria Sylvia Zanella. *Parcerias na Administração Pública: concessão, permissão, franquia, terceirização, parceria público-privada e outras formas*. 8ª ed. São Paulo: Atlas, 2011.

FIDALGO, Carolina Barros. *O Estado empresário: das sociedades estatais às sociedades privadas com participação minoritária do Estado*. São Paulo: Almedina, 2017.

GRAU, Eros Roberto. *A ordem econômica na Constituição de 1988*, 16ª ed. São Paulo: Malheiros, 2014.

JUSTEN FILHO, Marçal. *O direito das agências reguladoras independentes*. São Paulo: Dialética, 2002.

KLEIN, Aline Lícia; MARQUES NETO, Floriano de Azevedo. *Tratado de direito administrativo*, v. 4: funções administrativas do Estado. São Paulo: Revista dos Tribunais, 2013.

MARQUES NETO, Floriano de Azevedo. Limites à abrangência e à intensidade da regulação estatal. *REDE*, n. 4, 2006.

MARQUES NETO, Floriano de Azevedo. *Regulação estatal e interesses públicos*. São Paulo: Malheiros, 2002.

MARRARA, Thiago. A atividade de planejamento na Administração Pública: o papel e o conteúdo das normas previstas no anteprojeto da nova lei de organização administrativa. *REDE*, n. 27, 2011.

MARRARA, Thiago. Administração que cala consente? Dever de decidir, silêncio administrativo e aprovação tácita. *RDA*, v. 280, n. 2, 2021.

MARRARA, Thiago. Defesa da concorrência x regulação setorial: o que mudou com a lei de 2011? *Revista de Direito Público da Economia*, v. 50, 2015.

MARRARA, Thiago. Regulação sustentável de infraestruturas. *Revista Brasileira de Infraestrutura - RBInf*, v. 1, 2012.

MARRARA, Thiago. *Sistema Brasileiro de Defesa da Concorrência: organização, processos e acordos administrativos*. São Paulo: Atlas, 2015.

MARRARA, Thiago; FERRAZ, Luciano. *Tratado de direito administrativo*, v. 3: direito administrativo dos bens e restrições estatais à propriedade. São Paulo: Revista dos Tribunais, 2014.

MARRARA, Thiago; MAFFIOLETTI, Emanuelle Urbano. Intervenção direta do Estado na economia por participações minoritárias: formas, requisitos e razoabilidade. *RDPE*, n. 54, 2016.

MARRARA, Thiago; RECCHIA, Paulo Victor. Microempresas (ME) e empresas de pequeno porte (EPP) em licitações: comentários aos meios discriminatórios da LC 123 e suas modificações recentes. *RDDA*, v. 5, n. 1, 2018.

MELLO, Célia Cunha. *O fomento da administração pública*. Belo Horizonte: Del Rey, 2003.

MENDONÇA. José Vicente Santos de. Art. 4º: requisitos para a regulação pública. In: RODRIGUES JR., Otavio Luiz; LEONARDO, Rodrigo Xavier; MARQUES NETO, Floriano de Azevedo (org.). *Comentários à Lei da Liberdade Econômica: Lei 13.874/2019*. São Paulo: Revista dos Tribunais, 2019.

MENDONÇA, José Vicente Santos de. *Uma teoria do fomento público: critérios em prol de um fomento público democrático, eficiente e não-paternalista*. Revista dos Tribunais, vol. 890, 2009.

NUSDEO, Fábio. *Curso de economia: introdução ao direito econômico*. São Paulo: Revista dos Tribunais, 2016.

RODRIGUES JR., Otavio Luiz; LEONARDO, Rodrigo Xavier; MARQUES NETO, Floriano de Azevedo (org.). *Comentários à Lei da Liberdade Econômica: Lei 13.874/2019*. São Paulo: Revista dos Tribunais, 2019.

SADDY, André. *Formas de atuação e intervenção do Estado brasileiro na economia*. Rio de Janeiro: Lúmen Juris, 2016.

SALOMÃO FILHO, Calixto. *Direito concorrencial*. São Paulo: Malheiros, 2013.

SALOMÃO FILHO, Calixto. *Regulação da atividade econômica*. São Paulo: Malheiros, 2008.

SCHAPIRO, Mário. *Novos parâmetros para a intervenção do Estado na economia*. São Paulo: Saraiva, 2012.

SCHIRATO, Vitor Rhein. *As empresas estatais no direito administrativo econômico atual*. São Paulo: Saraiva, 2016.

SCHWIND, Rafael Wallbach. *O Estado acionista: empresas estatais e empresas privadas com participação estatal*. São Paulo: Almedina, 2017.

SILVA, Leonardo Oliveira da. *Autonomia das agências reguladoras*. São Paulo: USP (Dissertação de mestrado), 2018, em geral.

SOUTO, Marcos Juruena Villela. *Direito administrativo regulatório*, 2ª ed. Rio de Janeiro: Lumen Juris, 2005.

SOUZA, Washington Peluso Albino. *Teoria da Constituição Econômica*. Belo Horizonte: Del Rey, 2002.

SUNDFELD, Carlos Ari (org.). *Direito administrativo econômico*. São Paulo: Malheiros, 2006.

TAUFICK, Roberto Domingos. *Nova lei antitruste brasileira*. São Paulo: Almedina, 2017.

14
RESTRIÇÕES À PROPRIEDADE

14.1 PROPRIEDADE: CONCEITO E RESTRIÇÕES

Muito simplificadamente, no sistema jurídico pátrio, a propriedade abrange o direito de usar, gozar, dispor da coisa, bem como o direito de reavê-la de quem quer que injustamente a possua ou detenha (art. 1.228 CC). Esses direitos apresentam três características ideais. São absolutos, exclusivos e perpétuos. Absolutos, pois valem até que o ordenamento lhes coloque um limite de conteúdo ou modo; exclusivos, pois reservados ao proprietário ou a alguém por ele autorizado; perpétuos, pois duram enquanto o particular não dispuser da propriedade ou enquanto o objeto não desaparecer ou for transferido para o patrimônio de outrem em razão das formas de extinção da propriedade.

A propriedade idealmente considerada sofre necessárias restrições no quotidiano para viabilizar a convivência harmônica. Essas restrições variam de acordo com o sistema jurídico considerado e o momento histórico. Quanto mais a coletividade se preocupar com os interesses coletivos e difusos, maiores serão as restrições da propriedade individual. Diversamente, nos contextos em que a coletividade é menos valorizada, menores serão as restrições aos direitos do proprietário. Não por outra razão, hoje, pelo fato de a sociedade se preocupar crescentemente com os danos que os usos das propriedades geram a bens difusos e a terceiros, desponta uma tendência clara de se intensificar as restrições ao proprietário.

A multiplicação dessas restrições transbordou o direito administrativo e acabou por contribuir para a formação de novos ramos, como o direito urbanístico e o direito ambiental. Além disso, a referida preocupação social com a propriedade fez que as restrições se ampliassem, de modo que elas atualmente abrangem não somente deveres de abstenção e de tolerância do proprietário em relação a atuações estatais, mas também deveres positivos ("de fazer"), como o de edificar, o de parcelar ou o de restaurar.

Tudo isso mostra que o fundamento maior da propriedade e de suas restrições pelo Estado é a coletividade! Houvesse uma única pessoa na terra, não seria útil separar os objetos sob sua propriedade dos de outrem. Todos os objetos seriam seus, ao menos potencialmente. A fixação da propriedade e de seus direitos tornar-se-ia completamente prescindível. É por isso que se diz que a propriedade resulta do fenômeno social, ou melhor, da necessidade de separação das esferas dos indivíduos que convivem em comunidade. O fundamento e a própria garantia da propriedade são o povo.

Ao mesmo tempo em que o grupo social torna útil o instituto da propriedade como sistema de distinção dos bens, ele impõe condicionamentos aos donos. A divisão de esferas individuais subjacente à propriedade sustenta suas restrições. Por isso, a propriedade é absoluta, perpétua e exclusiva apenas num plano abstrato e ideal. Na prática, ela sempre será limitada, exatamente para se impedir que seja gerida de modo incompatível com direitos alheios, individuais ou transindividuais. Ao se impor restrições à propriedade por meio do Estado como instituição a serviço do povo, busca-se compatibilizá-la com o interesse de todos e torná-la, com isso, útil ao proprietário e aos que com ele convivem.

14.2 PRINCÍPIOS LIMITADORES DAS RESTRIÇÕES ESTATAIS

Em modelos democráticos, é o Estado como entidade representante da coletividade que cria e garante o direito de propriedade e, ao mesmo tempo, delineia suas restrições e as executa. Ele age em nome do corpo social e, para proteger interesses públicos ou combater ilegalidades, limita os direitos fundamentais, nos quais se incluem a liberdade e a propriedade. Isso significa que os atos, normativos ou concretos, que impõem restrições estatais à propriedade, em última instância, buscam promover interesses públicos primários. Assim, todo e qualquer tipo de restrição que tiver por escopo a promoção de meros interesses pessoais da autoridade pública ou estranhos à Administração Pública serão ilícitos, por desvio de finalidade e por violação dos princípios do interesse público e, eventualmente, da impessoalidade.

Papel igualmente relevante para o exame de validade de restrições à propriedade é exercido pelo princípio da legalidade administrativa. Como o Estado age de modo a afetar o direito fundamental de propriedade (art. 5º, XXII CF), é preciso que toda e qualquer forma de restrição observe a reserva legal, ou seja, que obtenha autorização do Poder Legislativo como órgão representante da coletividade. Em outras palavras, exige-se que as restrições à propriedade encontrem previsão na Constituição ou em lei, pois é daí que retiram legitimação democrática. Não por outro motivo, as desapropriações estão expressamente listadas no texto constitucional por serem a maior das restrições, já que retiram do patrimônio de certa pessoa um objeto de propriedade. Além da desapropriação, muitas restrições aparecem na Constituição, como as requisições. No entanto, não é essencial que todas elas constem do texto constitucional. Imprescindível para a validade jurídica da restrição é que baseada ao menos em lei em sentido formal. E isso decorre do art. 5º, II da Constituição, de acordo com o qual "ninguém será obrigado a fazer ou deixar de fazer alguma coisa senão em virtude de lei".

Mesmo as restrições mais simples deverão encontrar algum fundamento em lei por força do mandamento transcrito. No entanto, nos casos menos restritivos, nada impede que a autorização da restrição figure de modo genérico ou implícito na legislação – tal como se vislumbra nas restrições cautelares impostas pelo Estado à propriedade privada para evitar algum risco de perigo ou resolver problemas emergenciais. Nesse sentido, é possível sustentar que o art. 45 da Lei de Processo Administrativo Federal constitui um fundamento para eventuais restrições cautelares à propriedade privada por prescrever que, "em caso de risco iminente, a Administração Pública poderá motivadamente adotar providências acauteladoras sem a prévia manifestação do interessado".

O princípio da moralidade, por sua vez, impõe que as restrições à propriedade observem a probidade e, principalmente, a razoabilidade. Esse último princípio se aplica tanto no âmbito legislativo (de criação de normas com medidas restritivas), quanto no executivo (de regulamentação, de escolha e de implementação dessas medidas). Nos dois planos, é preciso que a restrição criada ou aplicada cumpra a regra da adequação (mostrando-se apta para atingir o objetivo público dela esperado), a regra da necessidade (de modo que a restrição se mostre a menos limitadora de direitos fundamentais dentre as restrições passíveis de escolha pelo legislador ou pelo administrador) e a regra da proporcionalidade em sentido estrito (demonstrando-se que as desvantagens geradas pela restrição serão compensadas por vantagens públicas).

14.3 FUNDAMENTOS: INTERESSES PÚBLICOS E FUNÇÃO SOCIAL

Da perspectiva juspositivista, a quantidade e a qualidade das restrições estatais à propriedade dependem dos interesses públicos protegidos pelo Estado e do reconhecimento da função social. Afinal, são esses os dois fatores que justificam as restrições. Melhor dizendo: ora o Estado intervém, porque a propriedade desponta como um meio de concretização de interesse público; ora, porque busca responder a ilegalidades cometidas pelo proprietário, principalmente a violação da função social. No primeiro caso, a justificativa da intervenção é uma causa alheia ao proprietário; no segundo, a justificativa reside num comportamento inadequado de gestão da propriedade, ou melhor, no exercício ilícito dos direitos básicos de propriedade.

No ordenamento jurídico, os interesses públicos correspondem aos objetivos ou aos valores desejados pela sociedade e, portanto, perseguidos pelo Estado por seus meios tradicionais de ação. Exemplos desse tipo de interesse, no direito brasileiro, são a promoção da saúde coletiva, a proteção da cultura e do ambiente, a redução de desigualdades socioeconômicas, a proteção do trabalhador entre outros constantes de modo explícito ou implícito da Constituição da República. Interesses primários como os exemplificados sustentam o chamado poder de polícia e, além disso, as restrições estatais à propriedade aqui discutidas. Sem eles, qualquer uma das chamadas medidas de administração restritiva perderá sua legitimação e se mostrará inválida.

Contudo, nem sempre a justificativa imediata das restrições se assenta unicamente num interesse público. Em muitos casos, elas são empregadas em razão da necessidade de o Estado responder a certas ilegalidades na gestão de um bem, sobretudo contra comportamentos que violem a *"função social da propriedade"*.

Esse conceito jurídico indeterminado surgiu no Brasil já na Constituição de 1934, cujo art. 113, item 17, garantia o direito de propriedade, mas afirmava que ele não poderia "ser exercido contra interesse social ou coletivo, na forma que a lei determinar". Mais tarde, o art. 147 da Constituição de 1946 estabeleceu que "o uso da propriedade será condicionado ao bem-estar social (...)". Hoje, a Constituição de 1988 reconhece a função social de modo geral em dois contextos: primeiramente, no rol dos direitos fundamentais, como característica essencial de todo e qualquer tipo de propriedade (art. 5º, XXIII) e, em segundo lugar, como princípio da ordem econômica (art. 170, III). Nos dois dispositivos, não se faz distinção quanto à espécie de propriedade. A função social atinge bens móveis ou imóveis, materiais ou imateriais, privados e públicos. Note-se bem: não se trata de mandamento direcionado apenas aos particulares. No Estado republicano, é imprescindível que também os bens públicos exerçam função social. Afinal, o Estado é sustentado por todos e a todos deve dirigir seus esforços e seus bens.

A abrangência da função social da propriedade não oferece grande celeuma. Mais complexa se mostra a discussão acerca de seu conteúdo. Não há dúvidas de que, em essência, a função social impõe o exercício dos direitos de propriedade de modo compatível com os interesses da comunidade política. Todavia, além de ser demasiadamente genérica, essa definição não é dada pela Constituição expressamente, que se resume a mencionar a função social como conceito aberto, flexível e adaptável. Por consequência, o detalhamento da função social em termos de direitos e deveres dependerá de diplomas infraconstitucionais, a não ser no tocante à função social da propriedade rural, cujo conteúdo a Constituição explicitou ao dispor sobre a política agrícola (art. 186).

Afora a situação da propriedade rural, caberá ao legislador definir o conteúdo da função social, sempre de acordo com a divisão federativa de competências legislativas e o contexto histórico. Para os bens privados em geral, uma definição primária é dada pelo Código Civil, cujo art. 1.228, § 1º dispõe que "o direito de propriedade deve ser exercido em consonância com as suas finalidades econômicas e sociais e de modo que sejam preservados, de conformidade com o estabelecido em lei especial, a fauna, a flora, as belezas naturais, o equilíbrio ecológico e o patrimônio histórico e artístico, bem como evitada a poluição do ar e das águas". Já o § 2º proíbe "os atos que não trazem ao proprietário qualquer comodidade, ou utilidade, e sejam animados pela intenção de prejudicar outrem".

Apesar de o Código Civil se referir a bens privados, é importante que se tenha em mente que a função social ancorada na Constituição marca todo e qualquer tipo de propriedade, inclusive e principalmente a estatal. E, como se verá no capítulo pertinente, a função social dos bens estatais públicos consiste basicamente em utilizá-los de modo a gerar o máximo possível de utilidades públicas no limite de sua sustentabilidade.

Em síntese, tanto os particulares (pessoas físicas ou jurídicas) quanto os entes estatais se sujeitam a eventuais restrições da propriedade estabelecidas pela Administração Pública dos três níveis federativos. Essas restrições, como dito, visam: (i) fazer cumprir a função social ou punir o proprietário por sua violação (como se vislumbra na determinação de edificação compulsória de imóvel urbano que descumpra política local) ou (ii) simplesmente tutelar ou concretizar um interesse público primário, independentemente de qualquer comportamento ilícito do proprietário (como ocorre na requisição de veículo particular para perseguição de criminoso ou na desapropriação de terreno para construção de escola pública).

14.4 CLASSIFICAÇÃO DAS RESTRIÇÕES À PROPRIEDADE

Classificações são instrumentos de contraste essenciais para destacar algumas características marcantes do objeto de estudo. No tratamento das restrições estatais à propriedade, seu uso permite realçar a riqueza desses mecanismos no ordenamento jurídico brasileiro. Nas linhas seguintes, as restrições serão agrupadas de acordo com os seguintes critérios: (i) ramo do direito a que estão vinculadas; (ii) motivo e finalidade; (iii) tipo de dever imposto ao proprietário; (iv) duração da restrição; e (v) faceta do direito da propriedade atingido.

Quanto à *"natureza jurídica"*, é possível diferenciar restrições estatais à propriedade que surgem ora no âmbito do direito público, ora no direito privado.

As restrições estatais de direito privado estão, por exemplo, previstas no Código Civil e podem ser divididas em dois grupos principais. No primeiro, inserem-se as vedações automaticamente aplicáveis aos proprietários e que buscam compatibilizar a propriedade com os interesses públicos coletivos ou difusos e, sobretudo, com os interesses daqueles que a circundam espacialmente. Exemplo disso se extrai do Código Civil ao vedar "atos que não trazem ao proprietário qualquer comodidade, ou utilidade, e sejam animados pela intenção de prejudicar outrem" (art. 1.228, § 2º). No segundo grupo, encontram-se restrições à propriedade cuja imposição, na prática, depende da iniciativa de outro particular. Típicas são as restrições previstas no direito civil e empregadas pelos vizinhos. Nesse sentido, dispõe o direito privado que o proprietário ou o possuidor de um prédio tem o direito de fazer cessar as interferências prejudiciais à segurança, ao sossego e à saúde dos que o habitam, provocadas pela utilização de propriedade vizinha (art. 1.277), salvo as interferências justificadas por interesse público (art. 1.278). Essas restrições impostas ao proprietário são criadas e autorizadas pelo Estado por meio do ordenamento jurídico, mas inserem-se no âmbito do direito privado e, principalmente, do direito de vizinhança.

De outro lado, há restrições estatais de direito público, incluindo as tipicamente disciplinadas pelo direito administrativo. Aqui, são os interesses do Estado e da sociedade que justificam maiormente a restrição, e não o mero intuito de tutelar as relações de vizinhança. Essas restrições visam primordialmente à compatibilização entre o direito individual de propriedade e interesses públicos primários atuais ou em favor de gerações futuras. Diante de sua grande variedade, tais restrições podem ser classificadas de acordo com seu motivo e sua finalidade, com sua duração e com o dever que implicam ao proprietário.

Quanto ao *"motivo e à finalidade"*, as restrições administrativas ora buscam simplesmente promover interesse público primário (como a segurança, o ambiente e a saúde pública), ora são impostas para combater um comportamento indevido do proprietário. No primeiro caso, quando apenas o interesse público estiver em jogo, geralmente sobrará alguma margem de escolha (discricionariedade) para que o agente público determine ou não a restrição. É o que se vislumbra na requisição de bem particular por perigo iminente ou na desapropriação por interesse social, utilidade ou necessidade pública. Diferentemente, nas restrições aplicáveis como resposta à comportamentos ilícitos do proprietário, sobretudo aqueles consistentes na violação da função social da propriedade, a restrição vem frequentemente determinada pelo ordenamento jurídico, restrição vinculada, tal como se vislumbra nas desapropriações sancionatórias.

Quanto ao *"dever imposto ao proprietário"*, as restrições também variam significativamente. Algumas ocasionam: (i) deveres de abstenção ("não fazer"), como a limitação de não construir além de determinado coeficiente, não causar poluição ambiental, não destruir o patrimônio cultural; (ii) deveres de tolerância ("suportar"), como a de se submeter à fiscalização sanitária ou (iii) deveres de agir ("fazer"), como o de instalar equipamentos de combate a incêndio, edificar, parcelar ou utilizar a propriedade de certa maneira, ou o de entregar alguma coisa ao Estado em razão da restrição da propriedade, como se vislumbra no depósito obrigatório da planta de um imóvel perante as autoridades locais.

Quanto à *"duração"*, separam-se as restrições estipuladas por tempo determinado (como a ocupação das instalações de uma empresa pelo Estado para fins de apuração de infração administrativa ou a ocupação de um imóvel urbano não edificado para fins de construção de uma obra pública) das medidas estabelecidas por tempo indeterminado (como a determinação de manter reserva legal no imóvel rural para fins de proteção da natureza ou para prevenir incêndios e desastres em áreas de reunião de público – Lei n. 13.425/2017).

Apesar da pluralidade de classificações concebíveis, a doutrina brasileira tradicionalmente apresenta as restrições conforme sua implicação para os poderes que compõem o direito fundamental de propriedade. Nesse sentido, diferenciam-se restrições estatais que atacam o caráter absoluto, o caráter exclusivo ou o caráter perpétuo da propriedade privada. A partir disso, as restrições são subdivididas em: (i) limitações; (ii) requisições; (iii) ocupações; (iv) servidões; (v) tombamento e (vi) desapropriações.

Quadro: classificações das restrições

Critério	Tipos
Quanto à natureza jurídica	Restrições de direito privado Restrições de direito público
Quanto ao motivo/finalidade	Dependentes do interesse público e independentes do descumprimento da função social Dependentes do interesse público e do descumprimento da função social
Quanto ao conteúdo	Consistentes em deveres positivos Consistentes em abstenções Consistentes em tolerâncias
Quanto à duração	De prazo determinado De prazo indeterminado
Quanto ao poder atingido	Limitações Requisições Ocupações Servidões Tombamento Desapropriações

Fonte: elaboração própria

14.5 LIMITAÇÃO ADMINISTRATIVA

Embora limitação e restrição sejam palavras sinônimas na linguagem comum, no direito administrativo, há uma diferença técnica: a limitação administrativa configura uma das várias espécies incluídas na categoria das restrições. Como tal, ela consiste em norma que, baseada no poder de polícia ou no poder disciplinar, limita o uso da propriedade, estatal ou não estatal, de modo genérico e, a princípio, sem direito à indenização, sempre com o objetivo de promover interesses públicos primários em benefício da sociedade.

Exemplos de limitação administrativa da propriedade se vislumbram nas normas que determinam reserva legal em imóvel rural para preservar o ambiente; que impõem a instalação de equipamentos de combate a incêndios em edifícios de uso público; que limitam a altura das construções; que restringem o manuseio e o transporte de produtos perigosos e assim por diante.

Em comparação com outras medidas de restrição à propriedade, as limitações se caracterizam pela generalidade, ou seja, não se voltam a certo indivíduo ou grupo de indivíduos determinado, mas sim a um conjunto indefinido de pessoas sujeitas ao domínio eminente do Estado ou ao poder disciplinar de uma de suas entidades públicas. A limitação administrativa municipal deve irradiar efeitos para todos os que se encontrem sob o poder local; a limitação federal, a todos os indivíduos que se encontrem sujeitos ao poder da União. A marca da limitação administrativa é, portanto, a generalidade e a igualdade no tratamento de seus destinatários. E justamente porque todos sofrem a limitação e dela se beneficiam como membro da coletividade, não há que se falar de indenização.

A afirmação da universalidade e da igualdade nas limitações administrativas à propriedade não obsta que o Estado trace medidas discriminatórias. Imagine-se um rodízio de veículos baseado na lei de mobilidade urbana e criado para melhorar a circulação na cidade por meio da restrição simultânea da liberdade de locomoção e de uso de veículos automotores. *A priori*, o rodízio é aplicável a todos igualmente. No entanto, para harmonizar o interesse na promoção da ordem urbanística com outros interesses públicos, como a promoção da saúde e da segurança, é lícito que se permita a circulação irrestrita de ambulâncias, meios de transporte público e viaturas policiais a despeito da restrição. Esse simples exemplo mostra que algumas exceções às limitações administrativas gerais se impõem como forma de compatibilizar interesses públicos que, por vezes, entram em choque. Em não havendo motivo legítimo a justificar a discriminação de alguns proprietários, então a limitação administrativa atingirá a todos igualmente.

Ainda no tocante à generalidade, cabe a diferenciação da limitação administrativa em face das formas de servidão impostas pelo Estado. Em muitos casos, sobretudo no direito urbanístico e ambiental, algumas servidões são tratadas como se limitações fossem. É o caso das áreas *non aedificandi* de 15 metros ao lado das rodovias e ferrovias e das áreas de preservação permanente ao longo de rios, por exemplo. No entanto, adoto o posicionamento bem construído de Luciano Ferraz, para quem tanto as áreas de preservação permanente (APP), quanto os terrenos marginais apontados são servidões, uma vez que se impõem em razão de um bem público dominante.[1] Como bem explica Maria Sylvia Zanella Di Pietro, na limitação, a obrigação é imposta ao proprietário em razão de interesse público genérico, enquanto a servidão "é imposta em proveito de determinado bem afetado a fim de utilidade pública. A coisa dominante, inexistente na limitação administrativa, distingue os dois institutos".[2]

Do ponto de vista material, considerando-se as implicações sobre a propriedade, as espécies de limitações diferem bastante. Elas impõem aos proprietários ora deveres de dar, ora de fazer, ora de não-fazer ou de suportar. As determinações para parcelar um imóvel urbano ou para que o proprietário adquira e instale equipamento de proteção contra incêndios constituem deveres de fazer; a determinação para que o proprietário deposite uma planta descritiva de seu imóvel no órgão municipal competente, um dever de dar; a determinação para que não se edifique acima de determinação coeficiente de construção em cada município, um dever de não-fazer;

---

1. MARRARA, Thiago; FERRAZ, Luciano. *Tratado de direito administrativo*, vol. 3: direito administrativo dos bens e restrições estatais à propriedade. São Paulo: Revista dos Tribunais, 2014, p. 323-324.
2. DI PIETRO, Maria Sylvia Zanella. *Direito administrativo*, 30ª ed. São Paulo: Gen-Forense, 2017, p. 219.

e a sujeição à fiscalização sanitária, um dever de suportar. Resta, assim, superada a visão de que as limitações administrativas à propriedade consistem exclusivamente em deveres de se omitir, de não fazer.

Já o destinatário da medida limitativa é o proprietário em sentido amplo. A limitação atinge pessoas físicas ou pessoas jurídicas, de direito público interno ou de direito privado, estatais ou não. Por resultado, não violará a Constituição o fato de certo Município estabelecer limitação urbanística que atinja igualmente bens sob propriedade da União e do Estado localizados no território local. Uma universidade pública jamais poderia alegar sua natureza de entidade federal ou estadual para se livrar das limitações estabelecidas na legislação urbanística local. Desde que ajam com respeito à sua competência legislativa, os entes federativos estão autorizados a estabelecer limitações a todos, inclusive aos proprietários estatais. Tampouco interessa o tipo de propriedade. As limitações podem atingir bem imóvel ou móvel, bem material ou imaterial, bem público ou particular.

14.6 LIMITAÇÃO, INDENIZAÇÃO E DESAPROPRIAÇÃO INDIRETA

Questão interessante diz respeito à desnecessidade primária de indenização do Estado ao proprietário atingido pela limitação administrativa que lhe é imposta. De modo geral, não há indenização prévia ou posterior para esse tipo de restrição por uma razão extremamente simples. Os destinatários da limitação são simultaneamente os seus beneficiários. Todos sofrem a restrição e, ao mesmo tempo, colhem seus frutos. Mal comparando: aqui vale a lógica do direito privado em relação ao instituto da confusão. Na limitação administrativa, o "credor" da indenização (destinatário) confunde-se com o "devedor" (beneficiário). Os dois polos são ocupados pela coletividade globalmente considerada, mostrando-se incabível qualquer pretensão indenizatória. Há, porém, situações excepcionais.

Os efeitos práticos da limitação administrativa variam de acordo com as características territoriais ou dimensionais de cada propriedade atingida. Para um proprietário a limitação poderá ser restrição relativamente branda, enquanto, para outros, a mesma medida poderá se revelar extremamente severa. Em certas situações, é possível que a conjunção de várias limitações administrativas previstas em lei ocasione o esvaziamento do direito de propriedade sobre um bem concretamente considerado. Em outras palavras, ainda que uma limitação seja normativamente estabelecida como igual para todos, na prática, determinado bem poderá sofrer tantas limitações, que o exercício dos direitos ordinários do proprietário se inviabilizará. Em casos assim, ainda que sem intenção, o Estado terá aniquilado o núcleo do direito fundamental de propriedade, causando dano excessivo e irrazoável, daí a necessidade de se garantir a indenização.

Explica Luciano Ferraz que, inicialmente, a situação na qual uma conjunção de limitações administrativas ocasionava esvaziamento da propriedade era vista pelos tribunais superiores como uma hipótese de desapropriação indireta (REsp 317.507/SP). No entanto, em decisões mais recentes, o STJ tem preferido a "distinção entre as limitações aniquiladoras do domínio e a desapropriação indireta, porquanto nesta existe esbulho possessório do Poder Público, inexistente naquela".[3] Nas palavras do Tribunal, em caso versando sobre o direito ambiental, "não há desapropriação indireta sem que haja o efetivo apossamento da propriedade pelo Poder Público. Desse modo, as restrições ao direito de propriedade, impostas por normas ambientais, ainda que esvaziem o conteúdo econômico, não se constituem desapropriação indireta. O que ocorre com a edição de leis ambientais que restringem o uso da propriedade é a limitação administrativa cujos prejuízos causados devem ser indenizados por meio de ação de direito pessoal, e não de direito real, como é o caso da ação em face da desapropriação indireta" (STJ, AgRg nos EDcl no AREsp 382.944/MG). Na mesma linha, tem-se manifestado o STF (RE 102.847/PR e AgIn no AgRg 129.993/PR).

Hoje, pelo quanto exposto, não mais se deve tratar igualmente o esvaziamento da propriedade por limitações administrativas e a desapropriação indireta (como esbulho cometido pelo Estado). Em caso de limitação excessiva, a indenização deve ser solicitada nos termos do parágrafo único do art. 10 do Decreto-Lei n. 3.365/1941, que assim dispõe: "extingue-se em cinco anos o direito de propor ação que vise a indenização por restrições decorrentes de atos do Poder Público". O dispositivo em questão não trata de outros detalhes, mas é preciso frisar que a indenização será cabível apenas se respeitados dois requisitos: (i) a comprovação de dano substancial e diferenciado (ou seja, anormal) a um proprietário específico (cf. STF, RE 134.297/SP e STJ, REsp 752.232) e (ii) a comprovação de que o dano ocorreu posteriormente à aquisição da propriedade (cf. STF, RE 178.836/SP).

14.7 OCUPAÇÃO

A ocupação consiste em ato administrativo pelo qual o Estado sujeita bem alheio, imóvel ou móvel, material ou imaterial, à sua utilização temporária ou de quem atue em seu nome. Como todo e qualquer tipo de restrição, a ocupação também se dá em razão da essencialidade do bem à garantia de certo interesse público primário. Pontes de Miranda denominava a ocupação como "desapropriação temporária de uso".[4] Contudo, trata-se de instituto autônomo, distinto da desapropriação, já que ela não impõe a exclusividade de uso à Administração Pública, nem opera a transferência de propriedade. Tampouco se embaralha a ocupação com a limitação administrativa, pois ela garante um uso temporário ao Estado e atinge bem concreto, enquanto a

---

3. MARRARA, Thiago; FERRAZ, Luciano. *Tratado de direito administrativo*, vol. 3: direito administrativo dos bens e restrições estatais à propriedade. São Paulo: Revista dos Tribunais, 2014, p. 314.
4. PONTES DE MIRANDA, Francisco Cavalcanti. *Tratado de direito privado*, t. 14. Rio de Janeiro: Borsoi, 1956, p. 154.

limitação restringe somente o uso do proprietário e incide sobre conjunto indeterminado de bens (generalidade).

Usualmente, a ocupação incide sobre imóveis. Apesar disso, nada impede que ela abranja bens móveis e, até mesmo, a organização de serviços e o pessoal responsável por eles, a depender da situação e da extensão dada ao instituto de acordo com cada lei específica. Dispõe o Código Civil que "a posse do imóvel faz presumir, até prova contrária, a das coisas móveis que nele estiverem" (art. 1.209). Essa lógica vale igualmente para a ocupação administrativa e temporária instituída pela Administração sobre imóveis determinados. Na falta de especificação dos bens na notificação que se há de fazer ao proprietário, é de se supor que a indicação do imóvel abranja os móveis nele incluídos, mas desde que eles se mostrem imprescindíveis à execução da tarefa pública que justifica a ocupação.

Outra questão relevante da ocupação diz respeito à presença ou não de indenização pelo uso. A princípio, para se solucionar o problema, é preciso verificar se o legislador a previu ou não nas diferentes leis que cuidam do tema. Na ausência de norma a respeito, a indenização caberá tão somente quando houver dano comprovado, anormal e específico. Em caso positivo, incidirá a responsabilidade civil extracontratual do Estado, que independe de configuração da culpa ou do dolo do agente público, senão tão somente do dano, da ação estatal e do nexo de causalidade entre os dois elementos anteriores (art. 37, § 6º CF).

Na falta de norma específica, o prazo prescricional do pedido de indenização é quinquenal. Aplicar-se-á à ocupação o art. 10, parágrafo único do Decreto-Lei n. 3.365/1941, que assim dispõe: "extingue-se em cinco anos o direito de propor ação que vise a indenização por restrições decorrentes de atos do Poder Público". Como o dispositivo menciona as restrições em sentido amplo, ele também vale para superar eventual lacuna da legislação que rege as ocupações.

14.8 ESPÉCIES DE OCUPAÇÃO

Na legislação brasileira, embora falte uma norma constitucional sobre o assunto, entendo que a competência para criar formas de ocupação estatal da propriedade é privativa do Congresso Nacional. Na linha do que explica Luciano Ferraz, há três argumentos para tanto, quais sejam: (i) a semelhança da ocupação com uma desapropriação temporária; (ii) sua proximidade com a requisição, que está explicitamente sob competência legislativa privativa da União (art. 22, III, CF) e (iii) a sua atinência com o direito fundamental de propriedade, instituto típico do direito civil (art. 22, I, CF), também um campo de competência exclusiva do Congresso.[5] A competência

---

5. MARRARA, Thiago; FERRAZ, Luciano. *Tratado de direito administrativo*, vol. 3: direito administrativo dos bens e restrições estatais à propriedade. São Paulo: Revista dos Tribunais, 2014, p. 323-339.

executória, porém, estende-se aos três entes da federação, a depender do que dispõe cada lei, como se pode verificar nas espécies exemplificativas a seguir:

- *"Ocupação para obra pública"*. Essa modalidade pode ser utilizada pela União, Estados e Municípios no intuito de viabilizar suas obras de infraestrutura e está disciplinada da seguinte forma: "É permitida a ocupação temporária, que será indenizada, afinal, por ação própria, de terrenos não edificados, vizinhos às obras e necessários à sua realização. O expropriante prestará caução, quando exigida" (art. 36 do Decreto-Lei n. 3.365/1941). Dessa redação se extraem algumas condições obrigatórias para o uso do instituto, a saber: (i) que se trate de imóvel não edificado; (ii) que se localize na vizinhança da obra, ou seja, guarde com ela uma proximidade significativa; (iii) que o Estado não disponha de meios mais razoáveis para viabilizar a obra sem o uso do imóvel e (iv) que se indenize o proprietário proporcionalmente à duração da ocupação, facultando-se a ele exigir caução prévia. Luciano Ferraz sustenta o posicionamento, aqui seguido, de que essa modalidade de ocupação não se vincula necessariamente a uma desapropriação.[6] O STF já manifestou tal posicionamento em caso no qual se reconheceu a necessidade de que a ocupação venha sempre precedida de ato formal, *i.e.*, de previsão ou no decreto expropriatório ou em decreto específico (RE 84986).

- *"Ocupação arqueológica"*. A Lei n. 3.924/1961 prescreve que: "A União, bem como os Estados e Municípios mediante autorização federal, poderão proceder a escavações e pesquisas, no interesse da arqueologia e da pré-história em terrenos de propriedade particular, com exceção das áreas muradas que envolvem construções domiciliares" (art. 13). A ocupação deve ser precedida de acordo amigável. Apenas quando inviável o acordo é que deverá ser imposta mediante uma declaração de utilidade pública que estabeleça o período necessário aos referidos estudos. A essa modalidade de ocupação se aplicam de maneira subsidiária as previsões da ocupação de obra pública (art. 36 do Decreto-Lei n. 3.365/1941 combinado com o art. 13 da Lei n. 3.924/1961).

- *"Ocupação das instalações dos contratados"*. A Lei n. 14.133/2021 prevê a ocupação de bens móveis, imóveis, pessoal e serviços vinculados a serviços essenciais contratados pela Administração no mercado (art. 104, V). Trata-se de um poder exorbitante da Administração contratante que pode ser exercitado contra os agentes econômicos contratados em duas situações: (a) risco à prestação de serviços essenciais ou (b) necessidade de acautelar apuração administrativa de faltas contratuais pelo contratado, inclusive após extinção do contrato. Na Lei de Concessões, prevê-se um instrumento semelhante. Dispõe a Lei n. 8.987/1995 que "a assunção do serviço autoriza a ocupação

---

6. MARRARA, Thiago; FERRAZ, Luciano. *Tratado de direito administrativo*, vol. 3: direito administrativo dos bens e restrições estatais à propriedade. São Paulo: Revista dos Tribunais, 2014, p. 323-341.

das instalações e a utilização, pelo poder concedente, de todos os bens reversíveis" (art. 35, § 3º). Referido dispositivo vale igualmente para permissões de serviços públicos. Quanto à indenização, nenhuma das leis mencionadas apresenta qualquer norma. No entanto, ela será devida sempre que acarretar dano, salvo aquele relacionado ao uso ordinário do objeto ocupado estritamente pelo período necessário.

- *"Ocupação mineral"*. O Decreto-Lei n. 1.865/1981 dispõe especificamente sobre a "ocupação provisória de imóveis para pesquisa e lavra de substâncias minerais que contenham elementos nucleares". Aqui, prevê-se de modo explícita a indenização, que abarcará danos causados ao bem, além de uma renda mensal pela ocupação (art. 2º). Nesse mesmo sentido, o Decreto-Lei n. 1.864/1981 trata da "ocupação provisória de imóveis para pesquisa e lavra de petróleo" e prevê indenização.

- *"Ocupação eleitoral"*. Nos termos do Código Eleitoral, as eleições deverão ocorrer preferencialmente em edifícios públicos. Todavia, o Estado está autorizado a recorrer a espaços particulares caso não existam bens públicos em número ou condição adequados. Diante dessas circunstâncias, "a propriedade particular será obrigatória e gratuitamente cedida" para finalidade eleitoral (art. 135, § 3º da Lei n. 4.737/1965). Esta ocupação será gratuita, salvo naturalmente se dela resultar algum dano anormal ao proprietário, não relacionado ao mero desgaste decorrente do uso para o qual o bem foi ocupado. Além disso, note-se que cabe ao Estado comprovar a ausência de bens públicos aptos a viabilizarem as eleições antes de restringir a propriedade privada. A ocupação desnecessária é ilegal, devendo o Estado arcar com o tempo de uso do bem particular caso se demonstre que tinha bens próprios disponíveis, mas não os utilizou.

14.9 REQUISIÇÃO

Na pandemia da COVID-19, esse instituto ganhou bastante notoriedade, sobretudo quando o Poder Público passou a cogitar de requisição de equipamentos de hospitais privados, como respiradores, para garantir o funcionamento de hospitais públicos. Na teoria, porém, há divergências doutrinárias acerca da autonomia da requisição, sobretudo por sua semelhança com a ocupação. Em poucas palavras, a requisição consiste em ato administrativo, coercitivo e autoexecutório, que determina o uso temporário, pelo Estado, de bem móvel ou imóvel alheio, em virtude de perigo público iminente, em tempo de guerra ou fora dele.

Da definição mencionada se extrai que o principal diferencial da ocupação e da requisição está na causa. A requisição ocorre sempre em caso de um perigo iminente (requisição civil) ou em tempo de guerra (requisição militar). Como, porém, ambas atingem o direito de propriedade de modo temporário e para fins de proteção de um interesse público, acredito ser mais correto afirmar que a requisição configura uma espécie qualificada ou um tipo de ocupação, como também entendem Maria Sylvia Zanella Di Pietro, Edmir Netto de Araújo e Marçal Justen Filho.[7]

A requisição está prevista no art. 5º, XXV da Constituição, que assim dispõe: "no caso de iminente perigo público, a autoridade competente poderá usar de propriedade particular, assegurada ao proprietário indenização ulterior, se houver dano". O dispositivo se mostra bastante completo. Deixa evidente, em primeiro lugar, que o motivo exclusivo da requisição é o perigo público iminente. É necessário que haja perigo iminente, ou seja, uma ameaça próxima, prestes a ocorrer, colocando em risco um bem público ou uma função estatal, inclusive a de garantir a segurança e a vida da coletividade. A ameaça pode advir, por exemplo, de uma tempestade, de uma grande incidência, da fuga de presidiários, de desastres como uma inundação e até de banais cenas cotidianas. Entretanto, não justificará a requisição um perigo privado ou um perigo distante, remoto. Além disso, a autoridade que requisitar o bem deverá deter a competência para combater o perigo público iminente identificado. A requisição não é um poder que se atribui de maneira automática a qualquer autoridade em razão de uma situação de urgência.

Em segundo lugar, o dispositivo constitucional revela que a restrição poderá atingir qualquer tipo de propriedade particular, ou seja, bem móvel ou imóvel, material ou não. A Constituição aponta bem "particular". Não há dúvida de que essa expressão abrange os bens de pessoas físicas, quanto o de pessoas jurídicas. Contudo, há dúvidas sobre a possibilidade de atingirem bens estatais, sobretudo de outras esferas federativas. A respeito do assunto, o STF, no julgamento da ADI 3.454 entendeu que a requisição administrativa de bens e serviços realizado por uma unidade federativa em desfavor de outra é inconstitucional. Partindo-se dessa premissa, sobraria apenas discutir a requisição de bens estatais dentro da mesma esfera federativa, por exemplo, pelo Município em relação a bens de entes da Administração Indireta.

Considerando-se essa limitação federativa da requisição, entendo que não há como se aplicar o instituto sobre bens de uso comum do povo, pois eles estão afetados e abertos a uso de todos. Quanto aos bens de uso especial, a requisição realizada por uma unidade federativa sobre uma entidade da sua Administração Indireta diante de perigo iminente parece possível, mas desde que não prejudique a continuidade do serviço a que ele se afeta. Do contrário, para evitar um perigo público iminente, a requisição geraria outro dano a interesse público primário, o que seria uma contradição. Já em relação aos bens dominicais, não afetados, inexiste qualquer argumento que permita afastar o instituto, já que eles não se mostram imprescindíveis

---

7. DI PIETRO, Maria Sylvia Zanella. *Direito administrativo*, 27ª ed. São Paulo: Atlas, 2013, p. 141-142; ARAÚJO, Edmir Netto de. *Curso de direito administrativo*, 6ª ed. São Paulo: Saraiva, 2014, p. 1135 e JUSTEN FILHO, Marçal. *Curso de direito administrativo*, 10ª ed. São Paulo: Revista dos Tribunais, 2014, p. 627.

à continuidade de serviços públicos. Em síntese, apesar da dicção constitucional, entendo que a expressão bem particular deve ser tomada em sentido amplo, de modo que, dentro de uma mesma esfera federativa, o ente político poderá requisitar tanto bens estatais privados quando bens públicos dominicais pertencentes às entidades de sua Administração Indireta.

Em terceiro lugar, a Constituição esclarece ser a indenização um dever do Poder Público que utiliza o bem por requisição. Porém, a indenização ocorrerá apenas na medida em que houver dano anormal e específico ao proprietário. Assim, se uma autoridade policial utilizar terreno baldio, inutilizado, para desempenhar sua função de combater um perigo público iminente, certamente não caberá qualquer indenização, salvo se destruir alguns dos bens acessórios nele contidos. Note-se que a indenização é sempre posterior e não há espaço para se falar de caução, já que a requisição comporta um uso inesperado, não previsto, decorrente do perigo iminente, diferentemente do que ocorre na ocupação, em que o Estado planeja a restrição à propriedade alheia.

14.10 ESPÉCIES DE REQUISIÇÃO

Além do art. 5º, XXV, a Constituição da República trata da requisição no art. 22, III. Ali, define-se como competência exclusiva do Congresso Nacional legislar sobre requisição civil e militar, em caso de iminente perigo e em tempo de guerra. A competência da União se justifica pelo fato de se tratar de instituto que intervém no direito fundamental de propriedade, espaço da vida civil para a qual a competência do Congresso também é privativa. Fora isso, o texto prevê a requisição em período de estado de sítio (art. 139, VII) e de estado de defesa (art. 136, § 1º, II – aqui, porém, com o nome de "ocupação").

Considerando-se que o art. 5º, XXV e outros dispositivos já apontaram as características gerais do instituto e as situações em que ele pode ser aplicado, a atividade legislativa se afigura pouco útil nessa matéria. Ainda assim, editou-se no Brasil uma abrangente disciplina infraconstitucional, cabendo mencionar: (i) o Decreto-Lei n. 2/1966, que trata da requisição de bens ou serviços essenciais ao abastecimento da população; (ii) a Lei n. 6.439/1977, que dispõe sobre a requisição em caso de calamidade pública, perigo público iminente ou ameaça de paralisação de atividades de interesse da população, de bens e serviços essenciais à sua continuidade; (iii) a Lei n. 7565/1986 (Código da Aeronáutica), que cuida da requisição de aeronaves para operações de busca e salvamento; (iv) o Decreto-Lei n. 4.812/1942, que prevê a requisição de bens móveis e imóveis necessários às forças armadas e à defesa passiva da população;[8] e (v) a Lei n. 13.979/2020, que enumerou medidas para enfrentamento da pandemia do

---

8. Em detalhes sobre as várias requisições previstas na legislação brasileira, cf. MARRARA, Thiago; FERRAZ, Luciano. *Tratado de direito administrativo*, vol. 3: direito administrativo dos bens e restrições estatais à propriedade. São Paulo: Revista dos Tribunais, 2014, p. 362 e seguintes.

coronavírus e previu a "requisição de bens e serviços de pessoas naturais e jurídicas, hipóteses em que será garantido o pagamento posterior de justa indenização".

No Sistema Único de Saúde (SUS), a requisição ganhou destaque no cenário brasileiro por casos que chegaram ao STF. A Lei Orgânica do SUS (Lei n. 8.080/1990) prescreve que, "para atendimento de necessidades coletivas, urgentes e transitórias, decorrentes de situações de perigo iminente, de calamidade pública ou de irrupção de epidemias, a autoridade competente da esfera administrativa correspondente poderá requisitar bens e serviços, tanto de pessoas naturais como de jurídicas, sendo-lhes assegurada justa indenização" (art. 15, XIII). Essa competência é assegurada a União, Estados, Distrito Federal e Municípios.

No MS n. 25.295, sob relatoria do ministro Joaquim Barbosa, o STF tratou, em 2007, de uma requisição de saúde imposta pela União ao Município do Rio de Janeiro diante da decretação de estado de calamidade pública no SUS local. Na ocasião, o Município impetrou Mandado de Segurança para questionar a requisição de seus hospitais e a delegação da competência de requisição do Presidente ao ministro de Estado da Saúde. A ordem foi deferida por unanimidade pela corte, pois se considerou que a requisição não tinha amparo na Lei Orgânica do SUS (Lei n. 8.080/1990, art. 15, XIII), de modo que configurava, em verdade, uma intervenção da União no Município ao arrepio do texto constitucional. O STF ainda apontou a "inadmissibilidade da requisição de bens municipais pela União em situação de normalidade institucional, sem a decretação de estado de defesa ou estado de sítio", o que feriria a autonomia municipal e o pacto federativo. Mais tarde, em 2022, o STF julgou a ADI 3.454 e, como já mencionado anteriormente, reafirmou que a requisição de bens ou serviços por uma unidade federativa a outra ofende a Constituição da República. Na linha do voto do Ministro Alexandre de Moraes, o Tribunal entendeu que as relações interfederativas se pautam pela horizontalidade e cooperação, sendo a interferência de uma esfera sobre outra permitida unicamente em casos excepcionais destacados pela Constituição, como o da intervenção federal nos Estados. Em sentido semelhante, na Ação Cível Originária (ACO) 3.463, o Plenário do Supremo também impediu que a União requisitasse insumos comprados pelo Estado de São Paulo para a produção da vacina contra a COVID-19.

14.11 SERVIDÃO

Servidão administrativa é direito real de uso sobre coisa alheia, instituído em favor do Estado por lei, acordo ou decisão judicial, para garantir a plenitude de seu direito de propriedade, a tutela de interesse público primário ou a realização de certo serviço público. Como tal, a servidão atinge o caráter exclusivo e absoluto de certa propriedade (serviente) no intuito de beneficiar o Estado e a coletividade.

Em contraste com o que ocorre na servidão do direito civil, o conceito de bem dominante na servidão administrativa se mostra mais amplo, pois não se restringe a um mero imóvel vizinho. Na relação de direito administrativo, o *"bem dominante"* pode ser tanto um prédio estatal vizinho ao serviente (como se vê na servidão de aqueduto), uma obra pública (como as rodovias ou ferroviais que geram servidão sobre áreas laterais), um recurso natural (como os rios que ocasionam servidão sobre os terrenos marginais) ou um serviço público (como os serviços de energia que dependem de servidões sobre imóveis rurais para instalação de torres de transmissão).

A servidão administrativa pode ser instituída por lei, por decisão judicial, por ato ou acordo administrativo. A forma de instituição se mostra relevante por vários motivos. Na instituição por lei, a servidão tem abrangência genérica, atinge um conjunto indeterminado de imóveis. Por conseguinte, não se faz necessária, a princípio, a indenização. Di Pietro explica que tampouco há necessidade de inscrição deste tipo de servidão no registro do imóvel, "porque o ônus real se constitui no momento em que a lei é promulgada ou, posteriormente, quando algum fato coloque o prédio na situação descrita na lei", a qual "confere à servidão a mesma publicidade e satisfaz os mesmos fins atribuídos ao registro de imóveis".[9]

Note-se que essa servidão genérica não se confunde com a limitação administrativa, uma vez que, nesta, inexiste a figura do bem dominante. Veja-se o caso das áreas de preservação permanente ao longo dos rios. Não há limitação administrativa, senão verdadeira servidão instituída por lei ambiental com destinatários indeterminados. O bem dominante é o rio, ao lado do interesse público na proteção ambiental; o bem serviente é a propriedade rural.

As servidões instituídas por ato da Administração Pública (como Decretos), acordo ou por decisão judicial são concretas, pois atingem um ou mais imóveis específicos. Em geral, por sua natureza, elas demandam indenização e necessitam ser inscritas no registro dos imóveis (Lei n. 6.015/1973, art. 167). As servidões estabelecidas por ato unilateral da Administração, vale advertir, são excepcionais e sua instituição necessita de autorização expressa em lei. Fora dessas situações, a servidão, como restrição estatal à propriedade, somente ocorrerá por acordo ou por decisão judicial, nunca de maneira forçada por ação unilateral do Poder Público.

Em qualquer situação, a servidão administrativa se extinguirá por: (i) desaparecimento da coisa gravada, ou seja, desaparecimento do bem dominante ou do bem serviente; (ii) perda da utilidade; (iii) desafetação do bem dominante ou (iv) incorporação do bem serviente ao patrimônio estatal, caso em que o proprietário do serviente se confundirá com o do dominante. Enquanto os bens existirem e perdurar a necessidade de restrição do imóvel alheio em favor do Estado, a servidão se manterá,[10] salvo, por óbvio, se vier a ser vedada legalmente.

---

9. DI PIETRO, Maria Sylvia Zanella. *Direito administrativo*, 30ª ed. São Paulo: Gen-Forense, 2017, p. 191.
10. A respeito, cf. CIRNE LIMA, Ruy. Das servidões administrativas. *RDP*, v. 5, 1968, p. 24.

14.12 ESPÉCIES DE SERVIDÃO

Inúmeras são as formas de servidão administrativa no direito positivo brasileiro. Essas figuras foram pioneiramente sistematizadas e examinadas com mais detalhes na dissertação de mestrado de Maria Sylvia Zanella Di Pietro.[11] Dentre as servidões atualmente existentes, apenas para fins de ilustração, vale destacar:

- A *"servidão sobre terrenos marginais"*. De acordo com a Lei n. 1.507/1867 (art. 39), compreende 15,4 metros paralelos aos rios navegáveis e de que se fazem os navegáveis. Referida servidão destina-se à navegação e ao aproveitamento industrial das águas e da energia hidráulica. Não sendo o rio navegável, aplica-se a faixa de 10 metros para viabilizar os serviços dos agentes públicos (Código de Águas, art. 29, § 1º e art. 12).

- *"Servidão para fontes de água"*. De acordo com o Código de Águas Minerais (Decreto-Lei n. 7.841/1945), "às fontes de água mineral, termal ou gasosa, em exploração regular, poderá ser assinalado, por decreto, um perímetro de proteção, sujeito a modificações posteriores se novas circunstâncias o exigirem" (art. 12).

- *"Servidão para bens tombados"*. Por força do Decreto-Lei n. 25/1937, "sem prévia autorização do Serviço do Patrimônio Histórico e Artístico Nacional, não se poderá, na vizinhança da coisa tombada, fazer construção que lhe impeça ou reduza a visibilidade, nem nela colocar anúncios ou cartazes, sob pena de ser mandada destruir a obra ou retirar o objeto, impondo-se neste caso a multa de cinquenta por cento do mesmo objeto" (art. 18). Luciano Ferraz esclarece que os imóveis vizinhos atingidos devem ser previstos no processo de tombamento e bem explica que, por força do devido processo legal, os proprietários deverão ser notificados por edital para, querendo, impugnarem administrativa ou judicialmente a medida.[12]

- *"Servidão para aeródromos"*. A Lei n. 7.565/1986 dispõe que as propriedades vizinhas dos aeródromos e das instalações de auxílio à navegação sujeitam-se a restrições especiais que se referem ao "uso das propriedades quanto a edificações, instalações, culturas agrícolas e objetos de natureza permanente ou temporária, e tudo mais que possa embaraçar as operações de aeronaves ou causar interferências nos sinais dos auxílios à radionavegação ou dificultar a visibilidade de auxílio visuais" (art. 43, parágrafo único). Além disso, "quando as restrições estabelecidas impuserem demolições de obstáculos levantados antes da publicação dos Planos Básicos ou Específicos, terá o proprietário direito à indenização" (art. 46).

---

11. DI PIETRO, Maria Sylvia Zanella. *Servidão administrativa*. São Paulo: Revista dos Tribunais, 1978.
12. MARRARA, Thiago; FERRAZ, Luciano. *Tratado de direito administrativo*, vol. 3: direito administrativo dos bens e restrições estatais à propriedade. São Paulo: Revista dos Tribunais, 2014, p. 387.

- *"Servidão de energia elétrica"*. Prescreve o Código de Águas (art. 151), que o concessionário de serviços de energia elétrica detém a prerrogativa de "estabelecer as servidões permanentes ou temporárias exigidas para as obras hidráulicas e para o transporte e distribuição de energia elétrica". O Decreto n. 35.851/1954, ao regulamentar o artigo referido, dispõe que "as concessões para o aproveitamento industrial das quedas d'água, ou, de modo geral, para produção, transmissão e distribuição de energia elétrica, conferem aos seus titulares o direito de construir as servidões administrativas permanentes ou temporárias, exigidas para o estabelecimento das respectivas linhas de transmissão ou de distribuição".

14.13 TOMBAMENTO

A Constituição da República atribui ao Estado, em colaboração com a comunidade, a tarefa de promover e proteger o patrimônio cultural brasileiro por inúmeros instrumentos jurídicos, a saber: inventários, registros, vigilância, tombamento, desapropriação e outras medidas de acautelamento e preservação (art. 216, § 1º CF). Daí resulta que o tombamento configura um instrumento de uso discricionário, dentre vários outros que servem ao mesmo fim de tutelar o patrimônio cultural brasileiro, definido pela Constituição como o conjunto de "bens de natureza material e imaterial, tomados individualmente ou em conjunto, portadores de referência à identidade, à ação, à memória dos diferentes grupos formadores da sociedade brasileira (...)" (art. 216, *caput*).

A seu turno, ao inserir no ordenamento as normas gerais do tombamento, o Decreto-Lei n. 25/1937 define como patrimônio histórico e artístico nacional um conjunto de elementos mais restrito que o previsto na Constituição Federal e que abrange "bens móveis e imóveis existentes no país cuja conservação seja de interesse público, quer por sua vinculação a fatos memoráveis da história do Brasil, quer por seu excepcional valor arqueológico ou etnográfico, bibliográfico ou artístico" (art. 1º).

Para proteger a cultura, faculta-se ao Estado realizar o tombamento desses bens, ou seja, determinar sua inserção em um dos livros do tombo, de modo a deflagrar uma série de restrições ao proprietário, aos vizinhos e ao próprio Estado. O tombamento desponta como uma das várias técnicas de proteção do ambiente cultural brasileiro. Ele difere de outras restrições estatais à propriedade tanto por sua finalidade especial, quanto pelo amplo conjunto de obrigações que deflagra. Não obstante, a doutrina brasileira nem sempre entende o instituto dessa maneira. Em sistematização da matéria, Luciano Ferraz aponta a existência de três posicionamentos teóricos: o que toma o tombamento como instituto autônomo (aqui adotado); o que o insere como espécie de limitação administrativa e o que o enxerga como servidão administrativa.[13]

---

13. MARRARA, Thiago; FERRAZ, Luciano. *Tratado de direito administrativo*, vol. 3: direito administrativo dos bens e restrições estatais à propriedade. São Paulo: Revista dos Tribunais, 2014, p. 404.

Além desse debate, não parecer haver consenso quanto ao emprego do termo tombamento. Ora ele é utilizado para indicar o processo administrativo que prepara a inscrição do bem no livro do Tombo, ora aponta o ato, normativo ou administrativo, que determina a inscrição. Ambos os sentidos são corretos, pois o verbo tombar significa inscrever, inventariar, mapear e remete à Torre do Castelo de São Jorge, em Lisboa, conhecida como Torre do Tombo, local onde teria funcionado, de 1378 até 1755, o Arquivo Central do Estado português. No entanto, para se evitar confusões, é preferível reservar o termo tombamento para o ato final que decorre do processo administrativo de tombamento.

A competência para executar o tombamento se mostra comum a todos os entes da federação (competência administrativa comum), o que permite que um bem venha a ser tombado por um, por dois ou pelos três entes federativos simultaneamente. Ainda assim, a Constituição destaca o papel do Município nesse campo ao explicitar sua competência para "promover a proteção do patrimônio histórico-cultural local, observada a legislação e a ação fiscalizadora federal e estadual" (art. 30, IX). Essa preferência pelo Município tem sua razão de ser tanto na concentração de bens históricos em ambientes urbanos, quanto na proximidade da Administração Pública local a esses bens, o que confere ao Município certas facilidades para identificá-los. Contudo, na prática, muitos Municípios não dispõem de equipes técnicas para avaliar e fiscalizar esse patrimônio, nem para aplicar recursos financeiros quando o particular deles não dispuser. Daí a importância de que utilizem o tombamento com razoabilidade, sempre o comparando com outras técnicas alternativas de proteção do patrimônio histórico-cultural, como o registro, a transferência de direito de construir, a desapropriação etc.

Diferentemente da competência executória, que é comum, a competência para editar normas legais gerais sobre tombamento recai sobre a União (competência legislativa concorrente). Isso significa que o Congresso expede as normas básicas aplicáveis a todos os entes federativos, as quais até hoje se condensam no Decreto-Lei n. 25/1937. Já os Estados e Municípios podem suplementá-las, tendo em vista suas peculiaridades regionais e locais (art. 24, VII e § 2º e art. 30, II da CF).

Certos autores defendem que o Município não detém competência legislativa na matéria, devendo empregar a legislação federal e a estadual para executar seus tombamentos.[14] Discordo desse posicionamento, pois em matéria de competência legislativa concorrente, a Constituição é clara ao garantir ao Município a competência para "suplementar a legislação federal e a estadual no que couber" (art. 30, II). Assim, por exemplo, embora a legislação federal existente preveja quatro livros do tombo – (i) o arqueológico, etnográfico e paisagístico; (ii) o das belas artes; (iii) o das

---

14. Nesse sentido, Luciano Ferraz em MARRARA, Thiago; FERRAZ, Luciano. *Tratado de direito administrativo*, vol. 3: direito administrativo dos bens e restrições estatais à propriedade. São Paulo: Revista dos Tribunais, 2014, p. 406 e DI PIETRO, Maria Sylvia Zanella. *Direito administrativo*, 30ª ed. São Paulo: Gen-Forense, 2017, p. 177.

artes aplicadas e (iv) o histórico –, nada impede que os entes estaduais e municipais criem outros livros com base em sua competência suplementar.

É fundamental realçar que nem toda norma contida no Decreto-Lei n. 25/1937 assume o verdadeiro caráter de norma nacional aplicável a todos os entes da federação. Como é bastante frequente em leis mais antigas, o Decreto-Lei mistura normas nacionais com normas federais, colocando ao intérprete a difícil tarefa de diferenciá-las. De todo modo, ao se concluir que a norma é nacional, os Estados e Municípios terão mera competência suplementar. No entanto, se a norma for federal, Estados e Municípios deverão elaborar normas próprias sobre o assunto. Isso vale, principalmente, para as regras que regem o processo administrativo de tombamento e as entidades competentes pela política de proteção do patrimônio. Tanto no plano processual, quanto organizacional, o Decreto-Lei prevê normas federais. Elas somente se aplicarão a Estados e Municípios por analogia na eventualidade de haver lacuna sem suas legislações.

14.14 CLASSIFICAÇÃO DO TOMBAMENTO E INDENIZAÇÃO

A partir da interpretação da Constituição da República e do Decreto-Lei n. 25/1935, é possível afirmar que há quatro tipos de tombamento no ordenamento brasileiro, quais sejam:

i) O *"tombamento legal"*, decorrente de norma geral e abstrata editada pelo Poder Legislativo, como a prevista no art. 216, § 5º da CF. De acordo com esse dispositivo, "ficam tombados todos os documentos e os sítios detentores de reminiscências históricas dos antigos quilombos". Nesse caso, o tombamento se dá automaticamente por vontade do legislador, dispensando processos e atos administrativos.

ii) O *"tombamento de ofício"*, que incide especificamente sobre bens públicos. Fala-se de atuação de ofício, pois a restrição ao bem decorre de iniciativa estatal e independe da anuência do proprietário estatal. A partir da mera notificação, precedida de estudo técnico, os efeitos restritivos do tombamento se deflagram (art. 5º do Decreto-Lei n. 25/1937). Esse tipo se aplica, por exemplo, no tombamento de um bem histórico municipal pela União.

iii) O *"tombamento voluntário"*, diferentemente, ocorre por solicitação do proprietário tanto de um bem estatal, quanto de um bem particular. O dono voluntariamente recorre ao Estado para que se estabeleça a restrição à propriedade de importância para o patrimônio histórico nacional (art. 7º do Decreto-Lei n. 25/1937). Assim, por ilustração, poderia um museu privado em dificuldades financeiras, no intuito de buscar recursos para manter seu patrimônio histórico, oferecer seus bens ao tombamento pela União, que assim decidirá com base num juízo de conveniência e oportunidade, podendo realizar a restrição da propriedade desde que comprovada a relação com a preservação do patrimônio histórico e artístico nacional.

iv) O *"tombamento compulsório"*, por fim, é aquele estabelecido de modo impositivo pela Administração Pública por ato administrativo e contra a vontade do proprietário. Para tanto, o órgão público responsável elabora parecer técnico a respeito das características do bem e notifica seu dono, conferindo-lhe o direito de impugnar a pretensão estatal. Caso o particular rejeite a presentão e sua impugnação seja aceita, o processo administrativo será arquivado. No entanto, apesar da impugnação, se o órgão público responsável considerar imprescindível o tombamento, ele será realizado de modo imperativo, autoexecutório e sempre motivado, procedendo-se à inscrição do bem no livro do tombo. Os detalhes acerca desse trâmite procedimental constam do Decreto-Lei n. 25/1937 (art. 9º). Independentemente do desfecho, a partir da notificação, opera-se o chamado *"tombamento provisório"*, gerando-se ao proprietário e demais envolvidos praticamente todos os deveres previstos na legislação antes da conclusão do processo (art. 10, parágrafo único do Decreto-Lei n. 25/1937). A razão para essa antecipação dos efeitos do tombamento é simples: busca-se impedir, com ela, que o proprietário deixe o bem perecer ou o destrua intencionalmente no intuito de evitar a restrição estatal definitiva. O efeito provisório, contudo, não pode ser utilizado abusivamente, estendendo-se sem justificativa em detrimento da duração razoável do processo e do direito fundamental de propriedade. Assim, caberá à autoridade responsável conduzir o tombamento de maneira célere para atingir, no prazo razoável, a decisão definitiva.

Em síntese: *quanto à iniciativa*, o tombamento decorre de uma solicitação do proprietário ou de proposta estatal; *quanto aos destinatários*, atinge pessoas físicas ou pessoas jurídicas, de direito público interno ou privado; *quanto à abrangência*, pode ser genérico (atingindo vários bens em conjunto) ou individualizado; *quanto aos efeitos*, é provisório ou definitivo.

Apesar das variações mencionadas, em todos os cenários, o tombamento se destina a limitar de modo perpétuo o uso de uma propriedade, pública ou privada, móvel ou imóvel, material ou imaterial. O Decreto-Lei n. 25/1937 esclarece que a restrição também pode atingir "monumentos naturais, bem como os sítios e paisagens que importe conservar e proteger pela feição notável com que tenham sido dotados pela natureza ou agenciados pela indústria humana" (art. 1º, § 2º). No entanto, o referido diploma aponta objetos insuscetíveis do tombamento e que basicamente são aqueles caracterizados como "de origem estrangeira" (art. 3º).

O tombamento impacta, como visto, o caráter absoluto da propriedade. Trata-se de restrição parcial de uso que se materializa em deveres negativos, positivos e de tolerância. Como a exploração econômica continua possível e o proprietário pode fruir e até dispor do bem, não há indenização para esse tipo de restrição, ainda que ela seja imposta de modo compulsório e sobre um bem específico. Apesar disso, há uma tendência jurisprudencial ao reconhecimento de indenização nas hipóteses em que o tombamento esvazia o conteúdo do direito de propriedade (no STJ, REsp 1129103/SC e EDcl no AgRg no REsp 757673/SP; no STF, AgRg no RE 361127/SP e RE 121.140).

Para além do tombamento, com a edição do Estatuto da Cidade (Lei n. 10.257/2011), surgiu também a possibilidade de se recompensar o proprietário do bem tombado por outras duas vias, quais sejam: (i) a alienação de seus direitos de construir ou (ii) a transferência do direito de construir para outro imóvel seu. Nos termos do art. 35 do Estatuto, "Lei municipal, baseada no plano diretor, poderá autorizar o proprietário de imóvel urbano, privado ou público, a exercer em outro local, ou alienar, mediante escritura pública, o direito de construir previsto no plano diretor ou em legislação urbanística dele decorrente, quando o referido imóvel for considerado necessário para fins de: (...) II - preservação, quando o imóvel for considerado de interesse histórico, ambiental, paisagístico, social ou cultural". Conforme o dispositivo, a legalidade dessa transferência do direito de construir sobre um eventual bem tombado dependerá necessariamente de previsão no Plano Diretor e em Lei Municipal que detalhe o instituto.

14.15 EFEITOS E EXTINÇÃO DO TOMBAMENTO

Por seus impactos, o tombamento certamente representa uma das restrições mais extensivas do direito administrativo brasileiro, pois atinge o proprietário, os vizinhos e o próprio Estado desde o momento da notificação ("tombamento provisório").

O *"proprietário"* é o sujeito mais atingido, pois assumirá: (i) deveres positivos, como o de fazer obras de conservação e preservação, comunicar ao Estado a necessidade de auxílio financeiro se não tiver meios para tanto, sob pena de multa, fazer constar do registro a transferência da propriedade e dar conhecimento ao Estado em caso de extravio ou furto; (ii) deveres negativos, como o de não retirar a coisa do país, senão por curto prazo, sem transferência de domínio e para fim de intercâmbio cultural, o dever de não destruir, demolir ou mutilar a coisa, o de não reparar, restaurar ou pintar sem prévia autorização estatal; e (iii) deveres de tolerância, basicamente o de se sujeitar à fiscalização do órgão público competente sob pena de multa.

Ainda em relação aos efeitos para o proprietário, é preciso ressaltar que o tombamento não impede a disposição (alienação) do bem particular, conquanto ocasione aos envolvidos alguns deveres. Há, contudo, uma exceção. Conforme o Decreto-Lei n. 25/1937 (art. 11, *caput*), as coisas tombadas que pertençam à União, aos Estados ou aos Municípios, tornam-se inalienáveis por natureza, e só poderão ser transferidas de uma à outra das referidas entidades. Por conseguinte, para os bens públicos, a alienabilidade se extingue por força do tombamento, salvo para o comércio entre entes públicos; para os bens particulares, a alienabilidade permanece, porém sob restrições parciais.

Uma dessas restrições para os proprietários privados consistia na necessidade de garantir a preferência de aquisição do Estado caso desejasse se desfazer do bem. Ocorre que esse direito de preempção, antes previsto no art. 22 do Decreto-Lei n. 25/1937, foi revogado por determinação do novo CPC. De todo modo, a leitura do Código mostra que perdura um direito de preempção sobre bens tombados em uma situação especial. O art. 892, § 3º prescreve que, "no caso de leilão de bem tombado, a União, os Estados e os Municípios terão, nessa ordem, o direito de preferência na arrematação, em igualdade de oferta". Agora, a preempção está limitada às situações de alienação judicial.

Para os "*vizinhos*", o tombamento também opera efeitos restritivos. De acordo com o Decreto-Lei n. 25/1937, sem prévia autorização do órgão competente, "não se poderá, na vizinhança da coisa tombada, fazer construção que lhe impeça ou reduza a visibilidade, nem nela colocar anúncios ou cartazes, sob pena de ser mandada destruir a obra ou retirar o objeto, impondo-se neste caso a multa de cinquenta por cento do valor do mesmo objeto" (art. 18). Como se alertou anteriormente, em linha com o entendimento de Luciano Ferraz, é preciso que os estudos técnicos definam exatamente quais imóveis vizinhos serão atingidos e que, em adição, garanta-se a seus proprietários o direito fundamental de defesa.[15] Para parcela da doutrina, a restrição aos vizinhos revela espécie de servidão administrativa, tendo em vista que serve a um bem dominante (isto é, o bem tombado) no intuito de proteger interesses públicos.[16]

Para o "*Estado*", ou seja, para a unidade federativa que utiliza o tombamento, a legislação também atribui deveres, entre os quais: (i) o de assumir as obras e os custos de manutenção do bem nas situações em que o proprietário não tenha condições de fazê-lo, hipótese em que também se poderá optar pela desapropriação (art. 19, § 1º do Decreto-Lei n. 25/1937) e (ii) exercer a vigilância permanente dos bens, promovendo inspeções para tanto (art. 20). Esses deveres são assumidos pela esfera federativa que tombou o bem. Daí a importância de que, antes de realizar o tombamento, a entidade competente realize um estudo de impacto com o objetivo de verificar se o instituto é realmente o mais adequado para a finalidade pública. Sem prejuízo do planejamento, é preciso lembrar que, por força de normas constitucional, aos entes da federação se atribui competência administrativa comum para "proteger os documentos, as obras e outros bens de valor histórico, artístico e cultural, os monumentos, as paisagens naturais notáveis e os sítios arqueológicos (art. 23, III CF) e para "impedir a evasão, a destruição e a descaracterização de obras de arte e de outros bens de valor histórico, artístico ou cultural" (art. 23, IV CF). Isso significa que podem ser estabelecidas medidas de cooperação interfederativa para se contornar a dificuldade eventual de alguns entes em cumprir seus deveres nessa matéria.

---

15. MARRARA, Thiago; FERRAZ, Luciano. *Tratado de direito administrativo*, vol. 3: direito administrativo dos bens e restrições estatais à propriedade. São Paulo: Revista dos Tribunais, 2014, p. 387.
16. DI PIETRO, Maria Sylvia Zanella. *Direito administrativo*, 30ª ed. São Paulo: Gen-Forense, 2017, p. 187.

Quanto à "*extinção do tombamento*", o Decreto-Lei n. 25/1937 prevê apenas uma hipótese, a saber: aquela na qual o Estado (ou melhor, o ente que tombou o bem) não assuma as medidas de conservação, caso em que o proprietário poderá solicitar o cancelamento da restrição (art. 19, § 2º). No entanto, a despeito da falta de previsão legal, algumas outras formas de extinção são concebíveis, por exemplo: (i) por anulação do ato de tombamento ilegal (desmotivado ou com desvio de finalidade, por exemplo); (ii) por destombamento, também conhecido como cancelamento do tombamento, que traduz a revogação da restrição quer pela necessidade de proteção de outros interesses públicos, quer pela perda de relevância do bem (Decreto-Lei n. 3.866/1941); e (iii) por perecimento ou destruição do objeto, hipótese em que, a depender do contexto, será oportuna a apuração de responsabilidade por crime contra o patrimônio cultural (art. 62 da Lei n. 9.605/1998).

14.16 BIBLIOGRAFIA PARA APROFUNDAMENTO

ARAGÃO, Alexandre Santos de; STRINGHINI, Adriano Cândido; SAMPAIO, Patrícia Regina Pinheiro. *Servidão administrativa e compartilhamento de infra-estruturas*. Rio de Janeiro: Forense, 2005.

BANDEIRA DE MELLO, Oswaldo Aranha. Servidão pública sobre os terrenos reservados. *RDA* v. 5, 1946.

CARVALHO FILHO, José dos Santos. *Comentários ao Estatuto da Cidade*. São Paulo: Atlas, 2013.

CARVALHO, Afrânio de. As águas interiores e suas servidões. *RDA*, v. 156, 1984.

CIRNE LIMA, Ruy. Das servidões administrativas. *RDP*, v. 5, 1968.

CUNHA, Alexandre Jorge Carneiro da; MACIEL, Renata Mota; PICCELI, Roberto Ricomini. *Lei da Liberdade Econômica anotada*. São Paulo: Quartier Latin, 2019, v. 1.

DALLARI, Adilson Abreu; FERRAZ, Sério (org.). *Estatuto da cidade: comentários à Lei Federal 10.257/2001*. São Paulo: Malheiros, 2014.

DI PIETRO, Maria Sylvia Zanella. *Servidão administrativa*. São Paulo: Revista dos Tribunais, 1978.

DIAS, Maria Tereza Fonseca; PAIVA, Carlos Magno de Souza. *Direito e proteção do patrimônio cultural imóvel*. Belo Horizonte: Fórum, 2010.

FERREIRA, Sérgio de Andréa. *O direito de propriedade e as limitações e ingerências administrativas*. São Paulo: Revista dos Tribunais, 1980.

MALUF, Carlos Alberto Dabus. *Limitações ao direito de propriedade*. São Paulo: Saraiva, 1997.

MACERA, Paulo Henrique; MOURÃO, Carolina Mota. A autorização fictícia na Lei de Liberdade Econômica. In: CUNHA, Alexandre Jorge Carneiro da; MACIEL, Renata Mota; PICCELI, Roberto Ricomini. *Lei da Liberdade Econômica anotada*. São Paulo: Quartier Latin, 2019, v. 1.

MARQUES NETO, Floriano de Azevedo. A servidão administrativa como mecanismo de fomento de empreendimentos de interesse público. *RDA*, v. 254, 2010.

MARRARA, Thiago. Acessibilidade da infraestrutura urbana? Conceito e análise evolutiva da legislação brasileira a partir da década de 1990. *Revista de Direito Público da Economia*, v. 39, 2012.

MARRARA, Thiago. Regulação local de infra-estruturas e direitos urbanos fundamentais. *Revista Jurídica da Presidência da República*, v. 8, 2007.

MARRARA, Thiago; FERRAZ, Luciano. *Tratado de direito administrativo*, v. 3: direito administrativo dos bens e restrições estatais à propriedade. São Paulo: Revista dos Tribunais, 2013.

MAZAGÃO, Mario. Margens dos rios navegáveis – servidão pública. *RDA*, v. 5, 1946.

MEDAUAR, Odete; MENEZES DE ALMEIDA, Fernando. *Estatuto da Cidade* (org.). São Paulo: Revista dos Tribunais, 2004.

MEIRELLES, Hely Lopes. *Direito de construir*. São Paulo: Malheiros, 2013.

MEIRELLES, Hely Lopes. Tombamento e indenização. *RDA*, v. 161, 1985.

NIEBUHR, Pedro. *Manual das áreas de preservação permanente*. Belo Horizonte: Fórum, 2022.

OLIVEIRA, Fernando Andrade de. Restrições ou limitações ao direito de propriedade. *RDA*, v. 141, 1980.

PIRES, Luís Manuel Fonseca. *Limitações administrativas à liberdade e à propriedade*. São Paulo: Quartier Latin, 2006.

PIRES, Maria Coeli Simões. *Da proteção ao patrimônio cultural*. Belo Horizonte: Del Rey, 1994.

RIZZARDO, Arnaldo. *Servidões*. São Paulo: Gen Forense, 2012.

15
DESAPROPRIAÇÃO

15.1 DEFINIÇÃO E FUNDAMENTOS

A mais radical de todas as formas de intervenção do Estado sobre o direito de propriedade é a desapropriação. Trata-se de transmissão compulsória de um bem ao patrimônio do Estado, como expropriante, ou de terceiros em condições previstas em lei, fundamentando-se ora na promoção de certo interesse público primário, ora na necessidade de se punir o proprietário pela violação da função social da propriedade.

Como a desapropriação ataca gravemente o direito de propriedade (ancorado no art. 5º, XXIII da CF), sua legalidade depende de um processo administrativo preparatório. Caso haja resistência do proprietário, a desapropriação desembocará em processo judicial, cabendo ao juiz fixar a indenização em sentença. Como alternativa ao Judiciário, a Lei n. 13.867/2019 previu a possiblidade da mediação ou da arbitragem. Isso revela que a desapropriação como meio de aquisição originária de propriedade dependerá sempre de processo administrativo e ocasionalmente de processo arbitral ou de processo judicial.

Da perspectiva do proprietário originário, a desapropriação ocasiona a *"intervenção supressiva"* do direito de propriedade. Ao decretá-la, o Estado afasta o caráter perpétuo da propriedade sobre um determinado bem, daí porque a desapropriação não configura mera restrição. Ela consiste em medida de extinção de direito que impacta o patrimônio de pessoas físicas, de pessoas jurídicas de direito privado ou de pessoas jurídicas de direito público.

A desapropriação não se limita a suprimir a propriedade particular não estatal. Também os componentes patrimoniais do próprio Estado se sujeitam à desapropriação sob certas condições especiais. Além disso, a desapropriação abarca qualquer tipo de propriedade. Embora a desapropriação confiscatória, a sancionatória urbana e a sancionatória rural se limitem aos bens imóveis, as desapropriações ordinárias incidem sobre bens imóveis ou móveis, materiais ou imateriais. Como explica Letícia Queiroz de Andrade, apesar de bens imóveis serem o objeto mais frequente, qualquer tipo de bem pode ser desapropriado, incluindo ações, quotas de capital, direitos possessórios e outros, salvo os personalíssimos. Apenas para ilustrar, em 1961, o Estado de São Paulo desapropriou as ações da Companhia Paulista de Estradas de Ferro.[1] A respeito do tema, o STF editou a Súmula 476, nos termos das quais: "*desapropriadas as ações de uma sociedade, o Poder desapropriante, imitido na posse, pode exercer, desde logo, todos os direitos inerentes aos respectivos títulos*".

Da perspectiva do expropriante, a desapropriação configura meio de "*aquisição originária*" de propriedade. A aquisição é *originária*, não derivada, uma vez que aniquila todos os vínculos jurídicos anteriores sobre o bem, seja por parte do proprietário, seja por parte de terceiros. Por conseguinte, usufrutos, direitos de superfície, cláusulas de inalienabilidade e quaisquer outros eventuais vínculos sobre o bem desaparecem a partir do momento em que ele se descola do proprietário originário.

Apesar disso, o bem expropriado não se destina necessariamente ao patrimônio da entidade expropriante. Há desapropriações que agregam um bem ao patrimônio do ente público que as executa e outras que implicam a transferência do bem a terceiro, inclusive um particular. A destinação dos bens a terceiros se vislumbra nas desapropriações para reforma agrária, para construção de distritos industriais, na desapropriação por zona e em várias outas espécies.

Por isso, não se deve enxergar na desapropriação um mecanismo de formação apenas do patrimônio estatal. A característica marcante da desapropriação não reside no destino do bem. Seu traço essencial reside na supressão da propriedade por força de um mandamento estatal fundamentado em interesses públicos primários ou na necessidade de promoção da função social da propriedade.

15.2 PANORAMA DAS MODALIDADES

A desapropriação constitui um dos temas mais complexos do direito administrativo positivo. Isso se deve a vários fatores. A legislação que cuida da matéria provém de longa data e formou-se de modo gradual e irregular ao longo dos tempos. Hoje, inúmeras leis que tratam da matéria convivem, cada qual editada em momentos históricos distintos e com estruturas normativas bastante diferenciadas. Aspectos abordados em algumas das leis são ignorados em outras, problema que exige do intérprete cuidado na interpretação e na aplicação da legislação, além do emprego constante de mecanismos de integração de lacunas, sobretudo a analogia.

Agrega-se a esse problema a farta jurisprudência sobre o assunto. O Judiciário buscou dar sistematicidade ao caos legislativo e compatibilizar a antiga legislação com as transformações do ordenamento jurídico, sobretudo a edição da Constituição de 1988. No entanto, muitas vezes, a jurisprudência torna o sistema ainda mais complicado. Ideal seria que o Congresso Nacional, detentor de competência legislativa privativa sobre o assunto, sistematizasse todas as modalidades de desapropriação em

---

1. ANDRADE, Letícia Queiroz de. *Desapropriação – aspectos gerais*. Enciclopédia jurídica da PUC-SP. São Paulo: Pontifícia Universidade Católica de São Paulo, 2017, s. p.

um código único e atualizado, elaborado com base na jurisprudência consolidada e sob os mandamentos constitucionais em vigor.

Enquanto uma legislação de sistematização não surge, a complexidade do tema pede que se cotejem os tipos de desapropriação separadamente para, em seguida, examinarem-se tópicos comuns a todos eles, na tentativa de se construir uma teoria geral.

De acordo com a Constituição de 1988, existem cinco modalidades principais de desapropriação aceitas no Brasil. Todas elas constam expressamente do texto constitucional e encontram regimes jurídicos próprios estruturados a partir de um grande número de leis que, entre outros aspectos, regem os processos administrativos e judiciais de desapropriação, os direitos, os poderes e os deveres do ente expropriante e do proprietário afetado, bem como as implicações sobre o direito de terceiros, a indenização e a destinação do bem.

Com o objetivo de oferecer um panorama introdutório, o quadro abaixo sumariza as cinco modalidades, suas leis de regências e algumas de suas características centrais:

Quadro: modalidades de desapropriação

Modalidade	Legislação	Competência material	Indenização
Ordinária por necessidade ou por utilidade pública	Art. 5º, XXIV CF / Dec.-Lei n. 3.365/1941	União, Estados, DF e Municípios	Prévia, justa e em dinheiro
Ordinária por interesse social	Art. 5º, XXIV CF / Lei n. 4.132/1962	União, Estados, DF e Municípios	Prévia, justa e em dinheiro
Sancionatória rural por violação da função social	Art. 184 e 185 CF / Lei n. 8.629/1993 e LC n. 76/1993	Exclusiva da União	Títulos da dívida agrária (TDA) resgatáveis em até 20 anos
Sancionatória urbana por violação da função social	Art. 182, § 4º, III CF / Lei n. 10.257/2001	Exclusiva dos Municípios	Títulos da dívida pública (TDP) resgatáveis em até 10 anos
Confiscatória por plantação de psicotrópicos ou trabalho escravo (também conhecida como expropriação)	Art. 243 CF / Lei n. 8.257/1991	Exclusiva da União	Não há indenização

Fonte: elaboração própria

15.3 COMPETÊNCIAS PARA LEGISLAR E PARA EXECUTAR

Pela característica altamente interventiva da desapropriação e sua relação direta com direitos civis, a Constituição adequadamente reserva ao Congresso Nacional a *competência privativa para legislar* sobre o assunto (art. 22, II da CF). Por consequência, as leis que cuidam dos cinco tipos de desapropriação e seus respectivos processos valem para todos os entes federativos, ou seja, não são meras leis *federais*, senão verdadeiras leis *nacionais*, vinculantes da União, dos Estados, do Distrito Federal e dos Municípios. Exatamente por isso, o STF afastou o dispositivo da Lei

Orgânica do Distrito Federal que condicionava as desapropriações à prévia aprovação do Legislativo Distrital (ADI n. 969-DF de 2006).

Embora os Estados, o Distrito Federal e os Municípios não possam a princípio editar leis sobre o assunto, um exame sistemático da Constituição revela ao menos duas exceções à competência privativa do Congresso. A primeira é facilmente compreensível. De acordo com o art. 22, parágrafo único da CF, mediante lei complementar, o Congresso poderá autorizar os Estados a legislar sobre questões específicas de matérias sob sua competência privativa. Destarte, não violará a Constituição a lei estadual que tratar de desapropriação por autorização congressual. Essa delegação dependerá de lei complementar e se referirá a "questões específicas", beneficiando o legislativo estadual. A segunda exceção guarda relação com a desapropriação sancionatória urbana, instituto que instrumentaliza a política de desenvolvimento das cidades brasileiras. Ainda que disciplinada no Estatuto da Cidade, essa modalidade de desapropriação requer previsão da área no plano diretor e disciplina em lei local específica como condições de sua utilização, conforme prevê a Constituição da República (art. 182, § 4º, *caput*).

No tocante à *"competência material"* ou *administrativa*, as desapropriações ordinárias (por interesse social, necessidade ou utilidade públicas) podem ser empregadas por todos os entes da federação (União, Estados, DF e Municípios). Trata-se de competência comum a todos os entes. Em contraste, as desapropriações punitivas se submetem a competências exclusivas. À União se reservam as desapropriações sancionatórias rurais para reforma agrária e as confiscatórias, enquanto aos Municípios cabe a sancionatória urbana. Isso revela que os Estados estão autorizados a se valer unicamente de modalidades ordinárias, inexistindo permissão para que procedam ao uso de modalidades punitivas.

A competência material ou administrativa se diferencia em duas tarefas centrais. De um lado, coloca-se a competência para editar o decreto de interesse social, utilidade ou necessidade pública (*competência declaratória*) e, de outro, a competência para efetivamente levar a cabo o processo administrativo e/ou arbitral/judicial de efetivação da desapropriação (*competência executória*). Essas fases serão explicadas em mais detalhes em item específicos deste capítulo.

15.4 DESAPROPRIAÇÃO POR UTILIDADE E NECESSIDADE PÚBLICA

Ancorada no art. 5º, XXIV da Constituição, a desapropriação ordinária por utilidade ou por necessidade pública é ainda hoje regida pelo Decreto n. 3.365, de 21 de junho de 1941.

Apesar de a Constituição e o Decreto-Lei se referirem à "necessidade" e à "utilidade" pública, na verdade, a modalidade é uma só. A razão para o uso das duas expressões tem raiz histórica. Segundo Miguel Seabra Fagundes, a distinção se deve à Lei n. 422 de 1826, que, em certo artigo, tratava das causas de utilidade pública e, em outro, da necessidade pública, conferindo-se a cada uma delas tratamento diferenciado, já que a necessidade pública era declarada pelo juiz do domínio do proprietário, enquanto a utilidade pública dependia do ato do legislativo.[2]

Mais tarde, o Código Civil de 1916 (art. 590) absorveu a diferenciação, separando as causas da desapropriação por necessidade pública das causas da realizada por utilidade pública. Todavia, o Código Civil de 2002, embora discipline a figura da desapropriação em inúmeros artigos, resumiu-se a dispor que "o proprietário pode ser privado da coisa, nos casos de desapropriação, por necessidade ou utilidade pública ou interesse social, bem como no de requisição, em caso de perigo público iminente" (art. 1.228, § 3º).

No Decreto n. 3.365/1941, atual diploma regente da matéria, as duas expressões foram igualmente mantidas. Apesar disso, inexiste diferenciação expressa das causas de utilidade e de necessidade pública. O regime jurídico, material e processual, é idêntico. A União, os Estados e os Municípios observarão as mesmas normas ao se valerem quer da desapropriação para garantir a segurança nacional, a defesa do Estado, a salubridade e o socorro público (casos antes tidos pelo Código de 1916 como de necessidade pública), quer da desapropriação para fins de exploração de serviços públicos, melhoramento de logradouros, parcelamento do solo, preservação histórica e artística, construção de infraestruturas e edifícios públicos (casos de utilidade pública). Além das várias hipóteses mencionadas no Decreto-Lei, o Estado poderá se basear em motivos adicionais previstos em leis especiais (conforme prevê o art. 5º, *caput*, 'p' do referido diploma).

O Decreto-Lei n. 3.365/1941 ainda trata da polêmica figura da "*desapropriação por zona*". Esse instituto permite que os entes públicos alarguem o conjunto de bens desapropriados para englobar o que estiver situado na "área contínua necessária ao desenvolvimento da obra a que se destina, e as zonas que se valorizarem extraordinariamente, em consequência da realização do serviço" (art. 4º). O dispositivo mostra que a desapropriação por zona serve unicamente para as seguintes funções: (i) garantir o espaço para a futura ampliação de infraestruturas, como aeroportos, rodoviárias e hospitais públicos; (ii) capturar a valorização imobiliária decorrente de uma obra pública, caso em que sua função se assemelhará à da contribuição de melhoria e (iii) realizar planos de urbanização, de renovação urbana e de parcelamento ou reparcelamento do solo. Nesse último caso, de acordo com a redação dada ao art. 4º, parágrafo único, pela Lei 14.273/2021, os imóveis desapropriados poderão ser revendidos ou explorados economicamente pelo executor do projeto urbanístico, de maneira a gerar as receitas para remunerar suas tarefas.

---

2. SEABRA FAGUNDES, Miguel. Da desapropriação no direito constitucional brasileiro. *RDA*, v. 14, 1948, p. 2.

Quanto ao objeto, a despeito da causa empregada, é possível que a desapropriação por utilidade ou necessidade pública atinja bens móveis ou imóveis, públicos ou particulares, materiais ou imateriais, de modo integral ou parcial. No tocante aos imóveis, o Decreto-Lei prevê que se deverá desapropriar o espaço aéreo ou o subsolo de um imóvel quando o uso de alguma dessas dimensões pelo Estado ocasionar prejuízo patrimonial do proprietário do solo (art. 2º, § 1º). Por conseguinte, é perfeitamente viável que o Estado retire apenas o subsolo ou o espaço aéreo do imóvel. Assim, por exemplo, será possível desapropriar o espaço aéreo de uma casa para a construção de passarela pública ou somente seu subsolo, para edificação de um túnel de transporte.

Como modalidade ordinária, a desapropriação por utilidade ou necessidade públicas poderá ocorrer por acordo, por mediação, arbitragem ou ação judicial. Ressalte-se o papel do acordo na modalidade em questão. Sua previsão evidencia que a desapropriação ordinária poderá ocorrer de maneira consensual, dispensando a heterocomposição (seja em processo arbitral ou judicial), desde que o proprietário concorde com a oferta de indenização do Estado no âmbito do processo administrativo ou mesmo que as partes se submetam à mediação. Todavia, não há que se igualar a desapropriação consensual a uma compra-e-venda por dois motivos centrais. A uma, a desapropriação representa modo de aquisição originária da propriedade que aniquila todos os vínculos anteriores sobre o bem. A duas, como sustenta Marçal Justen Filho,[3] inexiste livre negociação do preço.

Alternativamente às vias consensuais ou arbitral, será possível ao Poder Público ou quem o represente na execução ajuizar ação especial dentro de cinco anos da data de expedição do decreto expropriatório para discutir o valor da indenização.

Seja na ação judicial, seja na via de mediação ou de arbitragem, a natureza da indenização das desapropriações ordinárias não poderá ser modificada. Assim, respeitando-se a Constituição, a Administração ou quem a represente deverá garantir a indenização prévia, justa e em dinheiro ao proprietário (art. 5º, XXIV).

15.5 DESAPROPRIAÇÃO POR INTERESSE SOCIAL

A segunda modalidade ordinária de desapropriação expressamente prevista na Constituição (art. 5º, XXIV) ocorre por "interesse social". Disciplinada pela Lei n. 4.132, de 10 de setembro de 1962 e, subsidiariamente, pelo Decreto-Lei n. 3.365/1941, essa modalidade busca "promover a justa distribuição da propriedade ou condicionar o seu uso ao bem-estar social" (art. 1º).

Como causas de desapropriação para a promoção do interesse social, a Lei n. 4.132/1962 acopla uma série de situações, como "o aproveitamento de bens im-

---

3. JUSTEN FILHO, Marçal. *Comentários à lei de licitações e contratos administrativos*, 15ª ed. São Paulo: Dialética, 2012, p. 132.

produtivos ou explorados sem correspondência com as necessidades de habitação, trabalho e consumo dos centros de população a que deve ou possa suprir por seu destino econômico", a "manutenção de posseiros em terrenos urbanos" onde tenham constituído sua habitação, a construção de casas populares, a "proteção do solo e a preservação" de recursos hídricos e florestais, bem como a utilização de áreas com potencial de desenvolvimento turístico (art. 2º).

Em muitas das situações descritas, o escopo da desapropriação consiste em retirar o bem do proprietário originário para transferi-lo a terceiros que dele necessitem. Em verdade, a Lei n. 4.132/1962 trata da venda ou locação dos bens desapropriados como um dever geral. Os bens deverão a princípio ser alienados "a quem estiver em condições de dar-lhes a destinação social prevista" (art. 4º). Também por lei, o ente competente terá o prazo de dois anos para efetivar a desapropriação por interesse social e igual período para iniciar as providências de aproveitamento do bem (art. 3º).

Outra finalidade evidente da modalidade em exame é combater a violação da função social da propriedade. No entanto, com a criação de formas de desapropriação sancionatória ao longo do século XX para combater especificamente o desrespeito à função social de imóveis rurais e urbanos, a desapropriação por interesse social perdeu parte de sua função. Melhor dizendo: seu emprego ainda é possível nas hipóteses mencionadas em lei, mas, caso desaproprie por interesse social, o Poder Público deverá garantir indenização prévia, justa e em dinheiro ao proprietário (art. 5º, XXIV). Ao contrário, caso ataque o descumprimento de função social por meio das desapropriações sancionatórias, o ente expropriante poderá se valer da indenização em títulos da dívida pública. Portanto, no tocante à indenização, as modalidades sancionatórias revelam-se mais benéficas aos cofres públicos. E isso leva a crer que a desapropriação por interesse social só terá utilidade caso, por exemplo, deseje-se obter a propriedade com mais celeridade, já que os tipos sancionatórios dependem da observância de requisitos dificultosos (como aqueles previstos no Estatuto da Cidade).

Dado que a Lei n. 4.132/1962 é bastante sucinta, suas lacunas deverão ser solucionadas por aplicação subsidiária das normas regentes da desapropriação por utilidade pública, inclusive no tocante ao processo e à indenização, conforme mandamento expresso da referida lei (art. 5º). Por conseguinte, afigura-se possível estender para a desapropriação por interesse social o quanto dito, por exemplo, em relação à desapropriação de bens estatais e às dimensões da propriedade imóvel (solo, subsolo e espaço aéreo) e quanto à desapropriação consensual ou por via arbitral.

15.6 DESAPROPRIAÇÃO SANCIONATÓRIA RURAL

Em 1964, a Emenda n. 10 modificou o art. 147 e o art. 141, § 16 da Constituição de 1946, de sorte a incluir no ordenamento jurídico brasileiro a desapropriação para fins de reforma agrária, sujeita a regras especiais, por exemplo, no tocante à indenização por meio de títulos especiais da dívida pública. Referido instituto foi igualmente consagrado na Constituição de 1988 (art. 184) dentro do capítulo que trata da "política agrícola e fundiária e da reforma agrária". Mais tarde, o Congresso Nacional disciplinou esta modalidade com a Lei n. 8.629, de 25 de fevereiro de 1993, e a Lei Complementar n. 76, de 06 de julho de 1993. Assim, embora literalmente rotulada como "desapropriação por interesse social para fins de reforma agrária" pela Constituição, essa modalidade não é regida pela Lei n. 4.132/1962 (que cuida da convencional desapropriação por interesse social). Em virtude de seu regime próprio e sua finalidade, mais adequado é chamá-la de *"desapropriação sancionatória rural"*.

Dada a relevância do instituto, já na Constituição se apresentaram normas bastante detalhadas a seu respeito. De acordo com o art. 184, *caput*, "compete à *União desapropriar por interesse social, para fins de reforma agrária, o imóvel rural que não esteja cumprindo sua função social*, mediante prévia e justa *indenização em títulos da dívida agrária*, com cláusula de preservação do *valor real*, resgatáveis no prazo de *até vinte anos*, a partir do segundo ano de sua emissão, e cuja utilização será definida em lei" (g.n.). Desse texto e de outros dispositivos previstos no mesmo capítulo constitucional, extraem-se a causa, o objeto, a finalidade e a competência para esse tipo de desapropriação, além de regras de indenização – aspectos do instituto que não se sujeitam à modificação pelo legislador ordinário.

À luz da Constituição, em primeiro lugar, trata-se de desapropriação por "interesse social", porém punitiva do proprietário que se desvia das normas regentes da função social da propriedade – daí porque, como dito, seu regime é distinto da desapropriação ordinária por interesse social regida pela Lei n. 4.132/1962. Em segundo lugar, o bem desapropriado se destina necessariamente à reforma agrária. Em terceiro, a indenização expressará o valor real do bem e ocorrerá em títulos da dívida agrária (TDA) resgatáveis em até 20 anos, com ressalva das benfeitorias úteis e necessárias, indenizadas em dinheiro (art. 184, *caput* e § 1º). Em quarto lugar, a competência executória se limita à União, vedando-se o uso do instituto por entes estaduais e municipais, como já reforçou o STF (RE n. 496.861). Em quinto, essa desapropriação demanda um procedimento contraditório especial, de rito sumário, regulamentado por Lei Complementar (LC n. 76/1993). Em sexto, proíbe-se o emprego dessa modalidade sancionatória sobre: I - a pequena e média propriedade rural, assim definida em lei, desde que seu proprietário não possua outra e II – a propriedade produtiva (art. 185 da CF).

Os critérios para identificação da pequena e média propriedade e da propriedade produtiva constam da Lei n. 8.629/1993 (art. 4º e art. 6º). Em regra, tais propriedades são imunes à desapropriação. No entanto, o STF já decidiu ser "possível decretar-se a desapropriação-sanção, mesmo que se trate de pequena ou média propriedade rural, se resultar comprovado que o proprietário afetado pelo ato presidencial também possui outra propriedade imobiliária rural", hipótese em que não incide a "cláusula constitucional da inexpropriabilidade (CF, art. 185, I, *in fine),* porque descaracterizada (...) a condição de unititularidade dominial..." (MR n. 24.595, rel. min. Celso de Mello). A condição de unititularidade dominial não é criação do Supremo. Ela está prevista de modo explícito na parte final do art. 185, I da Constituição.

Já no que se refere à inexpropriabilidade da propriedade produtiva, nota-se certa contradição no ordenamento jurídico. A função social da propriedade rural foi a única que o Poder Constituinte detalhou e, conforme o texto em vigor, ela depende do respeito a quatro requisitos básicos, também especificados em lei, a saber: I - aproveitamento racional e adequado; II - utilização adequada dos recursos naturais disponíveis e preservação do meio ambiente; III - observância das disposições que regulam as relações de trabalho; e IV - exploração que favoreça o bem-estar dos proprietários e dos trabalhadores (art. 186 da CF e art. 9º da Lei n. 8.629/1993). Por força desse mandamento constitucional, a propriedade imóvel rural cumprirá sua função social ao obedecer simultaneamente a requisitos sociais, ambientais e econômicos. Daí ser possível imaginar que uma propriedade, conquanto produtiva, desvie-se de sua função social ao violar normas sociais e ambientais. Entretanto, como visto, a Constituição imuniza a propriedade produtiva, de modo que, em última instância, a desapropriação sancionatória não servirá para punir de fato todas as formas de violação da função social. Dizendo de outro modo: ainda que certa propriedade produtiva descumpra a função social por violar norma ambiental ou trabalhista, ela não poderá ser desapropriada por força de vedação constitucional.

Além disso, há que se ter em mente que a desapropriação sancionatória rural tampouco serve para casos especiais de violação da função social da propriedade, como os tratados no art. 243 da Constituição. Caso se verifique trabalho análogo ao de escravo ou cultivo ilícito de psicotrópicos, a desapropriação confiscatória (prevista no art. 243) deverá ser aplicada, afastando-se a possibilidade da desapropriação sancionatória rural (constante do art. 184).

Afora essas restrições quanto à extensão do instituto, os bens adquiridos em razão da desapropriação sancionatória rural não podem ter destinação aleatória em razão de previsão constitucional expressa (art. 184, *caput*). Não há discricionariedade de agir em favor do expropriante. Os bens deverão ser empregados na política de reforma agrária. Nos termos da Lei n. 8.629/1993, "efetuada a desapropriação, o órgão expropriante, dentro do prazo de 3 (três) anos, contados da data de registro do título translativo de domínio, destinará a respectiva área aos beneficiários da reforma agrária, admitindo-se, para tanto, formas de exploração individual, condominial, cooperativa, associativa ou mista" (art. 16).

Para viabilizar a exploração da terra, a Constituição estabelece que os beneficiários desses imóveis "receberão títulos de domínio ou de concessão de uso, inegociáveis pelo prazo de dez anos" (art. 189 da CF e art. 18 da Lei n. 8.629). Em decorrência, a Lei n. 8.629/1993 disciplinou os mecanismos de outorga de uso e estipulou regras de alienação da terra, além de estabelecer normas acerca dos requisitos dos candidatos, do processo de seleção, de critérios de preferência e de hipóteses de exclusão.

Veja-se, por exemplo, que a Lei exclui do Programa de Reforma Agrária do Governo Federal "quem, já estando beneficiado com lote em Projeto de Assentamento, ou sendo pretendente desse benefício (...), for efetivamente identificado como *participante direto ou indireto em conflito fundiário que se caracterize por invasão ou esbulho de imóvel rural de domínio público ou privado* em fase de processo administrativo de vistoria ou avaliação para fins de reforma agrária, ou que esteja sendo objeto de processo judicial de desapropriação em vias de imissão de posse ao ente expropriante; e bem assim quem for efetivamente identificado como *participante de invasão de prédio público, de atos de ameaça, sequestro ou manutenção de servidores públicos e outros cidadãos em cárcere privado, ou de quaisquer outros atos de violência real ou pessoal praticados em tais situações*" (art. 2º, § 7º da Lei n. 8.629/1993, g.n.).

A Lei n. 13.465/2017 alterou e ampliou significativamente o art. 20 da Lei n. 8.629 e nele incluiu uma lista de pessoas que não poderão se beneficiar dos projetos de assentamento, incluindo ocupantes de cargo, emprego ou função pública remunerada; proprietários rurais, exceto o desapropriado do imóvel e o agricultor cuja propriedade seja insuficiente para o sustento próprio e da família; menores de dezoito anos; pessoas com renda familiar proveniente de atividade não agrária superior a três salários mínimos mensais ou superior a um salário mínimo per capita etc. Essa última hipótese certamente instituiu uma barreira enorme e injustificável aos programas de reforma agrária.

A Lei n. 8.629/1993 ainda estabelece que "o imóvel rural de domínio público ou particular objeto de esbulho possessório ou invasão motivada por conflito agrário ou fundiário de caráter coletivo não será vistoriado, avaliado ou desapropriado nos dois anos seguintes à sua desocupação, ou no dobro desse prazo, em caso de reincidência; e deverá ser apurada a responsabilidade civil e administrativa de quem concorra com qualquer ato omissivo ou comissivo que propicie o descumprimento dessas vedações" (art. 2º, § 6º). Ainda sobre os efeitos da invasão sobre a desapropriação, o STJ editou a Súmula n. 354, segundo a qual "a invasão do imóvel é causa de suspensão do processo expropriatório para fins de reforma agrária".

15.7 DESAPROPRIAÇÃO SANCIONATÓRIA URBANA

A Constituição de 1988 inseriu a segunda modalidade de desapropriação sancionatória no capítulo em que cuida da "política urbana". No intuito de promover o desenvolvimento da cidade e incrementar o nível de bem-estar de seus habitantes, os Municípios poderão empregá-la como ferramenta da política de desenvolvimento local conforme os mandamentos do Estatuto da Cidade (lei nacional regente dos instrumentos urbanísticos – Lei n. 10.257/2011).

Como nem a Constituição, nem o Estatuto da Cidade definem a função social urbana, ao elaborar seu Plano Diretor, caberá ao Município ditar as exigências fundamentais de ordenação da cidade e estipular os parâmetros da função social do imóvel urbano, além de estabelecer as respectivas sanções por sua violação. Ao fazê-lo, o Município também definirá os coeficientes mínimo, básico e máximo de edificação. Uma vez estipulados, caso o proprietário de solo urbano não edifique certo terreno, subutilize ou não o utilize, o Município estará autorizado a determinar o parcelamento ou edificação compulsórios do imóvel.

Em face do descumprimento dessa obrigação de parcelar ou edificar, abrem-se duas alternativas: (i) o Município poderá facultar ao proprietário da área irregular a utilização do *"consórcio imobiliário"*, por meio do qual o poder público municipal receberá o imóvel e, após a realização das obras, devolverá ao antigo proprietário, como pagamento, unidades imobiliárias devidamente urbanizadas ou edificadas, ficando as demais unidades incorporadas ao patrimônio público (art. 46 do Estatuto da Cidade); ou (ii) o Município aplicará o *"IPTU progressivo"* no tempo por no mínimo cinco anos dentro dos limites legais (ou seja, no máximo duplicando a alíquota a cada ano e sem ultrapassar o teto de 15%) e, em seguida, se ainda pendente a regularização do imóvel, poderá lançar mão da desapropriação sancionatória com indenização em títulos da dívida pública com emissão previamente aprovada pelo Senado Federal e com prazo de resgate de até dez anos, em parcelas anuais, iguais e sucessivas, assegurados o valor real da indenização e os juros legais (art. 182, § 4º, III da CF). Para tanto, o instituto em questão deverá estar previsto no Plano Diretor e disciplinado em lei especial local em conformidade com as normas gerais do Estatuto da Cidade.

O foco da desapropriação sancionatória urbana são os bens imóveis urbanos, pertencentes a particulares ou a entes estatais. Quando atingir bens dominicais ou privados do Estado, a sancionatória urbana se desenvolverá em sentido ascendente dentro da federação, pois o ente local (territorialmente menor) punirá o Estado ou a União (ente territorialmente maior) pelo descumprimento de normas municipais de uso da propriedade urbana. No entanto, nas hipóteses em que os entes federais e estaduais se beneficiarem de imunidade tributária, não poderá o Município se valer do IPTU progressivo. Neste caso, a desapropriação sancionatória urbana sobre bem público estadual ou municipal se tornará possível logo após o descumprimento dos prazos para a edificação ou o parcelamento, desde que não atinja bens públicos de uso comum do povo, bens de uso especial nem bens estatais privados afetados a serviços públicos. O IPTU será exigido, contudo, para bens não cobertos pela imunidade tributária, como aqueles relacionados à exploração, pela União ou pelos Estados, de atividades econômicas regidas pelo direito comum (art. 150, § 3º da CF).

O caráter sancionatório da desapropriação em debate resulta da forma de cálculo da indenização. De acordo com o Estatuto da Cidade (art. 8º, § 2º), o valor real da indenização refletirá a base de cálculo do IPTU, descontando-se acréscimos decorrentes de obras públicas na área e ignorando-se expectativas de ganhos, de lucros cessantes e juros compensatórios. Além disso, os juros legais da indenização serão de apenas 6% ao ano e os títulos não poderão ser utilizados pelo expropriado para pagamento de tributos (art. 8º, §3º). Resta saber se realmente a indenização em valor real prevista na Constituição será garantida na prática pelo critério dado pelo Estatuto da Cidade, a saber: o uso da base de cálculo do IPTU. Não há dúvidas de que a norma do Estatuto necessita ser interpretada em conformidade com o mandamento expresso na Constituição (art. 184, § 4º, III), o que significa dizer que sua incidência restará afastada quando o valor venal não corresponder ao valor real (ou de mercado) do imóvel desapropriado.

Após incorporar o imóvel irregular a seu patrimônio, o Município deverá proceder ao seu adequado aproveitamento no prazo máximo de cinco anos. Para tanto, abrem-se lhe duas opções: ou adequar o imóvel diretamente por seus órgãos, ou transferi-lo a terceiros, por meio de alienação ou de concessão, mediante procedimento licitatório, quando cabível. Nesta última hipótese, ao adquirir o imóvel, o novo proprietário terá que adequá-lo nos termos legais e nos prazos da legislação municipal. O Estatuto Cidade lhe garante, porém, prazo mínimo de um ano para protocolar projeto de adequação no órgão municipal e prazo mínimo de dois anos, a partir da aprovação do projeto, para iniciar as obras do empreendimento (art. 5º). Com isso, os dois prazos municipais (para projeto e para início de obras) terão que partir dos limites temporais mínimos do Estatuto.

Como a desapropriação sancionatória urbana, para ser utilizada, depende de previsão no plano diretor e em lei municipal específica e, ainda, do uso anterior de dois outros instrumentos urbanísticos (a determinação de editar/parcelar e, em seguida, o IPTU progressivo), ela somente se tornará juridicamente possível após longos anos da data de constatação da violação da função social. Sob essas circunstâncias, dificilmente referida desapropriação ganhará grande relevância na vida das cidades brasileiras. Para resolver questões urbanísticas mais sérias de modo célere, será mais fácil para o Município lançar mão de uma das desapropriações ordinárias (por utilidade ou necessidade pública ou por interesse social) ou de outros instrumentos urbanísticos, como o mencionado consórcio imobiliário ou a compra do imóvel com base em direito de preempção.

15.8 DESAPROPRIAÇÃO CONFISCATÓRIA

Prevista na Constituição da República (art. 243) e regida pela Lei n. 8.257/1991, a chamada desapropriação confiscatória, ou expropriação, caracteriza-se como retirada compulsória: a) da propriedade imóvel ou móvel; b) exclusivamente pela União; c) sem indenização e d) em virtude da configuração de trabalho análogo à da condição de escravo e do cultivo ilícito de psicotrópicos. Essa desapropriação se caracteriza, assim, por suas causas restritas e pela vedação constitucional de indenização ao proprietário.

Originariamente, a expropriação de imóveis se limitava a hipóteses de plantação ilegal de psicotrópicos. Com a edição da EC n. 81/2014, ampliou-se e detalhou-se o art. 243, *caput*, de modo que, hoje, a desapropriação em tela ocorre por duas causas: a plantação ilegal das plantas psicotrópicas ou, novidade, por exploração de trabalho escravo no âmbito do imóvel. A redação em vigor esclarece que ambas as práticas poderão ocorrer em imóveis rurais ou urbanos – antes da EC, porém, a CF se referia somente a "glebas".

No tocante à destinação, também houve algumas modificações. Quando a expropriação atingir o imóvel rural, ele será destinado obrigatoriamente à reforma agrária; já o imóvel urbano tomado pela União será empregado em programas de habitação popular. A destinação não dependerá da causa da desapropriação confiscatória, mas sim da natureza urbana ou rural do imóvel. Com a alteração do art. 243, não mais se prevê a destinação para "assentamento de colonos", nem para o "cultivo de produtos alimentícios ou medicamentosos". Essas destinações desapareceram do texto constitucional por força da EC n. 81.

Além da desapropriação de imóveis, o art. 243, parágrafo único, prevê que "todo e qualquer bem de valor econômico apreendido, em decorrência do tráfico ilícito de entorpecentes e drogas afins e *da exploração de trabalho escravo* será confiscado e reverterá a fundo especial com destinação específica, na forma da lei" (g.n.). O parágrafo em questão contém uma expropriação adicional para bens relacionados ao tráfico e ao trabalho escravo.

Em relação ao tráfico, a desapropriação atinge bens móveis. Apesar de a Constituição falar de "todo e qualquer bem de valor econômico", ela se refere a bens apreendidos, o que não inclui os imóveis. Assim, a hipótese do parágrafo único não se confunde com a desapropriação do imóvel por cultivo ilegal do psicotrópico. A diferença entre os institutos está tanto na causa da expropriação, quanto na destinação que se deve conferir ao bem retirado do patrimônio particular pela União.

Os bens móveis empregados na exploração de trabalho escravo também se sujeitam à regra do parágrafo único, enquanto os imóveis se submetem ao mandamento do *caput*, destinando-se a políticas de reforma agrária (se rurais) ou de habitação popular (se urbanos). Os bens móveis ingressarão no patrimônio do fundo mencionado na Constituição, dando-se a eles o destino previsto em lei específica.

Como a EC n. 81 igualmente modificou o parágrafo único do art. 243, ora em discussão, os bens ali referidos se reverterão sempre ao fundo especial, e não mais a "instituições e pessoal especializados no tratamento e recuperação de viciados e no aparelhamento e custeio de atividades de fiscalização, controle, prevenção e repressão de tráfico dessas substâncias" – como determinava a regra anterior à Emenda de 2014. É verdade que tais políticas poderão ser beneficiadas pelos bens confiscados, mas não de modo automático, já que a decisão de investimento dependerá dos parâmetros legais e da gestão do fundo especial.

Por conta das mencionadas alterações do art. 243 pela EC n. 81, muitas das disposições da Lei n. 8.257/1991 foram revogadas, sobretudo no tocante às destinações dos bens. No geral, porém, a lei continua em vigor sem as adaptações necessárias. Entre outras coisas, ela: i) estabelece o procedimento judicial da expropriação; ii) define as plantas psicotrópicas como aquelas elencadas pelo Ministério da Saúde que permitem a obtenção de substância entorpecente proscrita (art. 2º); iii) inclui no conceito de "cultura das plantas" as tarefas de preparo da terra, semeadura, plantio ou colheita (art. 3º) e iv) prescreve que a expropriação atinge o imóvel a despeito da natureza da posse. Em relação a esse último aspecto, porém, o STJ já entendeu que não bastará a configuração de uma das causas previstas na Constituição para que a expropriação se opere. Conforme entendimento firmado no REsp n. 1074122-BA, além do elemento objetivo (cultivo ilegal de psicotrópico, por exemplo), é preciso comprovar que o proprietário agiu com dolo ou culpa (elemento subjetivo).

15.9 DESAPROPRIAÇÃO INDIRETA, APOSSAMENTO E RESTRIÇÕES À PROPRIEDADE

Além das modalidades constitucionais de desapropriação, certas práticas estatais, embora não previstas explicitamente na Constituição, ocasionam o esvaziamento da propriedade ou da posse. Exemplo disso se vislumbra na *"desapropriação indireta"*, que pode ser definida como a transferência fática de certo bem ao patrimônio público por conta de esbulho praticado pelo Poder Público contra o proprietário sem o devido processo de desapropriação.

Outro fenômeno próximo que chama atenção é o *"apossamento administrativo"*. Segundo Carvalho isso, ele se assemelharia muito à desapropriação indireta, salvo pelo fato de que ele atingiria o possuidor, não o proprietário do bem.[4] Os tribunais tratam do apossamento como mera retirada da posse do bem pelo Estado, constituindo um dos requisitos da desapropriação indireta. Isso fica claro no REsp 442774, julgado pelo STJ com base no voto do ministro relator Teori Zavascki, segundo o qual não se poderá falar em desapropriação indireta sem que se tenha constatado a ocorrência simultânea (a) de apossamento do bem pelo Estado sem observância do devido processo de desapropriação, (b) de afetação do bem, ou seja, destinação a certa utilização pública e (c) de impossibilidade material da outorga da tutela específica ao proprietário, isto é, a irreversibilidade da situação fática resultante do indevidamente apossamento.

Já o esvaziamento da propriedade por restrições administrativas se mostra bastante distinto, pois decorre de atos normativos independentemente de qualquer fato da Administração no sentido de se apropriar ou se apossar do bem. Embora alguns autores, como Maria Sylvia Zanella Di Pietro, incluam essa situação também

---

4. CARVALHO FILHO, José dos Santos. *Manual de direito administrativo*, 28ª ed. São Paulo: Atlas, 2015, p. 916.

na categoria da desapropriação indireta,[5] tanto os Tribunais Superiores quanto a legislação fazem distinção entre as figuras. O esvaziamento da propriedade por restrições nem sempre exige a transferência do bem ao patrimônio do Estado e sua ação indenizatória tem caráter pessoal (prescrevendo em cinco anos), e não real como a de desapropriação indireta. Além disso, ocorre por força de atos normativos e não é necessariamente intencional. Por isso, reputo mais adequado não confundir essa situação com a "desapropriação indireta" em sentido restrito, que indica a apropriação irreversível do bem particular pelo Estado sem o devido processo de desapropriação.

Para se entender a diferença dos institutos alguns exemplos são úteis. Imagine-se que certa Municipalidade ocupe propositalmente um terreno de terceiro e sobre ele construa um terminal de ônibus ou a extensão de uma avenida, passando a utilizá-lo como se fosse um bem público afetado. Nesse caso, o Município não compra, nem desapropria o imóvel como deveria. Ele simplesmente se apossa do bem numa prática indevida e, em seguida, afeta o imóvel a um serviço ou uso público e o transforma fisicamente, tornando irreversível a utilização anterior. Aqui se opera uma desapropriação indireta, forma bastante polêmica de aquisição forçada da propriedade pelo Estado. E isso, porque, em primeiro lugar, o instituto prescinde de base constitucional, ao contrário do que ocorre com as desapropriações ordinárias e as sancionatórias. Em segundo lugar, ele viola a moralidade administrativa e o direito fundamental de propriedade.

Imagine-se, em outro cenário, que a Câmara de Vereadores de certo Município venha a criar tantas normas de limitação urbanística e ambiental da propriedade que, na prática, um proprietário urbano se veja completamente impedido de exercer seu direito de uso e gozo sobre seu imóvel. Em razão das inúmeras normas legais, a exploração econômica do bem se torna praticamente inviável. Aqui, em distinção ao que ocorre na desapropriação indireta em sentido estrito, o imóvel permanece no patrimônio particular, embora passe a servir preponderante ou exclusivamente a interesses públicos primários, de sorte que o direito fundamental de propriedade se esvazia de maneira significativa ou por completo. Sem qualquer esbulho, sem qualquer apossamento, sem a intenção de adquirir a posse ou a propriedade do imóvel, o Estado acaba por inviabilizar o direito de propriedade.

Em ambos os casos descritos, como visto, a propriedade não é formalmente transferida a qualquer ente público, mas sim esvaziada de modo significativo por conta de uma atuação, material ou normativa, criada pelo Poder Público. Inexistem atos e processos de desapropriação em qualquer das modalidades previstas na Constituição da República. Não há desapropriação formal e direta. Por conseguinte, nessas situações, a transferência da propriedade dependerá ou de uma ação de usucapião ajuizada pelo próprio Estado na condição de possuidor ou de uma ação de indenização

---

5. DI PIETRO, Maria Sylvia Zanella. *Direito administrativo*, 30ª ed. São Paulo: Forense, 2017, p. 262.

proposta pelo proprietário em razão do apossamento administrativo ou da restrição normativa excessiva de seu direito fundamental sobre o bem.

Apesar da falta de base constitucional, inicialmente a jurisprudência e, mais tarde, o legislador conferiram reconhecimento às situações de desapropriação indireta e de esvaziamento da propriedade decorrente de restrições normativas. No Decreto-Lei n. 3.365/1941, três normas principais reconhecem esses fenômenos:

- Por força do § 3º do art. 15-A, aplica-se o art. 15-A, *caput* às ações de indenização por apossamento administrativo ou desapropriação indireta, bem assim às ações que visem à indenização por restrições do Poder Público. Note-se, porém, que o percentual será de 12% e não de 6%, por força da Súmula 618 do Supremo, que assim dispõe: "na desapropriação, direita ou *indireta,* a taxa dos juros compensatórios é de 12% ao ano" (g.n.). Com mais detalhes, a Súmula n. 408 do STJ esclarece que: "nas ações de desapropriação, os juros compensatórios incidentes após a Medida Provisória n. 1.577, de 11/06/1997, devem ser fixados em 6% ao ano até 13/09/2001 e, a partir de então, em 12% ao ano, na forma da Súmula n. 618 do Supremo Tribunal Federal".

- Em virtude do § 3º, II do art. 27, incidem nas ações de indenização por apossamento administrativo ou desapropriação indireta a regra pela qual o Estado será obrigado a pagar honorários advocatícios quando a sentença fixar indenização superior ao preço oferecido inicialmente pelo Estado.

- De acordo com o art. 10, parágrafo único, "extingue-se em cinco anos o direito de propor ação que vise a indenização por restrições decorrentes de atos do Poder Público". Esse dispositivo se refere especificamente às ações reparatórias por restrição do direito de propriedade, não exatamente à ação de desapropriação indireta, para a qual vale o prazo de 10 anos previsto para a usucapião no Código Civil atual, conforme entendimento consagrado em tese do STJ (REsp 1328597/TO e REsp 1386164/SC).

15.10 DESAPROPRIAÇÃO PARCIAL E DIREITO DE EXTENSÃO

A análise da extensão do poder desapropriação encontra debates interessantes. Em primeiro lugar, cabe verificar o efeito da desapropriação em relação a um bem considerado em si mesmo, com o que será possível diferenciar a desapropriação global da parcial e discutir o direito de extensão do proprietário. Em segundo lugar, é preciso verificar em que medida a desapropriação atinge bens estatais e não estatais e como a natureza do proprietário do bem impacta o instituto. Em terceiro lugar, é necessário observar os efeitos da desapropriação sobre terceiros.

Sob um critério de *extensão,* a desapropriação se classifica como total ou parcial, ou melhor, pode atingir o bem como um todo ou uma de suas partes ou dimensões. A *desapropriação parcial* pressupõe a divisibilidade do bem e ocorre, por exemplo, quando o Estado toma apenas um ou alguns livros raros de uma biblioteca particular ou quando retira do proprietário originário somente uma das dimensões espaciais do bem (o subsolo, o solo ou o espaço aéreo – cf. art. 2º, § 1º do Decreto-Lei n. 3.365/1941).

A desapropriação parcial ocorre tanto por interesse social, utilidade ou necessidade públicas (formas de desapropriação ordinária), como nas modalidades sancionatórias e na confiscatória. O art. 4º da LC n. 76/1993, ao cuidar do processo judicial de desapropriação sancionatória rural para fins de reforma agrária, previu o *"direito de extensão"* em relação à pretensão de extinção parcial da propriedade. Em sua contestação, o expropriado poderá requerer a desapropriação de todo o imóvel, quando a área remanescente ficar: "I – reduzida a superfície inferior à da pequena propriedade rural; ou II - prejudicada substancialmente em suas condições de exploração econômica, caso seja o seu valor inferior ao da parte desapropriada". Apesar de não tratado em outras leis, por resultar da moralidade e da razoabilidade, o direito de extensão deve ser aplicado por analogia em outros casos de desapropriação. Nas modalidades ordinárias, porém, caso não se empregue o direito de extensão, o juiz obrigatoriamente levará em conta a depreciação da área remanescente ao calcular a indenização, tal como manda o Decreto-Lei n. 3.365/1941 (art. 27, parte final).

Ainda no tocante à extensão, é preciso ressaltar que a desapropriação somente se justifica no tocante a um objeto que ainda não pertença ao Estado. Nesse sentido, dispõe a Súmula n. 479 do STF, de 1969, que "as margens dos rios navegáveis são domínio público, insuscetíveis de expropriação e, por isso mesmo, excluídas de indenização". Pelo mesmo motivo, agora por força da Constituição (art. 176) e do Código Civil (art. 1.230), tampouco se permitirá a indenização, por exemplo, de jazidas minerais e potenciais de energia hidráulica contidos no imóvel, pois ambos constituem bens monopolizados pela União. Em outras palavras, se o bem já pertence ao Estado, ele não é objeto da desapropriação e seu valor não comporá a indenização ao proprietário sob pena de ocasionar seu enriquecimento sem causa.

Especificamente quanto à desapropriação de subsolo ou de espaço aéreo, é necessário verificar se o espaço desejado pelo Estado se encontra nos limites do imóvel desapropriado. Afinal, dispõe o Código Civil (art. 1.229) que "a propriedade do solo abrange a do espaço aéreo e subsolo correspondentes, *em altura e profundidade úteis ao seu exercício, não podendo o proprietário opor-se a atividades que sejam realizadas, por terceiros, a uma altura ou profundidade tais, que não tenha ele interesse legítimo em impedi-las*" (g.n). O imóvel somente compreende o subsolo e o espaço aéreo útil, aquele que pode ser explorado pelo proprietário e que em geral é delimitado pela legislação urbanística local. Se o espaço aéreo e o subsolo estiverem fora da propriedade privada, eles serão bens estatais e o Estado não necessitará desapropriá-los.

15.11 DESAPROPRIAÇÃO DE BENS ESTATAIS PÚBLICOS OU PRIVADOS

Em relação ao tipo de bem, a desapropriação usualmente atinge o patrimônio particular, ou seja, ocasiona a perda de bem de pessoa física ou de pessoa jurídica de direito privado não pertencente ao Estado. Discutível, porém, é a desapropriação de bens estatais públicos (como os das autarquias) e bens estatais privados (como os das sociedades de economia mista). Essa discussão se origina no Decreto-Lei n. 3.365/1941, cujo texto prevê que "os bens do domínio dos Estados, Municípios, Distrito Federal e Territórios poderão ser desapropriados pela União, e os dos Municípios pelos Estados, mas, em qualquer caso, ao ato deverá preceder autorização legislativa" (art. 2º, § 2º). Por interpretação negativa, desse dispositivo se extrai a autorização normativa para a desapropriação descendente, de acordo com a qual apenas o ente territorialmente maior pode desapropriar o bem estatal do ente menor. A União pode desapropriar bens estaduais, distritais e municipais, enquanto os Estados podem desapropriar bens municipais – sempre respeitada a exigência de lei prévia autorizativa a ser editada pelo Poder Legislativo do ente que exerce o poder de desapropriação.

De acordo com a norma em questão, os bens da União jamais se sujeitariam à desapropriação e, por outro lado, os Municípios estariam sempre proibidos de utilizar a desapropriação contra bens públicos. Note-se também que o art. 2º, § 2º do Decreto-Lei fala em "bens do domínio", de modo a incluir na regra de desapropriação descendente tanto os bens públicos (das pessoas jurídicas de direito público interno), como os bens estatais privados (das pessoas jurídicas estatais de direito privado, como as empresas estatais). Assim, a princípio, a União poderia desapropriar bens afetados estaduais, como o prédio de um hospital regional.

Essa regra, porém, afigura-se questionável diante do status equivalente dos três entes federativos no Brasil (art. 1º e 18 da CF). Além disso, a regra não encontra suporte lógico em muitas situações, sobretudo naquelas em que a desapropriação venha a atingir um bem estatal desvinculado de qualquer finalidade pública. Por esses dois motivos centrais, defendo que a norma prevista no art. 2º, § 2º do Decreto-Lei n. 3.365/1941 seja interpretada de modo restritivo, de sorte a se permitir a desapropriação ascendente em alguns casos. Sob essa linha interpretativa, todos os entes da federação poderão expropriar dois tipos de bens estatais: (i) os bens dominicais, tal como defendido por Eduardo Fortunato Bim[6] e Letícia Queiroz de Andrade,[7] e (ii) os bens estatais privados não pertencentes ao domínio público impróprio, ou seja, bens de pessoas estatais de direito privado não empregados em funções públicas, com os bens de empresas estatais em função estritamente econômica. Nessas duas

---

6. BIM, Eduardo Fortunato. A validade da desapropriação ascendente de bens públicos dominicais sem função estratégica. *Revista de Direito Público*, v. 11, n. 57, 2014.
7. ANDRADE, Letícia Queiroz de. *Desapropriação – aspectos gerais*. Enciclopédia jurídica da PUC-SP. São Paulo: Pontifícia Universidade Católica de São Paulo, 2017, s. p.

hipóteses, não vislumbro razão para se extrair do texto legal qualquer vedação à desapropriação ascendente. Seguindo esse raciocínio, um Estado poderá perfeitamente desapropriar por utilidade pública um imóvel da União em seu território, desde que ele não esteja afetado.

Ainda sob essa lógica, é aceitável que o Município empregue a desapropriação sancionatória urbana em sentido ascendente em desfavor de bens dominicais do Estado ou da União ou de bens de suas pessoas jurídicas de direito privado que não se encontrem vinculados ao desempenho de função pública. Além de comprovar a natureza do bem, antes da desapropriação, caberá ao Município demonstrar que o imóvel estadual ou federal descumpre as normas do Plano Diretor e da legislação referentes aos coeficientes mínimos de edificação. Ademais, previamente, o Município deverá determinar a edificação ou o parcelamento do imóvel e, em caso de seu descumprimento, estabelecer o IPTU progressivo quando cabível – isto é, quando o ente público não se beneficiar de imunidade tributária. Somente se o imóvel permanecer em situação irregular é que se facultará a desapropriação sancionatória urbana como meio de extinção da propriedade estadual ou federal.

15.12 EFEITOS SOBRE TERCEIROS

Os efeitos conferidos à desapropriação são bastante intensos e amplos, sobretudo no intuito de facilitar e acelerar a transferência do bem ao patrimônio estatal. Nos termos do Decreto n. 3.365/1941, "ficam sub-rogados no preço quaisquer ônus ou direitos que recaiam sobre o bem expropriado" (art. 31) e as "dívidas fiscais serão deduzidas dos valores depositados, quando inscritas e ajuizadas", nisso se incluindo "as multas decorrentes de inadimplemento e de obrigações fiscais" (art. 32, § 1º e 2º).

Além dessas disposições, o Código Civil cuidou explicitamente dos efeitos da desapropriação em inúmeros dispositivos, muitos dos quais também referentes à situação de terceiros não-proprietários:

- O art. 959, II garante aos credores, hipotecários ou privilegiados, a conservação de seus direitos sobre o valor da indenização, se a coisa obrigada a hipoteca ou privilégio for desapropriada;
- O art. 1.376 prescreve que, no caso de extinção de direito de superfície por força de desapropriação, a indenização caberá ao proprietário e ao superficiário no valor correspondente ao direito real de cada um;
- O art. 1.387 reconhece que a desapropriação ocasiona a extinção da servidão com respeito a terceiros;
- O art. 1.409 prescreve que "também fica sub-rogada no ônus do usufruto, em lugar do prédio, a indenização paga, se ele for desapropriado (...)";

- O art. 1.425, V prevê que a dívida considerar-se-á vencida quando "se desapropriar o bem dado em garantia, hipótese na qual se depositará a parte do preço que for necessária para o pagamento integral do credor". Nos termos do § 2º, a hipoteca somente vencerá antes do prazo estipulado se a desapropriação recair sobre o bem dado em garantia e esta não abranger outros. Porém, em caso contrário, a dívida subsistirá reduzida com a respectiva garantia sobre os demais bens que não forem objeto de desapropriação; e

- O art. 1.509, § 2º, prescreve que "o credor anticrético não terá preferência sobre a indenização do seguro, quando o prédio seja destruído, nem, se forem desapropriados os bens, com relação à desapropriação".

15.13 FASE DECLARATÓRIA

Como adianto ao início deste capítulo, as desapropriações ordinárias abrangem duas fases: (i) a *declaratória*, de natureza administrativa e obrigatória, e (ii) a *executória*, que se subdivide em uma subfase administrativa obrigatória, podendo caminhar para medição, arbitragem ou para uma ação judicial especial, conduzida sempre que o expropriante não lograr obter o bem no curso do processo administrativo.

A "*fase declaratória*" é bastante complexa e, ao contrário do que a leitura da legislação possa sugerir, não se esgota na mera expedição do decreto específico que declara o interesse social, a utilidade ou necessidade pública de um bem. Antes da elaboração do Decreto, abre-se um processo administrativo no qual, entre outras coisas, é fundamental que o Poder Público: (i) identifique os motivos fáticos e jurídicos, além da finalidade da desapropriação pretendida; (ii) detalhe os bens atingidos, inclusive para eventual expansão futura da obra a ser construída ou para captura da mais valia, ou melhor, da valorização decorrente da obra sobre os bens situados nos arredores (desapropriação por zona); (iii) realize o que se poderia chamar de "estudo de impacto de desapropriação", ou seja, verifique se a extinção da propriedade no caso concreto se harmoniza com o princípio da razoabilidade ou se existem alternativas mais razoáveis (conclusão que se chegará por meio da prova da adequação, da necessidade e da proporcionalidade); (iv) ao menos estime previamente o impacto orçamentário da medida, evitando a desistência da desapropriação ou desapropriações que causem mais danos que benefícios à coletividade e (v) obtenha a autorização legislativa necessária caso se trate de desapropriação de bem estatal.

Concluída a fase de planejamento dentro de um processo administrativo, competirá geralmente ao Chefe do Executivo (Presidente, Governador ou Prefeito) a expedição do Decreto que declarará a sujeição de um ou mais bens ao poder de desapropriação estatal (art. 6º do Decreto-Lei n. 3.365/1941). Nas desapropriações ordinárias, a "*competência declaratória*" de interesse social, necessidade ou utilidade pública de um bem recai, portanto, sobre os chefes dos poderes Executivos da União, dos Estados e dos Municípios (art. 6º do Decreto-Lei n. 3.365/1941). Existem, porém, situações especiais em que outros sujeitos realizam a declaração, a saber:

i   *Declaração pelo Poder Legislativo.* O Decreto-Lei n. 3.365/1941 prevê que o "Poder Legislativo poderá tomar a iniciativa da desapropriação, cumprindo, nesse caso, ao Executivo, praticar os atos necessários à sua execução" (art. 8º). Nessa hipótese, a competência declaratória para a desapropriação ordinária caberá ao Legislativo de cada ente federado e ocorrerá mediante um ato declaratório próprio, como o Decreto Legislativo.

ii   *Declaração pela Administração Indireta.* Algumas leis transferem a competência declaratória para entes públicos da Administração Indireta, caso em que a declaração não se dará por Decreto, forma jurídica de uso exclusivo dos chefes do Executivo. Nesse sentido, a Lei federal n. 9.074/1995 dispõe que "cabe à Agência Nacional de Energia Elétrica – ANEEL, declarar a utilidade pública, para fins de desapropriação ou instituição de servidão administrativa, das áreas necessárias à implantação de instalações de concessionários, permissionários e autorizados de energia elétrica" (art. 10). Esse mesmo poder é atribuído ao INCRA para desapropriação de imóveis rurais para fins de reforma agrária (art. 22, *caput* e art. 31, IV da Lei n. 4.504/1964 – Estatuto da Terra) e ao DNIT para desapropriar áreas necessárias à implantação do sistema federal de viação (art. 82, IX da Lei n. 10.233/2001).

Da declaração contida no Decreto não decorre automaticamente a aquisição de propriedade pelo Estado. No entanto, ela gera alguns efeitos jurídicos relevantes, já que: (i) dá publicidade ao interesse sobre o imóvel; (ii) inicia o prazo para execução da desapropriação, que varia de acordo com a modalidade; e (iii) confere às autoridades competentes o poder de penetrar nos prédios compreendidos na declaração para avaliá-los, inclusive, em caso de oposição, mediante auxílio de força policial, sem prejuízo de indenização e ação penal contra excessos ou abusos de poder. Como dito, a entrada se justifica para verificar o estado em que se encontra o bem desejado e para se obter informações necessárias à mensuração de seu valor. Nela se faz, por exemplo, o mapeamento de benfeitorias então existentes. Ademais, a constatação do estado do bem é fundamental para se impedir sua alteração proposital pelo proprietário no intuito de elevar indevidamente a indenização.

De acordo com a Súmula n. 23 do Supremo, "verificados os pressupostos legais para o licenciamento da obra, não o impede a declaração de utilidade pública para desapropriação do imóvel, mas o valor da obra não se incluirá na indenização, quando a desapropriação for efetivada". Isso significa que, mesmo depois da expedição do Decreto, o proprietário pode proceder a obras no imóvel, mas por seu próprio custo e risco, já que elas não serão indenizadas caso a desapropriação venha a ser definitivamente concretizada. A indenização de modificações posteriores cobrirá apenas as benfeitorias úteis, desde que autorizadas pelo expropriantes, e as necessárias a despeito de qualquer autorização (Decreto-Lei n. 3.365/1941, art. 26, § 1º).

15.14 FASE EXECUTÓRIA

A competência declaratória difere da *"competência executória"* da desapropriação, pois abarca a condução do processo administrativo e, eventualmente, a mediação, a arbitragem ou o ajuizamento de ação judicial para viabilização da transferência da propriedade. Nas desapropriações ordinárias (utilidade pública, necessidade pública e interesse social), a execução caberá a qualquer ente federativo, com ressalva à sancionatória rural e à confiscatória (ambas sob competência administrativa exclusiva da União) e à sancionatória urbana (exclusiva do Município).

Em distinção à competência declaratória, privativa do Poder Público, a delegação da competência executória a particulares é aceitável. Nesse sentido, dispõe o Decreto-Lei n. 3.365/1941 (art. 3º), atualizado pela Lei n. 14.273/2021, que a execução poderá ser realizada por "concessionários", inclusive parceiros privados, por autorizatárias de ferrovias e por entidades que exerçam funções delegadas do poder público. Veja-se que a possibilidade de delegação é bastante ampla, mas exige previsão em contrato ou instrumento próprio. É preciso que o ente competente esteja expressamente de acordo com a delegação.

Após a expedição do Decreto e da avaliação do bem, o Estado ou seu delegatário, caso deseje executar a desapropriação, notificará o proprietário e fará sua oferta de indenização (art. 10-A). Como ato vinculado, essa notificação deve conter: (i) cópia da declaração de utilidade pública; (ii) planta ou descrição dos bens envolvidos e de suas confrontações; (iii) valor da oferta; e (iv) menção do prazo de 15 dias para aceite ou rejeição da proposta, e de que o silêncio importará na rejeição (§1º).

O proprietário poderá aceitar a oferta sem resistência, acarretando um acordo conhecido como *"desapropriação amigável"*, consensual ou administrativa. Uma vez realizado o pagamento, o acordo lavrado é título hábil para transcrição no cartório de registro de imóveis (art. 10-A do Decreto-Lei n. 3.365/1941). Conquanto evite a judicialização, alerta Cármen Lúcia Rocha que esse acordo traz frequentes problemas, ora porque o Estado se aproveita da lerdeza do processo judicial para fazer o proprietário aceitar um preço injusto ou para forçar pagamento parcelado, ora porque o acordo eventualmente mascara prática de corrupção por meio de desapropriações de bens desnecessários e de "superindenizações" a favorecer certos proprietários vinculados ao governante.[8]

Caso o proprietário não aceite o preço ou permaneça silente durante o prazo fixado, então o Estado ou seu delegatário deverá ajuizar ação especial para fazer

---

8. Em mais detalhes, ROCHA, Cármen Lúcia Antunes. Observações sobre a desapropriação no direito brasileiro. *RDA*, v. 204, 1996, p. 36 e seguintes.

valer seu interesse sobre o bem, abrindo-se então a fase judicial (art. 10-A, §3º do Decreto-Lei n. 3.365/1941).

Alternativamente ao processo judicial, em inovação trazida pela Lei n. 13.867/2019, viabilizou-se a opção pela mediação ou pela arbitragem para a definição dos valores de indenização nas modalidades de desapropriação por utilidade e necessidade pública, bem como por interesse social (art. 5º da Lei n. 4.132/1962). Trata-se do emprego de meios alternativos de resolução de conflito, o que pode trazer vantagens como menores custos e maior rapidez na solução.

Para isso, o sujeito atingido pela pretensão expropriatória deverá indicar órgão ou instituição especializados dentre os previamente cadastrados pela entidade responsável pela desapropriação (art. 10-B do Decreto-Lei n. 3.365/1941). Igualmente aceitável será a eleição de câmara de mediação criada pelo Poder Público (art. 10-B, §2º). A mediação seguirá o regramento disposto na Lei n. 13.140/2015, ao passo que a arbitragem observará as normas da Lei 9.307/1996. Em qualquer das situações, subsidiariamente serão aplicados os regulamentos do órgão ou instituição responsável (art. 10-B, §1º e 4º).

Nesse contexto, portanto, não alcançado o acordo, o proprietário poderá optar pela via da mediação ou da arbitragem. Entretanto, não há que se falar em dever de acatamento dessa escolha pelo executor da desapropriação. O ente expropriante terá a faculdade de aderir ou não ao meio alternativo de resolução de conflito escolhido, interpretação que embasou o veto ao inciso V do §1º do art. 10-A do Decreto-Lei n. 3.365/41, sob o argumento da necessidade de o Poder Público avaliar a conveniência e oportunidade dessa escolha frente ao caso concreto[9].

Como, no direito brasileiro, inexiste ato administrativo capaz de retirar a propriedade alheia por desapropriação sem a concordância do proprietário, na hipótese de o particular discordar da proposta estatal, não se chegando a um acordo, e não se realizando a via da mediação ou da arbitragem, somente a sentença judicial poderá ocasionar a desapropriação. Contudo, o Estado não está obrigado a ajuizá-la (pois há possibilidade de desistência), nem o particular detém qualquer direito a que tal ação seja iniciada.

O fato de o Estado não ajuizar a ação não implica que o particular fique eternamente sujeito aos efeitos do decreto de desapropriação. Para as modalidades por utilidade ou necessidade públicas, o decreto expropriatório decai em cinco anos. Após esse prazo, não se poderá mais iniciar o processo judicial (Decreto-Lei n. 3.365/1941, art. 10). Já na desapropriação por interesse social e na desapropriação sancionatória rural, o prazo de caducidade perfaz dois anos (respectivamente cf. o art. 3º da Lei n. 4.132/1962 e o art. 3º da LC n. 76/1993).

---

9. BRASIL. Mensagem de veto nº 385, de 26 de agosto de 2019. *Diário Oficial da União*, Brasília, DF, 26 ago. 2019.

Para a desapropriação sancionatória urbana e para a expropriação não há previsão legal de decreto expropriatório, motivo pelo qual tampouco se pode cogitar de prazo para sua caducidade. Contudo, não parece aceitável que o proprietário fique eternamente sujeito ao ajuizamento da ação judicial para a aplicação da perda da propriedade como sanção. Como não há decreto para se falar de decadência, uma solução ao problema é aplicar o prazo decenal de prescrição para o ajuizamento da ação em consonância com o que prescreve o CPC (art. 205), garantindo-se um mínimo de segurança jurídica ao proprietário. Esse prazo correria do esgotamento do período de cinco anos de IPTU progressivo na desapropriação sancionatória urbana e da localização do imóvel em condições irregulares, no caso da desapropriação confiscatória.

15.15 PROCESSO JUDICIAL, IMISSÃO NA POSSE E DESISTÊNCIA

Nas desapropriações ordinárias, a fase judicial somente se abrirá se a Administração Pública, diretamente ou por seus delegados, não entrar em consenso com o proprietário a respeito do preço ofertado e não for resolvida a questão por mediação ou arbitragem. Como não há desapropriação forçada por ato administrativo, será então necessária a intervenção do Judiciário.

O Decreto-Lei n. 3.365/1941 trata desse processo em especial para as desapropriações por utilidade pública e necessidade pública, além de se aplicar à desapropriação por interesse social por força de remissão legal (art. 5º da Lei n. 4.132/1962). Apesar do regime semelhante, diferem os prazos de decadência do decreto expropriatório para essas duas modalidades de desapropriação. A ação nos casos de utilidade ou necessidade pública poderá ser ajuizada em até cinco anos, enquanto a ação em situação de interesse social, no máximo em dois.

No processo, o Judiciário não poderá apreciar os motivos de utilidade, necessidade ou interesse social, ou melhor, decidir se eles existem ou não. A defesa poderá questionar tão somente o preço e aspectos procedimentais, como a extrapolação do prazo para ajuizamento da ação (art. 9º do Decreto-Lei n. 3.365/1941). Apesar disso, acompanha-se aqui o entendimento de Carvalho Filho, quando afirma que, "se o objetivo da declaração for atividade que não se encontre contemplada em lei, a discussão não será quanto ao conteúdo da vontade do administrador, mas sim quanto à inexistência de pressuposto considerado pela lei como passível de gerar a desapropriação". Em hipótese tal, "o juiz pode (e deve) *ex officio* apreciar a questão e até mesmo extinguir o processo expropriatório sem julgamento do mérito por falta de condição da ação".[10] Outras questões poderão ser submetidas ao controle judicial, mas não na ação de desapropriação, senão em ação direta, autônoma.

---

10. CARVALHO FILHO, José dos Santos. *Manual de direito administrativo*, 28ª ed. São Paulo: Gen Atlas, 2015, p. 877.

Um dos aspectos mais relevantes do processo judicial é a perícia como ato instrutório fundamental à verificação do valor da indenização. Sobre ela, existe vasta jurisprudência no STJ, que, entre outras coisas, já firmou as teses de que: (i) o valor da indenização por desapropriação deve ser contemporâneo à data de avaliação do perito judicial (REsp 1401189/RN); (ii) a prova pericial para a fixação do justo preço somente é dispensável quando há expressa concordância do expropriado com o valor da oferta inicial (RESP 930212/RO); (iii) é possível ao juiz determinar a realização de perícia avaliatória, ainda que os réus tenham concordado com o valor oferecido pelo Estado (REsp 886672/RO); e (iv) a revelia do desapropriado não implica aceitação tácita da oferta, não autorizando a dispensa da avaliação, conforme Súmula n. 118 do extinto Tribunal Federal de Recursos (REsp 1466747).

Ao final do processo judicial, a sentença fixará o valor da indenização, acima ou abaixo do que fora inicialmente mensurado pelo ente expropriante, conforme se discutirá no item a seguir. Uma vez "efetuado o pagamento ou a consignação, expedir-se-á, em favor do expropriante, mandado de imissão de posse, valendo a sentença como título hábil para a transcrição no registro de imóveis" (art. 29 do Decreto-Lei n. 3.365). Isso significa que a definitiva transferência do imóvel desapropriado não se dá com a sentença, mas com o posterior registro.

A imissão de posse determinada na sentença difere da chamada *"imissão provisória na posse"*, autorizada ao início da ação em medida liminar, sobretudo no intuito de evitar que a lerdeza do judiciário comprometa a consecução dos interesses públicos dependentes do bem. Para que o Estado já obtenha sua posse antecipada, os seguintes requisitos devem ser atendidos:

i) *Alegação de urgência* no próprio decreto ou no curso da ação. Essa alegação deve ser ponderada diante dos eventuais efetivos nocivos da imissão antecipada tanto para o Estado quando para o proprietário. Além disso, a urgência há que ser real. Como bem observa Cármen Lúcia Rocha,[11] é inaceitável a "pseudo-urgência", a urgência fabricada, sobretudo em períodos eleitorais, para que a Administração Pública indevidamente lance mão de prerrogativas limitativas de direitos fundamentais.

ii) A *requisição expressa* da imissão, a ser apresentada no prazo de 120 dias da alegação da urgência (art. 15, § 2º do Decreto-Lei n. 3.365/1941). Como a alegação não pode ser renovada, ou seja, ultrapassados os 120 dias da sua ocorrência, qualquer solicitação de imissão deverá ser rejeitada pelo juiz.

iii) O *depósito judicial* do valor do bem de acordo com os critérios estabelecidos no art. 15, § 1º do Decreto-Lei n. 3.365/1941 – critérios que foram considerados compatíveis com a Constituição na Súmula n. 652 do Supremo. A respeito do depósito, o STJ já fixou a tese de que "a imissão provisória

---

11. ROCHA, Cármen Lúcia Antunes. Observações sobre a desapropriação no direito brasileiro. *RDA*, v. 204, 1996, p. 45.

na posse do imóvel objeto de desapropriação, caracterizada pela urgência, prescinde de avaliação prévia ou de pagamento integral, exigindo apenas o depósito judicial nos termos do art. 15, § 1º, do Decreto-Lei n. 3.365/1941" (REsp 1234606/MG). E a tese de que "a imissão provisória na posse não deve ser condicionada ao depósito prévio do valor relativo ao fundo de comércio eventualmente devido" (REsp 1337295).

Em 22 de janeiro de 1970, expediu-se o Decreto-Lei n. 1.075, que ainda hoje disciplina exclusivamente a imissão antecipada na posse de "*imóvel urbano residencial*". As justificativas para essas normas especiais constam dos *consideranda* do diploma normativo em questão. Na cidade de São Paulo, o grande número de desapropriações em zona residencial à época ameaçava desalojar milhares de famílias. Os proprietários de prédios residenciais encontravam dificuldade de obter, *initio litis*, uma indenização suficiente para a aquisição de nova casa própria, já que a oferta do expropriante, baseada em valor cadastral do imóvel, era inferior ao valor real apurado no processo de desapropriação. Ademais, o legislador considerou que o desabrigo dos expropriados causava grave risco à segurança nacional por ser fermento de agitação social. Daí surgiu a necessidade de se criar um conjunto de regras especiais em favor dos indivíduos atingidos pela imissão provisória na desapropriação desse tipo específico de imóvel.

Observadas as condições estabelecidas na legislação, a imissão há que ser concedida pelo juiz e, a partir disso, o Estado responderá pela gestão do bem em sua posse, inclusive pelo pagamento de tributos e custos de manutenção. Note-se bem: a imissão transfere a posse, não a propriedade. Para contornar esse aspecto, em 2017, inseriu-se o art. 34-A no Decreto-Lei n. 3.365/1941, passando-se a autorizar que desapropriação (como transferência da propriedade) se conclua já com a decisão concessiva da imissão provisória desde que obtida a concordância escrita do expropriado. Com ela, o Estado poderá registrar a propriedade na matrícula e o proprietário originário estará autorizado a levantar integralmente o depósito com as deduções determinadas na lei. Porém, sua concordância com a perda da propriedade já de início não implica renúncia a seu direito de questionar o preço ofertado em juízo, caso em que o processo judicial prosseguirá para se definir em sentença o valor correto da indenização.

No tocante às modalidades sancionatórias, o regime do processo judicial é mais complexo. A ação relativa à desapropriação sancionatória rural segue normas especiais da Lei Complementar n. 76/1993, que cria um procedimento sumário a ser iniciado dentro do prazo de dois anos da expedição do decreto expropriatório. A seu turno, a ação judicial da modalidade confiscatória respeitará as disposições da Lei n. 8.257/1991. Para a desapropriação sancionatória urbana, não há norma especial. O Estatuto da Cidade não aborda a ação judicial. Por isso, entendo que as disposições do Decreto-Lei n. 3.365 lhe devem ser estendidas, sobretudo porque, embora se trate de modalidade utilizada exclusivamente pelo Município, as competências para *legislar* sobre desapropriação e sobre processo civil são privativas da União.

No tocante à *desapropriação sancionatória rural*, como dito, é a Lei Complementar n. 76/1993 que estabelece normas próprias a reger o procedimento contraditório especial de rito sumário. Aqui, a ação judicial compete ao órgão federal executor da reforma agrária e será processada na Justiça Federal dentro do prazo de dois anos contado da publicação do decreto que declara interesse social para fins de reforma agrária. Em sua inicial, a União deverá, entre outros aspectos, apresentar a oferta do preço e o laudo de vistoria, a avaliação administrativa do imóvel e o comprovante de lançamento dos Títulos da Dívida Agrária (TDA), além do comprovante de depósito do valor as benfeitorias úteis e necessárias (art. 5º).

Ao despachar a inicial, o juiz, assim como ocorre nas modalidades ordinárias, poderá mandar imitir a União na posse do imóvel (inclusive com apoio de força policial); determinará a citação do expropriado e mandará averbar o ajuizamento da ação no registro de imóveis para dar conhecimento a terceiros (art. 6º). O interessado, por sua vez, poderá contestar e indicar assistente técnico. Na contestação, fica vedada a discussão do "interesse social" declarado pelo Estado no imóvel (art. 9º), mas se garante explicitamente ao proprietário a faculdade de requerer o *direito de extensão* (art. 4º), tal como se demonstrou anteriormente.

A LC também possibilita a realização de acordo judicial (art. 10). Em não havendo acordo, após instrução, o juiz proferirá sentença e fixará o valor final da indenização, individualizando o valor do imóvel, de suas benfeitorias e dos demais competentes do valor da indenização. Ao fazê-lo, considerará laudos periciais e outros meios objetivos de convencimento, inclusive pesquisas de mercado (art. 12). Da sentença, caberá recurso do Estado (com duplo efeito) ou do expropriado (apenas no efeito devolutivo). Ademais, impor-se-á recurso de ofício se o valor definido na sentença superar 50% do valor oferecido pelo Estado na inicial (art. 13).

Diferentemente do que ocorre nas ações de desapropriação em geral, também vale ressaltar que o STJ firmou a tese de que a "intervenção do Ministério Público nas ações de desapropriação de imóvel rural para fins de reforma agrária é obrigatória, porquanto presente o interesse público" (REsp 1061852/PR). Nas outras ações, a intervenção não é automática. Deverá ocorrer somente quando envolver, frontal ou reflexamente, proteção ao meio ambiente, interesse urbanístico ou improbidade administrativa" (AgRg no AREsp 211911/RJ).

A seu turno, a *desapropriação confiscatória* sujeita-se a normas da Lei n. 8.257/1991. Recebida a inicial, o juiz citará os expropriados e nomeará perito para elaboração de laudo de avaliação. Após a contestação, determinará audiência de instrução e julgamento. E encerrada a instrução, prolatará sentença sujeita a recurso nos termos do CPC. Tal como ocorre nas outras modalidades, também na expropriatória o juiz poderá imitir liminarmente a União na posse do imóvel expropriado, garantindo-se o contraditório pela realização de audiência de justificação.

Em praticamente todas as situações expostas, ainda que já tramite a ação judicial, mostra-se possível a "*desistência da desapropriação*" pelo Poder Público. Salvo na desapropriação confiscatória, mesmo quando sirva a um propósito punitivo, a decisão de desapropriar se caracteriza pela discricionariedade. Um Município, por exemplo, está plenamente autorizado a substituir a desapropriação sancionatória urbana por um consórcio imobiliário ou uma compra baseada em preempção no intuito de solucionar o problema gerado pela violação das normas de edificação pelo proprietário. A desistência é possível a princípio. Contudo, é preciso que ela se revele faticamente viável e se opere antes da transferência do imóvel. A esse respeito, o STJ já afirmou que: "Constatadas substanciais alterações no imóvel objeto da ação expropriatória, tornando impossível a restituição no estado em que se encontrava antes da imissão provisória, não há como se acolher o pedido de desistência apresentado pelo expropriante" (REsp132.398-SP). Ademais, o Tribunal firmou a tese de que "o pedido de desistência na ação expropriatória afasta a limitação dos honorários estabelecida no art. 27, § 1º, do Decreto n. 3.365/1941" (entre outros, cf. o AgRg no REsp 1327803/PE).

15.16 INDENIZAÇÃO PELA DESAPROPRIAÇÃO

A indenização pela desapropriação ordinária será justa, prévia e em dinheiro, "ressalvados os casos previstos *nesta Constituição*" (art. 5º, XXIV da CF, g.n.). Com esse mandamento, o Poder Constituinte definiu as características fundamentais da indenização nas desapropriações por interesse social, por necessidade ou utilidade públicas e construiu uma reserva de norma constitucional para que nem o legislador, nem a Administração Pública possam modificá-las.

As exceções à indenização conforme os três critérios do art. 5º, XXIV devem constar da própria Constituição de modo expresso. Pela necessidade de respeito à hierarquia normativa, as normas especiais modificadoras dos critérios mencionados e aplicáveis às desapropriações sancionatórias e confiscatórias foram acertadamente explicitadas no texto constitucional (art. 182, 184 e 243). Com base nesses mandamentos maiores, a legislação infraconstitucional detalha os componentes do valor da indenização e aponta os demais parâmetros que a Administração e o Judiciário observarão para aferi-la e pagá-la.

Nas modalidades de *desapropriação ordinária*, como dito, a indenização segue as regras da anterioridade, da pecuniaridade e da justiça (art. 5º, XXIV). A regra da *indenização prévia* exige que o Estado pague antes de adquirir a propriedade. Caso a desapropriação ocorra de modo consensual, o pagamento se fará diretamente, como em uma compra e venda. Na fase judicial, o Estado depositará o valor do bem avaliado em juízo e o restante será pago pelo sistema de precatórios, caso o executor seja pessoa jurídica de direito público interno. A seu turno, a regra da *indenização em dinheiro* impede que o expropriante substitua o valor pecuniário que deve ao expropriado por outro objeto, impondo-lhe, por exemplo, uma permuta. Ademais, a *indenização justa* exige que se considerem os amplos e reais impactos da desapropriação sobre o patrimônio do proprietário originário, além de vários outros custos gerados pela atuação restritiva do Estado sobre seu direito fundamental.

De modo geral, nas desapropriações ordinárias diretas e igualmente na indireta, bem como nas restrições normativas que esvaziam o direito de propriedade (salvo norma especial), a indenização será composta pelas seguintes parcelas:

i   O *valor do bem* e o *impacto patrimonial de sua retirada*. Nos termos do Decreto-Lei n. 3.365/1941, "o juiz indicará na sentença os fatos que motivaram o seu convencimento e *deverá atender, especialmente, à estimação dos bens para efeitos fiscais; ao preço de aquisição e interesse que deles aufere o proprietário; à sua situação, estado de conservação e segurança; ao valor venal dos da mesma espécie, nos últimos cinco anos, e à valorização ou depreciação de área remanescente, pertencente ao réu*" (art. 27, *caput*, g.n.). A indenização envolverá o valor econômico do bem, os danos emergentes e o lucro cessante, incluindo a depreciação sobre a parcela do bem não desapropriada (caso não se tenha requerido direito de extensão). Embora relacionados ao processo judicial, referidos critérios também pautam a fixação do valor devido na desapropriação consensual, ou seja, naquela concluída em fase administrativa. É preciso registrar que os critérios legais não são taxativos. Eles não afastam outros fatores relevantes para se atingir a indenização justa, tal como indica o advérbio "especialmente", expresso no artigo 27, *caput*, acima transcrito. Em qualquer situação, a indenização terá como referência o momento histórico em que se transmite a posse ou a propriedade ao Estado, o que poderá ocorrer na fase administrativa quando houver concordância do expropriado ou, caso desenrole-se um processo judicial, na data da imissão provisória ou da sentença final transitada em julgado.

ii O *valor de benfeitorias*. Em linha com as definições do Código Civil (art. 96), benfeitorias *necessárias* são "as que têm por fim conservar o bem ou evitar que se deteriore"; as *úteis* são "as que aumentam ou facilitam o uso do bem" e as *voluptuárias*, "as de mero deleite ou recreio, que não aumentam o uso habitual do bem, ainda que o tornem mais agradável ou sejam de elevado valor". Todas as benfeitorias do bem desapropriado serão incorporadas no valor da desapropriação desde que anteriores à declaração de interesse social, utilidade ou necessidade pública. Já as *benfeitorias posteriores* à declaração do interesse estatal sobre o bem, mas anteriores à transmissão da posse do imóvel ao Estado, comporão a indenização a depender de sua natureza: as necessárias serão indenizadas sempre e independentemente de autorização; as úteis serão contabilizadas caso autorizadas pelo ente expropriante e as voluptuárias não serão indenizadas (art. 26, § 1º do Decreto-Lei n. 3.365/1941).

INDENIZAÇÃO DAS BENFEITORIAS		
Tipo de benfeitoria	Antes da declaração	Após a declaração
Necessárias	Indenizáveis	Indenizáveis
Úteis	Indenizáveis	Indenizáveis, se autorizadas pelo expropriante
Voluptuárias	Indenizáveis	Não indenizáveis

Fonte: elaboração própria

i *Juros compensatórios*, que se destinam a compensar a perda de renda sofrida pelo proprietário em razão da transferência do bem ao Estado antes da sentença (art. 15-A do Decreto-Lei n. 3.365/1941), razão pela qual o legislador afirmou serem indevidos quando o imóvel possuir grau de utilização da terra e de eficiência na exploração iguais a zero (art. 15-A, § 2º do referido diploma). Todavia, essa norma final foi considerada incidentalmente inconstitucional pelo STF (cf. ADI n. 2.332-DF, rel. Min. Moreira Alves, 05.09.2011, cf. informativo STF n. 240). Também nos termos legais, o pagamento dos compensatórios depende tanto da imissão provisória na posse (no mesmo sentido, a Súmula 164 do STF), quanto da comprovação de diferença entre o valor inicialmente ofertado pelo expropriante em juízo e o valor do bem fixado na sentença. Pela letra do Decreto-Lei citado, os juros compensatórios deveriam incidir sobre essa diferença na razão de até 6% ao ano desde a data da imissão. No entanto, o entendimento do STF fixado na ADI n. 2.332-2 afastou ou alterou esses mandamentos. De acordo com a Súmula 618 do Supremo, em primeiro lugar, os juros deverão ser de 12% (e não de até 6%). Em segundo, por interpretação conforme a Constituição, o cálculo terá como base a diferença entre 80% do valor do preço ofertado pelo Estado e o valor fixado na sentença, uma vez que o expropriado só pode levantar de imediato 80% do preço depositado pelo Estado em juízo para obter a imissão *initio litis* (nesse sentido, também o REsp 1397476/PE).[12] Por conta da decisão do Supremo em relação ao percentual dos juros compensatórios, o STJ aprovou a Súmula n. 408, de acordo com a qual: "Nas ações de desapropriação, os juros compensatórios incidentes após a Medida Provisória n. 1.577, de 11/06/1997, devem ser fixados em 6% ao ano até 13/09/2001 e, a partir de então, em 12% ao ano, na forma da Súmula n. 618 do Supremo Tribunal Federal". Em outras palavras, aplica-se o percentual anual de 12% antes de 11 de junho de 1997; o de 6% a partir de então até dia 13 de novembro de 2011 e após essa data os 12%.

---

12. Porém, de acordo com outra tese do STJ, "nas hipóteses em que o valor da indenização fixada judicialmente for igual ou inferior ao valor ofertado inicialmente, a base de cálculo para os juros compensatórios e moratórios deve ser os 20% (vinte por cento) que ficaram indisponíveis para o expropriado" (cf. AgRg no *REsp* 1480265/RN).

ii *Juros moratórios*. No intuito de "recompor a perda decorrente do atraso no efetivo pagamento da indenização fixada na decisão final de mérito" do processo judicial, o Estado deverá ao expropriado juros moratórios a partir do dia 1º de janeiro do exercício seguinte àquele em que o pagamento seria realizado nos termos do art. 100 da Constituição e na razão de *até* 6% ao ano (art. 15-B do Decreto-Lei n. 3.365/1941). Como o percentual não é fixo, caberá ao Judiciário estipulá-lo no caso concreto. Já o termo inicial da contagem dos juros moratórios consta explicitamente do Decreto-Lei. Eles não incidem a partir da sentença transitada em julgado, mas sim após o termo final para o pagamento do precatório – prazo final que varia de acordo com o momento de sua apresentação (cf. art. 100, § 5º conforme redação da EC n. 62/2009, equivalente ao art. 100, § 1º mencionado na Súmula Vinculante n. 17 do STF). Essa lógica vale para todas as pessoas jurídicas de direito público interno beneficiadas pelo regime dos precatórios. Pessoas jurídicas de direito privado, como concessionárias ou empresas estatais, não utilizam o regime de precatório. Por isso, segundo tese firmada pelo STJ, "nas desapropriações realizadas por concessionária de serviço público, não sujeita a regime de precatório, a regra contida no art. 15-B do Decreto-Lei n. 3.365/41 é inaplicável, devendo os juros moratórios incidir a partir do trânsito em julgado da sentença" (cf. AgRg nos EDcl no REsp 1350915/MS). Registre-se, ademais, que os juros moratórios incidem sobre o valor global da indenização, que geralmente abarca juros compensatórios. Com os dois tipos de juros têm funções completamente distintas e incidem por conta de fatos ocorridos em momentos diversos, é perfeitamente lícito que os moratórios incidam sobre os compensatórios embutidos na indenização, posicionamento confirmado na Súmula n. 102 do STJ.

iii *Correção monetária*. Nos termos do art. 26, § 2º do Decreto-Lei n. 3.365/1941, "decorrido prazo superior a um ano a partir da avaliação, o Juiz ou Tribunal, antes da decisão final, determinará a correção monetária do valor apurado (...)". A correção monetária busca simplesmente manter o valor real da indenização a despeito de desvalorização da moeda, mas somente será devida quando entre a avaliação e o pagamento se superar o prazo anual.

iv *Despesas processuais* e *honorários advocatícios*. Dispõe o art. 27, § 1º do referido Decreto-Lei que "a sentença que fixar o valor da indenização quando este for superior ao preço oferecido condenará o desapropriante a pagar honorários do advogado, que serão fixados entre meio e cinco por cento do valor da diferença (...) não podendo os honorários ultrapassar R$ 151.000,00 (cento e cinquenta e um mil Reais)". O texto legal impôs como condição dos honorários o reconhecimento, pelo Judiciário, de um valor de indenização superior àquele inicialmente oferecido pelo Estado. De outra parte, estabeleceu a diferença entre o valor inicial e o final como a base de cálculo dos honorários e fixou uma alíquota de cálculo de 0,5% a 5%. Além disso, estipulou um teto geral de honorários que, contudo, foi suspenso pelo STF na ADI n. 2.332. A seu turno, o STJ sumulou que, "nas ações de desapropriação, incluem-se no cálculo da verba advocatícia as parcelas relativas aos juros compensatórios e moratórios, devidamente corrigidas" (Súmula 131). Fora isso, o Superior Tribunal já fixou algumas teses sobre o assunto, como a de que os limites percentuais dos honorários se aplicam a desapropriações indiretas (cf. REsp 1416135/SP), mas que esses limites não valem em casos de desistência de desapropriação (AgRg no REsp 1327803/PE).

As considerações acerca da indenização nas desapropriações ordinárias servem ao cálculo do valor devido ao proprietário que perdeu seu bem em razão de um apossamento indevido praticado pelo Estado (desapropriação indireta em sentido estrito) ou por conta do esvaziamento da propriedade em razão de atos normativos. Note-se que o Decreto-Lei n. 3.365 fez menção explícita tema nessas situações. Nos termos art. 15-A, § 4º, "não será o Poder Público onerado por juros compensatórios relativos a período *anterior à aquisição da propriedade* ou posse titulada pelo autor da ação". No entanto, o Supremo afastou a eficácia do parágrafo por considerar que ele violava a garantia da justa indenização. Além disso, a Súmula 618 do STF estabelece juros compensatórios de 12% também para a desapropriação indireta.

Na *desapropriação sancionatória rural para fins de reforma agrária*, a indenização não será prévia, justa e em dinheiro, a não ser em relação às benfeitorias. Quanto ao valor do bem principal (ou seja, da terra nua), o Estado entregará ao proprietário Títulos da Dívida Agrária (TDA), resgatáveis em até 20 anos a partir do segundo ano de sua emissão e cuja utilização será estabelecida em lei (art. 184, *caput* da CF). Nesse sentido, na inicial da ação judicial, há que se comprovar "o lançamento dos títulos da dívida agrária correspondente ao valor ofertado para pagamento de terra nua" (art. 5º, V da LC n. 76/1993). Além disso, se houver diferença entre o valor apurado inicialmente e o fixado na sentença, será necessário a expedição de TDA complementar também resgatável no prazo máximo de vinte anos (cf. tese do STJ - AgRg no REsp 1205337/DF).

O pagamento em título da dívida não impede o juiz de controlar a adequação da indenização. O legislador determinou que, ao fixar seu valor definitivo em sentença, o juiz se baseará no preço de mercado, considerando localização do imóvel, aptidão agrícola, dimensão do imóvel, área ocupada e ancianidade das posses, funcionalidade, tempo de uso e estado de conservação das benfeitorias (art. 12 da Lei n. 8.629/1993). Além dos laudos periciais, outros meios objetivos de convencimento guiarão sua decisão, inclusive a pesquisa de mercado, cabendo-lhe sempre individualizar os valores do imóvel, das benfeitorias e dos demais componentes da indenização (art. 12, § 1º e § 3º da LC n. 76/1993). A despeito de seu caráter sancionatório, na desapropriação para reforma agrária deverá ser igualmente garantida a correção monetária até a data do efetivo pagamento (art. 12, § 2º da LC). Quanto à terra nua, a Constituição impõe que o TDA contenha "cláusula de preservação do valor real" (art. 184, *caput*).

Na *desapropriação sancionatória urbana*, a Constituição estabelece igualmente o pagamento mediante títulos da dívida pública, porém de forma diversa ao que ocorre na desapropriação sancionatória rural. Uma análise do art. 182, § 4º, III, mostra que: (i) a indenização não faz referência a benfeitorias e (ii) os títulos serão resgatáveis no prazo máximo de até 10 anos, em parcelas anuais, iguais e sucessivas, assegurados o valor real da indenização e os juros legais (art. 182, § 4º, III da CF). Estipula o Estatuto da Cidade que o "valor real da indenização" deverá refletir "o valor da base de cálculo do IPTU, descontado o montante incorporado em função de obras realizadas pelo Poder Público na área onde o mesmo se localiza (...)" e "não computará expectativas de ganhos, lucros cessantes e juros compensatórios". Esse dispositivo deve ser interpretado com cautela e sempre de acordo com a Constituição. Assim, a base de cálculo do IPTU não poderá ser aplicada quando, no caso concreto, destoar claramente do valor de mercado do imóvel.

Nas desapropriações em geral, o valor da indenização calculado segundo as peculiaridades de cada modalidade será pago ao titular do domínio do objeto desapropriado.[13] Exatamente por isso, o STF firmou, por exemplo, a tese de que: "Se, em procedimento de desapropriação por interesse social, constatar-se que a área medida do bem é maior do que a escriturada no Registro de Imóveis, o expropriado receberá indenização correspondente à área registrada, ficando a diferença depositada em Juízo até que, posteriormente, se complemente o registro ou se defina a titularidade para o pagamento a quem de direito" (cf. REsp 1308026/BA). O proprietário somente poderá receber a indenização sobre aquilo que realmente se retira de seu patrimônio. É nessa lógica que se assenta tanto a tese transcrita quanto a de que "não incide imposto de renda sobre as verbas decorrentes de desapropriação (indenização, juros moratórios e juros compensatórios), seja por necessidade ou utilidade pública, seja por interesse social, por não constituir ganho ou acréscimo patrimonial" (REsp 1410119/SC).

15.17 DESTINAÇÃO DOS BENS DESAPROPRIADOS

Finalidade maior da desapropriação é a promoção de interesses públicos primários, por vezes, cumulada com o intuito de punir o proprietário do bem por conta da violação a normas jurídicas relevantes. Portanto, não faria sentido que o Estado retirasse propriedade alheia para lhe dar pior destino, para abandoná-la, torná-la

---

13. O STJ fixou a tese de que "o promitente comprador tem legitimidade ativa para propor ação cujo objetivo é o recebimento de verba indenizatória decorrente de ação desapropriatória, ainda que a transferência de sua titularidade não tenha sido efetuada perante o registro geral de imóveis (*REsp* 1204923/RJ).

improdutiva, custosa aos cofres públicos ou para empregá-la de modo nocivo à coletividade.

Com o propósito de garantir que a desapropriação produza a utilidade que dela se espera, as várias leis que tratam da matéria geralmente cuidam dos destinos do bem expropriado. A legislação segue diferentes soluções nesse aspecto. Em alguns casos, define-se o destino do bem com precisão, não deixando margem de escolha para a Administração Pública. Em outros, a legislação cuida apenas dos motivos da desapropriação, sem dar detalhes sobre a destinação do bem. Nesse contexto, é possível afirmar que há casos de destinação vinculada e, outros, de destinação discricionária.

As situações de destinação vinculada se vislumbram principalmente nas desapropriações para coibir o uso indevido da propriedade (desapropriações sancionatórias e confiscatória). Por força de normas constitucionais, nas sancionatórias rurais, os bens devem ser utilizados na reforma agrária por instrumentos de outorga de uso ou por alienação. Nas confiscatórias, os imóveis rurais se destinarão para reforma agrária e os urbanos, para programas de habitação popular. Diferentemente, na desapropriação sancionatória urbana prevista no Estatuto da Cidade, não há exatamente uma destinação definida. O bem é desapropriado para ser adequado mediante parcelamento ou edificação em conformidade com a polícia de desenvolvimento local. Essa adequação ocorrerá por obra direta do ente local ou de terceiros e, posteriormente, ao imóvel se poderá dar as mais diversas destinações.

Nas desapropriações ordinárias, a legislação indica a possibilidade de se atribuir finalidades variadas para o bem desapropriado, não fixando de antemão uma destinação precisa. Permite-se ao administrador público escolher a destinação dentre as previstas nas normas da legislação. De que forma o bem será empregado para atingir cada uma dessas finalidades é também decisão que depende da Administração Pública, mostrando-se oportuno que já conste do decreto de desapropriação. Em outras palavras, nas desapropriações por interesse social, necessidade ou utilidade pública, o Estado detém discricionariedade para decidir como o imóvel será empregado, devendo, quando possível, apontar essa decisão no curso do processo administrativo que prepara o decreto. Afinal, supõe-se que os entes públicos ajam de modo racional, planejado, não aleatório e que, por isso, antes de conduzir qualquer desapropriação, desenvolvam uma política clara na qual o bem desejado desempenhe algum papel relevante.

Além da diferença entre destinação vinculada e discricionária, é preciso consignar que os bens desapropriados não necessitam permanecer no patrimônio do ente que a executou. Na prática, há três situações distintas: (i) bens que ingressam no patrimônio estatal para uso direto pelo Estado (por exemplo, um edifício que passa a ser utilizado para um arquivo público); (ii) bens que ingressam no patrimônio estatal, mas cujo uso se outorga a terceiros (exemplo, um terreno cedido a uma empresa concessionária do serviço de transporte coletivo urbano como bem reversível) e (iii) bens alienados para terceiros que assumem a obrigação de lhes conferir a destinação desejada pelo Estado (como imóveis transferidos a beneficiários de programas de reforma agrária ou de habitação popular).

A possibilidade de destinação do bem a terceiros é prevista na legislação em inúmeras situações. Por vezes, a alienação ou a outorga de uso dos bens a terceiros se mostra obrigatória; em outros, meramente facultativa.

O Decreto-Lei n. 3.365 prevê uma faculdade ao permitir que "os bens desapropriados para fins de utilidade pública e os direitos decorrentes da respectiva imissão na posse poderão ser alienados a terceiros, locados, cedidos, arrendados, outorgados em regime de concessão de direito real de uso, de concessão comum ou de parceria público-privada e ainda transferidos como integralização de fundos de investimentos ou sociedades de propósito específico" (art. 5º, § 4º). Na mesma linha, embora trate de desapropriação sancionatória urbana, o Estatuto da Cidade cria uma faculdade ao estipular que "o aproveitamento do imóvel *poderá* ser efetivado diretamente pelo Poder Público ou por meio de alienação ou concessão a terceiros, observando-se, nesses casos, o devido procedimento licitatório" (art. 8º, § 5º, g.n.).

De modo distinto, a Lei n. 4.132/1962 dispõe expressamente que "os bens desapropriados [por interesse social] serão objeto de venda ou locação, a quem estiver em condições de dar-lhes a destinação social prevista". Em sentido semelhante, a Lei n. 8.629/1993 dispõe que, após efetuada a desapropriação, "o órgão expropriante, dentro do prazo de 3 (três) anos, contados da data de registro do título translativo de domínio, destinará a respectiva área aos beneficiários da reforma agrária, admitindo-se, para tanto, formas de exploração individual, condominial, cooperativa, associativa ou mista" (art. 16). E, mais adiante, esclarece que a "distribuição de imóveis rurais pela reforma agrária far-se-á por meio de títulos de domínio, concessão de uso ou concessão de direito real de uso – CDRU" (art. 18). As desapropriações confiscatórias também exigem a transferência do imóvel a terceiros (art. 243 da CF).

15.18 TREDESTINAÇÃO E RETROCESSÃO

Toda ação estatal deve ser planejada e razoável. Ao cogitar a desapropriação direta de um bem, cabe ao Estado, já no processo administrativo preparatório da expedição do decreto, expor os motivos fáticos e jurídicos que justificam a extinção da propriedade alheia. E isso implica definir, em conformidade com a lei, qual será a destinação do bem expropriado, ainda que com certo grau de imprecisão. Na prática, contudo, o ente expropriante deixa ocasionalmente de cumprir sua própria manifestação de vontade. Fala-se então de *"tredestinação"* para designar a hipótese em que o bem desapropriado, dentro do prazo legal, é utilizado para finalidade distinta daquela prometida (de modo lícito ou ilícito). E há casos ainda piores em que o bem desapropriado sequer chega a ser empregado dentro do prazo legal, situação conhecida como *"adestinação"*.

Como hipótese de destinação do bem para finalidade diversa daquela prevista no ordenamento ou no decreto expropriatório, a tredestinação aceita duas espécies. Na "*tredestinação lícita*", emprega-se o bem para finalidade diversa, mas aceitável perante as alternativas dadas pela legislação. Exemplo disso se vislumbra na desapropriação de imóvel urbano para construção de creche municipal que cede espaço a um hospital público. Apesar de violar os motivos da desapropriação no caso concreto, no exemplo, o Município conferiu ao bem destinação de utilidade pública igualmente contemplada pelo Decreto-Lei n. 3.365/1941. Assim, de acordo com o Código Civil, mostra-se a princípio lícita a tredestinação, já que se acopla obra ou serviço público ao bem desapropriado por interesse social, necessidade ou utilidade pública (art. 519).

Na "*tredestinação ilícita*", utiliza-se o bem para finalidade inaceitável perante o ordenamento jurídico. É o que ocorre na destinação de imóvel rural, confiscado por plantação ilícita de psicotrópicos, que deixa de ser empregado para fins de reforma agrária para, alternativamente, ser arrendado a produtores de cana. Nesse exemplo, o administrador público substituiu a única destinação possível, pré-determinada pela Constituição, por outra de cunho meramente econômico. Também ocorrerá a tredestinação ilícita quando um bem desapropriado por utilidade pública ou interesse social não for empregado em obra ou serviço público.

Em relação às duas modalidades de tredestinação, a discussão que se coloca é a mesma. O bem deverá ser devolvido ao proprietário originário ou ele deverá ser indenizado? Quais são as soluções e consequências da destinação divergente do bem? A solução dessas duas questões não se afigura simples, pois não existe consenso doutrinário, nem se encontra normatização segura e abrangente sobre o assunto.

Na legislação, várias normas relevantes tratam da questão. No tocante às desapropriações ordinárias, o art. 35 do Decreto-Lei n. 3.365/1941 dispõe que "os bens expropriados, uma vez incorporados à Fazenda Pública, não podem ser objeto de reivindicação, ainda que fundada em nulidade do processo de desapropriação. Qualquer ação, julgada procedente, resolver-se-á em perdas e danos". Em outro dispositivo (art. 5º, §3º), o Decreto-Lei veda novamente a retrocessão, mas especificamente de imóveis desapropriados para implantação de parcelamento destinado à população de baixa renda.

No entanto, o Código Civil de 2002 não veda a retrocessão de modo genérico, pois prevê que: "se a coisa expropriada para fins de *necessidade ou utilidade pública, ou por interesse social*, não tiver o destino para que se desapropriou, ou não for utilizada em obras ou serviços públicos, caberá ao expropriado *direito de preferência*, pelo preço atual da coisa" (art. 519, g.n.). Fica claro que o Código Civil hoje possibilita que o proprietário originário retome o bem desde que se preencham algumas condições.

Em síntese:

- Nas desapropriações ordinárias, a tredestinação será *lícita* quando o bem for empregado em obras ou serviços públicos, ainda que descolado da finalidade expressa no decreto de desapropriação. Nessa situação, inviável será a retrocessão ou qualquer tipo de indenização. Isso revela que, nesse aspecto, o ordenamento vigente aceita uma exceção à teoria dos motivos determinantes, deixando de reconhecer a nulidade de um ato que se assenta em pressupostos outros àqueles nele explicitados.

- Nas desapropriações ordinárias, a tredestinação será *ilícita*, caso o bem venha a ser empregado dentro do prazo legal para fim distinto àquele previsto no decreto, desvinculado de qualquer obra ou serviço público. Configurada essa condição, o Estado deverá garantir o direito de preferência do proprietário originário, que poderá exercitá-lo se desejar pagar o preço atual do bem.

- Já nas desapropriações sancionatórias, a norma do Código Civil não se aplica por expressa disposição. Não haverá qualquer tipo de direito de preferência, pois a desapropriação funciona como instrumento punitivo. Se o Estado violar as normas constitucionais que estipulam destinação vinculada desses bens desapropriados para políticas públicas sociais, caberá ao Ministério Público ou aos cidadãos combater a ilegalidade por meio de remédios públicos, como a ação civil pública e a ação popular.

O exame do ordenamento revela que a retrocessão não existe no Brasil como um direito subjetivo de reaver o bem desapropriado em toda e qualquer situação de destinação desconforme. A retrocessão configura unicamente uma forma de reaquisição do bem expropriado que decorre do exercício eventual do direito de preferência pelo proprietário originário diante da configuração da tredestinação ilícita, exclusivamente nos casos de desapropriação por interesse social, utilidade ou necessidade públicas nos termos Código Civil (art. 519). Ao contrário do que aponta o Decreto-Lei n. 3.365/1941, por força do Código que lhe é posterior, hoje é perfeitamente possível que o proprietário faça valer esse direito de aquisição preferencial perante o Judiciário para garantir a retrocessão assim que constatada a tredestinação ilícita dentro do prazo de destinação dos bens obtidos por desapropriação ordinária.

15.19 ADESTINAÇÃO

Em contraste com a tredestinação, a "*adestinação*" indica a omissão estatal em conferir destino ao bem desapropriado mesmo após esgotado o prazo legal. Aqui surgem inúmeras indagações. A partir de quando se configura a omissão ilícita? Os prazos de destinação são idênticos em todas as modalidades de desapropriação? Quais as consequências da adestinação? Para se falar de omissão indevida, é preciso esclarecer previamente de quanto tempo o ente que executou a desapropriação dispõe para dar algum destino ao bem. Para isso, a legislação oferece respostas em grande parte das situações.

- Na *desapropriação por interesse social*, o expropriante detém o prazo de dois anos, a partir da decretação da desapropriação, para iniciar as providências de aproveitamento do bem (art. 3º da Lei n. 4.132/1962).

- Na *desapropriação sancionatória rural*, a União deverá destinar a área aos beneficiários da reforma agrária dentro do prazo de três anos da data de registro do título translativo de domínio (art. 16 da Lei n. 8.629/1993).

- Na *desapropriação sancionatória urbana*, obriga-se o Município a proceder ao adequado aproveitamento do imóvel no prazo máximo de cinco anos a partir de sua incorporação ao patrimônio público (art. 8º, § 4º do Estatuto da Cidade).

- Na *desapropriação confiscatória*, afirma-se que a gleba expropriada deverá ter seu destino dentro 120 dias, após o qual "ficará incorporada ao patrimônio da União, reservada, até que sobrevenham as condições necessárias àquela utilização" (art. 15, parágrafo único da Lei n. 8.257/1991).

- Na *desapropriação por utilidade ou necessidade pública*, o Decreto-Lei n. 3.341/1965 não previu prazo, mas, por analogia, afigura-se possível aplicar o referente à destinação na desapropriação por interesse social, ou seja, dois anos. Não entendo aceitável, como querem alguns, aplicar por analogia a norma do próprio Decreto-Lei que prevê o prazo de 5 anos para ajuizamento da ação de desapropriação por utilidade ou necessidade pública, pois esse prazo se refere à situação diversa e a técnica da analogia, para integração de lacuna, necessita se apoiar em norma de função equivalente. Daí a razão para se preferir o prazo bienal da Lei n. 4.132.

Aplicando-se à adestinação as normas do Código Civil, contanto que o bem desapropriado por interesse social, utilidade ou necessidade pública não venha a ser utilizado efetivamente na finalidade prevista, nem em uma obra ou serviço público dentro dos prazos mencionados, então adquirirá o particular o direito de preferência. Já nas desapropriações sancionatórias e nas confiscatórias, tal como se sustentou no tocante à tredestinação, não haverá qualquer direito de retrocessão, pois a desapropriação serviu para punir o proprietário. Nessas modalidades punitivas, a omissão estatal em dar o devido destino ao patrimônio público deverá ser coibida pelos órgãos de controle, por exemplo, em ação civil pública ou em processos administrativos internos.

15.20 BIBLIOGRAFIA PARA APROFUNDAMENTO

ANDRADE, Letícia Queiroz de. *Desapropriação – aspectos gerais*. Enciclopédia jurídica da PUC-SP. São Paulo: Pontifícia Universidade Católica de São Paulo, 2017. Disponível em: https://enciclopediajuridica.pucsp.br/verbete/113/edicao-1/desapropriacao---aspectos-gerais

ANDRADE, Letícia Queiroz de. *Desapropriação de bens públicos*. São Paulo: Malheiros, 2006.

ARAÚJO, Cláudia de Rezende Machado de. Desapropriação indireta. *RIL*, v. 33, n. 131, 1996.

AZEVEDO, Eurico de Andrade. Desapropriação e população de baixa renda. *RDA*, v. 216, 1999.

BEZNOS, Clóvis. *Aspectos jurídicos da indenização na desapropriação*. Belo Horizonte: Fórum, 2015.

BIM, Eduardo Fortunato. A validade da desapropriação ascendente de bens públicos dominicais sem função estratégica. *Revista Direito Público*, v. 11, n. 57, 2014.

BORTOLETO, Leandro. A discricionariedade administrativa e a desapropriação por interesse social para fins de reforma agrária. In: MARQUES NETO, Floriano de Azevedo; MENEZES de ALMEIDA, Fernando Dias; NOHARA, Irene Patrícia; MARRARA, Thiago (org.). *Direito e Administração Pública: estudos em homenagem à Maria Sylvia Zanella Di Pietro*. São Paulo: Atlas, 2013.

BORTOLETO, Leandro. O estatuto da terra e a desapropriação para fins de reforma agrária. In: MANIGLIA, Elisabete (org.). *50 anos do Estatuto da Terra: 25 anos de Direito Agrário na Unesp*. São Paulo: Cultura Acadêmica, 2014.

CARVALHO, Carlos Eduardo Vieira de. Desapropriação indireta. *RDP*, v. 97.

CRETELLA JÚNIOR, José. *Tratado geral da desapropriação*. Rio de Janeiro: Forense, 1980.

CUNHA, Alcides Alberto Munhoz da. Limitação administrativa – desapropriação indireta – indenização. *RDA*, v. 207, 1997.

FERNANDES, Edésio; ALFONSIN, Betânia (org.). *Revisitando o instituto da desapropriação*. Belo Horizonte: Fórum, 2012.

FERRAZ, Sérgio. *Desapropriação: indicações da doutrina e jurisprudência*. Rio de Janeiro: Forense, 1972.

FONSECA, Venero Caetano da. Sugestões para reforma da lei de desapropriações. *RIL*, v. 14, n. 54, 1977.

FRANCO SOBRINHO, Manoel de Oliveira. *Desapropriação: evolução doutrinária no direito comparado e no direito brasileiro*. São Paulo: Saraiva, 1996.

HARADA, Kiyoshi. *Desapropriação*. São Paulo: Atlas, 2015.

LAUBÉ, Vitor Rolf. Aspectos do regime constitucional da desapropriação. *RIL*, v. 28, n. 110, 1991.

MARRARA, Thiago; FERRAZ, Luciano. *Tratado de direito administrativo*, v. 3: direito administrativo dos bens e restrições estatais à propriedade. São Paulo: Revista dos Tribunais, 2013.

MALUF, Carlos Alberto Dabus. *Teoria e prática da desapropriação*. São Paulo: Saraiva, 2015.

MEDAUAR, Odete. *Destinação dos bens expropriados*. São Paulo: Max Limonad, 1986.

NAKAMURA, André Luiz dos Santos. *Desapropriação*. Belo Horizonte: Fórum, 2021.

NOBRE JÚNIOR, Edilson Pereira. Desapropriação para fins de reforma urbana. *RIL*, v. 39, n. 156, 2002.

NOBRE JÚNIOR, Edilson Pereira. *Desapropriação para fins de reforma agrária*. Curitiba: Juruá, 2006.

NOBRE JÚNIOR, Edilson Pereira. Expropriação dos bens utilizados para fins de tráfico ilícito de entorpecentes. *RIL*, v. 32, 1995.

NOBRE JÚNIOR, Edilson Pereira. Princípios da desapropriação. *RDA*, v. 209, 1997.

PINHEIRO, Renata Peixoto. *Desapropriação par afins urbanístico em favor de particular.* Belo Horizonte: Fórum, 2004.

ROCHA, Cármen Lúcia Antunes. Observações sobre a desapropriação no direito brasileiro. *RDA*, v. 204, 1996.

SEABRA FAGUNDES, Miguel. Da desapropriação no direito constitucional brasileiro. *RDA*, v. 14, 1948.

SUNDFELD, Carlos Ari. *Desapropriação*. São Paulo: Revista dos Tribunais, 1990.

UYEDA, Massami. *Da desistência da desapropriação*. Curitiba: Juruá, 2015.

VALE, Murilo Melo. *Desapropriações*. Rio de Janeiro: Lumen Juris, 2018.

VELLOSO, Carlos Mário da Silva. Desapropriação para fins de reforma agrária: apontamentos. *RIL*, v. 13, n. 49, 1976.

16
BENS ESTATAIS

16.1 POR UM "DIREITO ADMINISTRATIVO DOS BENS"[1]

O desempenho das tradicionais funções da Administração Pública, de natureza prestativa ou restritiva, pressupõe um conjunto patrimonial, ou seja, receitas financeiras e bens, móveis ou imóveis. Assim, por exemplo, para fiscalizar a ação privada com base em seu poder de polícia, os agentes públicos necessitam de equipamentos, veículos, armas, uniformes; para executar serviços sociais, dependem de edifícios, material de escritório, medicamentos, livros entre outras coisas. Além disso, o Estado gere e explora grandes infraestruturas (como rodovias, ferrovias, portos e aeroportos) e recursos naturais (como águas, florestas e minérios) – elementos artificiais ou naturais que se inserem em seu patrimônio como bens estatais, ora públicos, ora privados.

O título deste capítulo utiliza a expressão "bens estatais" em vez de "bens públicos", mais comumente encontrada em manuais sobre a matéria. A primeira razão para essa preferência é de ordem conceitual: bens estatais são todos os pertencentes a entidades de direito público ou de direito privado que compõem um determinado Estado. Trata-se de um conceito muito mais largo, mais abrangente que o de bem público, que se limita, no direito positivo brasileiro, a indicar o grupo de bens sob propriedade de pessoas jurídicas de direito público interno.

A segunda razão é normativa: a expressão bens estatais não é absorvida diretamente pelo ordenamento jurídico brasileiro. A busca da expressão no Código Civil e na Constituição da República evidencia essa asserção. O problema é que a obsessão legislativa pela expressão "bem público" dificulta que se visualize toda a riqueza dos bens estatais por trás dos textos normativos.

A terceira razão é doutrinária: por força da terminologia e dos conceitos preferidos pelos diplomas normativos, sobretudo no modelo inaugurado pelo Código Civil de 1916, a doutrina que se firmou no direito administrativo concentrou suas reflexões no exame dos "bens públicos", apenas uma parcela dos bens estatais. Raras

---

1. Esse capítulo retoma e reproduz, com atualizações, reduções e simplificações, parte da exposição mais completa e detalhada desenvolvida em MARRARA, Thiago; FERRAZ, Luciano. *Tratado de direito administrativo*, v. 3: direito administrativo dos bens e restrições estatais à propriedade. São Paulo: Revista dos Tribunais, 2014.

são as explanações teóricas que buscam relacionar os bens públicos e os demais bens do Estado em uma análise mais abrangente e sistemática.

A quarta razão é social e administrativa: afinal, na contemporaneidade, o Estado não mais se confunde com o público, nem a sociedade com o privado. Pessoas físicas e jurídicas não estatais ora gerem bens públicos, ora detêm bens não estatais que cumprem função pública. As funções de Estado e da sociedade se misturam, entrelaçam-se; os papeis dos bens se mesclam e, nessa modificação de cenário, desponta um direito administrativo que incide sobre os bens privados.

Em virtude dos fatores descritos, é preciso insistir na necessidade de se ampliar o escopo dos estudos gerais por meio da valorização de um vasto "direito administrativo dos bens", o qual se divide em três partes menores: (i) o direito administrativo dos bens públicos; ii) o direito administrativo dos demais bens estatais privados e (iii) o direito administrativo dos bens particulares vinculados a funções estatais (doravante enquadrados no conceito de "domínio público impróprio" ou de "bens públicos fáticos"). Para se compreender a complexidade desse campo de estudos, é preciso resgatar previamente certos conceitos introdutórios que o circundam.

16.2 CONCEITOS FUNDAMENTAIS

16.2.1 Território e domínio eminente

Como pessoas de direito internacional público, os Estados dependem de espaço para desenvolver suas tarefas, suas políticas públicas e para tutelarem os interesses e direitos da nação ou grupo de nações que lhe deu origem. Para atingir essas finalidades, é preciso que se lhe confira soberania sobre as terras que estão dentro de suas fronteiras – nisso se incluindo o solo, o subsolo e o espaço atmosférico –, sobre as águas e sobre outros recursos naturais estratégicos.[2]

De nada adiantaria reconhecer o território como campo de ação do Estado se, a isso, não se somassem poderes de gestão soberana sobre os indivíduos, suas relações sociais e os bens situados neste espaço. Em última instância, no direito internacional público, o "poder geral de governo, administração e disposição constitui o *imperium*". Eis o poder de governar uma ou mais nações que se encontram no território e seus indivíduos isoladamente, utilizando-se, via de regra, do direito como instrumento de disciplina da vida social. Ao lado do *"imperium"*, o direito internacional se refere ao *"dominium"* com o objetivo de apontar o direito de propriedade eventualmente reconhecido em cada território estatal.[3]

---

2. BROWNLIE, Ian. *Direito internacional público*. Lisboa: Fundação Calouste Gulbenkian, 1997, p. 121.
3. BROWNLIE, Ian. *Direito internacional público*. Lisboa: Fundação Calouste Gulbenkian, 1997, p. 123.

No âmbito do direito administrativo, ao se falar de domínio eminente e domínio público geralmente se deseja fazer referência às noções do direito internacional público mencionadas, ou seja, ao império e ao domínio, respectivamente. Isso significa, em poucas palavras, que o *"domínio eminente"* nada mais é que o poder de governo e de administração que a ordem internacional reconhece a um Estado soberano sobre seu território e sobre o povo nele situado. É daqui, portanto, que deriva o poder de polícia e outros poderes estatais sobre a vida privada. Por sua vez, o *"domínio público"* expressa o patrimônio estatal como indicador de riquezas ou, em sentido mais limitado, o conjunto de propriedades estatais que se encontram em regime público diferenciado do direito privado, ou melhor, do *"domínio privado"*.

16.2.2 Objetos, bens e coisas

Dentro do território, constrói-se a ordem jurídica e aí despontam os *"objetos do direito"*, que, simplificadamente, classificam-se em três grupos. O primeiro deles é representado pelo próprio indivíduo, considerado tanto em sua estruturação corporal quanto em seus interesses. Embora, tradicionalmente, as normas que atingiam os indivíduos em si os tomassem de modo isolado, ao longo do tempo proliferaram-se normas que o tratam de modo coletivo e difuso e, mais atualmente, sob o ideal de sustentabilidade, normas que cuidam de gerações futuras, sequer existentes.

Ao lado do indivíduo em si, como ser vivo e social, o direito também toma como seu objeto as atividades humanas de modo direto ou indireto. Ora o direito protege a possibilidade de tais atividades existirem e se desenvolverem, ora o direito as limita ou definitivamente as proíbe. Na sua conformação, isso engloba tanto as atividades executadas pelas próprias forças individuais, quanto as desempenhadas indiretamente, ou seja, por um indivíduo em nome de outro ou por instrumentos mecânicos ou eletrônicos. Tais atividades não se resumem ao trabalho ou a outras ações econômicas. Elas igualmente incluem práticas religiosas ou culturais. Fora isso, o direito ainda toma como seu objeto as ações mediadas pelas pessoas jurídicas, que nada mais são que ficções jurídicas cuja razão de ser repousa em motivos econômicos, jurídicos e até mesmo contábeis.

O terceiro objeto do direito são elementos geralmente não humanos, materiais ou imateriais, que se encontram no patrimônio dos indivíduos ou das pessoas jurídicas por eles criadas, sejam elas estatais ou particulares. Esses bens ora são dados, existentes a despeito da humanidade, como a atmosfera, as águas, as terras, o espaço sideral e as ondas magnéticas – comumente enquadrados na categoria de recursos ambientais –, ora são criados pelo ser humano, como as máquinas em geral, os computadores, as marcas e as criações intelectuais até as grandes infraestruturas.

Dentre os recursos ambientais, especificamente, há bens que não se sujeitam à apreensão ou ao controle fático, porque são fluidos, imprecisos ou de grandeza incomensurável. Embora possam ser influenciados pela ação humana e utilizados em suas atividades mais diversas, tais bens não se sujeitam a um controle efetivo. E isso dificulta que sejam tutelados pelo direito com real efetividade. Mesmo assim, em hipóteses diversas, convencionou-se juridicamente que os Estados têm sobre eles direito de propriedade, o que significa dizer, na prática, que a eles se conferiu um poder de gestão desses bens, ora regrado internamente, ora disciplinado por meio de cooperação internacional. É o que sucede com o ar, com o espectro radioelétrico, com o espaço sideral e outros recursos ambientais de tamanha grandeza e conformação física que não permitem uma apropriação fática real, mas tão somente ficta. Sem prejuízo, muitos dos elementos tratados pelo direito e aproveitados pelos indivíduos em suas atividades domésticas, sociais, econômicas e culturais sujeitam-se a um controle fático significativo. O direito geralmente os toma como objetos de propriedade em sentido tradicional, bens que podem ser manejados juridicamente, em maior ou menor grau, por um indivíduo que assume o *status* de proprietário e que, como tal, decide a respeito de seu uso, de seus frutos e da extinção da propriedade.

Todos os elementos apontados, sejam eles uma condição maior e não controlável da existência humana, sejam eles objetos, dados ou construídos, apropriados e empregados por indivíduos e pessoas jurídicas em suas atividades mais variadas, constituem um bem. Para tanto, não importa se apresentam natureza material ou imaterial. Todavia, as *"coisas"* em sentido estrito são tomadas apenas como os bens materiais, tangíveis, vivos ou mortos, incluindo os móveis, os semoventes e os imóveis. O que as caracteriza como espécie de bens é basicamente sua corporeidade.

Quando se tomam os *"bens"* como objeto do direito administrativo, nisso se compreende o cotejo científico de regras e princípios jurídicos que incidem sobre elementos, materiais e imateriais, sujeitos à propriedade estatal em sentido amplo. O conceito abrange a propriedade estatal como um poder de gestão de certos elementos naturais e artificiais que não poderiam ou não deveriam ser controlados por indivíduos isoladamente, além dos bens que o Estado tem em seu patrimônio e que em nada diferem daqueles existentes no patrimônio de um indivíduo. Daí já se percebe que a disciplina jurídica desse conjunto de elementos, no qual se inserem os bens públicos, é extremamente multifacetada e complexa, de modo que nela há inúmeros regimes jurídicos funcionais, isto é, corpos de normas variados.

O termo "coisas", em específico, nunca recebeu grande atenção da doutrina especializada no direito administrativo e, de modo geral, é sufocado pela referência genérica aos "bens". A essa tradição podem ser apontados alguns motivos. Em primeiro lugar, as normas gerais sobre a matéria, conforme previstas no ordenamento jurídico brasileiro e, principalmente, no Código Civil, não mencionam "coisas" estatais, mas simplesmente bens, termo sobre o qual se concentrou a doutrina. Em segundo lugar, o tratamento das coisas já vinha sendo desenvolvido no âmbito do direito privado e, como grande parte das coisas detidas pelo Estado também existe na esfera privada, seria de pouca utilidade elaborar uma teoria própria das coisas públicas. Dessa maneira, o direito administrativo contenta-se com o transporte das normas civilistas sobre "coisas" por técnicas de aplicação subsidiária prevista em lei especial ou por analogia em caso de lacuna, desde que respeitados os princípios constitucionais da Administração Pública.

Nesse sentido, em linha com o que se sustenta no direito privado contemporâneo, para o direito administrativo igualmente vale a afirmação de que a coisa não é qualquer objeto jurídico, mas sim uma de suas espécies e abrange apenas os bens jurídicos corpóreos, pois esses "podem ser objeto de direitos subjetivos reais e de direitos de posse".[4] Embora certos bens imateriais possam receber tratamento como se fossem coisas, isso ocorre de modo excepcional e tais bens, ainda assim, não se transformam em verdadeiras coisas. Segundo Luciano Penteado, as coisas se caracterizam pelo "caráter corpóreo, a possibilidade de apropriação e a função utilidade, ou valor econômico".[5] Na mesma linha, em resumo das discussões civilistas sobre o tema, Nelson Nery Júnior e Rosa Nery explicam que os bens constituem uma categoria maior em que se incluem diversos objetos de propriedade, sejam eles materiais ou imateriais, naturais ou artificiais, vinculados a pessoas físicas ou jurídicas, enquanto as coisas se resumem aos bens materiais.[6]

16.2.3 Coletividades

Em muitos momentos, o ordenamento jurídico se ocupa dos bens isoladamente considerados. Toma-os como objeto de suas normas, fixa sua delimitação, estabelece e delimita os poderes de seus proprietários e possuidores e, até mesmo, suas formas de uso. Em outros momentos, o direito se afasta dos bens em sua singularidade para regê-los em conjuntos. Isso se dá pelo fato de que tais conjuntos apresentam características e funcionalidades próprias distintas de suas partes. Por consequência, os conjuntos de bens ou as coletividades demandam algumas regras próprias, que os atingem enquanto união funcional de diversos outros bens.

No direito privado, é clássica a distinção entre bens singulares e bens coletivos. De acordo com o Código Civil, os singulares até podem ser reunidos, mas, ainda que isso ocorra, continuam independentes dos demais e são considerados juridicamente em sua individualidade. Já os bens coletivos ou as universalidades apontam conjuntos. Trata-se, pois, de uma pluralidade de bens singulares reunidos no patrimônio de uma mesma pessoa, física ou jurídica, e que mostram destinação unitária seja pelo uso que lhe é dado, seja por não poderem ser separados sem perderem sua utilidade.

Nas situações em que essa conjunção de bens assume funcionalidades e características próprias que a tornam diferente de suas partes, então o direito a toma como se fosse um bem novo, ignorando os elementos que a constituem. Isso significa que as universa-

---

4. PENTEADO, Luciano de Camargo. *Direito das coisas*, 2ª ed. São Paulo: Revista dos Tribunais, 2012, p. 52.
5. PENTEADO, Luciano de Camargo. *Direito das coisas*, 2ª ed. São Paulo: Revista dos Tribunais, 2012, p. 54.
6. NERY JÚNIOR, Nelson; NERY, Rosa Maria de Andrade. *Código civil anotado e legislação extravagante*. São Paulo: Revista dos Tribunais, 2003, p. 185.

lidades podem ser tratadas diretamente como objetos de relações jurídicas. Conquanto estudadas classicamente pelo direito privado, não há dúvidas de que as universalidades também aparecem no patrimônio do Estado e, por vezes, com exclusividade, fato que justifica seu estudo pelo direito administrativo. É o caso de diversas infraestruturas de grande porte vinculadas a serviços públicos monopolizados ou das minas, como conjunto de equipamentos e direitos destinados à exploração de jazidas minerais.

16.2.4 Propriedade estatal

Embora certo bem, corporificado e determinável, possa ser objeto de inúmeras relações jurídicas envolvendo um amplo conjunto de pessoas, físicas ou jurídicas, de modo geral, o ordenamento jurídico, dentro de um modelo capitalista, prevê a criação de um vínculo especial e primário do bem a uma determinada pessoa. Essa primariedade decorre dos poderes superiores da pessoa (ou conjunto de pessoas) em determinar os destinos do bem que o direito lhes vincula. Eis o que se costuma denominar como relação ou direito de propriedade, garantido explicitamente no rol de direitos fundamentais pela Constituição da República de 1988 (art. 5º, *caput* e inciso XXII).

O fato de muitos ordenamentos aceitarem a existência de bens "próprios" a determinadas pessoas com a exclusão de outras é chamado aqui de relação primária, porque os poderes de gestão sofrem mitigações incontáveis. Isso impede que se trate a propriedade como poder absoluto e ilimitável. Ora é o proprietário que restringe seu direito ao transferir a outrem parcela de seus poderes de acordo com sua vontade, ora o legislador vem a mitigar a primariedade do vínculo entre proprietário e bem. Inúmeras normas de direito privado e público prescrevem como o proprietário deve agir no tocante à gestão de seus objetos e, em situações especiais, o direito público chega a prever a extinção da vinculação jurídica primária chamada propriedade (por meio de desapropriações) com o escopo de direcioná-la à promoção de interesses públicos primários (*e.g.* construção de escolas e de linhas de transporte público) ou de punir o proprietário pelo descumprimento da função social.

Tendo em vista as restrições impostas pelo ordenamento jurídico, resta evidente que o direito de propriedade não gera somente prerrogativas ao proprietário, senão certos inconvenientes, restrições ou desvantagens. A vinculação primária da pessoa a um bem, apenas para exemplificar, ocasiona-lhe um dever de gerir a coisa em direção à sua função social, um dever de recolher certos tributos, um dever de se submeter à fiscalização do Estado em muitas hipóteses. Sem prejuízo dessas restrições – objeto de um campo especial do direito administrativo e do direito tributário, do direito ambiental, do direito urbanístico e de outros ramos especializados –, o direito privado basicamente lida com os poderes do proprietário. Melhor dizendo: os privatistas buscam explicar em que medida o reconhecimento da propriedade entendida como controle jurídico primário de alguém sobre um bem cria poderes ao proprietário e quais seriam eles.

Tradicionalmente, a respeito dessa indagação, reconhece-se que o direito de propriedade, espécie de direito fundamental, confere ao seu titular quatro poderes: o de usar, o de fruir, o de dispor e o de perseguir. O *"poder de usar"* consiste na possibilidade de que o titular extraia vantagens do bem em si ao empregá-lo em seu lazer, seu descanso, suas atividades profissionais, econômicas, familiares, culturais entre outras. O *"poder de fruir"* confere ao proprietário aquilo que o bem produz por via artificial ou natural. Possibilita-lhe colher os frutos que o bem gera em virtude de sua natureza ou por força de determinações jurídicas. Já o *"poder de dispor"* abrange a possibilidade de fazer cessar a propriedade pela destruição do bem, pelo seu perecimento, pela transferência da propriedade a outrem. Esse poder aceita exercício parcial, na medida em que ao proprietário se permite renunciar a seus poderes de uso e/ou fruição, de modo gratuito ou oneroso, em favor de outrem, mas mantendo para si o domínio. Enfim, o *"poder de perseguir"* e reaver o bem designa o poder de o proprietário retirá-lo da posse ou detenção de quem o possua ilegitimamente, reinserindo-o em seu pleno âmbito dominial. Para tanto, o proprietário ora se vale de suas próprias forças, como se vislumbra no desforço necessário, ora depende de suporte estatal, sobretudo do Judiciário.

A identificação dos quatro poderes básicos do direito de propriedade a partir da lógica civilista é um dos fatores que mais gera dificuldades na construção e aceitação de um conceito de propriedade estatal. Sobre o assunto, há um mal-entendido que precisa ser superado para que se caminhe ao tratamento dos bens que estão no patrimônio dos entes que compõem o Estado moderno.

Não há que se confundir o direito de propriedade com os poderes que dele decorrem por força de opções legislativas. Para facilitar a distinção, muitos privatistas separam propriedade e domínio. A despeito de debates terminológicos, fato é que a propriedade, como dito, representa uma vinculação primária de um bem a uma pessoa física ou jurídica. Outra coisa são os poderes que o ordenamento jurídico agrega à propriedade como direito fundamental típico de Estados capitalistas (*i.e.*, poder de usar, fruir, dispor e perseguir). Ao se aceitar que existe uma dissociação entre o reconhecimento da vinculação primária (propriedade) e desses poderes, torna-se mais simples compreender que nem todas as propriedades necessitam vir acompanhadas dos quatro poderes clássicos reconhecidos no direito privado. Essa dissociação entre "vinculação primária" e "poderes derivados" no plano do patrimônio estatal se revela essencial, pois permite entender a existência de objetos de propriedade sobre os quais o Estado não exerce poderes tradicionais.

Com efeito, é possível distinguir o direito de propriedade estatal em, ao menos, dois blocos. De um lado, há bens no patrimônio de entidades estatais idênticos a bens privados seja em sua materialidade, seja em sua função, de modo que sobre eles é possível o exercício de poderes de uso, fruição, disposição e perseguição, ainda que o direito público venha a limitá-los ou negá-los. Dizendo de outro modo: embora o direito positivo não os crie ou os preveja com restrições, tais poderes são faticamente possíveis. É o que se dá em relação aos veículos, ao material de escritório e aos edifícios estatais. Sobre tais bens, não há óbices fáticos ao uso, fruição, disposição e perseguição. Basta que o direito público positivo garanta esses poderes para que eles sejam manejados pelas entidades estatais.

De outra banda, há bens estatais que jamais poderiam ser lançados em um modelo jurídico de propriedade em que todos os poderes mencionados fossem garantidos à Administração Pública na mesma extensão que aos particulares. Isso ocorre, por vezes, em virtude da natureza físico-química do bem e, em outras situações, por força da função do bem para a coletividade. Não seria compatível com o direito público a possibilidade de o Estado se valer de um verdadeiro poder de disposição sobre recursos ambientais que se mostrem essenciais para a vida humana digna. É por isso que não se deve falar de poder de disposição pleno sobre as águas públicas. Em outras situações, o Estado sequer teria como exercer seu poder de disposição, tal como ocorre com o ar e o espaço aéreo, já que as características desses bens impedem um controle real pelo proprietário.

A partir disso, fica evidente que a propriedade como direito de vinculação primária entre bem e sujeito não depende dos quatro poderes mencionados para que exista e seja reconhecida. Em verdade, mesmo quando esses quatro poderes são reconhecidos pelo direito público em relação à propriedade estatal tampouco há necessidade de que eles existam na mesma extensão que os poderes típicos da propriedade privada. No direito público, ora alguns desses poderes inexistem, ora eles são menos abrangentes, ora são mais amplos que seus semelhantes do direito privado. Quando se aceita essa premissa, o fato de o direito administrativo não garantir ao Estado os quatro poderes ou garanti-los de modo limitado não impede que se fale de uma propriedade estatal. Aliás, é preciso ter em mente que, mesmo no direito privado, nem sempre os quatro poderes estarão presentes em todas as situações. Há bens privados marcados pela inalienabilidade, por exemplo, mas ainda assim será incorreto dizer que aquele que não está autorizado a alienar seu bem perderá automaticamente seu *status* jurídico de proprietário.

Em última instância, a propriedade estatal é em si funcionalizada. A uma, ela existe na medida em que o Estado, como ficção jurídica subjetiva, depende de condições materiais para exercer suas tarefas precípuas. A duas, ela serve para garantir a proteção de certos bens pelo Estado em nome da coletividade, bens esses que, exatamente pela sua necessidade de tutela, são lançados pelo direito positivo como objeto de propriedade estatal. Por conta dessas diferentes justificativas, quando se afirma que o Estado é proprietário, não necessariamente se está a dizer que ele exerce poderes idênticos sobre todos os bens de seu patrimônio, nem que seus poderes se identificam com os apontados pelo direito privado.

A propriedade, como conceito lógico-jurídico, admite variações de conteúdo. Suas variações jurídicas atingem os poderes, mas não somente eles. A propriedade estatal também gera um conjunto de deveres que podem ou não se assemelhar àqueles impostos aos proprietários não estatais. Muitas entidades estatais estão, por exemplo, imunes à tributação, inclusive na gestão de seus bens. Além disso, nem sempre estão obrigadas a cumprir todos os requisitos registrais. Ademais, os bens de certos entes, como os federais, em regra não se sujeitam à desapropriação. No entanto, como a propriedade estatal é funcionalizada, orientada pelas razões de existir do Estado e pelos interesses públicos primários que lhe compete perseguir, a função social é qualificada, mais intensa e de conteúdo mais restritivo. Todas essas nuances revelam que a propriedade como vínculo primário de um bem a um sujeito aceita variações no tocante às normas que regem o comportamento do proprietário, sua relação com terceiros ou com a sociedade. E isso atinge não apenas os poderes do proprietário, mas também seus deveres ou suas sujeições.

16.2.5 Patrimônios nacional, estatal e público

Muitas vezes, ao criar normas de direito público, o ordenamento jurídico se refere à palavra "patrimônio", fazendo acompanharem-na os adjetivos nacional, brasileiro ou público. A previsão de um patrimônio de entes estatais sem qualquer adjetivação surge, por exemplo, no art. 150, VI, 'a', da CF, em que se veda à União, aos Estados, ao Distrito Federal e aos Municípios instituírem impostos sobre patrimônio, renda ou serviços, uns dos outros. Outros dispositivos, porém, trazem a expressão "patrimônio público". É o que se vislumbra no art. 23, I, da CF, no qual se consagra a "competência comum da União, dos Estados, do Distrito Federal e dos Municípios" para "zelar pela guarda da Constituição, das leis e das instituições democráticas e conservar o patrimônio público". Nesse comando, o patrimônio público ganha um sentido mais amplo, pois supera o mero patrimônio "estatal" para atingir bens não-estatais que sirvam à coletividade.

De todo modo, nesses vários dispositivos, o ordenamento jurídico reconhece, diante da estrutura federativa brasileira, a possibilidade de que as riquezas de cada esfera federada se separem em um patrimônio, o qual, por sua vez, divide-se pelas entidades estatais existentes no âmbito da União, dos Estados e dos Municípios. Aqui, o termo patrimônio resgata a definição corrente no direito privado e que tem, basicamente, significado contábil e econômico. O patrimônio do Estado nada mais é que o conjunto amplo de bens e direitos que tenham expressão econômica e contábil e se vinculam primariamente a um ente estatal. Isso abrange bens móveis e imóveis, além de relações jurídicas que representem dívidas (passivos) e créditos (ativos). Nesse sentido, o patrimônio estatal configura o conjunto de bens estatais, públicos ou privados, materiais ou imateriais, móveis ou imóveis, as reservas monetárias e as relações reais ou obrigacionais do Estado que detenham expressão econômica.[7] A ideia de "patrimônio público", porém, pode ser mais abrangente que a de patrimônio

---

7. Também nessa linha, cf. MIRANDA, Jorge. *Teoria do Estado e da Constituição*. Rio de Janeiro: Forense, 2002, p. 297.

estatal, como dito, por abarcar, a depender da norma que o menciona, também bens privados em funções públicas.

O conceito em questão, cujo papel é o de delimitar riquezas vinculadas ao Estado ou seus entes com personalidade jurídica, contém três elementos relevantes: a) as reservas em dinheiro, no que se inclui moeda nacional ou moeda estrangeira, conforme a disciplina do direito financeiro; b) as relações jurídicas que tenham expressão contábil-econômica (negativa ou positiva) e são objetos de normas tributárias e comerciais; além do c) conjunto de bens estatais, públicos ou privados, predominantemente regidos por normas de direito administrativo e de direito privado. Isso revela que o patrimônio como indicador contábil de riqueza configura, no campo jurídico, a universalidade econômica maior que se vincula a cada uma das pessoas estatais.

Sucede que nem sempre o legislador é tão preciso na escolha das expressões que empregará no texto normativo. Por vezes, como já ressaltado, a utilização da expressão patrimônio aparece em sentido mais amplo que o conjunto de riquezas de expressão econômica e vinculado especificamente a um sujeito. Isso se vislumbra, por exemplo, no art. 5º, LXXIII da CF, no qual se prevê que "qualquer cidadão é parte legítima para propor ação popular que vise a anular ato lesivo ao patrimônio público (...)". A Lei nº 4.717/1965, que disciplina a ação popular, define o patrimônio público como o conjunto de "bens e direitos de valor econômico, artístico, estético, histórico ou turístico" (art. 1º, §1º). Com isso, o legislador conferiu uma abrangência ainda maior ao termo. A palavra patrimônio deixa de se referir apenas a uma universalidade de bens, reservas monetárias e de direitos que mensuram a riqueza econômica de uma entidade estatal e passa a integrar riquezas que não se sujeitam à contabilização, como a cultura, a história e o potencial turístico.

Adotando novamente uma concepção alargada, o art. 49 da CF diz ser de "competência exclusiva do Congresso Nacional: I - resolver definitivamente sobre tratados, acordos ou atos internacionais que acarretem encargos ou compromissos gravosos ao patrimônio nacional". O art. 219, de outra parte, explica que o mercado interno integra o patrimônio nacional e será incentivado, de modo a se viabilizar o desenvolvimento cultural e socioeconômico, o bem-estar da população e a autonomia tecnológica do país, nos termos de lei federal. Também em linha ampliativa aparece a expressão patrimônio brasileiro. Isso se evidencia no art. 216, que define o patrimônio cultural brasileiro como um conjunto de "bens de natureza material e imaterial, tomados individualmente ou em conjunto, portadores de referência à identidade, à ação, à memória dos diferentes grupos formadores da sociedade brasileira".

16.2.6 Bens estatais

Uma expressão terminológica ainda pouco utilizada no direito administrativo brasileiro e em sua doutrina é a dos *"bens estatais"*. Sua presença escassa nas leis e debates jurídicos certamente decorre de uma influência da estruturação normativa do Código Civil, já em sua versão de 1916. Tanto aquele diploma quanto o Código em vigor, ao abordarem a divisão dos bens quanto às pessoas (critério subjetivo de classificação), de imediato passam a tratar dos "bens públicos", que, na verdade, são apenas os "bens estatais públicos". O Código Civil imprudentemente não explicita que os bens do Estado não se resumem aos bens públicos. A esse despeito, uma leitura atenta de seus dispositivos legais é capaz de revelar que tal divisão está implícita na construção lógico-normativa do maior diploma civilista.

Dispõe o art. 98 do Código que "são públicos os bens do domínio nacional pertencentes às pessoas jurídicas de direito público interno; todos os outros são particulares, seja qual for a pessoa a que pertencerem". Um leitor descuidado poderia extrair desse trecho a conclusão de que os bens do Estado são todos "bens públicos". Ao se observar com atenção o dispositivo legal, nota-se que não é exatamente isso que ali se expõe. O Código ressalta unicamente que serão públicos os bens de pessoas jurídicas de direito público interno, como autarquias, municípios, consórcios públicos.

Como se sabe, porém, o Estado não configura um bloco monolítico e, por uma série de razões, fragmenta-se em termos organizacionais dentro do seu espaço soberano em uma infinidade de entidades e órgãos para exercer, com mais eficiência, os incontáveis papéis e tarefas que o legislador lhe designa. Ao se fragmentar, o Estado frequentemente se veste como pessoa jurídica de direito público interno. Nos termos do art. 41 do Código Civil, isso se vislumbra nas figuras da União, dos Estados, do Distrito Federal, dos Territórios (como verdadeiras entidades administrativas e não como mero espaço, tal como o entende o direito internacional público), dos Municípios, das autarquias, das associações públicas (*e.g.* consórcios entre Municípios) e de outras entidades criadas por lei e às quais se confira caráter público. Em outras situações, o mesmo Estado soberano opera sob o manto da personalidade jurídica de direito privado. É o que se dá, basicamente, quando atua por meio de fundações e associações de direito privado ou por formas empresariais, como as sociedades de economia mista e as empresas públicas.

Internamente, em cada Estado soberano, as entidades estatais ora são pessoas jurídicas públicas e ora pessoas jurídicas privadas. Por conseguinte, retornando-se ao Código Civil pátrio, o art. 98 prescreve que tão somente os bens de pessoas com personalidade de direito público interno serão públicos em sentido estrito. Em interpretação negativa, se o Estado agir como pessoa jurídica privada será ele proprietário de bens estatais privados. Disso resulta uma separação entre bens estatais (ou bens públicos em sentido amplo) e bens públicos em sentido estrito. Os *"bens estatais"* representam uma categoria, dentro da qual é possível enquadrar duas subcategorias: (i) os "bens estatais públicos", denominados simplesmente "bens públicos" pelo Código Civil e (ii) os "bens estatais privados", expressão que não encontra explicitação nem no Código Civil, nem na Constituição.

Nesse contexto, os bens estatais privados não são bens sujeitos nem ao regime estrito dos bens públicos, nem ao regime dos bens particulares puros. Eles compõem uma categoria especial em que o regime jurídico é intensamente estruturado com base em uma mescla de normas de direito administrativo e normas de direito privado. É verdade que existem exceções a essa regra. Afinal, por desvios na estruturação da organização administrativa estatal, algumas entidades privadas foram criadas pelo Estado para executar tarefas públicas típicas no lugar de autarquias ou entidades sob outros formatos, mas que deveriam deter personalidade jurídica de direito público. Nesses casos esdrúxulos – de que é exemplo uma empresa estatal que exerce poder de polícia –, surge uma quarta situação ainda mais complexa, pois o bem se mostra estatal, vinculado a um certo ente estatal privado, sujeito a um regime originariamente distinto do dos bens públicos tipificados no Código Civil, mas que, na prática, assume usos analógicos aos deles. Nessa hipótese, há um bem estatal privado, mas que ingressa no domínio público impróprio, assumindo a feição de "bem público fático" (não de direito).

16.3 BENS NO DIREITO POSITIVO BRASILEIRO

No direito positivo atual, há basicamente cinco importantes fontes normativas dos bens estatais. O primeiro conjunto relevante de normas encontra-se em fontes constitucionais, a saber: a Constituição da República, as Constituições Estaduais e as Leis Orgânicas Municipais. As normas constitucionais não apresentam conteúdo descritivo ou explicativo dos bens estatais. Em realidade, somente os distribuem entre os entes políticos da Federação e preveem tipos especiais de bens, além de mecanismos para sua aquisição.

A Constituição de 1988 é certamente o documento mais importante para a matéria. Ela seguiu a tradição das Cartas antecedentes, absorvendo boa parte de suas normas com levíssimos ajustes. As principais determinações constitucionais no tratamento dos bens estatais referem-se: (i) ao domínio da União, que passou a abranger um conjunto de bens muito maior que os previstos em Constituições anteriores e concentrado em recursos naturais (art. 20); (ii) ao domínio dos Estados, que continuou a abarcar certas ilhas, águas e terras (art. 26), e ao do Distrito Federal (art. 16, § 3º ADCT), não se fazendo, todavia, qualquer menção aos bens do Município, ainda que tenha passado à categoria de ente político dentro da federação tripartite inaugurada em 1988; (iii) à competência do Congresso Nacional para legislar sobre bens da União (art. 48, V) – do que se depreende, por simetria federativa, que as Assembleias legislarão sobre os bens estaduais e as Câmaras, sobre os municipais; (iv) à incumbência do Tribunal de Contas para fiscalizar pessoas, físicas ou jurídicas, públicas ou privadas, responsáveis por bens públicos (aqui certamente entendidos em sentido amplo, ou seja, como bens estatais em geral – art. 71, II); (v) à competência dos Municípios para instituir guardas locais para proteger seus "bens, serviços ou instalações" (art. 144, § 8º);[8] (vi) à imprescritibilidade de imóveis públicos rurais e urbanos (art. 191, parágrafo único e 183, § 3º) e (vii) à possibilidade de alienação de imóveis públicos a particulares mediante contrapartida de créditos em precatórios da União (art. 100, § 11, conforme a EC n. 62/2009).

O segundo bloco relevante de normas consta do Código Civil (art. 98 a 103). Ali se encontra a distinção entre bens públicos e privados conforme um critério de titularidade, as três categorias de bens públicos conforme um critério de afetação e seu regime jurídico estrutural. De certo modo, a previsão do assunto no direito civil se justifica pelo fato de os bens se atrelarem à propriedade e a outros tipos de direito real. Como o direito civil é matéria sob competência legislativa exclusiva da União, naturalmente as normas gerais sobre direitos reais, inclusive as aplicáveis aos bens públicos, deveriam constar do Código.

O Código Civil de 2002 manteve a estrutura normativa proveniente do Código de 1916. Os bens públicos foram previstos nas três espécies tradicionais (bens de uso comum do povo, de uso especial e dominicais – art. 99), permanecendo na lei a técnica questionável da exemplificação. Repetiu-se a regra geral da inalienabilidade com algumas correções (art. 101) e continuou-se a permitir a cobrança pelo uso comum (e, por consequência lógica, pelo uso privativo) "conforme estabelecido legalmente pela entidade a que pertencerem" (art. 103).

Apesar da estrutura semelhante, o Código vigente contém pequenas alterações textuais que não devem ser desprezadas, pois apresentam efeito corretivo de problemas do Código anterior. As quatro novidades no tratamento dos bens estatais públicos que derivam dessas alterações textuais consistem basicamente:

i) No aperfeiçoamento do critério de titularidade, uma vez que o Código considera bens públicos os "pertencentes às pessoas jurídicas de direito público interno" (art. 98), deixando corretamente de fazer menção à União, aos Estados e aos Municípios. Com isso, resta claro que o Estado, em sentido amplo, é proprietário de bens públicos ou privados a depender da natureza pública ou privada da entidade estatal em cujo patrimônio o bem se insere. A redação em vigor é mais condizente com uma Administração Pública complexa e multifacetada, que opera tanto pelas entidades clássicas da Administração Direta e Indireta (como autarquias), quanto por formas privadas, empresariais ou não (como se vislumbra nos consórcios estatais como associação privada);

ii) Na previsão de uma fórmula a respeito das "pessoas jurídicas de direito público a que se tenha dado estrutura de direito privado", cujos bens deverão

---

8. Sobre o assunto, MARRARA, Thiago. Guardas municipais: fundamentos e limites de ação no espaço urbano. In: MARQUES NETO, Floriano de Azevedo; MENEZES DE ALMEIDA, Fernando Dias; NOHARA, Irene Patrícia; MARRARA, Thiago (org.). *Direito e Administração Pública: estudos em homenagem a Maria Sylvia Zanella Di Pietro*. São Paulo: Atlas, 2013, p. 548 e seguintes.

ser considerados públicos e dominicais, salvo diante de previsão legal em contrário (art. 99, parágrafo único). A partir de então, coube à doutrina a tarefa de esclarecer quais entidades estatais se encaixam no referido conceito legal, problema a que se voltará oportunamente;

iii) Na restrição da regra geral da inalienabilidade (no comércio privado) aos bens de uso comum do povo e aos bens de uso especial (art. 100), superando-se o problema da redação do Código de 1916, que dava a entender que a restrição se aplicava também aos dominicais. Agora, porém, há um dispositivo adicional que explicitamente trata dos dominicais (art. 101) e consagra sua alienabilidade desde que "observadas as exigências da lei";

iv) Na previsão de uma regra geral que veda a usucapião de bens públicos em quaisquer de suas espécies (art. 102) e sem distinção entre móveis e imóveis. Essa determinação estendeu a proibição apontada na Constituição de 1988, de acordo com a qual a imprescritibilidade é garantida apenas a imóveis estatais urbanos e rurais (art. 183, § 3º e art. 191, parágrafo único).

Para além das normas constitucionais e do Código Civil, incontáveis leis federais, estaduais e municipais tratam do assunto. O Código de Águas disciplina, por exemplo, recursos hídricos. O Código de Mineração e o Código de Águas Minerais abordam as jazidas minerais e sua exploração econômica. O Código Florestal, a Lei de Gestão de Florestas Públicas e a Lei do Sistema Nacional de Unidades de Conservação (SNUC) trazem, por sua vez, normas sobre recursos florestais públicos. Além disso, existem leis que tratam da gestão de bens, como a Lei n. 9.636/1998, referente à "regularização, administração, aforamento e alienação de bens imóveis de domínio da União".

Embora não possam legislar sobre direito civil e comercial, por exemplo, os Estados e Municípios também legislam sobre bens públicos nos limites de seu patrimônio e de seu território. Essa competência decorre da autonomia administrativa dos três entes dentro da Federação e existe na medida em que não se usurpem competências privativas do Congresso Nacional, nem se violem normas gerais editadas por esse Poder no uso de sua competência legislativa concorrente, por exemplo, nos campos do direito urbanístico, do direito econômico e do direito ambiental.

Cada uma das entidades estatais, públicas ou privadas, nos três níveis da Federação pode editar normas próprias, concretas ou abstratas, sobre seus bens, respeitadas as disposições legais e constitucionais, assim como suas finalidades institucionais. Em geral, essas normas dirão respeito ao uso dos bens e à sua exploração econômica. Assim, por exemplo, caberá às universidades públicas dizer como poderão ser utilizadas suas bibliotecas e outros bens de uso especial tanto em benefício dos usuários dos serviços, quanto em favor de terceiros, não usuários, que pretendam se valer do patrimônio público para fins pessoais, sociais ou econômicos.

16.4 BENS (ESTATAIS) PÚBLICOS

Os bens estatais abarcam os bens públicos e os bens estatais privados. No direito positivo brasileiro, o Código Civil explicitamente considerou públicos os bens pertencentes a pessoas jurídicas de direito público interno. O critério empregado pelo Código Civil reside na titularidade. É a natureza jurídica do sujeito, do proprietário, do dono que pauta a natureza do bem em seu patrimônio. Trata-se, pois, de uma concepção subjetivista. Público é o bem de entidade de direito público interno. Não basta que haja uma entidade estatal. É preciso que seja estatal e pública para que seus bens sejam públicos.

Assim, para se saber se um bem estatal é público, basta recorrer às normas do próprio Código Civil, que definem as pessoas jurídicas de direito público interno. Por força do art. 41, são públicos os bens da União, dos Estados, do Distrito Federal, dos Territórios, dos Municípios, das autarquias, inclusive das associações públicas e de todas as entidades que venham a ser criadas por lei com natureza de pessoa jurídica de direito público interno.

Quanto a esse dispositivo legal, há duas considerações oportunas. Em primeiro lugar, a menção à União, Estados e Municípios deve ser lida com cautela. O Código não quis apontar toda e qualquer entidade em que esses entes se desdobrem, mas tão somente a Administração Direta e os órgãos legislativos e judiciários. Em segundo lugar, a lista de pessoas jurídicas de direito público é meramente exemplificativa, de modo que o legislador detém espaço para criar outras entidades não previstas no Código Civil.

Em contraste com os bens estatais públicos, os bens particulares ou privados são definidos por um critério residual ou de exclusão. Adotando-se a técnica determinada pelo Código Civil, são particulares os bens pertencentes: a) às pessoas físicas, nacionais ou estrangeiras; b) às pessoas jurídicas de direito privado, nacionais ou estrangeiras, incluindo-se, nesta categoria, as sociedades, os partidos políticos, as empresas individuais de responsabilidade limitada e as entidades religiosas; c) às pessoas jurídicas de direito privado do Estado ou que sejam por ele controladas; e d) às pessoas jurídicas de direito público externo, incluindo os Estados estrangeiros e demais sujeitos de direito internacional público, como as organizações internacionais.

16.5 TRIPARTIÇÃO DOS BENS PÚBLICOS

O ordenamento consagra três subcategorias legais de bens públicos, todas elas criadas pelo Código Civil de 1916 e preservadas pelo Código Civil de 2002. Conquanto a nomenclatura brasileira seja peculiar em relação à dos sistemas europeus ocidentais, a tripartição se assemelha à que abrange bens do domínio público, bens do domínio privado indisponível e bens do domínio privado disponível, usada em países como a Itália. Por aqui, os bens de uso comum do povo e bens de uso especial são "*afetados*", de maneira que seus regimes jurídicos se aproximam. Os bens dominicais, por sua vez, não são afetados. Seu regime é publicístico, porém mitigado por forte incidência do direito privado (sobretudo em matéria de uso e alienação).

Ao separar os bens estatais públicos dos bens particulares, o Código Civil expressamente elegeu um critério de titularidade. Para que um bem seja estatal, basta que pertença ao Estado; para que seja estatal e público, há que se inserir no patrimônio de pessoa jurídica de direito público interno. A clareza do critério de classificação empregado pelo legislador não é a mesma, contudo, no que tange à tripartição dos bens públicos. A dificuldade de identificar o critério de distinção de suas três espécies se acentua pelo mau uso de técnicas de definição por exemplificação, pela ausência de menções do Código à afetação no tocante aos bens de uso comum e de uso especial e pelo emprego de termos que suscitam confusões interpretativas, principalmente na definição dos dominicais. A problemática se intensifica por faltar consenso científico sobre o assunto.

Na doutrina, encontram-se inúmeros critérios para elucidar o tema, como o da aplicação fática (como o bem é usado na realidade?) e o dos beneficiários (quem os utiliza?). A eles se somam o critério da afetação (qual a destinação jurídica primária do bem?), que parece ser o mais correto dentre todos os apontados. Com efeito, a classificação se sustenta em um elemento normativo: a existência de um ato de eleição, pelo legislador ou pela Administração, de certos usos preferenciais ou primários do bem.

A diferença dos bens públicos reside, por conseguinte, na afetação. É esse instituto, não explicitado no Código Civil, que impõe a separação de bens públicos de uso comum do povo e bens de uso especial, de um lado, e bens públicos dominicais, de outro lado. Os primeiros são afetados pelo fato de que, juridicamente, estão associados previamente a certos usos prioritários. Repita-se: eles podem (e devem) ser empregados para usos variados, até como forma de se maximizar utilidades de modo sustentável. Contudo, um ou alguns usos são preferenciais e protegidos pelo ato de afetação. Já os dominicais não são afetados, daí aceitarem usos diversificados e não hierarquizados.

16.6 BENS PÚBLICOS DE USO COMUM DO POVO

Os bens de uso comum do povo não foram definidos abstratamente no Código Civil. O legislador se resumiu a prever a existência dessa subcategoria e a lançar exemplos de objetos que nela se enquadram, quais sejam: rios, mares, estradas, ruas e praças. Utilizou uma técnica de exemplificação. Apontou bens que pertencem ao gênero, sem oferecer uma descrição abstrata do tipo, tarefa essa que é transferida à doutrina e à jurisprudência.

Para se compreender o conceito, mostra-se útil destrinchá-lo em três partes, a saber: "bens de uso", "uso do povo" e "uso comum". Como bens de uso, tais objetos, móveis ou imóveis, devem ser geridos compulsoriamente como meios de satisfação direta de necessidades sociais. É possível sustentar que a Administração não deve estocá-los desnecessariamente, vedar sua função primária de ser usado por alguém, nem os manter em seu patrimônio para fins especulativos ou de mero investimento. O não usar é omissão incompatível com o desejo do legislador, salvo nas situações excepcionalíssimas em que o não usar é o que permite ao bem produzir suas utilidades.

Não é o uso por qualquer pessoa que serve para caracterizar esse tipo de bem público. Nesse ponto, a divergência do conceito administrativista em relação à propriedade em sentido tradicional é gritante. No direito privado, segundo Luciano Penteado, "o imbricamento entre uso e personalidade é imediato. Usar designa genericamente a ação que o proprietário exerce sobre o bem no sentido de extrair do mesmo benefícios ou proveitos diretos (...). Esta faculdade orienta-se a uma função individual que tem a propriedade, a qual permite prover àquilo que o titular pode retirar diretamente do bem".[9]

No direito administrativo, o uso do bem público em questão é completamente avesso a esse imbricamento entre titular e objeto, típico do direito privado. A definição legal prevê um destinatário específico que não é o proprietário. Em outras palavras, tais bens pertencem a uma entidade de direito público interno, porém não se destinam ao uso pela proprietária, senão por terceiros incluídos no conceito de povo, aqui entendido como o conjunto de pessoas físicas, nacionais ou estrangeiras, e pessoas jurídicas de direito privado e de direito público, incluindo o proprietário estatal do bem usado por todos. Qualquer pessoa que esteja em território nacional licitamente está, a princípio, autorizada a se beneficiar dos bens de uso comum do povo para satisfazer suas necessidades básicas e concretizar seus direitos fundamentais.

Em virtude de sua função, o uso comum está sujeito aos mandamentos da isonomia e da generalidade, assim como da ausência de restrições, salvo quando algum interesse público primário as permitir ou exigir – por exemplo, para garantir a segurança das pessoas ou para assegurar a manutenção do próprio bem. Nesse sentido, Hely Lopes Meirelles e Celso Antonio Bandeira de Mello definem os bens de uso comum do povo como aqueles abertos ao uso indistinto de todos.[10] A ideia de uso indistinto incorpora a de generalidade.

Por efeito das características fundamentais apontadas, o papel do proprietário estatal em relação aos bens de uso comum é bastante diminuto. Em primeiro lugar, o uso primário desses bens não deve beneficiar imediatamente esta entidade, mas principalmente terceiros, ou melhor, quaisquer do povo. Em segundo lugar, ainda que seja dona, não cabe à entidade proprietária criar restrições imotivadas ao uso

---

9. PENTEADO, Luciano Camargo. *Direito das coisas*, 2ª ed. São Paulo: Revistas dos Tribunais, 2012, p. 70.
10. MEIRELLES, Hely Lopes. *Direito administrativo brasileiro*. São Paulo: Malheiros, 2000, p. 471, e BANDEIRA DE MELLO, Celso Antônio. *Curso de direito administrativo*, 28ª ed. São Paulo: Malheiros, 2011, p. 921.

por qualquer indivíduo, salvo quando houver interesse público para tanto. É o que ocorre nas hipóteses de reparo do bem, de exigência de autorização de uso extraordinário e de instituição de cobrança de uso, casos em que a utilização pode ser limitada ou vedada àquele que não cumpra certos requisitos. Em terceiro lugar, a entidade proprietária não está em condições de impedir que outros entes, uma vez autorizados pela legislação, editem norma sobre seu bem de uso comum ou que exerçam atos de polícia sobre a liberdade das pessoas, de sorte a influenciar indiretamente o uso desses bens.

Essas peculiaridades comprovam que os poderes do proprietário estatal (pessoa jurídica de direito público interno) sobre bens de uso comum do povo são fortemente reduzidos e, portanto, distintos dos poderes gerais do proprietário no direito privado e mesmo do proprietário estatal em relação a outros tipos de bem público. Não é por outra razão que certos teóricos, em determinado momento histórico, consideraram difícil aceitar a ideia de propriedade sobre esses bens, já que ela não vem acompanhada do mesmo conteúdo da propriedade privada (usar, fruir e dispor de modo absoluto, exclusivo e perpétuo). Trata-se de uma propriedade peculiar, com uma substância própria que consiste fundamentalmente em poderes de gestão de um bem sempre posto ao uso comum do povo.

A razão de existir desse conteúdo diverso explica-se pelo fato de que o uso comum de certos bens configura um serviço público essencial para a vida em sociedade. São necessárias vias sobre as quais todos possam circular; águas que todos possam consumir para sobreviver e assim por diante. Não por outro motivo, com precisão, Ruy Cirne Lima sustentava que o uso comum do povo é um serviço público em si![11] O serviço consiste, pois, em prover a coletividade com bens essenciais para sua integração cultural e social, para a satisfação de suas necessidades vitais e, por consequência, para a concretização de inúmeros direitos fundamentais. O Código Civil, ao exemplificar os bens de uso comum em seu texto, destaca exatamente essa ideia. Ruas, praças, rios e outros bens ali previstos são imprescindíveis ao ser humano e à sociedade. Por isso, o ordenamento jurídico os estatiza, de um lado, mas garante o uso ao povo, de outro.

A função primária dos bens de uso comum do povo reside em satisfazer interesses privados (coletivos ou individuais) e públicos (primários e secundários). Cada pessoa os utiliza para atender diferentes tipos de interesses e, de modo geral, isso ocorre simultaneamente, sem exclusividade ou separação temporal. Os usos fáticos que se fazem desses bens são variados, múltiplos, voltados a distintos tipos de interesse dos usuários. Desde que alinhados à afetação, ora servem à vida doméstica, ora a interesses dos agentes econômicos ou das entidades públicas.

A associação dos bens ao uso comum não retira da entidade que o detém a faculdade, em alguns casos, de outorgar usos privativos, de natureza exclusiva, a

---
11. CIRNE LIMA, Ruy. *Princípios de direito administrativo*. São Paulo: Revista dos Tribunais,1982, p. 79.

determinadas pessoas. Veja-se a hipótese do Município que permite a instalação de bancas de jornal em suas vias públicas e áreas comuns, como praças. O uso é privativo e realizado por pessoas físicas ou jurídicas que buscam obter vantagens econômicas. A finalidade econômica e privatista do uso pelo proprietário da banca, porém, tem pouca importância. A entidade proprietária age discricionariamente para outorgar o uso privativo desde que veja nele alguma utilidade, seja para a população, seja para os cofres públicos (por força de preços arrecadados) e desde que tal uso não seja incompatível com o uso comum do povo.

Em outras situações, é concebível que o bem de uso comum se acople a usos especiais, isto é, colocado à disposição de entidades públicas ou privadas que estão a cargo da prestação de serviços públicos e necessitam do bem de uso comum para se desincumbir de suas tarefas legais. A discricionariedade da entidade proprietária do bem de uso comum, nessa situação, é muito menor que a existente em relação a requerimentos de uso privativo. Basicamente, a discricionariedade não é de ação (dizer sim ou não), mas sim de conteúdo (dizer como será o uso secundário). É que o uso especial configura uso administrativo, vinculado a serviço considerado relevante para a população, de modo que negá-lo, mesmo em relação a um bem de uso comum, significaria prejudicar a própria coletividade.

16.7 BENS PÚBLICOS DE USO ESPECIAL

A segunda espécie prevista no Código Civil (art. 99, II) é a dos bens públicos de uso especial, "tais como edifícios ou terrenos destinados a serviço ou estabelecimento da administração federal, estadual, territorial ou municipal, inclusive os de suas autarquias". Mais uma vez, o legislador empregou uma técnica de exemplificação para definir um instituto, embora o tenha feito de modo mais abstrato que ao tratar dos bens de uso comum do povo.

Os bens de uso especial desempenham papel análogo aos que, em ordenamentos europeus, são chamados de bens patrimoniais indisponíveis ou bens de uso administrativo. Da redação do art. 99, II se extrai que o bem de uso especial será empregado de duas maneiras. O *"uso administrativo interno"* ocorrerá mediante emprego do bem pelos agentes públicos de modo fechado ou exclusivo, sem acesso franqueado a terceiros ou apenas mediante acesso eventual. É o caso de salas empregadas apenas por servidores de uma universidade pública ou dos equipamentos empregados no tratamento de esgoto por uma autarquia municipal, ou mesmo os gabinetes dos deputados e senadores no Congresso. O uso interno ora atinge um imóvel todo ou parte dele, ora atinge móveis, como material de escritório e equipamentos.

O *"uso administrativo externo"*, em contraste, volta-se a agentes públicos e igualmente a usuários dos serviços ou dos estabelecimentos do Estado. É o que ocorre em salas de aula de universidades públicas, acessadas por alunos e docentes; bem como em áreas de atendimento de um hospital público, usadas por pacientes e médicos da instituição. Em todos os casos, o uso é especial e não comum do povo, pois se restringe a usuários do serviço ou do estabelecimento ao qual o bem se vincula.

O bem de uso especial é objeto móvel ou imóvel, material ou imaterial, mas sempre de uso administrativo (interno ou externo). Seus beneficiários primários são os agentes públicos em todas as suas formas (agentes políticos, servidores, empregados públicos, ocupantes de função pública) e/ou os usuários de serviços e estabelecimentos públicos (pessoas físicas ou jurídicas). Os serviços podem ser tanto de ordem econômica, quanto de natureza social, ou mesmo meramente administrativos. Importa unicamente que se trate de serviço ou estabelecimento de pessoa jurídica de direito público interno, uma vez que o direito positivo restringe os bens públicos ao patrimônio de entes com personalidade pública. Isso significa que bens envolvidos em serviços prestados por entes privados (inclusive estatais) não são bens públicos de uso especial, senão meros bens particulares, reversíveis ou não.

Disso se extrai uma conclusão maior: os bens de entidades da Administração Indireta nem sempre serão públicos de uso especial. Em algumas situações, serão bens estatais privados, ainda que inseridos em um regime diferenciado que será examinado oportunamente. É essa a situação dos bens de certas empresas estatais que – por desvio histórico, pode-se dizer – assumiram serviços públicos ou exercício de poder de polícia (no lugar das tradicionais autarquias).

Ainda no tocante à redação do Código Civil atual, houve uma sutil, porém relevante, alteração redacional quanto às disposições do Código Civil de 1916 (art. 66, II). Enquanto a legislação passada se referia a bens de uso especial como aqueles "aplicados" em serviço ou estabelecimento da Administração Pública federal, estadual, territorial ou municipal, incluindo as autarquias, na legislação em vigor se faz menção a bens "destinados" a serviço ou estabelecimento. Se existe um bem destinado a serviço ou estabelecimento e devidamente afetado a tanto, o fato de o bem ainda não ter sido realmente empregado não permite que a entidade proprietária possa tratá-lo como um bem público dominical (não afetado) para aliená-lo, por exemplo. Bastará a afetação ao serviço ou ao estabelecimento, a despeito do uso administrativo ter-se iniciado, para que o objeto entre em regime protetivo e seja considerado bem de uso especial.

Em termos de sujeição à prescrição aquisitiva, a mudança de redação do dispositivo legal não gera grandes impactos. A falta de afetação e a consideração de que o bem não utilizado seja meramente dominical (e não de uso especial) não autoriza sua usucapião por terceiros, dada a vedação prevista no Código Civil e na Constituição. A legislação veda a aquisição por decurso de tempo em relação a qualquer tipo de bem público (imprescritibilidade). Proíbe, igualmente, a penhorabilidade judicial, haja vista a previsão de um regime especial de precatórios em favor de entidades de direito público, de modo que o fato de um bem ser de uso especial ou dominical não traz grandes implicações nesse tema. Por conseguinte, o impacto da redação do Código Civil de 2002 se limita à restrição da alienabilidade de bens de uso especial que ainda não estejam em efetivo emprego administrativo (interno ou externo). O novo sistema normativo reforça a proteção do bem afetado.

No mais, aquilo que se aduziu em relação aos bens de uso comum do povo vale igualmente para os bens de uso especial. A afetação é uma proteção de usos primários, que devem ser sempre preferidos pelo administrador público responsável pela gestão patrimonial. A afetação é a razão de existir do bem em determinado momento, embora ela não vede usos secundários que com ela se harmonizem. Daí porque, a princípio, os bens de uso especial também são compatíveis tanto com usos privativos por pessoas físicas ou jurídicas, de modo remunerado ou não, quanto com usos comuns pelo povo ou outras formas de uso especial secundário. O bem de uso especial se conecta a outras formas de uso secundário, todas geralmente aceitas por força de uma decisão discricionária da entidade proprietária que, entretanto, jamais poderá negar os usos afetados ou prejudicá-los. Afinal, o uso especial (ou administrativo) é primacial.

16.8 BENS PÚBLICOS DOMINICAIS

A terceira e última subcategoria de bens públicos do direito positivo brasileiro é a dos dominicais, também conhecidos como patrimoniais disponíveis ou bem públicos sem afetação. Ao defini-los, o Código Civil afastou-se da técnica de exemplificação e os designou em termos genéricos como bens "que constituem o patrimônio das pessoas jurídicas de direito público, como objeto de direito pessoal, ou real, de cada uma dessas entidades". Isso mostra que esses bens, apesar do nome, não guardam relação com o domínio público próprio, entendido como conjunto de bens estatais afetados, sobretudo na tradição italiana e francesa. A terminologia é semelhante, mas o conteúdo é totalmente distinto. Até por isso, na formulação do texto do Código Civil de 1916, tais bens foram batizados como patrimoniais,[12] embora no texto publicado após os trabalhos da comissão de revisão eles apareceram como bens dominicais – adjetivo que foi mantido em 2002.

A característica marcante dessa subcategoria de bens é a ausência de afetação. Os dominicais são públicos desvinculados juridicamente de usos primários. Em relação a eles, todos os usos estão a princípio no mesmo patamar. Todos são possíveis e aceitáveis, desde que compatíveis com interesses públicos primários e as finalidades das entidades públicas a que eles pertencem. Não há usos afetados, preferenciais, superiores hierarquicamente a outros. Dada a ausência de afetação, não é cabível falar de usos normais (compatíveis com a afetação) ou anormais (incompatíveis). Aplica-se aos bens dominicais somente a diferença entre usos lícitos e ilícitos.

---

12. A respeito dessa alteração de nomenclatura, cf. AZEVEDO MARQUES, José Manuel. *Histórico da formação do artigo 67 do Código Civil sobre a alienabilidade e prescritibilidade dos bens públicos*. Revista dos Tribunais, v. 63, n. 334, 1927, p. 06-09.

Ao se afirmar que inexiste uma relação precípua e formal desses bens a certos usos, não se está a dizer que eles possam ser geridos de qualquer modo, de maneira a ignorar interesses públicos primários. No Brasil, todo e qualquer bem estatal se insere no patrimônio de um Estado democrático, republicano, criado e sustentado pelo povo. Daí porque os bens dominicais deverão ser geridos de modo a produzir utilidades públicas.

A peculiaridade dos dominicais reside exclusivamente na flexibilidade quanto aos usos que lhe serão dados, já que inexiste afetação. O gestor público está autorizado a decidir ora empregá-los em favor de certos serviços ou em benefício de usos comuns, ora cedê-los parcial ou integralmente ao uso privativo de natureza econômica, ora explorá-los para geração de receitas. Desde que tais usos se realizem sem afetação por ato administrativo, a gestão do bem será flexível, embora ainda regida por muitas normas de direito público.

Outra implicação da ausência de afetação é a comercialidade privada desses bens. Além de serem objeto de alienação ou transferência por meio de mecanismos administrativos, a falta da vinculação jurídica e formal a um ou mais usos afetados viabiliza a alienação mediante instrumentos de direito privado, inclusive por contrato de compra e venda (art. 101 do CC). É igualmente possível outorgar seu uso para terceiros, inclusive com exclusividade e de modo integral, por exemplo, por contratos de locação ou de arrendamento ou pela constituição de direito real de uso ou direito real de superfície.

Eis aqui outra grande diferença dos bens dominicais diante dos bens afetados (de uso comum ou de uso especial). Os usos privativos dos afetados não podem prejudicar ou negar os usos primários, de modo que eles geralmente se limitam a uma parcela do bem ou, quando o envolvem integralmente, são usos de curtíssimo prazo. Já os bens dominicais sujeitam-se a uso privativo em sua globalidade, em todas as suas dimensões, pois não existe uso afetado para se proteger. Ademais, como dito, apesar de se tratar de bem público, é possível que a outorga ocorra por mecanismo de direito privado. A flexibilidade na gestão e quanto aos instrumentos jurídicos aplicáveis é uma consequência da ausência de afetação. O próprio Código Civil menciona que tais bens serão objeto de relações obrigacionais e reais, com isso buscando explicitar que as normas e institutos civilistas são extensíveis a esse tipo específico de bem público.

Reitere-se que a maior discricionariedade de gestão sobre bens dominicais não representa desvinculação aos interesses públicos primários e demais princípios e regras gerais de direito administrativo. Não significa tampouco a inexistência de uma função social. O abandono de bens dominicais é violação da moralidade administrativa, infração da boa gestão pública e, em última instância, omissão que frequentemente resulta em danos financeiros de grande monta, razão pela qual deve ser devidamente punida e censurada, inclusive pelos Tribunais de Contas e pelo Ministério Público.

Floriano de Azevedo Marques Neto explica ser "imperativo o emprego econômico dos bens dominicais de forma a que eles cumpram a finalidade de gerar receitas para a Administração Pública. Isso não apenas pelo sobredito princípio da função social da propriedade (que interdita a ociosidade, a não utilização de bens), mas também pelo princípio da economicidade, consagrado também pela Constituição e objeto de tutela pelos Tribunais de Contas (art. 70, *caput*, CF)".[13] Em complemento a esse raciocínio, adiciono que a ociosidade não necessitará ser combatida apenas com usos geradores de receitas financeiras. Além deles, os dominicais poderão produzir utilidades por meio de usos gratuitos de natureza social, comuns ou privativos, seja pela população, seja pelo ente proprietário, seja por outros entes estatais.

Cumpre reforçar, em arremate, que os bens dominicais são públicos e, nessa qualidade, são necessariamente propriedade de pessoas jurídicas de direito público interno. Disso resultam algumas conclusões. A uma, entidades estatais privadas, como empresas, jamais terão bens dominicais. A duas, dominicais existem no patrimônio tanto de entidades públicas da Administração Direta, quanto da Indireta. Uma autarquia de educação superior, por exemplo, terá geralmente bens de uso especial para cumprir suas tarefas e bens dominicais que serão empregados principalmente para elevar suas receitas financeiras originárias, as quais serão então utilizadas para suas atividades fins.

Entidades de direito público interno que tenham formato privado, como as associações públicas denominadas consórcios (Lei n. 11.107/2005), também terão bens públicos e, de acordo com o que determina o Código Civil (art. 99, parágrafo único), sempre que a lei não tratar do assunto e não os afetar, todos os seus bens serão considerados dominicais, sujeitando-se à gestão flexível que os caracteriza. Contudo, repise-se que entidades estatais públicas, porém em formato privado não se confundem com entidades estatais privadas, como as empresas estatais. No primeiro caso, os bens serão públicos e no segundo, bens estatais privados (jamais bens públicos).

16.9 BENS EM ESPÉCIE: ASPECTOS GERAIS

Em semelhança a praticamente todas as cartas precedentes, a Constituição da República de 1988 contém normas que monopolizam certos bens em favor do Estado e, ademais, dividem os bens monopolizados entre a União e os Estados federados. Antes dos comentários a essas normas, algumas considerações de ordem geral são relevantes.

Em primeiro lugar, os monopólios de bens previstos na Constituição estão situados em dois artigos específicos. O art. 20 trata dos bens monopolizados pela

---

13. MARQUES NETO, Floriano de Azevedo. *Bens públicos: fundação social e exploração econômica*. O regime jurídico das utilidades públicas. Belo Horizonte: Fórum, 2009, p. 222.

União e o art. 26, dos bens monopolizados em favor dos Estados federados e do Distrito Federal. Os dois dispositivos não esgotam completamente a matéria, pois outros trechos constitucionais reforçam suas previsões. É o que se vislumbra no art. 176, *caput*, o qual prevê que "as jazidas, em lavra ou não, e demais recursos minerais e os potenciais de energia hidráulica constituem propriedade distinta da do solo, para efeito de exploração ou aproveitamento, e pertencem à União, garantida ao concessionário a propriedade do produto da lavra". Aqui, a Constituição repete e detalha disposições do art. 20.

Em segundo lugar, referidas normas devem ser interpretadas de modo restritivo. A monopolização como técnica de intervenção do Estado na economia e na vida social não pode ser alargada pelo administrador público sem respaldo em ato legislativo. A restrição à vida privada e ao mercado pressupõe a observância de reserva legal, tal como impõe a própria Constituição. Dessa maneira, somente por lei e, preferencialmente, por norma constitucional é que outros bens recairão em monopólio estatal. Assim como os monopólios de atividades, a reserva de bens ao Estado depende de chancela do povo por meio do legislador. Afinal, trata-se de técnica que retira certos objetos do âmbito da propriedade privada. Não se entenda, com isso, que a Administração Pública não possa ter em seu patrimônio bens diversos daqueles previstos na Carta Magna. A aquisição de qualquer outro bem pelo Estado é possível quando útil para satisfazer suas necessidades e para dar suporte à execução de suas tarefas. O que a Constituição limita por força dos princípios da legalidade e da subsidiariedade é simplesmente a técnica da monopolização.

Em terceiro lugar, registre-se que a Constituição reserva bens ao Estado, mas não os qualifica como públicos ou privados. Como se sabe, os bens privados não são exclusividade de pessoas físicas e jurídicas não estatais. Quando o Estado assumir personalidade jurídica privada (por exemplo, com suas empresas), de acordo com o Código Civil, seus bens terão natureza privada. Dado que o Poder Constituinte não se manifestou sobre o tema, se tais bens forem de propriedade de pessoas jurídicas de direito público interno, serão públicos. Diferentemente, se estiverem em propriedade de pessoas estatais, mas de direito privados, serão inexoravelmente estatais privados.

Apesar dessa possibilidade, defende-se que os bens monopolizados pela Constituição devam ser, no geral, vinculados ao patrimônio de pessoas jurídicas de direito público interno, de sorte a assumirem a natureza de bens públicos. Essa solução se afigura mais adequada por algumas razões. A uma, os bens monopolizados representam recursos estratégicos para o país, como os rios, os minérios e as terras indígenas. A duas, como recursos essenciais, o regime administrativo mostra-se mais adequado por abranger mecanismos de controle intensos, além de normas gerais condicionantes da alienabilidade e proibitivas da prescritibilidade e da penhorabilidade. Não fosse isso, as regras de uso e os instrumentos de outorga são diferenciados para bens públicos, sobretudo os afetados.

16.10 BENS DA UNIÃO

Em benefício da União, a Constituição (art. 20) reservou um grande número de bens, a saber:

i) *Parcela das "terras devolutas"*. Por disposição do Decreto-Lei n. 9.760/1946 (art. 5º), as terras devolutas são as que "não sendo próprios, nem aplicadas a algum uso público federal, estadual territorial ou municipal, não se incorporaram ao domínio privado" por força de leis federais ou estaduais, incluindo a Lei de Terras de 1850 (Lei n. 601), em virtude de alienação, concessão ou reconhecimento por parte da União ou dos Estados, em decorrência de lei ou de concessão emanada de governo estrangeiro e ratificada ou reconhecida, expressa ou implicitamente, pelo Brasil, em tratado ou convenção de limites, por determinação de sentença transitada em julgado ou por terem sido usucapidas por particulares (antes, porém, das normas de vedação da usucapião hoje existentes). O conceito de terras devolutas baseia-se em um critério residual. Conforme explicação de José Cretella Júnior, elas abrangem as terras "devolvidas" ou "adquiridas por devolução", indicando, no direito público, aquelas que não foram apropriadas por particulares e que, por conseguinte, restam no patrimônio do Estado brasileiro.[14] Para que se verifiquem essas condições nada simples e se constate a situação da terra, na prática, é necessário que se realize um processo de discriminação, que pode ser administrativo ou judicial nas hipóteses previstas no ordenamento (art. 19 da Lei n. 6.383/1976). Ao seu final, declara-se a natureza da terra e vincula-se o bem ao patrimônio do Estado ou do particular. A despeito de detalhes procedimentais, importa ressaltar que a Constituição da República de 1988 garantiu somente parcela das terras devolutas à União. O art. 20 abarca as terras indispensáveis à defesa das fronteiras, das fortificações e construções militares, das vias federais de comunicação e à preservação ambiental. À lei ordinária cabe definir tais terras com base nos critérios constitucionais, sobretudo o da indispensabilidade para as finalidades enumeradas. A tal respeito, o STF se manifestou de modo geral por meio da Súmula n. 477, de acordo com a qual "as concessões de terras devolutas situadas na faixa de fronteira, feitas pelos Estados, autorizam apenas o uso, permanecendo o domínio com a União, ainda que se mantenha inerte ou tolerante, em relação aos possuidores". Por conta do critério residual que marca a norma constitucional prevista no art. 20, todas as outras terras devolutas são estaduais.

ii) *"Águas e terrenos marginais"*: a Constituição reservou à União significativa parcela dos recursos hídricos, a saber: lagos, rios e quaisquer correntes de

---

14. CRETELLA JÚNIOR, José. *Dos bens públicos na Constituição de 1988*, Revista dos Tribunais, n. 653, 1990, p. 18.

águas em terrenos de seu domínio, ou que banhem mais de um Estado, sirvam de limites com outros países, ou se estendam a território estrangeiro ou dele provenham, além dos terrenos marginais e das praias fluviais. Assim, por exemplo, são de domínio federal os rios Amazonas, São Francisco, Paraguai, Negro, Madeira, Paraná etc. Lagos, rios e correntes que não detenham as características descritas – ou seja, não tenham caráter interestadual, internacional ou fronteiriço – não ingressam no monopólio patrimonial da União. Isso também vale para os terrenos marginais e praias de rios. Eles pertencerão à União apenas quando o corpo hídrico (bem principal) for igualmente federal. Os terrenos marginais – ora denominados terrenos reservados – configuram uma porção de terra que acompanha as águas públicas,[15] de modo que, sendo federal o recurso hídrico, o terreno e a praia fluvial automaticamente o serão. Explica José Afonso da Silva que a Constituição mudou o sistema normativo, na medida em que reconheceu que as correntes também configuram águas públicas, federais ou estaduais. Por consequência, eliminaram-se as águas comuns, municipais e privadas. E essa modificação acabou por atingir juridicamente os terrenos marginais, que, a partir de então, serão ou bens públicos federais ou bens públicos estaduais conforme a natureza da água.[16]

iii) *"Praias fluviais e marítimas"*: em semelhança aos terrenos reservados, as praias representam áreas de terra ao longo dos corpos hídricos, mas não só isso. De acordo com o Plano Nacional de Gerenciamento Costeiro (Lei n. 7.661/1988), a praia representa uma "área coberta e descoberta periodicamente pelas águas, acrescida da faixa subsequente de material detrítico, tal como areias, cascalhos, seixos e pedregulhos, até o limite onde se inicie a vegetação natural, ou, em sua ausência, onde comece outro ecossistema" (art. 10, § 3º). Ainda conforme o Plano, "*as praias são bens públicos de uso comum do povo*, sendo assegurado, sempre, livre e franco acesso a elas e o mar em qualquer direção e sentido, ressalvados os trechos considerados de interesse de segurança nacional ou incluídos em áreas protegidas por legislação específica" (art. 10, *caput*, g.n.). Conquanto tais disposições digam respeito à costa brasileira e às praias marítimas, aplicam-se por analogia às

---

15. Em sentido mais técnico, dispõe o art. 4º do Decreto-Lei n. 9.760/1946 que "são terrenos marginais os que banhados pelas correntes navegáveis, fora do alcance das marés, vão até a distância de 15 (quinze) metros, medidos horizontalmente para a parte da terra, contados desde a linha média das enchentes ordinárias". O Código de Águas, em seu art. 14, prescreve que "os terrenos reservados são os que, banhados pelas correntes navegáveis, fora do alcance das marés, vão até a distância de 15 metros para a parte de terra, contados desde o ponto médio das enchentes ordinárias". Já o art. 11 prevê que "são públicos dominicais, se não estiverem destinados ao uso comum, ou por algum título legítimo não pertencerem ao domínio particular (...) 2º. os terrenos reservados nas margens das correntes públicas de uso comum, bem como dos canais, lagos e lagoas da mesma espécie. Salvo quanto as correntes que, não sendo navegáveis nem flutuáveis, concorrem apenas para formar outras simplesmente flutuáveis, e não navegáveis".
16. SILVA, José Afonso da. *Comentário contextual à Constituição*, 8ª ed. São Paulo: Malheiros, 2012, p. 260.

praias fluviais. A diferença geográfica entre as duas reside apenas no fato de que as fluviais margeiam as águas internas. Tal peculiaridade ocasiona certas implicações no plano jurídico. Enquanto as praias marítimas são sempre bens públicos federais; as praias fluviais podem ser federais ou estaduais.

iv) *"Ilhas fluviais, lacustres, costeiras e oceânicas"*: as ilhas de rios e de lagos serão bens federais quando se encontrarem em "zonas limítrofes com outros países". Isso significa que ilhas existentes em outros tipos de rios federais (como os interestaduais ou que provenham de outros países ou para eles rumem) não são federais, mas sim estaduais. Repita-se: no que se refere às ilhas fluviais, o texto constitucional reserva à União unicamente as que se encontrem ou se formem em área de fronteira internacional. Todas as outras pertencem aos Estados da federação de acordo com seus respectivos limites territoriais. Quanto às ilhas oceânicas e costeiras, a regra geral se inverte. A União detém todas as ilhas que se localizem dentro da área marítima sobre a qual exerce soberania (ou seja, até os limites de seu mar territorial), salvo as que "contenham a sede de Municípios, exceto aquelas áreas afetadas ao serviço público e a unidade ambiental federal, e as referidas no art. 26, II" (art. 20, IV). Assim, os Municípios podem ser proprietários de ilhas ou áreas em ilhas, desde que ali se encontre a sede do governo municipal. As ilhas federais não englobam áreas que estejam no domínio dos Estados federados a qualquer título. Daí resulta que uma ilha não é tratada como um imóvel unitário, mas sim como parcela do território que aceita apropriação múltipla por entes distintos. Uma ilha oceânica pode ser exclusivamente federal, estadual ou municipal, ou também dividida em áreas sob propriedade estatal de múltiplos entes políticos, com a ressalva de que aos Municípios somente se garantirá a ilha em que estiver sua sede. Ademais, o art. 26, II, em sua parte final, permite que haja ilhas privadas (ao se referir a "terceiros"). A respeito desse ponto, José Cretella Júnior esclarece que "a intenção do legislador parece ter sido a de fazer meramente a partilha de tais porções entre a União e o Estado-membro (...) respeitados, no entanto, os direitos adquiridos pelos particulares sobre os terrenos e as construções, bem como sobre a totalidade da superfície da ilha". Afinal, não seria lícito que a União expropriasse ilhas privadas sem processo adequado para tanto ou sem norma constitucional que o autorizasse explicitamente.[17]

v) *"Terrenos de marinha e seus acrescidos"*: em semelhança aos terrenos marginais ou reservados que acompanham as águas interiores, os *"terrenos de marinha"* representam faixas de terra que seguem a costa brasileira ou rios, lagoas e ilhas nos quais a influência de marés se faça sentir (Decreto-Lei n.

---

17. CRETELLA JÚNIOR, José. *Dos bens públicos na Constituição de 1988*, Revista dos Tribunais, n. 653, 1990, p. 27.

9.760/1946, art. 2º).[18] Já os *"terrenos acrescidos de marinha"* são porções de terra que se tiverem "formado, natural ou artificialmente, para o lado do mar ou dos rios e lagoas, em seguimento aos terrenos de marinha" (art. 3º do diploma mencionado). Do ponto de vista econômico e de defesa, a utilidade dos terrenos de marinha é inegável. Sobre a perspectiva financeira, Aliomar Baleeiro os considerava os bens mais relevantes do território, já que a União sempre os explorou por aforamentos e outros preços de ocupação.[19] Isso é possível, porque tais bens são públicos dominicais e, ademais, a Constituição da República permite que a enfiteuse continue sendo aplicada a eles e aos seus terrenos acrescidos (art. 49, § 3º da ADCT). Sendo assim, a União está autorizada a transferir o domínio útil desses bens a um enfiteuta mediante pagamento de importância anual, denominada foro ou pensão.

vi) *"Mar territorial e recursos naturais marítimos"*: nos termos da Lei n. 8.617/1993, que cuida do mar territorial, da zona contínua, da zona econômica exclusiva e da plataforma continental brasileiros, e em consonância com a Convenção Internacional de Direito do Mar de Montego Bay de 1982, o mar territorial abrange uma faixa fictícia que acompanha a costa brasileira a uma distância de doze milhas (art. 1º). De acordo com referida lei brasileira, sobre a área abrangida nos limites do mar territorial, o Brasil exerce sua soberania plena não apenas em relação ao leito das águas, mas também quanto ao espaço aéreo e ao subsolo. Dentro dos limites dessas áreas, a lei ainda reconhece o direito de passagem inocente a navios de todas as nacionalidades (art. 2º, § 1º).[20] Afora o mar territorial, a Constituição garante à União os recursos naturais da plataforma continental e da zona econômica exclusiva. O conceito de recursos naturais abrange tanto seres vivos, como minérios e outros objetos inanimados (art. 12, parágrafo único). A plataforma continental e a zona econômica exclusiva foram também tratadas pelo legislador. A primeira área é mais ampla que a segunda, pois "compreende o leito e o subsolo das áreas submarinas que se estendem além do seu mar territorial, em toda a extensão do prolongamento natural de seu território terrestre até o bordo exterior da margem continental ou até uma distância de duzentas milhas marítimas das linhas de base, a partir das quais se mede a largura do mar territorial (...)" (art. 11). A plataforma

---

18. Decreto-Lei n. 9.760/1946: art. 2º. São terrenos de marinha, em uma profundidade de 33 (trinta e três) metros, medidos horizontalmente, para a parte da terra, da posição da linha do preamar-médio de 1831: a) os situados no continente, na costa marítima e nas margens dos rios e lagoas, até onde se faça sentir a influência das marés; b) os que contornam as ilhas situadas em zona onde se faça sentir a influência das marés. Parágrafo único. Para os efeitos deste artigo, a influência das marés é caracterizada pela oscilação periódica de 5 (cinco) centímetros pelo menos, do nível das águas, que ocorra em qualquer época do ano.
19. BALEEIRO, Aliomar. *Uma introdução à ciência das finanças*, 16ª ed. (revisada e atualizada por Djalma de Campos). Rio de Janeiro: Forense, 2008, p. 174.
20. Lei n. 8.617/1993, art. 2º, § 1º A passagem será considerada inocente desde que não seja prejudicial à paz, à boa ordem ou à segurança do Brasil, devendo ser contínua e rápida.

continental, portanto, engloba o leito e o subsolo da área do mar territorial (12 milhas) e da zona econômica exclusiva (que consiste no espaço que parte da costa e prossegue por 200 milhas em direção ao oceano).

vii) *"Potenciais de energia hidráulica e recursos minerais"*: o potencial hidráulico, de modo sucinto, configura capacidade natural de produção de energia elétrica com base na força das águas e que decorre de características geográficas presentes em um determinado imóvel. O potencial configura um bem que tem dois traços fundamentais: a imaterialidade (pois representa uma situação, uma aptidão, uma capacidade natural existente em alguns terrenos) e a acessoriedade em relação às águas em uma determinada situação geográfica. Hoje, a Constituição os monopoliza em favor da União, desde que observadas certas condições. A teoria da acessão apenas será afastada, em prejuízo do proprietário do imóvel, quando o potencial hidráulico puder ser explorado ou aproveitado. Esse bem imaterial é destacado da propriedade imóvel e monopolizado caso se mostre passível de exploração por motivos públicos de ordem econômica ou de outra espécie. Para se verificar a condição necessária à passagem do bem para o patrimônio da União, a legislação impõe que os proprietários do imóvel suportem a realização de estudos de viabilidade do potencial, desde que haja autorização específica e prévia da ANEEL (Lei n. 9.427/1996, art. 28). Uma vez descoberto o potencial, ao Estado se abre a possibilidade de explorá-lo diretamente ou conceder / autorizar a sua exploração, não havendo qualquer direito de preferência àquele que conduziu os estudos de análise de viabilidade. A lógica normativa que incide sobre os potenciais hidráulicos é a mesma que rege os recursos minerais. A princípio, eles seriam parte de um imóvel por força da teoria da acessão. Entretanto, caso estudos de viabilidade demonstrem que são passíveis de exploração (isto é, de lavra) e podem gerar utilidades econômicas e sociais ao país, as jazidas minerais passarão a constituir propriedade distinta da do solo e se tornarão bem exclusivo da União. Como tal, sujeitar-se-ão à exploração direta pela Administração ou indireta por particulares, mediante mecanismos de outorga. Nesse cenário, os exploradores adquirirão o resultado da lavra, ou seja, o objeto extraído da jazida pela atividade técnica de mineração.

viii) *"Cavidades naturais e sítios arqueológicos ou pré-históricos"*: As cavidades naturais subterrâneas são bens que, por força de norma constitucional, destacam-se juridicamente do subsolo da propriedade imóvel e se transferem para o patrimônio da União sob um regime de monopólio. De acordo com o Dec. 10.935/22 (art. 1.º, parágrafo único), que revogou o antigo Dec. 99.556 de 1990, "considera-se cavidade natural subterrânea o espaço subterrâneo acessível pelo ser humano, com ou sem abertura identificada, conhecido como caverna, gruta, lapa, toca, abismo, furna ou buraco, incluídos o seu ambiente, conteúdo mineral e hídrico, a fauna e a flora presentes e o corpo rochoso onde se inserem, desde que tenham sido formados por processos naturais, independentemente de suas dimensões ou tipo de rocha encaixante". Dessa definição extraem-se algumas características relevantes que divisam cavidades monopolizadas para a União de cavidades em geral, as quais se sujeitam à propriedade estatal ou privada. Para que seja considerada um bem exclusivo federal, é preciso que a cavidade tenha se formado ou venha a se formar por processo natural, e não em decorrência da ação humana. Além de natural, há que se localizar no subterrâneo, isto é, devem estar abaixo do solo. Por conseguinte, cavidades artificiais e/ou cavidades sobre o solo não se enquadram no conceito e não se consideram bens exclusivos da União. O Decreto n. 10.935/2022 também trouxe uma classificação das cavidades naturais subterrâneas por sua relevância e tratou do processo de licenciamento ambiental para localização, construção, instalação, ampliação, modificação e operação de empreendimentos e atividades, efetiva ou potencialmente poluidores ou degradadores dessas cavidades. Diferente é o tratamento legal de jazidas arqueológicas e pré-históricas. No Brasil, antes da Constituição de 1988, a Lei 3.924/1961 passou a reger a matéria e prescreveu que a propriedade da superfície, regida pelo direito comum, não inclui as jazidas arqueológicas ou pré-históricas, nem a dos objetos nela incorporados (art. 1.º, parágrafo único). Mais uma vez, o direito público afasta a teoria da acessão do direito privado em favor do Estado. Ademais, a lei, em seu art. 2.º, conceitua tais objetos e aponta os monumentos arqueológicos ou pré-históricos como conjunto em que se incluem: (a) as jazidas de qualquer natureza, origem ou finalidade, que representem testemunhos de cultura dos paleoameríndios do Brasil, tais como sambaquis, montes artificiais, poços sepulcrais, jazigos; (b) os sítios nos quais se encontram vestígios positivos de ocupação pelos paleoameríndios, tais como grutas; (c) os sítios identificados como cemitérios, sepulturas ou locais de pouso prolongado ou de aldeamento, "estações" e "cerâmios", nos quais se encontram vestígios humanos de interesse arqueológico ou paleoetnográfico; e (d) as inscrições rupestres ou locais como sulcos de polimentos de utensílios e outros vestígios de atividade de paleoameríndios.

ix) *"Terras indígenas"*: o último conjunto de bens previstos como exclusivos da União são as terras indígenas, ou melhor, as tradicionalmente ocupadas pelos índios. Aqui, o advérbio "tradicionalmente" não designa um mero elemento temporal (a posse prolongada). Refere-se sim a uma relação cultural permanente da terra com a comunidade indígena. Nessa linha, dispõe a Constituição que "são terras tradicionalmente ocupadas pelos índios as por eles habitadas em caráter permanente, as utilizadas para suas atividades produtivas, as imprescindíveis à preservação dos recursos ambientais necessários ao seu bem-estar e as necessárias à sua reprodução física e cultural, segundo seus usos, costumes e tradições" (art. 231, § 1º). A respeito, já decidiu o Supremo que não constituem terras indígenas os "aldeamentos extintos, ainda que ocupados por indígenas em passado remoto" (Súmula 650). A seu turno, o Poder Constituinte vedou a remoção dos grupos indígenas de suas terras, salvo, "*ad referendum*" do Congresso Nacional, em caso de catástrofe ou epidemia que ponha em risco sua população, ou no interesse da soberania do País, após deliberação do Congresso Nacional, garantido, em qualquer hipótese, o retorno imediato logo que cesse o risco (art. 231, § 5º). Disso se extrai o fundamento da proibição de o Estado remover os índios das áreas tradicionais. Porém, é concebível que a ocupação tradicional cesse, por exemplo, pelo esvaziamento da comunidade, situação na qual a terra deixa de ser indígena. Enquanto se mantenham como terras indígenas, dada sua relevância para a cultura brasileira e a proteção de certos grupos populacionais, a exploração desses bens restará fortemente controlada. A Constituição prevê que cabe exclusivamente ao Congresso Nacional autorizar a exploração e o aproveitamento de recursos hídricos e a pesquisa e lavra de riquezas minerais em tais terras. Referida autorização, também por força de norma constitucional, deverá ser precedida de oitiva das comunidades afetadas e, em caso de se deferir a exploração dos recursos naturais, será necessário assegurar-lhes a participação nos resultados da lavra. Serão nulos e automaticamente considerados extintos os atos que tenham por objeto a ocupação, o domínio e a posse das terras indígenas, bem como a exploração de seus recursos naturais sem interesse público que a justifique e sem as autorizações previstas na legislação (art. 231, § 5º e 6º).

16.11 BENS DOS ESTADOS

Na tradição constitucional brasileira, os Estados sempre foram beneficiados por regras de reserva patrimonial, mas em medida muito mais limitada que as aplicáveis à União. Além dos bens móveis e imóveis, materiais ou imateriais, que adquirem por meio de instrumentos negociais ou instrumentos impositivos de restrição da propriedade privada ou municipal, como a desapropriação comum, a esfera estadual é favorecida por monopólios sobre certos recursos hídricos e espaços territoriais, os quais não lhe podem ser sonegados ou subtraídos quer por ato administrativo, quer por norma infraconstitucional.

A interpretação do art. 26 da Constituição, que enumera bens reservados estaduais, exige bastante cautela. Isso, porque seu texto normativo mistura bens realmente detidos com exclusividade pelos Estados (monopólios), como as águas superficiais e subterrâneas, e bens que são estaduais, mas não estão em monopólio, de sorte que poderiam também ser de outros entes ou mesmo de particulares, como áreas em ilhas. Há, portanto, bens reservados exclusivos (e que os Estados não estão autorizados a alienar) e bens reservados que não são exclusivos, pois existem no patrimônio de outros entes políticos e, mesmo quando sejam estaduais por decorrência das normas constitucionais, sujeitam-se a alienação futura, desde que desafetados previamente. Vejamos:

  i) *"Águas estaduais"*: grande parte dos corpos hídricos brasileiros é parte obrigatória do patrimônio estadual. A Constituição garante a tais entes políticos "as águas superficiais ou subterrâneas, fluentes, emergentes e em depósito, ressalvadas, neste caso, na forma da lei, as decorrentes de obras da União". Segundo José Afonso da Silva, águas superficiais "são as que se mostram na superfície da terra, como os rios, córregos, ribeirões, lagos e lagoas. Podem ser fluentes, que correm, fluem, em fluxo natural ou artificial (canal construído pelo Estado, por exemplo) ou emergentes, que brotam da terra, como os olhos d'água, ou depósitos, que se juntam em algumas escavações, como os açudes". As águas subterrâneas, de outra parte, "são aquelas que se localizam a certa profundidade do solo, tais os lençóis freáticos".[21] Observe-se, ainda, que a Constituição retira do patrimônio estadual as águas em depósito que decorram de obras da União. Tais águas são as armazenadas em tanques ou reservatórios e que se destinam, por ilustração, a projetos de irrigação, navegação, à produção de energia e ao combate à seca. Fossem tais bens estaduais, poderia o Estado proprietário decidir sobre sua gestão, de maneira a interferir em competências materiais da União. Daí a necessidade de se excepcionar águas em depósito atreladas a obras federais, ou seja, obras realizadas no exercício de competências materiais da União.[22] Note-se, porém, que a Lei de Águas (Lei n. 9.433/1997, art. 4º) cria à União o dever de se articular com os Estados tendo em vista o gerenciamento de recursos hídricos de interesse comum.

  ii) *"Ilhas e áreas de ilhas"*: dois outros incisos do art. 26 da Constituição tratam das ilhas e áreas de ilhas que pertencem aos Estados da federação. De acordo com tais dispositivos, serão de propriedade dos Estados tanto "as áreas, nas ilhas oceânicas e costeiras, que estiverem no seu domínio, excluídas aquelas sob domínio da União, Municípios ou terceiros" e "as ilhas fluviais e lacustres não pertencentes à União". O primeiro dispositivo deixa evidente que o fato de uma ilha costeira ou oceânica ser da União, não afasta a propriedade eventual de Estados sobre áreas (imóveis) desses bens. Em outras palavras, as ilhas primariamente federais podem conter áreas sob propriedade estadual, bem como áreas municipais ou até particulares. Isso não parece lícito, porém, em relação a ilhas fluviais e lacustres reservadas com exclusividade à União (art. 20, IV), pois a exceção do art. 26 se refere unicamente a ilhas costeiras e oceânicas. Todas as outras ilhas federais são

---

21. SILVA, José Afonso da. *Comentário contextual à Constituição*, 8ª ed. São Paulo: Malheiros, 2012, p. 296.
22. Nesse sentido, MARQUES NETO, Floriano de Azevedo. *Bens públicos: função social e exploração econômica – o regime jurídico das utilidades públicas*. Belo Horizonte: Fórum, 2009, p. 139.

exclusivas e sobre elas não haveria propriedade estadual ou municipal. O segundo dispositivo confere aos Estados, por critério residual, as ilhas de rios (ou ilhas fluviais) e de lagos (ou ilhas lacustres) que não pertencem à União. Assim, os Estados são proprietários de todas elas, desde que não se localizem em zonas limítrofes com outros países.

iii) *"Terras devolutas"*: o domínio reservado dos Estados é composto por terras devolutas não compreendidas no patrimônio exclusivo da União, ou seja, terras que não se considerem indispensáveis à defesa das fronteiras, das fortificações, das construções militares, das vias federais de comunicação ou à preservação ambiental. Se, em processo discriminatório, declara-se a terra como devoluta (ou seja, como não apropriada por particulares), automaticamente a sentença lhe deverá atribuir ao patrimônio do Estado em que se localiza, salvo quando se demonstrar que o bem produz referidas utilidades específicas e, por isso, ingressa compulsoriamente no patrimônio da União. Não bastasse isso, mesmo fora de processo discriminatório, é possível que terra já constante do patrimônio estadual tenha que ser transferida à União por força da exceção mencionada, caso em que os Estados farão jus a eventuais indenizações por benfeitorias nas terras.

16.12 BENS DOS MUNICÍPIOS

A Constituição da República de 1988, em linha com os textos anteriores, não enumera bens reservados aos Municípios. Embora a federação tenha se tornado tripartite e, com isso, o Município tenha sido alçado à posição de esfera política com todos os poderes autônomos que disso resulta, a Constituição manteve sua lógica biparte ao tratar de bens estatais. Contudo, a lacuna não tem expressiva implicação para o debate acerca da existência de bens municipais, que nunca dependeram de norma constitucional para que fossem reconhecidos no ordenamento jurídico. Em realidade, o que é preciso indagar diante da omissão do Poder Constituinte é se os Municípios são monopolistas de algum tipo de bem ou, dizendo de outro modo, se as reservas e os monopólios de propriedade foram criados apenas em benefício da União e dos Estados.

A primeira opção interpretativa afigura-se mais correta. Os Municípios detêm bens que o ordenamento jurídico lhes reserva e que, portanto, não dependem de ato negocial ou imperativo para serem adquiridos. Desde que haja lei, é possível que certos bens sejam monopolizados ou apenas reservados ao Município, ainda que sem previsão constitucional explícita. E um exame do ordenamento jurídico brasileiro revela que isso efetivamente ocorre em vários casos.

Quatro exemplos legais evidenciam essa afirmação. O primeiro se refere à norma da Lei de Parcelamento do Solo que confere aos municípios as vias, praças, espaços livres e áreas destinadas a edifícios públicos e equipamentos urbanos (Lei

n. 6.766/1979, art. 22). O segundo reside na norma do Código Civil que prevê destinação obrigatória de bens descobertos por particulares para o Município (art. 1.237). O terceiro exemplo, também constante do Código Civil, está na norma que garante aos Municípios os bens de heranças vacantes (art. 39, parágrafo único). O quarto resulta da norma prevista no Estatuto da Cidade e pela qual o Município está autorizado a cobrar pelo solo criado, ou seja, pelo direito de construir entre o coeficiente básico e o coeficiente máximo estabelecido na legislação urbanística local.

Não bastassem as hipóteses legais mencionadas, da lista constitucional de bens da União e dos Estados se extraem outros bens reservados aos Municípios. Isso se vislumbra no art. 20, IV, no qual resta explícita a propriedade dos entes locais sobre ilhas costeiras que contenham suas sedes políticas, excluindo-se delas as áreas afetadas a serviços ou a unidades ambientais federais – as quais continuam sendo bens da União.

Afora essas situações, o legislador estadual está autorizado a destacar parcela do patrimônio do Estado e destiná-la aos Municípios. Por mandamento da Constituição estadual, é possível transferir ao ente local terras devolutas que a Constituição Federal reservou aos Estados. Todavia, ao legislador estadual não se permitirá a transferência caso a Constituição Federal considere o bem reservado e exclusivo. Como se sustentou, ora os bens reservados aceitam alienação, ora encontram-se presos ao patrimônio do ente mencionado pela Constituição da República (art. 20 e 26). Essa é a situação dos rios estaduais, bens reservados e exclusivos (ou seja, monopolizados). O Estado pode outorgar seu uso, mas jamais transferir sua propriedade a um Município, à União ou a terceiros. De modo diverso, as terras devolutas estaduais são reservadas, porém não exclusivas. O problema que se põe ao jurista é que a Constituição da República não faz tal distinção de modo explícito, daí caber-lhe descobrir o rol de bens exclusivos e não exclusivos por meio de técnicas interpretativas.

16.13 BENS DA ADMINISTRAÇÃO INDIRETA

Pessoas jurídicas de direito público interno são a União, os Estados e Municípios, com seus respectivos órgãos dos três poderes. Os bens da Administração Direta, por consequência, são sempre bens estatais e públicos, afetados ora ao uso comum, ora ao uso especial, ou desafetados. Tão simples não é a análise dos bens da Administração Indireta, a qual tem se tornado cada vez mais complexa, de modo a abarcar entidades descentralizadas de direito público e de direito privado. O Código Civil de 2002 a isso agregou a peculiar figura da "pessoa jurídica de direito público com *estrutura* de direito privado" (g.n), com o que inseriu outro elemento complicador: a "estrutura" ou "formatação organizacional".

As entidades de direito público inseridas na Administração Indireta basicamente se resumem às autarquias. Para o regime dos bens, não interessa o fato de elas serem tradicionais e mais intensamente subordinadas à supervisão da Administração Direta ou configurarem autarquias especiais, marcadas por certa "blindagem" frente ao poder de supervisão – blindagem que se baseia em normas organizacionais e processuais ampliativas da autonomia gerencial e decisória, como se vislumbra nas agências reguladoras. Os bens de qualquer autarquia, como típica entidade de direito público, são sempre públicos e, geralmente, de uso especial. Embora não se descarte que seu patrimônio abarque certos bens dominicais, a primazia de bens de uso especial decorre do princípio da especialidade que, por sua vez, expressa a legalidade administrativa. Como as autarquias se estruturam para executar atividades pontuais de regulação, de polícia ou serviços públicos específicos, seu patrimônio serve como suporte ou meio para as finalidades eleitas em seu ato criador.

As associações e as fundações estatais, sob certas condições, assumem a mesma natureza autárquica. No entanto, estas entidades se encontram em situação peculiar quando comparadas às autarquias tradicionais. Isso, porque o ordenamento jurídico permite que tenham personalidade jurídica de direito público ou de direito privado. Conquanto sempre sejam estatais, nem toda fundação ou associação criada pelo Estado será pública em sentido estrito, ou seja, verdadeira pessoa jurídica de direito público interno. Porém, se essa for a opção do legislador, as associações e as fundações serão autárquicas em sua natureza e regime estrutural. Assim, por força do critério de titularidade do Código Civil, seus bens serão estatais e públicos.

Uma das mais polêmicas inovações do Código Civil de 2002 em relação ao Código de 1916 reside na previsão de "pessoas jurídicas de direito público *com estrutura de direito privado*", expressão antes desconhecida no direito administrativo e que tampouco parece ser (ou ter sido) empregada pela doutrina do direito privado. Ao tratar da nova figura, o Código previu que, "salvo disposição em contrário, as pessoas jurídicas de direito público, a que se tenha dado estrutura de direito privado, regem-se, no que couber, quanto ao seu funcionamento, pelas normas deste Código" (art. 41, parágrafo único). Adicionalmente, esclareceu que "não dispondo a lei em contrário, consideram-se dominicais os bens pertencentes às pessoas jurídicas de direito público a que se tenha dado estrutura de direito privado" (art. 99, parágrafo único).

Em análise anterior do assunto, apresentou-se posicionamento de acordo com o qual a famigerada "pessoa jurídica de direito público com estrutura de direito privado" não seria nem sinônimo de entes da Administração em geral, nem uma referência a pessoas jurídicas de direito privado de qualquer gênero.[23] Há algumas razões por trás dessa asserção. Em primeiro lugar, o Código Civil insere a expressão logo após o rol de pessoas jurídicas de direito público. Se o legislador houvesse desejado criar qualquer entidade privada, teria previsto o conceito no art. 44 (que trata de pessoas privadas) e não no art. 41. Por conseguinte, empresas estatais, fundações e associações estatais privadas não se enquadram no conceito em debate. De outra

---

23. MARRARA, Thiago. *Bens públicos, domínio urbano, infraestrutura*. Belo Horizonte: Fórum, 2007, p. 80.

parte, não faria sentido que o legislador elaborasse um novo rótulo para se referir às tradicionais pessoas jurídicas de direito público, de que são exemplos as autarquias.

O problema da novidade elaborada pelos civilistas resulta do fato de que o ordenamento jurídico não divide as pessoas jurídicas por seu formato ou estrutura funcional, mas sim por sua natureza e regime estrutural. De acordo com o direito positivo, é possível que uma instituição seja pública ou privada, conquanto tenham estruturas organizacionais e funcionais análogas. No entanto, é verdade que fundações e associações podem assumir natureza jurídica pública, embora seu formato seja oriundo do direito privado. Por consequência, elas configuram os melhores exemplos para preencher o conceito legal até que o legislador venha a criar outras pessoas públicas a partir de estruturas consagradas de pessoas privadas. Para fazê-lo, necessitará transportar um formato originariamente privado para o regime estruturalmente público.

O legislador, ao criar a regra geral de que os bens dessas entidades são dominicais "não dispondo a lei em contrário", parece ter desejado proteger a maior flexibilidade no regime patrimonial dessas entidades. Ao explicitar a necessidade de disposição de "lei", o Código Civil fixou uma importante restrição, pois retirou das mãos do administrador público a possibilidade de afetação por ato administrativo. Em outras palavras: se o legislador não inserir tais bens na categoria de bens públicos de uso especial ou de bens de uso comum do povo, eles serão públicos dominicais e tal rótulo, por expressa previsão do Código, não poderá ser modificado por afetação decorrente de ato administrativo.

Não há qualquer identificação entre entidades estatais públicas com formato ou "estrutura privada" e entidades do Estado com "personalidade e estrutura" privadas. Conquanto estatal, o último grupo abrange pessoas jurídicas de direito privado, as quais seguem obrigatoriamente a tipologia do art. 44 do Código Civil. Nesse pacote, incluem-se as empresas estatais, as associações e as fundações criadas pelo Estado em regime privado. O fato de se tratar de um ente estatal, não obsta o legislador de lhe conferir personalidade jurídica de direito privado, nem o regime estrutural privado. Ao fazê-lo, o legislador também impacta a natureza dos bens. Em outras palavras, jamais serão públicos os bens de empresas, associações e fundações estatais privadas. A princípio, esses bens, móveis ou imóveis, materiais ou imateriais, serão alienáveis, prescritíveis, penhoráveis, passíveis de oneração por garantia e sujeitos a usos privados.

Como se sabe, porém, ao longo dos anos, o Estado brasileiro passou a criar empresas privadas para, indevidamente, executar tarefas públicas no lugar de autarquias ou outros entes de direito público. Exemplo disso são as companhias de engenharia de tráfego (CET). Essas empresas estatais municipais desempenham ações de polícia na área de trânsito e, por força de suas competências, impõem aos cidadãos medidas punitivas (como multas) e cautelares (como a apreensão de veículos). Apesar de serem empresas, as tarefas que elas exercem são típicas funções administrativas, marcadas pelo caráter restritivo da liberdade e da propriedade e sem natureza econômica em sentido estrito. Contudo, sua função não modifica a natureza de seus bens. Pelo critério da titularidade, a despeito de envolvido em funções públicos, permanecem eles como bem privados. Isso não impedirá que o regime jurídico seja modificado, lançando os bens vinculados às funções administrativas numa categoria que se denominará "domínio público impróprio", marcada por uma série de restrições de direito administrativo que não se aplicam aos demais bens privados.

Em síntese, como as sociedades de todos os gêneros são pessoas jurídicas de direito privado (à luz do art. 44, II, do Código Civil), seus bens são obrigatoriamente privados – afirmação que se estende ao patrimônio das associações e das fundações estatais privadas, entidades componentes da Administração Indireta no Brasil. Já o regime funcional desses bens poderá variar e, inclusive, assumir conteúdo administrativo quando eles se revelarem essenciais para funções administrativas executadas por tais entidades com base em seus atos de criação. Nessa última situação, para explicar o fenômeno (natureza privada com regime público), a doutrina desenvolveu expressões interessantes em diversos ordenamentos jurídicos. Ora se fala de uma distinção entre bens públicos em sentido jurídico e *"bens públicos fáticos"*; ora se separam bens públicos em sentido estrito e bens públicos em sentido amplo; ora se fala de bem reversível e bem não reversível. Como dito, aqui, prefere-se utilizar outra terminologia. Os bens dos entes estatais privados empregados em funções públicas continuam sendo chamados de bens privados, mas serão inseridos em um regime especial, batizado de "domínio público impróprio". Isso vale para explicar o patrimônio de certas empresas estatais e de fundações e associações estatais com personalidade privada.

16.14 BENS NA DELEGAÇÃO DE FUNÇÕES ADMINISTRATIVAS E NO FOMENTO

Alguns poderiam reputar dispensável uma discussão acerca dos bens de concessionárias, permissionárias e autorizatárias de serviços públicos. Afinal, do quanto se viu até o momento, o Código Civil, em sua linha subjetivista, impõe uma regra pela qual serão privados os bens de entidades com personalidade jurídica de direito privado. Por conseguinte, como as empresas se inserem na lista do art. 44 do Código Civil, seus bens sempre são privados, jamais públicos.

Essa conclusão primária é verdadeira. Seu único ponto fraco reside na incapacidade de explicar a situação patrimonial das delegatárias privadas de serviços públicos econômicos. Sob a gestão dessas empresas, existem não um, mas três categorias de bens, quais sejam: (i) os bens privados desvinculados de função pública; (ii) os bens privados essenciais à função pública e, portanto, reversíveis e (iii) os bens públicos cujo uso foi cedido pelo Poder Concedente.

Os *"bens privados não-reversíveis"* são aqueles empregados pelas delegatárias em finalidades comerciais suas e em tarefas acessórias que apenas indiretamente contribuem com o serviço público executado. O serviço funciona, mantém-se, sobrevive de modo adequado e contínuo a despeito desses bens. Daí porque eles não são essenciais, imprescindíveis, de modo que são privados, em regime comum e não se revertem ao Estado ao final da concessão, da permissão ou da autorização.

Os *"bens privados reversíveis"*, diferentemente, englobam os essenciais à prestação adequada e contínua do serviço público, à sua manutenção e, em última instância, à proteção de interesses públicos primários. É essa relação entre bens privados, serviço e interesse público que os coloca em regime jurídico diferenciado, aqui denominado de "domínio público impróprio". Do ponto de vista patrimonial, não interessa se esses bens essenciais ingressaram definitivamente no patrimônio da delegatária (*e.g.* por força de uma compra e venda ou de uma permuta, com o que surge direito de propriedade) ou se estão apenas sob sua posse (*e.g.* em razão de direito de superfície, de usufruto, de arrendamento ou locação).

Concorda-se aqui com a tese de Floriano de Azevedo Marques Neto. Em ambas as situações, há reversibilidade desses bens em favor do Estado quando termina a delegação do serviço. Se o bem estiver em posse da empresa por direito real ou pessoal, então o direito sobre o bem se transferirá ao Estado.[24] Essa conclusão vale tanto para concessionárias e permissionárias. Nas autorizações, contudo, dado seu caráter geralmente precário e sua utilização para atividades simples, ocasionais ou emergenciais, esse tipo de bem privado reversível dificilmente existirá.

Os *"bens públicos reversíveis"*, por sua vez, são os bens cujo uso o Poder Público transfere à empresa delegatária de serviços ou os bens que esta adquire para o Estado com base em poderes exorbitantes, como a desapropriação. Tanto em uma hipótese, quanto em outra, os bens são estatais e públicos. No entanto, seu uso e gestão são transferidos à empresa privada. Esses bens não saem do patrimônio estatal e não ingressam no patrimônio particular, daí porque permanecem públicos.

Essa classificação do conjunto patrimonial das entidades privadas que assumem, por delegação, o exercício de funções administrativas, como serviços públicos e polícia, pode ser estendida para os entes de colaboração (terceiro setor) que se beneficiam de fomento estatal. Conquanto o terceiro setor não dependa exclusivamente da Administração Pública para existir e desenvolver suas tarefas, não raro é o erário que suporta boa parte dessas entidades sem fins lucrativos, haja vista a contribuição que prestam à consecução de interesses públicos primários. Sem grande dificuldade, isso se vislumbra no campo das chamadas "Organizações Sociais" (OS) e das "Organizações da Sociedade Civil de Interesse Público" (OSCIP). Ambas as expressões são rótulos jurídicos que o governo federal confere, mediante requerimento, a associações e fundações que cumpram requisitos legais e desejem ser apoiadas com recursos financeiros, patrimoniais e, em certos casos, recursos humanos do Estado. Quanto

---

24. Cf. MARQUES NETO, Floriano de Azevedo. *Bens públicos: função social e exploração econômica – o regime jurídico das utilidades públicas*. Belo Horizonte: Fórum, 2009, p. 176-178 e p. 186.

a essas duas entidades do terceiro setor, a sistematização de bens construída para as empresas privadas delegatárias de serviços públicos continua válida.

A mesma lógica aplicável a entes do terceiro setor é extensível a bens doados pelo Estado a pessoas físicas ou bens adquiridos por elas com recursos públicos em conformidade com contrato de fomento. Exemplo típico é o dos bens adquiridos por pesquisadores (pessoas físicas) com recursos financeiros recebidos de agências estatais de apoio à pesquisa. De modo geral, caso o bem não seja consumível, mostre-se relevante para outras atividades de fomento e tenha sido adquirido com recursos públicos e para a execução de atividade de interesse público, não será moral deixá-lo no patrimônio do indivíduo beneficiado após o término do vínculo de fomento. Não interessa o fato de o término ocorrer por descumprimento do ajuste, execução do seu objeto ou morte do sujeito. Cessado o vínculo, a depender da estipulação contratual ou legal, o bem deve ou ser revertido ao ente estatal que forneceu o fomento ou a outra entidade, estatal ou privada, que exerça atividades análogas de interesse público e, por isso, assuma e empregue o bem para que ele possa continuar gerando utilidades públicas.

Na hipótese de fomento de ações de interesse público, ainda que pessoas físicas adquiram bens com os valores recebidos da Administração e que tais bens sejam considerados privados pela regra da titularidade do Código Civil, sua função é pública, de maneira que o regime funcional ganhará feição e conteúdo administrativos (ou seja, o bem ingressará no domínio público impróprio). Por isso, eles se subordinarão a certos controles típicos do Estado (como o do Tribunal de Contas), terão sua disponibilidade mitigada, afastar-se-ão das regras da penhorabilidade e da prescritibilidade aquisitiva e caracterizar-se-ão pela reversibilidade ao ente administrativo responsável pelo fomento ou a outra entidade que ele eleja motivadamente dentre aquelas capazes de dar destinação de interesse público ao bem.

16.15 REFERÊNCIAS PARA APROFUNDAMENTO

AZEVEDO, Bernardo. O domínio privado da Administração. In: OTERO, Paulo; GONÇALVES, Pedro (coord.). *Tratado de Direito Administrativo Especial*, v. III. Coimbra: Almedina, 2010.

BACELLAR FILHO, Romeu Felipe. *Direito administrativo e o novo Código Civil*. Belo Horizonte: Fórum, 2007.

COMPARATO, Fábio Konder. A função social dos bens de produção. *Revista de Direito Mercantil, Industrial, Econômico e Financeiro*, n. 63, 1986.

CRETELLA JÚNIOR, José. Dos bens públicos na Constituição de 1988. *Revista dos Tribunais*, n. 653, 1990.

CRETELLA JÚNIOR, José. *Tratado do domínio público*. Rio de Janeiro: Forense, 1984.

DEL NERO, João Alberto Schützer. O significado jurídico da expressão "função social da propriedade". *Revista da Faculdade de Direito São Bernardo do Campo*, v. 3, 1997.

DI PIETRO, Maria Sylvia Zanella. A gestão jurídica do patrimônio imobiliário do poder público. *Cadernos Fundap: "o patrimônio imobiliário do Poder Público"*, n. 17, 1989.

DI PIETRO, Maria Sylvia Zanella. Natureza jurídica dos bens das empresas estatais. *Revista da Procuradoria Geral do Estado de São Paulo*, n. 30, 1988.

DI PIETRO, Maria Sylvia Zanella. *Uso privativo de bem público por particular*, 3ª ed. São Paulo: Atlas, 2014.

FRONTINI, Paulo Salvador. As pessoas jurídicas no Código Civil de 2002. Elenco, remissão histórica, disposições gerais. *Revista do Advogado*, n. 77, 2004.

GRAU, Eros Roberto. Bens de uso comum. *Revista de Direito Público*, v. 18, n. 76, 1985.

MARQUES NETO, Floriano de Azevedo. *Bens públicos: função social e exploração econômica – o regime jurídico das utilidades públicas*. Belo Horizonte: Fórum, 2009.

MARRARA, Thiago. Acessibilidade da infraestrutura urbana: conceito e análise evolutiva da legislação brasileira a partir da década de 1990. *Revista de Direito Público da Economia*, v. 39, 2012.

MARRARA, Thiago. *Bens públicos, domínio urbano, infraestrutura*. Belo Horizonte: Fórum, 2007.

MARRARA, Thiago. Regulação sustentável de infraestruturas. *Revista Brasileira de Infraestrutura (RBINF)*, v. 01, 2012.

MARRARA, Thiago; FERRAZ, Luciano. *Tratado de direito administrativo*, v. 3: direito administrativo dos bens e restrições estatais à propriedade. São Paulo: Revista dos Tribunais, 2014.

MIRANDA, Caleb Matheus Ribeiro de; LUCA, Carolina Baracat Mokarzel de; MACHADO, Lorruane Matuszewski. *Os bens públicos e o registro de imóveis*. São Paulo: Revista dos Tribunais, 2022.

MONIZ, Ana Raquel Gonçalves. Direito do domínio público. In: OTERO, Paulo; GONÇALVES, Pedro (coord.). *Tratado de Direito Administrativo Especial*, v. III. Coimbra: Almedina, 2010.

PENTEADO, Luciano de Camargo. *Direito das coisas*, 2ª ed. São Paulo: Revista dos Tribunais, 2012.

VAZ, Isabel. *Direito econômico das propriedades*. Rio de Janeiro: Forense, 1993.

17
GESTÃO DE BENS

17.1 GESTÃO DE BENS COMO FUNÇÃO ADMINISTRATIVA[1]

A Administração Pública não se limita a desempenhar atividades finalísticas, ou seja, funções administrativas, prestativas ou restritivas, voltadas ao atendimento direto das necessidades dos cidadãos e da coletividade. Para operacionalizar o poder de polícia, os serviços públicos, as intervenções econômicas e as restrições à propriedade, é necessário que desenvolva igualmente "funções instrumentais" ou "serviços administrativos". Nessa categoria, incluem-se a gestão de recursos humanos, a gestão de recursos financeiros e a gestão dos bens estatais. De modo geral, portanto, a discussão teórica sobre a natureza dos bens em si difere daquela acerca das inúmeras tarefas administrativas envolvidas no seu gerenciamento.

Dois aspectos relevantes da gestão de bens como função administrativa instrumental merecem atenção. Em primeiro lugar, sob a perspectiva de conteúdo, ela abarca questões jurídicas que dizem respeito: (i) à aquisição; (ii) à afetação, ao uso e aos mecanismos de outorga de uso; (iii) à possibilidade de oneração dos bens por garantias; (iv) à penhorabilidade; (v) à prescritibilidade; (vi) à alienação e (vii) à tutela dos bens estatais. Esses são os setes pilares deste capítulo.

Não há, porém, um regime jurídico padrão no direito brasileiro em relação a cada dos tópicos mencionados. Exatamente por isso, em segundo lugar, para que se possa compreender a riqueza dos regimes jurídicos, cumpre à ciência do direito administrativo oferecer uma "escala de dominialidade", em que se distribuem os bens de acordo com a maior ou a menor incidência de direito público e privado. Ao se posicionar um bem dentro da escala de regimes jurídicos, deseja-se indicar de modo mais preciso o conjunto de regras e princípios jurídicos que sobre ele incidem, afastando-se da falsa ideia de que o regime dos bens é ou completamente público ou privado.

É ainda comum encontrar a expressão regime jurídico no singular como se um objeto jurídico (seja uma pessoa, uma atividade ou um bem) fosse regido por

---

1. Esse capítulo retoma e reproduz, com atualizações, reduções e simplificações, parte da exposição mais completa e detalhada desenvolvida em MARRARA, Thiago; FERRAZ, Luciano. *Tratado de direito administrativo*, v. 3: direito administrativo dos bens e restrições estatais à propriedade. São Paulo: Revista dos Tribunais, 2014.

um corpo imutável e invariável de normas jurídicas. A construção teórica de uma escala de regimes jurídicos objetiva superar essa concepção estática. Sobre pessoas, atividades e bens de que cuida o ordenamento jurídico, não existe um único regime. Por consequência, sobre um mesmo e único bem, há praticamente tantos regimes quanto o número de contextos nos quais o bem se insere. O rótulo ou a natureza do objeto para o direito não definem isoladamente o regime jurídico. Na verdade, vários fatores se conjugam nessa construção, incluindo, ao menos: titularidade, natureza jurídica e função.

A escala de dominialidade parte da premissa de que sobre um objeto jurídico, incluindo bens, existem regimes estruturais e regimes funcionais. Os estruturais representam o corpo de normas básicas que atingem o bem por sua própria essência ou natureza jurídica. O fato de um bem ser móvel o submete a regras diversas que dificilmente variarão por alterações funcionais. Vinculado ou não ao Estado, utilizado ou não em serviço público, sobre ele incidirão as normas referentes aos móveis. Ao estrutural se adicionam os *regimes funcionais*. Eles consistem em blocos de normas regentes de um bem por força da função que exerce. Enquanto o regime jurídico estrutural decorre da essência ou da natureza do bem, os funcionais se baseiam na função por ele exercida e variam de acordo com as mudanças no emprego do objeto, a despeito de mantido o regime jurídico estrutural. A diferenciação desses regimes é essencial para a compreensão da dinâmica do direito, e não somente em matéria de bens, como demonstra Eros Roberto Grau ao examinar as empresas estatais.[2]

17.2 ESCALA DE DOMINIALIDADE: A PLURALIDADE DE REGIMES JURÍDICOS

Por muito tempo, vigorou na doutrina a visão dicotômica do regime jurídico dos bens – visão derivada de um apego à tradição civilista de separá-los conforme a titularidade. Como o Código Civil somente menciona bens públicos e bens privados, por paralelismo, a doutrina tendeu a reduzir os regimes a dois. Sucede que esse raciocínio bipolar faliu, pois se tornou insuficiente para explicar a realidade social e estatal. O cruzamento de critérios subjetivos e funcionais revelou que a bipartição dos regimes jurídicos encontrou seus limites. Não reflete a complexidade da matéria. Há bens estatais públicos, mas também bens estatais privados. Há bens privados em regime comum e outros que, por uma vinculação com funções da administração pública, sujeitam-se à incidência significativa do direito administrativo como se públicos fossem. Na evolução histórica, chegou-se, hoje, a um cenário em que nem tudo o que é estatal é público e nem tudo que é particular é privado.

É por conta dessa simples constatação que se justifica a necessidade de se passar da tradicional, porém restrita "teoria dos bens públicos" para o campo abrangente

---

2. GRAU, Eros Roberto. *A ordem econômica na Constituição de 1988*. São Paulo: Malheiros, 2002, p. 152.

do "direito administrativo dos bens", que abrange três grupos patrimoniais: bens estatais públicos, bens estatais privados e bens privados em função pública (ou bens públicos fáticos). Sob enfoque analítico alargado, a compreensão do regime jurídico dos bens públicos reduz-se a mero capítulo de uma investigação bem maior e que lida com bens compreendidos em inúmeros pacotes normativos.

À luz do direito administrativo dos bens, os regimes jurídicos são variados e diversificados. Perde sentido explicá-los a partir da distinção clássica entre regime de direito administrativo e regime de direito privado. A complexidade real pede nova fórmula explicativa dos regimes jurídicos e, como resposta a essa demanda, desponta a teoria da escala de dominialidade. Trata-se de escala teórica que serve para indicar um conjunto de regimes jurídicos graduados de acordo com a interferência maior ou menor do direito administrativo.

Em face de fatores práticos e legislativos, a escala de dominialidade brasileira deve abranger ao menos cinco degraus. O primeiro deles, aqui denominado de *"domínio público estatal"*, inclui os bens públicos de uso comum do povo e os bens públicos de uso especial. Esses são os bens que mais intensamente se sujeitam ao direito administrativo. O segundo, chamado de *"domínio público impróprio"*, engloba os bens de pessoas jurídicas de direito privado em função pública, sobretudo os reversíveis por força de contratos de delegação de serviços públicos, mas não apenas eles. O terceiro, *"domínio público não afetado"*, designa o conjunto de bens dominicais. O quarto, *"domínio privado estatal"*, abrange os bens de pessoas estatais de direito privado sem vinculação a atividades públicas. E o quinto degrau da escala, *"domínio privado não estatal"*, compõe-se de bens que se situam fora do direito administrativo dos bens e que se sujeitam tão somente a normas de restrição da propriedade baseadas no poder de polícia.

Em contraste ao que se sustentou em tese concluída sobre a matéria em 2005 e publicada em 2007,[3] a escala de dominialidade aqui apresentada é mais fragmentada, mais aprofundada, pois aparta o conjunto de bens dominicais do de bens estatais privados. É verdade que tais bens exercem funções semelhantes na prática. No entanto, o direito positivo cria regras que se aplicam aos primeiros, mas não aos segundos. Certa norma constitucional, por exemplo, consagra a imprescritibilidade de bens dominicais imóveis, proteção que não atinge bens estatais privados. Essas diferenças se justificam em virtude da titularidade. Enquanto os dominicais pertencem a pessoas jurídicas públicas, os estatais privados encontram-se no patrimônio de pessoas jurídicas de direito privado.

Uma vez que a escala de dominialidade proposta para explanar o regime jurídico dos bens se pauta simultaneamente nos dois critérios que permeiam o estudo da matéria, o subjetivo (subjacente às normas do Código Civil) e o funcional (mais presente nos estudos administrativos), dela consta a titularidade como um dos fa-

---

3. MARRARA, Thiago. *Bens públicos, domínio urbano, infraestrutura*. Belo Horizonte: Fórum, 2007, p. 94.

tores determinantes dos regimes. A proposta classificatória conjuga os critérios, não por simples desejo de inventar teorias, senão pelo fato de que o direito positivo e a jurisprudência ora elegem o critério subjetivo, ora valorizam o funcional para criar regras que compõem tais regimes jurídicos. Tampouco se pode ignorar que a mera titularidade estatal sobre um bem, a despeito de seu uso direto em funções públicas, atrai a incidência do direito administrativo. Afinal, o Estado é uma invenção do povo e a ele deve servir e direcionar suas ações, seus esforços e seu patrimônio em todos os momentos. Daí porque a presença do Estado como proprietário sempre atrairá normas de direito público.

Diante desses fatores e do cruzamento dos critérios mencionados, a escala que se propõe para explicar o direito administrativo dos bens no Brasil é a seguinte:

Quadro: escala de dominialidade

Escala de Regimes Jurídicos dos Bens			
Titularidade	Função	Normas	Rótulo do regime
Pessoa jurídica de direito público interno (bem estatal público)	Uso comum do povo ou uso especial	Altíssima incidência de direito público	**Domínio público estatal**
Pessoa jurídica de direito privado não estatal ou pessoa física (bem privado não estatal)	Uso em atividade pública	Regime híbrido de direito público e privado. Predominância da lógica pública.	**Domínio público impróprio**
Pessoa jurídica de direito público interno (bem estatal público)	Uso público flexível (bens dominicais ou "bens curingas")	Regime híbrido (ou público flexível)	**Domínio público não afetado**
Pessoa jurídica de direito privado do Estado (bem estatal privado)	Uso semelhante ao de particulares	Regime mais privatístico, derrogado por algumas normas públicas	**Domínio privado estatal**
Bem não-estatal privado (pessoa física ou jurídica de direito privado)	Uso particular	Regime privatístico mitigado apenas por restrições estatais à propriedade (poder de polícia)	**Domínio privado não estatal**

Fonte: elaboração própria

O *"domínio público estatal"* representa o regime jurídico funcional que incide sobre bens que detenham as seguintes características: (i) titularidade por pessoa jurídica de direito público interno e (ii) uso primário em função administrativa pública. É a titularidade estatal (ou o fato de ser patrimônio do Estado) somada à função pública precípua que faz o direito administrativo excluir tais bens do comércio privado e colocá-los em um regime especial, rígido, publicístico e claramente protecionista dos usos públicos afetados. Tal regime restringe fortemente (mas não por completo) os poderes de disposição e de gestão desses bens (uso e fruição). Existe, em relação a eles, discricionariedade de gestão bastante limitada quando comparada com a existente sobre bens de regimes menos públicos.

O *"domínio público impróprio"* constitui uma cápsula terminológica, teórica, fictícia, criada para agrupar bens privados em função pública. O grande ponto de distinção entre ele e o domínio público estatal reside na titularidade. O adjetivo "impróprio" designa bens não pertencentes a pessoas jurídicas de direito público interno, mas sim a pessoas físicas ou jurídicas de direito privado, ainda que estatais. Pela regra subjetivista do Código Civil, esses bens são sempre privados. Todavia, funcionalmente, desempenham papéis análogos aos públicos afetados, sobretudo os de uso especial. Voltam-se todos eles a funções públicas típicas ou funções de interesse público exercidas em nome do Estado, daí o motivo pelo qual são lançados no campo do direito administrativo.

Exemplos de bens do domínio impróprio são: (i) os essenciais a serviços públicos econômicos (monopolizados), embora pertencentes a delegatários privados, como empresas concessionárias de transporte, de saneamento básico e de geração de energia elétrica (conhecidos como *bens reversíveis*); (ii) os essenciais a serviços públicos sociais (não monopolizados), mas pertencentes a delegatários privados, como organizações sociais ou empresas que atuam nesse campo em nome do Estado, por exemplo, com base em uma parceria público-privada administrativa; (iii) os essenciais a serviços públicos de qualquer gênero delegados a entes estatais privados, como associações, fundações e empresas; (iv) os bens de pessoas físicas que se mostrem imprescindíveis a serviços públicos que lhe forem delegados ou a atividades de interesse público, executadas em nome da Administração ou por ela fomentadas (como ocorre na área de pesquisa), respeitando-se, nesse último caso, a condição de que o bem tenha sido adquirido com recursos públicos; e (v) os direitos, reais ou obrigacionais, sobre bens de terceiros (pessoas físicas ou jurídicas) tomados como suporte de atividades administrativas típicas, executadas diretamente pelo Estado ou por delegatários, tais como os direitos de uso de edifício alugado por uma universidade pública para atividades de ensino, de área arrendada por uma empresa estatal que exerce poder de polícia de trânsito ou de equipamentos alugados por uma concessionária para a produção de energia elétrica ou para a execução de serviço público de telecomunicações.

Dada sua essencialidade a uma função pública, o bem contido nas cinco categorias apontadas deve ser marcado pela *reversibilidade*. Dizer isso implica supor que a noção tradicional de "bem reversível" necessite de reconstrução. Para o direito administrativo dos bens, a reversibilidade não pode mais se reduzir a um instituto peculiar da legislação de concessões de serviços públicos econômicos. Como instrumento jurídico que permite tutelar os bens imprescindíveis à promoção de interesses públicos primários, há que se estendê-la para o campo dos serviços sociais, serviços administrativos e, sob certas condições, para atividades de interesse público desempenhadas por particulares em nome do Estado ou fomentadas por ele. Em seu conteúdo, a reversibilidade precisa ser lida não como um simples dever de devolução de bem ao Estado. Trata-se de um dever de se garantir a continuidade de certa função ou utilidade pública dependente do bem, o que implica, por vezes, transferi-lo à Administração Pública ou a terceiros por ela indicados.

Entre o domínio *público* estatal e o domínio *privado* estatal existe um regime intermediário, aqui denominado de *"domínio público não afetado"*. Nele se inserem bens públicos dominicais, cujas características básicas residem: (i) na titularidade por pessoa jurídica de direito público interno e (ii) na ausência de uma afetação em sentido estrito. A falta de vinculação jurídica formal a um ou mais usos primários (afetação) é o que torna os dominicais incompatíveis com o domínio público estatal, do qual fazem parte bens de uso comum do povo e bens de uso especial. Pela ausência de afetação, o regime dos bens dominicais é mais flexível que o incidente sobre as duas outras espécies de bens públicos. Exatamente por isso eles assumem o papel de "bens-curinga".

Para além dos bens públicos, despontam os bens do *"domínio privado estatal"*, isto é, "bens estatais privados", não públicos, que não se confundem com bens de uso comum do povo, nem de uso especial, nem dominicais. E, no outro extremo, tampouco se identificam com os bens particulares em sentido estrito, haja vista que se inserem no patrimônio do Estado. As características marcantes dessa categoria são: (i) a titularidade por pessoa estatal com natureza jurídica de direito privado, pois se a pessoa jurídica fosse pública, o bem somente poderia ser público afetado ou desafetado; (ii) o emprego em atividades econômicas em sentido estrito, exercidas pelo Estado com base em técnica de intervenção por absorção (isto é, por monopólios) ou por participação (ou seja, mediante concorrência com agentes econômicos não estatais); e (iii) a ausência de vinculação primária e formal a uma tarefa administrativa típica, como os serviços públicos ou o exercício de poder de polícia. Exemplo típico de bem estatal privado é o de uma sociedade de economia mista da União que desempenha atividades de mercado, como a produção de máquinas ou de medicamentos.

Abaixo do regime dos bens estatais privados coloca-se um último degrau: o *"domínio privado não estatal"*. Como esses bens não guardam relação funcional ou patrimonial com o Estado, é aqui que o direito privado mais se expande. O privado é regra, predomina; o público é exceção e os atinge em geral por meio de medidas de polícia, sobretudo as chamadas formas de restrição estatal da propriedade, como as limitações e requisições administrativas. Como ocorre nos outros degraus da escala de dominialidade, público e privado ainda convivem, mas conforme um equilíbrio oposto ao que marca o domínio público estatal, já que o direito privado se sobressai.

17.3 IMPACTO DA ESCALA NA GESTÃO DE BENS

A importância de se reconhecer uma escala de dominialidade está em seu impacto para a gestão dos bens estatais. Conforme se insira um bem em um ou outro de seus degraus, as regras que o atingirão variarão no tocante a:

- *Alienabilidade*. Na medida em que se desce a escala em direção ao direito privado, menores serão as restrições para a transferência da propriedade. Daí porque os bens do domínio público estatal sofrem intensas restrições nesse aspecto, característica que resulta diretamente da indisponibilidade dos interesses públicos e das utilidades que eles geram para a coletividade por sua vinculação aos elementos fulcrais do Estado e por seu emprego em serviços e outras atividades típicas. Apesar do maior ou menor grau de limitação imposto pelo direito positivo, praticamente todos os bens estatais são alienáveis desde que cumpridos alguns condicionamentos. Mesmo os bens públicos afetados se sujeitam à transferência de propriedade, embora dentro do comércio público (intraestatal), exceção feita a bens públicos reservados e exclusivos por força de norma constitucional.
- *Usos*. Ao longo da escala de dominialidade, há igualmente variações quanto às funções sociais e aos instrumentos de outorga de uso. Como aos bens públicos se impõe uma função social especial, que demanda a maximização de utilidades na medida da sustentabilidade, eles se sujeitam ao imperativo de uso múltiplo, controlado mediante instrumentos de direito administrativo, muitos deles marcados pela precariedade. Já os bens dominicais, sujeitam-se a instrumentos públicos e privados e os estatais privados são manejados por instrumentos privados.
- *Prescritibilidade*. É novamente a vinculação de certos bens estatais a interesses e a funções públicas que modula a incidência da prescrição aquisitiva em certos degraus da escala de dominialidade. A imprescritibilidade, como vedação de aquisição por usucapião, guarda relação com o grau de restrição à alienabilidade, embora nem sempre os dois elementos andem juntos. De modo panorâmico, os bens públicos em geral são imprescritíveis; os privados, prescritíveis, salvo quando se vincularem à função pública.
- *Penhorabilidade*. Ao se percorrer a escala de dominialidade em sentido descendente, verifica-se que os bens saltam da impenhorabilidade para a penhorabilidade. Há duas razões para tanto. A primeira decorre das variações no grau de alienabilidade. A segunda deriva da existência de um sistema especial de pagamento de dívidas por precatórios, que torna prescindível a penhora judicial para bens de entidades de direito público interno. Por conta desses fatores, os bens públicos são impenhoráveis e os bens estatais privados, penhoráveis, salvo quando ingressarem no regime do domínio público impróprio, situação que lhes garantirá mais proteção contra a execução judicial.
- *Sujeição a garantias*. A indisponibilidade de certos interesses, utilidades ou funções, também impede dar como garantir os bens que os gerem. Quanto maior a restrição à alienabilidade, mais intensa será a vedação para que se ofertem em garantia bens estatais ou bens privados em função pública.

- *Controle*. A intensidade e as formas do controle exercidas sobre o patrimônio do Estado variam levemente conforme se passe de um degrau a outro da escala de dominialidade. O controle social, o controle administrativo disciplinar, o controle administrativo por poder de polícia e o controle judicial por entidades de tutela de direitos difusos e coletivos, como o Ministério Público, são mais intensos em relação aos bens públicos afetados. Os bens privados do domínio público impróprio e os bens estatais privados sofrem igualmente controle significativo, sobretudo por estarem no patrimônio de entes que, com frequência, dependem de recursos públicos ou os gerenciam.

17.4 FORMAS DE AQUISIÇÃO DE BENS

A aquisição de bens estatais se dá por incontáveis instrumentos de:

- Direito internacional público, incluindo: (i) a *"ocupação"*, quando um Estado descobre território que não pertence a nenhum outro (*"terra nullius"*) e o submete a sua soberania; (ii) a *"anexação"*, que envolve a tomada de um território pertencente a outro; (iii) a *"usucapião"*, ou seja, a aquisição de território com base na posse por um período alongado de tempo e com lastro na proteção da boa-fé; (iv) a *"acessão natural"*, pela qual sedimentos provenientes do território de um Estado se agregam gradual e naturalmente a terrenos de outro, de sorte a estendê-lo; (v) a *"cessão voluntária"*, pela qual um Estado aliena a outro parcela de seu território e (vi) a *"adjudicação compulsória"*, determinada por arbitragem ou pela Corte Internacional de Justiça, caso os Estados aceitem se submeter a tais instituições.

- Direito privado, incluindo: (i) a *"acessão"*, consistente na união ou na incorporação de coisas acessórias à principal, que passam a fazer parte do patrimônio daquele que detém o título de propriedade sobre esta última, e que se dá por inúmeros fenômenos, como a formação de ilhas, o aluvião, a avulsão, o abandono de álveo, as plantações e as construções sobre áreas estatais; (ii) a *"compra e venda"*, de móveis ou imóveis pelo Estado, precedida ou não de licitação, com ou sem direito de preempção a depender do caso; (iii) a *"doação"*, pura ou condicionada, de um bem particular a certo ente estatal; (iv) a *"permuta"* de bens, seja entre entes exclusivamente estatais, seja entre um estatal e um particular, pessoa física ou jurídica; (v) a *"dação em pagamento"*; (vi) a *"usucapião"* de bem privado pelo Estado; e (vii) a *"sucessão testamentária"* voluntária, caso em que uma pessoa física deixa todo ou parte de seu patrimônio ao Estado.

- Direito administrativo, incluindo: (i) as *"desapropriações"*, como forma de transferência compulsória determinada pelo Estado, com ou sem indenização, abarcando as modalidades ordinárias (por interesse social, por necessidade pública ou por utilidade pública) e as sancionatórias (rural, urbana ou confiscatória); (ii) as *"transferências ou doações compulsórias"*, determinadas ao particular, por exemplo, por leis ou contratos que tratam de delegação de serviços públicos, de fomento a entes privados ou de política urbanística, como a transferência de áreas verdes e as vias de loteamentos para os Municípios; (iii) a *"sucessão na herança vacante"* (que não encontra herdeiros) em favor dos Municípios nos quais os bens se encontrem; (iv) o *"perdimento de bens"* de particulares que cometem ilícitos, como se vislumbra na legislação de improbidade administrativa e (v) o *"consórcio urbanístico"*, espécie de permuta de direito público, pela qual o Município recebe um imóvel urbano particular para nele edificar e adequá-lo às diretrizes e políticas de desenvolvimento local, devolvendo ao proprietário originário unidades construídas no valor originário da área.[4]

17.5 AQUISIÇÃO POR REVERSÃO DE BENS

A reversão nada mais é que uma espécie de transferência obrigatória de determinados bens ao Estado. Ela representa frequentemente a alienação compulsória de bem particular vinculado a uma função pública para a Administração. No entanto, há situações em que o bem reversível é estatal, razão pela qual o particular apenas fica obrigado a devolver sua posse ao proprietário público, uma vez cumpridas certas condições. A reversão, portanto, é mecanismo de devolução, ao Estado, da posse ou da propriedade de bens essenciais a funções administrativas.

Originariamente, a reversão aparece associada às técnicas de delegação da execução de serviços públicos econômicos (como os vinculados ao transporte público, à geração de energia ou ao tratamento de esgoto) a entidades particulares. Estipula a Lei de Concessões que, uma vez extinta a concessão, "haverá a imediata assunção do serviço pelo poder concedente, procedendo-se aos levantamentos, avaliações e liquidações necessários" (Lei n. 8.987/1995, art. 35, § 2º).

O bem reversível – necessariamente essencial para a continuidade de ação pública relevante – surge em três cenários. Em primeiro lugar, existem bens que o Estado já detinha em seu patrimônio e são transferidos ao delegatário do serviço. Em segundo lugar, há os reversíveis adquiridos pelo delegatário, inclusive no intuito de preservar a qualidade do serviço (princípio da atualidade), garantir sua prestação sem interrupção (continuidade) ou expandi-lo (universalidade). Em terceiro lugar, há bens de terceiros que o delegatário utiliza na prestação dos serviços por força de relações obrigacionais (comodato, locação ou arrendamento, por exemplo) ou reais (como o direito de superfície ou de uso). Nessa última hipótese, portanto, o bem essencial não é do Estado, nem do delegatário.

---

4. Em mais detalhes sobre os referidos institutos, cf. MARRARA, Thiago; FERRAZ, Luciano. *Tratado de direito administrativo*, v. 3: direito administrativo dos bens e restrições estatais à propriedade. São Paulo: Revista dos Tribunais, 2014, capítulo 3.

Em todas as situações, a reversão se revela fundamental. Na primeira e na segunda hipótese, não é difícil compreendê-la. O delegatário transfere o bem essencial para o Estado quando a relação contratual cessa. Na terceira, o que se transfere ao Estado não são os bens alugados, arrendados ou sobre os quais existe um direito real, como a superfície, senão o direito real ou obrigacional que permite o uso do bem de terceiro. Concordo com o posicionamento de Floriano de Azevedo Marques Neto, para quem o Poder Público substituirá o delegatório na relação real ou obrigacional sempre que o bem alheio for essencial ao serviço. A reversibilidade incidirá sobre o *"uso ou outro direito patrimonial"* e não sobre o bem em si, o qual continuará vinculado ao patrimônio de terceiro.[5]

Apesar de tratado geralmente no campo da delegação de serviços públicos, a aplicação da reversão no âmbito do fomento estatal de atividades particulares é igualmente concebível e recomendável. Como já se aduziu no tratamento dos bens do domínio público impróprio, a Administração Pública oferece aos particulares recursos financeiros também para a aquisição de bens necessários à realização de atividades de interesse público (como pesquisa) ou aliena bens estatais aos particulares que executem tais atividades. Em nenhum desses casos se executa serviço em nome do Estado. O que ocorre é o fomento de atividade privada geradora de utilidade à coletividade. Eis o motivo que justifica a previsão de obrigatoriedade de reversão dos bens usados pelo particular ao Estado após a conclusão da atividade fomentada. Advirta-se somente que, em certas ocasiões, a reversão não ocorrerá em benefício da Administração Pública, já que no acordo ou ato de fomento é igualmente comum e viável que se preveja a destinação do bem a entidade particular ou pessoa física que continue a empregá-lo em atividades de interesse público. Nessa situação, não haverá aquisição de propriedade pelo ente estatal que custeou o bem.

17.6 AQUISIÇÃO POR PERDIMENTO DE BENS

Em contraste com as formas de transferência compulsória por lei, por ato ou por contrato, o perdimento de bens apresenta três características que o tornam um instituto jurídico autônomo: (i) a dependência em relação a um ilícito; (ii) o caráter sancionatório e (iii) a consequente necessidade de previsão legal. Nesse sentido, a Constituição da República de 1988 é clara ao impor que o perdimento de bens, como sanção penal, conste da lei (art. 5º, XLVI). De acordo com o dispositivo constitucional, o legislador determinará as hipóteses em que ele será cominado.

Sem prejuízo dos casos previstos em lei, a própria Constituição aponta a sanção de perdimento para situações específicas, quais sejam: o tráfico ilícito de entorpecentes e drogas afins e a exploração de trabalho escravo. Essa segunda hipótese não

---

5. MARQUES NETO, Floriano de Azevedo. *Bens públicos: função social e exploração econômica – o regime jurídico das utilidades públicas*. Belo Horizonte: Fórum, 2009, p. 177-178.

constava da redação originária do art. 243. Ela foi incluída pela Emenda Constitucional n. 81, de 2014.

Outra hipótese se encontra na Lei de Improbidade Administrativa (Lei n. 8.429/1992, art. 12). Referido dispositivo objetiva evitar que o ato de desonestidade, conquanto punido com outras sanções, ocasione benefício patrimonial ao infrator. Sendo assim, o perdimento apenas ocorrerá diante das hipóteses de enriquecimento ilícito do agente público ou de terceiros (pessoas físicas e jurídicas) que se beneficiem do ato ímprobo. A sanção, no caso, ficará restrita aos bens adquiridos de maneira indevida, não se mostrando válido que atinja bens não desviados do Estado ou não adquiridos com recursos públicos obtidos pela prática da improbidade. Respeitadas essas duas limitações, assim como os valores da indenização, os bens perdidos em favor do Estado ingressarão no patrimônio da entidade em detrimento da qual se praticou a improbidade. Ademais, mesmo que declarado o perdimento, é possível que outros danos causados à Administração Pública pelo infrator restem descobertos, justificando-se então a determinação adicional de indenização.

17.7 AQUISIÇÃO POR DOAÇÃO DE ENTES PÚBLICOS OU PARTICULARES

O tema da doação no direito administrativo surge como mecanismos de aquisição e de alienação de bens. É possível que o Estado figure, na prática, ora como doador, ora como donatário de bens de pessoas físicas ou jurídicas, de direito público ou privado.

Como os bens doados às entidades estatais podem gerar despesas em termos de manutenção e de alocação, ainda que a doação seja pura, é preciso que o donatário estatal sempre faça um juízo a respeito da oportunidade da transferência patrimonial. Desta feita, bastante adequada é a advertência de Floriano de Azevedo Marques Neto, segundo a qual cumpre à Administração Pública, ao assumir a posição de donatária, verificar como o bem doado impactará o patrimônio público.[6] Esse raciocínio é de todo correto. Se, por exemplo, a doação representar benefícios no curto prazo, mas prejuízos no médio e no longo, sua aceitação certamente será questionável à luz dos princípios da eficiência e da proteção dos interesses públicos primários. Em última instância, aceitar doações como a narrada poderá configurar improbidade administrativa por lesão ao patrimônio estatal.

Essa constatação vale a despeito da figura do doador. Como dito, há doações realizadas por uma entidade estatal em favor de outra (por exemplo, da União em favor de um Município) e doações realizadas pelo particular em favor da Administração Pública (por exemplo, de ex-alunos a uma universidade pública).

---

6. MARQUES NETO, Floriano de Azevedo. *Bens públicos: função social e exploração econômica – o regime jurídico das utilidades públicas*. Belo Horizonte: Fórum, 2009, p. 265.

No tocante ao primeiro cenário, duas observações se afiguram relevantes. A Lei de Licitações explicitamente aponta a possibilidade de um ente público realizar doação para outro, de qualquer esfera da federação. Salvo quando a doação for acompanhada de encargo, não se exigirá a licitação prévia (art. 76, I, 'b' e II, 'a' e art. 76, § 2º). Inexistindo encargo exigido pelo doador, mesmo que vários entes públicos se interessem pelo bem a ser doado, o doador público não necessitará realizar a licitação propriamente dita. Ao permitir a contratação direta nessa hipótese, o legislador abriu um espaço de discricionariedade, mas que não é absoluto. O doador estatal não deverá, por ilustração, doar o bem para um ente que dele não necessite, afastando o interesse de outro que daria proveito ao objeto. A doação que leve ao desperdício de bens é incompatível com os princípios da moralidade e do interesse público. Nesse sentido, a Lei de Licitações prevê que os imóveis doados pelo Estado, "cessadas as razões que justificaram sua doação, serão revertidos ao patrimônio da pessoa jurídica doadora, vedada sua alienação pelo beneficiário" (art. 76, § 2º).

Não bastasse isso, a doação entre entes estatais não necessariamente se restringe a bens estatais privados e a bens públicos dominicais. Os bens afetados sujeitam-se igualmente à doação de caráter interadministrativo. Assim, é lícito à União doar uma via sob sua propriedade para o Estado ou o Município. Pode também doar um parque ou uma floresta pública. O fato de o bem ser afetado não impede sua doação para outro ente, que assumirá o dever de mantê-lo conforme sua afetação. A única exceção à doação de bens afetados entre entes públicos diz respeito aos bens reservados e exclusivos, presentes em grande parte dos incisos do art. 20 e 26 da Constituição da República. Em relação a esses bens, nem mesmo os meios de alienação / aquisição típicos do direito administrativo valem. Sua alienação ocorrerá, portanto, apenas mediante transferências territoriais no plano do direito internacional público.

No tocante ao segundo cenário (doação por particulares à Administração Pública), os problemas são maiores. O particular pode decidir doar seus bens à Administração, que manifestará ou não sua aceitação com a proposta. Ao realizar esse juízo, cumpre aos administradores públicos avaliar os custos de ter o bem no patrimônio estatal. Doações que gerem despesas insustentáveis e benefícios reduzidos certamente deverão ser negadas. Tal análise não necessita ser levada a cabo em procedimento licitatório. Concordo com Marçal Justen Filho no sentido de que a doação de bens ao Estado independe de licitação. Afinal, referido procedimento é inviável diante do fato de que "não existe, em princípio, possibilidade de competição", nem "possibilidade de seleção de uma única proposta mais vantajosa".[7] Ademais, a princípio, o fato de um indivíduo doar algo a certo ente estatal não retira de outrem essa mesma possibilidade.

---

7. JUSTEN FILHO, Marçal. *Comentários à lei de licitações e contratos administrativos*, 15ª ed. São Paulo: Dialética, 2012, p. 52-53.

A viabilidade de um procedimento de escolha se mostra muito maior diante das chamadas doações condicionais, ou seja, contratos que prevejam a transferência de um bem ao Estado contanto que ele cumpra determinados encargos sob pena de revogação da doação, a exemplo de batizar o bem com o nome do doador. Nessas hipóteses, em havendo pluralidade de potenciais doadores em competição pelo contrato, a entidade pública poderá abrir um procedimento para atraí-los e, ao final, selecionar a proposta mais vantajosa (ou melhor, a que apresente o menor encargo). Poderá, ainda, abrir seleção que já estabeleça previamente o encargo, deixando aos interessados apontar o bem ou o valor doado. Não há, porém, exigência expressa de licitação nos termos do art. 2º da Lei n. 14.133/2021.

Imagine-se, por exemplo, o Município que deseje obter a doação de um terreno para construção de um teatro que deverá receber o nome do doador. Uma vez constatada a pluralidade de interessados em celebrar o contrato com a Administração, a adoção de um procedimento de escolha será plenamente viável e justificável para selecionar a proposta mais adequada, mais vantajosa. Contudo, como dito, não se está a falar aqui de uma licitação tradicional (cujos critérios legais de julgamento dificilmente se acoplariam à situação narrada), mas sim de um procedimento de seleção adaptado à doação com encargo. Diferente será a situação caso o Município deseje absorver o máximo de bens doados por particulares. Aqui, não se justificará um procedimento de escolha, bastando que cada doação com encargo seja avaliada e aceita pelo órgão com competências de gestão patrimonial.

17.8 AFETAÇÃO, DESAFETAÇÃO E REAFETAÇÃO

Uma vez adquiridos, os bens passam a ser empregados nas mais diversas finalidades atribuídas pela legislação aos entes estatais. Afetar nada mais é que conectar ou "vincular juridicamente" um determinado bem a certa função pública concreta. O prefeito, por exemplo, pode afetar um edifício à prestação de serviços da Secretaria de Assistência Social ou uma praça à realização de atividades culturais. Por via reversa, desafetar significa afastar a associação jurídica da coisa a uma função ou utilidade pública e reafetar consiste em trocar, modificar, substituir a afetação atual por nova destinação ou acoplar à afetação inicial novos usos primários.

Referidas definições podem gerar confusão na compreensão da disciplina jurídica dos bens públicos. Considerando-se que todos os bens pertencentes ao Estado devem ser direcionados à produção de utilidades, então já não estariam todos afetados? Tecnicamente não. A afetação representa vinculação formal a utilidades mais específicas que se encaixam basicamente em dois grandes grupos. Ou a afetação do bem implica sua disposição para o uso comum pelo povo, ou designa que se empregará o bem na prestação de serviço público de natureza econômica, social ou administrativa. É por isso que os bens do domínio público estatal são conhecidos na doutrina como bens públicos afetados. Já os dominicais, por estarem desvinculados de serviços públicos ou do uso geral do povo, conformam o domínio não afetado.

Em relação aos bens estatais privados, geralmente não se faz qualquer apontamento, mas a distinção é igualmente válida. Os bens do domínio privado estatal não são geralmente afetados. Contudo, alguns deles ingressam no domínio público impróprio, por exemplo, em razão de sua essencialidade à prestação de serviço público delegado ou outra atividade administrativa típica, como o exercício de poder de polícia. Nesse caso, eles se tornam bens análogos aos afetados. É o que ocorre com os bens de empresas estatais que atuam como delegatárias de serviços públicos. Seus bens são privados, mas em regime altamente limitado pelo direito público por se vincularem juridicamente à função pública. Igual conclusão vale para sociedade de econômica mista que desempenha tarefa de fiscalização de trânsito.

No tocante aos bens de uso comum do povo e de uso especial, a afetação consiste em associação formal a certas destinações primárias. Por *"associação formal"*, entenda-se um vínculo criado por ato jurídico de natureza legislativa ou administrativa, ainda que de modo implícito. A afetação vincula juridicamente a coisa a um ou mais usos precípuos, daí a razão pela qual não se confunde com o uso que se faz da coisa em si.

Por *"destinações primárias"*, desejo ressaltar que os usos afetados prevalecem sobre os não afetados. É possível, aliás, que a afetação consista em associação com um único uso ou com um conjunto de usos. Nessa última situação, fala-se de *"afetação múltipla"*, de pluralidade de usos primários. O bem fica juridicamente atrelado a inúmeras destinações públicas, ora hierarquizadas no ato de afetação, ora não. Esses usos primários não se confundem com os usos secundários ou anormais, ou seja, os usos não previstos no ato de afetação, embora possam ser autorizados por decisão discricionária da Administração. Para ilustrar, tomem-se os edifícios de uma universidade pública que, em geral, são afetados de modo múltiplo ao ensino, à pesquisa e à extensão. Ainda assim, eles podem aceitar usos privativos secundários ou anormais, por exemplo, por uma gráfica, um restaurante privado e um banco. Esses usos serão juridicamente aceitáveis na medida em que não comprometam os usos afetados.

Para se prevenir e se solucionar um conflito de uso, é sempre mais adequado que o ato de afetação já disponha sobre a ordem de preferência de usos primários para orientar a autoridade pública a respeito de como gerir o bem público afetado. Solução alternativa à referida técnica consiste em prever os usos preferenciais em casos de conflitos. Nessa linha, a legislação de águas (Lei n. 9.433/1997) traz norma que impõe o uso preferencial em favor do consumo humano e da dessedentação de animais em situações de escassez. Esse mesmo diploma reconhece que a gestão das águas há que favorecer o uso múltiplo. Entretanto, acertadamente, deixa ao gestor público a flexibilidade necessária para tratar da questão, ou seja, para decidir os usos em cada caso (esporte, irrigação, navegação etc.), respeitando-se as prioridades legais.

No plano teórico, a (des)afetação como (des)vinculação jurídica de um bem a uma ou mais destinações primárias assume três formas hipotéticas, a saber: a expressa, a tácita e a fática. A *"afetação expressa"* indica a vinculação de um bem a uma ou mais destinações primárias por mandamento explícito contido em lei ou ato administrativo. O Decreto que desapropria certo terreno para vinculá-lo a uma futura escola ou a uma estação de transporte urbano configura ato expresso de afetação. A lei que direciona uma fazenda à instalação de parque público e o ato de registro de um loteamento que transfere vias de tráfego para o Município são outros exemplos.

Diversa é a *"afetação tácita"*, em que a associação do bem a uma finalidade precípua esconde-se no texto do ato legislativo ou administrativo. O mandamento não se encontra explícito. Conforme se sustentei alhures, "se tácito é o que está subentendido, implícito, a (des)afetação tácita seria aquela que não decorre de uma previsão específica, de um ato legal ou administrativo de efeitos concretos do qual se retire um comando de alteração na destinação de uso precípuo do bem".[8] A (des)afetação tácita deve ser compreendida como comando subjacente a um ato. A criação de uma autarquia por lei faz supor que todos os bens que ela receba originariamente venham a ser utilizados no exercício de suas funções administrativas.

A terceira hipótese teórica representa a *"(des)afetação fática"*, ou melhor, a (des)vinculação de coisa, móvel ou imóvel, a certa finalidade pública primária por força de fatos, usos, costumes, comportamentos humanos em geral, a despeito de um ato jurídico. Apesar de sua definição simples, não se revela fácil responder se esse conceito se compatibiliza com o direito positivo brasileiro. Imagine-se uma praça municipal (bem de uso comum) que passa a ser utilizada para atividades de uma creche municipal (como bem de uso especial). Imagine-se outra praça abandonada que, pela sua situação, seja tomada como bem dominical pelo Município e vendida sem desafetação. O uso fático que se fez do bem transformou ou afastou sua afetação originária? Os fatos produziram efeito jurídico? Modificaram mandamento jurídico anterior? Acredito que não.

O comportamento, omissivo ou comissivo, da coletividade ou dos agentes públicos, a despeito de sua extensão temporal e de boa-fé, não modifica a vinculação formal de um bem público a uma ou mais destinações primárias. A afetação fática, conquanto possa ser reconhecida no plano dos conceitos, não é válida no direito brasileiro, pois, caso fosse, representaria o reconhecimento de que o costume constitui fonte de normas jurídico-administrativas, o que contraria os princípios constitucionais da legalidade e da moralidade.[9]

---

8. MARRARA, Thiago. *Bens públicos, domínio urbano, infraestruturas*. Belo Horizonte: Fórum, 2007, p. 73.
9. Cf. Araújo, Edmir Netto de. Curso de direito administrativo, 5ª ed. São Paulo: Saraiva, 2010, p. 64 e MARRARA, Thiago. As fontes do direito administrativo e o princípio da legalidade. *Revista Digital de Direito Administrativo* (RDDA), v. 1, n. 1, 2014, p. 40.

É preciso cuidado para não se misturar a (des)afetação fática, instituto incompatível com o direito administrativo brasileiro, com a transformação ou o desaparecimento da coisa. Em várias ocasiões, o uso normal do bem ou certos fenômenos naturais que o atingem acabam por modificar sua estrutura e natureza física. Eis o que sucede com o edifício afetado a serviço público e transformado em escombro por força de terremoto ou em cinzas após um grande incêndio. Caso semelhante é o das cadeiras e de lousas de escola pública que se desgastam com o uso e se transformam em material inservível (ou seja, resíduo). Na hipótese em que o bem se esgote ou se transforme em outro por resultado do uso ou de fenômenos naturais, não se opera real desafetação. Ocorre, sim, uma destruição ou transformação significativa do objeto, o que aniquila a afetação originária, já que ela depende da aptidão de o bem produzir utilidades públicas determinadas.

17.9 USOS, FUNÇÃO SOCIAL E SUSTENTABILIDADE

Além de se respeitar a afetação, é necessário gerir o patrimônio público em linha com interesses difusos e coletivos. O art. 5º, XXII da Carta Magna reconhece a propriedade como um direito fundamental, mas, logo em seguida, atribui-lhe função social. Não interessa debater qual venha a ser o conteúdo geral de função social, mas simplesmente registrar que, pela Constituição, todo e qualquer tipo de propriedade está atrelado a ela. Não importa se o bem é móvel ou imóvel, material ou imaterial, de produção ou de consumo, urbano ou rural, nem mesmo se é estatal ou não estatal, público ou privado. O texto constitucional é claro: a propriedade, seja ela qual for, deverá perseguir uma função social, cabendo ao legislador preencher esse conceito jurídico indeterminado com mandamentos específicos para lhe dar concretude.

Inexiste dúvida sobre a existência de uma função social dos bens estatais. No entanto, seu conteúdo é peculiar, distinto da função que incide sobre os não estatais. E essa função, do ponto de vista teórico, consiste no dever de a Administração Pública empregá-los de modo a gerar o máximo de utilidades sociais possíveis, desde que respeitados dois limites: sua afetação e sua sustentabilidade.

Caso se possa empregar um bem estatal público, como um edifício de uma universidade afetado para aulas e pesquisa, em benefício da realização de atividades culturais da sociedade, para o esporte e para outros usos secundários que representem utilidades sociais, por que não o fazer? Por que obstar o uso múltiplo? Se um rio é útil à geração de energia, mas também à navegação, à pesca, ao esporte, ao lazer, à extração de riquezas naturais, por que não explorar, com as devidas cautelas, o uso múltiplo? Os bens estatais, públicos ou privados, na medida do lícito, do possível e do sustentável, necessitam ser manejados com vistas à maximização consciente de utilidades públicas.

Como dito, porém, alguns limites se impõem a essa afirmação, revelando que a função social dos bens estatais, aqui definida como um *"imperativo de uso múltiplo"*, não é absoluta. Em primeiro lugar, a maximização de benefícios deve sempre respeitar os usos afetados, primários, normais. Os usos secundários ou anormais devem ser autorizados somente na medida em que se harmonizem com os primários, já que estes são prioritários e, inclusive, demandam o emprego de mecanismos de tutela quando obstados ou prejudicados por usos secundários ou indevidos da coisa. Nesse ponto, há que se ter em mente outra situação relevante, qual seja: a dos bens públicos que somente geram utilidades quando mantidos em estado de ociosidade, sem uso por particulares. É o caso de certas áreas verdes e de certos objetos de relevância histórica. Aqui, portanto, o uso, inclusive múltiplo, será descabido e a ociosidade (intencional e planejada) será lícita.

Em segundo lugar, a maximização de utilidades deve levar em conta a sustentabilidade. Sob a perspectiva material ou de conteúdo, a sustentabilidade impõe políticas e medidas estatais que compatibilizem, simultaneamente, interesses ambientais, sociais e econômicos. Sob a perspectiva temporal, a concretização da sustentabilidade pressupõe análises complexas da realidade; exige a verificação dos impactos das políticas públicas tanto no curto prazo, quanto no médio e no longo. Transportando-se essa lógica para o direito administrativo dos bens, ao se afirmar que a função social entendida como imperativo de uso múltiplo há que ser sustentável, objetiva-se ressaltar que a gestão dos usos que se façam de um bem estatal: (a) deve ser capaz de aliar interesses públicos de ordem ambiental, social e econômica e (b) não deve permitir o esgotamento de bens essenciais ou a redução indevida de suas utilidades, de modo a obstar o atendimento das necessidades de futuras gerações.[10]

17.10 CLASSIFICAÇÃO DE USOS

Do ponto de vista prático, uma proposta de classificação dos usos serve, entre outras coisas, para: (i) fornecer um mapeamento das utilidades potenciais dos bens estatais; (ii) esclarecer a diferenciação das utilidades desejadas pelo legislador ou pelo administrador em relação às utilidades eventuais ou acessórias; (iii) contribuir com o entendimento da relevância e do impacto econômico de cada tipo de uso e para (iv) viabilizar a elaboração de teorias e técnicas destinadas a solucionar conflitos de uso. De acordo com a teoria de Maria Sylvia Zanella Di Pietro, dentre os diversos tipos de uso de bens estatais públicos merecem atenção: (a) o uso comum e o privativo; (b) o uso ordinário e o extraordinário; e (c) o uso normal e o anormal.

O comum e o privativo se distinguem em virtude do critério de exclusividade quanto ao utente. Há situações em que todos os membros da coletividade, em igualdade de condições, estão livres para utilizar certo bem sem que a Administração Pública consinta de modo expresso e individualizado. Trata-se de uso comum, que

---

10. Em mais detalhes sobre o assunto, mais com referência a grandes infraestruturas públicas, cf. MARRARA, Thiago. Regulação sustentável de infraestruturas. *Revista Brasileira de Infraestrutura (RBINF)*, v. 1, 2012.

pode ocorrer em relação a qualquer espécie de bem estatal, público ou privado. Em primeiro lugar, o uso comum é aberto a todos, à coletividade. Todos usam o bem de modo anônimo e recebem tratamento jurídico isonômico por parte do ente proprietário, daí porque, em geral, não se faz necessária qualquer outorga de uso. Em segundo lugar, embora costume ser gratuito, o uso comum pode ser oneroso (condicionado ao pagamento de preço), tal como explicitamente autoriza o Código Civil brasileiro (art. 103) e como ocorre, por exemplo, no âmbito das infraestruturas rodoviárias, ferroviárias e aeroportuárias. Em terceiro lugar, o uso comum está sujeito tanto ao poder do proprietário estatal, quanto ao poder de polícia do Estado, que não se restringe ao do ente proprietário do bem. Outros níveis federativos, dentro de suas competências constitucionais, igualmente expedem normas que limitam o uso comum. Em quarto lugar, aponta Maria Sylvia Zanella Di Pietro que, diante de bem afetado ao uso comum, o administrado aparece em duas situações: ora é membro da coletividade e zela pelo interesse coletivo na preservação do uso; ora é interessado direto no uso comum do bem para satisfazer suas necessidades individuais, situação em que se mostra titular de direito subjetivo público que permite a defesa do uso tanto na esfera administrativa, quanto na judicial – posicionamento que é seguido por Eros Roberto Grau.[11] Em contraste com o comum, o privativo é uso que a "Administração Pública confere, mediante título jurídico individual (contratual ou unilateral), a pessoa ou grupo de pessoas determinadas, para que o exerçam, com exclusividade sobre parcela do bem público".[12] É o que ocorre com o uso de túmulos em cemitérios, o uso de mercados públicos por lojistas ou o uso de faculdades públicas para operação de restaurantes, bancos ou gráficas.

O comum ordinário e extraordinário se separam conforme o critério da existência de limitação de uso. Mais pura e simples é a modalidade ordinária, que se caracteriza pela igualdade, pela gratuidade, pela ausência de requisitos ou de atos prévios de controle e pela liberdade de o usuário utilizar o bem para satisfazer algumas de suas necessidades como cidadão no intuito de materializar seus direitos fundamentais. Extraordinário é o uso comum condicionado ou limitado. É o que ocorre com o uso comum oneroso (dependente de pagamento de preço pelo usuário), com o uso restrito a certos beneficiários (por exemplo, uma avenida exclusiva a pedestres e ciclistas no final de semana) ou limitado quanto ao modo (como a obrigatoriedade de trafegar por certo lado na via). Diferentemente do uso comum extraordinário, que é aberto a todos respeitados os requisitos estabelecidos pelo legislador ou pela Administração, o uso privativo, antes mencionado, faz-se com exclusividade por uma ou mais pessoas determinadas, razão pela qual demanda um título de outorga por ato ou contrato.

---

11. GRAU, Eros Roberto. Bens de uso comum. *Revista de Direito Público*, v. 18, n. 76, 1985, p. 52.
12. DI PIETRO, Maria Sylvia Zanella. *Uso privativo de bem público por particular*, 3ª ed. São Paulo: Atlas, 2014, p. 29.

O normal (ou primário), o anormal (ou secundário) e o uso proibido são classificações baseadas no critério de conformidade do uso com a destinação primária ou principal do bem.[13] Nas palavras de Di Pietro, o uso normal, privativo ou não, é aquele que se exerce "de conformidade com a destinação principal do bem e uso anormal é o que atende a finalidades diversas ou acessórias, às vezes em contraste com aquela destinação".[14] Os normais são os usos afetados, como o uso de uma faculdade pública para as atividades de graduação. Os anormais consistem em usos secundários, mas compatíveis com os usos afetados, como a organização de uma feira privada de profissões na faculdade pública. Os usos proibidos são os expressamente vedados ou faticamente incompatíveis com a afetação, como o uso da referida faculdade para beneficiar uma religião ou o uso privativo, por terceiros, de modo a impossibilitar as atividades de graduação. Se o bem for afetado a mais de um uso (afetação múltipla), todos eles serão normais ou primários. Por exemplo, o rio afetado à navegação, à pesca e à natação assume três usos normais. Outros usos que se façam desse corpo hídrico para além do ato de afetação serão ou usos anormais ou proibidos.

Ao longo do tempo, a doutrina brasileira construiu outras classificações de usos. Ao teorizar sobre o assunto em tese de livre-docência, Floriano de Azevedo Marques Neto pretendeu alargar a classificação consagrada por meio de cinco critérios: os tipos de "requisitos exigidos para o indivíduo lançar mão da utilidade"; o "grau de rivalidade de uso"; a "finalidade pública buscada pelo uso" e auferível pelo administrado; a "rentabilidade do uso" e a temporalidade do uso, de acordo com o qual se diferenciam quatro espécies: o uso permanente (perene e irrevogável), o uso temporário (ou vinculado a uma condição subjetiva), o uso aprazado (vinculado a termo final) e o uso episódico.[15] A partir dos cinco critérios mencionados, Marques Neto destaca sete tipos fundamentais, a saber: (i) o uso livre; (ii) o uso geral, gratuito ou remunerado; (iii) o uso específico administrativo; (iv) o uso específico utilitário; (v) o uso econômico de interesse geral; (vi) o uso econômico de interesse particular e (vii) o uso exclusivo de caráter não-econômico.[16]

17.11 CONFLITOS DE USO

Como o uso do patrimônio estatal gera benefícios, coletivos ou individuais, públicos ou privados, econômicos ou não, afirma-se que a função social dos bens

---

13. DI PIETRO, Maria Sylvia Zanella. *Uso privativo de bem público por particular*, 3ª ed. São Paulo: Atlas, 2014, p. 15 e seguintes.
14. DI PIETRO, Maria Sylvia Zanella. *Uso privativo de bem público por particular*, 3ª ed. São Paulo: Atlas, 2014, p. 25.
15. MARQUES NETO, Floriano de Azevedo. *Bens públicos: função social e exploração econômica – o regime jurídico das utilidades públicas*. Belo Horizonte: Fórum, 2009, p. 400 e seguintes.
16. Para um exame crítico dessa proposta teórica, cf. MARRARA, Thiago; FERRAZ, Luciano. *Tratado de direito administrativo*, v. 3: direito administrativo dos bens e restrições estatais à propriedade. São Paulo: Revista dos Tribunais, 2014, p. 219 e seguintes.

se realiza plenamente na medida em que eles se abrem ao maior número possível de usos[17] dentro de uma perspectiva sustentável – melhor dizendo, nos limites em que os usos não esgotem indevidamente o bem ou o aniquilem. O uso múltiplo representa um imperativo na gestão dos bens estatais, cabendo ao legislador e ao administrador buscar a conciliação de interesses econômicos, sociais e ambientais e, de modo simultâneo, equilibrar o atendimento de demandas da sociedade atual com a garantia do bem-estar de gerações futuras.[18]

Na prática, os usos múltiplos ora se harmonizam, ora entram em choque atual ou potencial. A primeira situação se caracteriza pela coexistência não conflituosa entre inúmeros usos de um mesmo bem, sejam eles usos comuns, administrativos, privativos, normais ou anormais. Se os usos primários forem protegidos, se não houver riscos para a gestão sustentável do bem, nem qualquer choque ou tensão entre os beneficiários de uso, a hipótese em questão não apresentará dificuldades. Do mesmo modo, diante de um ou vários usos proibidos, ainda que compatíveis com outros no plano fático, tampouco haverá espaço para discussões jurídicas. Bastará que se vede ou se anule a outorga de uso, restaurando-se a legalidade.

A segunda situação, de usos múltiplos em tensão, mostra-se mais complexa. Para superá-la, não basta elaborar uma resposta jurídica genérica. A solução do conflito dependerá de inúmeras etapas, a saber: (i) da identificação dos usos em jogo; (ii) da classificação desses usos; (iii) da tentativa de composição administrativa do conflito por técnicas de consensualização e, (iv) na impossibilidade de solução consensual, do emprego de medidas impositivas que sobreponham certos usos a outros de modo forçoso.

Seja por decisão consensual, seja por decisão imperativa e coercitiva da Administração ou do Judiciário, há que se privilegiar a legalidade (normas superiores que regem o bem e sua função social), a impessoalidade e a isonomia (de sorte a não se beneficiar indevidamente um ou outro utente) e a indisponibilidade de interesses públicos primários (de modo a sempre se resguardar as utilidades que certo bem se destina a criar como parte do patrimônio do Estado democrático, republicano e de direito).

Considerando-se referidos critérios valorativos, para aprofundar a teoria no intuito de forjar respostas mais concretas, há que se destacar quatro padrões de conflito, quais sejam:

    a) Conflitos entre usos normais e anormais. A solução, aqui, extrai-se diretamente do princípio da legalidade. Dado que um ou mais usos são afetados por decorrerem de ato do Legislativo ou do Poder Público, então são eles que pre-

---

17. Nesse sentido, já se posicionava CAETANO, Marcelo. *Manual de direito administrativo*, v. II. Coimbra: Almedina, 1983, p. 933.
18. MARRARA, Thiago. *Bens públicos, domínio urbano, infraestruturas*. Belo Horizonte: Fórum, 2007, p. 130-134.

valecerão em detrimento de outros usos que, conquanto aceitos pelo direito e pela Administração, prejudiquem a finalidade precípua (única ou múltipla) a que se vincula o bem. Assim, no conflito para o uso de um auditório de uma faculdade pública para a realização de um evento científico oficial ou para atividade privada de terceiros, como o encontro de certo escritório de advocacia, prevalecerá o primeiro uso.

b) *Conflitos entre dois ou mais usos normais.* Quando a afetação for múltipla, conflitos entre usos normais (primários) poderão ser deflagrados. Para se evitar esse problema, há dois caminhos. O primeiro deles consiste na hierarquização de usos normais no ato de afetação expedido pelo Legislador ou pela Administração Pública. A hierarquia de usos normais aponta a ordem preferencial formal que cumpre à Administração observar. Na sua ausência, será necessário realizar a ponderação dos interesses públicos e escolher o uso que mais os promova.

c) *Conflitos entre uso comum e privativo.* Tanto o uso comum quanto o privativo podem ser normais ou anormais, razão pela qual a solução do conflito dependerá da aplicação da regra de predominância dos usos normais, de sorte que prevalecerá o uso comum ou privativo que for normal em relação aos anormais ou secundários. Se os dois usos detiverem a mesma natureza jurídica, a regra geral de predominância do uso normal não surtirá efeito, exigindo, então, que se valorize uso que mais promova interesses públicos primários e gere mais benefícios à coletividade.

d) *Conflitos transgeracionais de uso.*[19] É imaginável a situação em que um uso atual (ocorrente) ou prestes a ocorrer (iminente) entre em tensão com usos previstos para o bem público no futuro. Quando considerado um lapso temporal alargado, esses conflitos assumirão natureza transgeracional. Para se compreendê-los, é preciso considerar que existem bens cujo uso atual redunda em diminuição da possibilidade de uso por outros no futuro próximo ou distante. Esse fenômeno, conhecido como rivalidade de uso, ocorre, porque a oferta do bem é muito reduzida; ora, porque a oferta é normal, mas a demanda se eleva de tal modo que o bem é consumido por completo ou de forma tão intensa que sua renovação ou regeneração se torna inviável. Caso o uso atual se mostre incompatível com a capacidade de o bem produzir utilidades ou com sua própria manutenção, então ele passará a ser insustentável. Em situações como a descrita, o Poder Legislativo e a Administração Pública assumirão o dever de tomar providências capazes de proteger o interesse de gerações futuras e de concretizar a sustentabilidade. Isso demandará a imposição de medidas de restrição de usos atuais, como (a) a instituição de

---

19. MARRARA, Thiago. *Bens públicos, domínio urbano, infraestruturas.* Belo Horizonte: Fórum, 2007, p. 216 e seguintes.

remuneração de uso, cuja receita se empregue na manutenção ou na reconstrução do bem; (b) a determinação de limites quantitativos e qualitativos de usos secundários ou (c) a vedação de usos secundários que tenham efeitos nocivos à manutenção do bem.

17.12 OUTORGAS ADMINISTRATIVAS DE USO

O uso de bens estatais por particulares ou por outros entes estatais, diferentes do proprietário, é viabilizado por muitos instrumentos jurídicos. Os bens estatais privados são geridos por meios de direito privado, de natureza real ou obrigacional, como o arrendamento, a locação, o comodato, o direito de laje etc. Em situação intermediária, por serem públicos, mas não afetados, os bens dominicais aceitam, para a gestão de uso, instrumentos de direito público ou de direito privado. Isso se vislumbra, por exemplo, na possibilidade de empregar direito real de laje e de superfície sobre ou sob faixa de domínio de via férrea, observado o Plano Diretor e o respectivo contrato com o poder concedente (art. 57-A do Estatuto da Cidade). A seu turno, os bens públicos afetados são geridos por mecanismos de outorga típicos do direito administrativo, não se aplicando a eles, salvo previsão legal, os de direito privado.

"Outorga de uso" é o ato jurídico concreto, unilateral ou bilateral, legislativo ou administrativo que viabiliza o uso de bem estatal, em qualquer de suas espécies, com ou sem prazo, a cidadãos, agentes econômicos, entidades estatais ou agentes públicos específicos. A utilidade desse instrumento se relaciona, principalmente, à necessidade de controlar e gerir usos privativos (normais e anormais), mas não apenas isso. Certos usos comuns extraordinários e usos especiais (ou administrativos) dependem igualmente de instrumentos de outorga, que se tornam dispensáveis somente para usos comuns livres (não condicionados), primários (afetados) ou secundários (não afetados).

Para os bens públicos afetados – bens de uso comum do povo e bens de uso especial –, empregam-se as outorgas para operacionalizar relações obrigacionais do Estado com os utentes, estatais ou não. De modo diverso, na gestão dos bens dominicais, o administrador se vale tanto de instrumentos de direito administrativo quanto de meios do direito privado (sejam de direito real ou de direito obrigacional). Para tanto, sequer há necessidade de previsão legal específica, uma vez que o Código Civil explicitou que bens dominicais se sujeitam a relações obrigacionais e reais com base em normas de direito privado. Ainda assim, o manuseio de tais mecanismos de outorga haverá que observar os valores centrais do direito administrativo.

Na ausência de previsão legal específica que preveja mecanismos alternativos, as outorgas de uso dos bens afetados (domínio público estatal) ocorrerão por meio de autorização, permissão ou concessão de uso.

A *"autorização de uso"* constitui ato administrativo marcado pela precariedade e pela discricionariedade. Ela é precária, pois passível de revogação a qualquer momento com base em um interesse público e discricionária, porque sua expedição é facultativa e dependente de um juízo de conveniência e oportunidade. Na gestão de bens, certas autorizações viabilizam o chamado uso comum extraordinário, condicionado ao cumprimento de certos requisitos (de modo, de remuneração, de tempo pelo interessado). É relevante que esse tipo de autorização tenha previsão legal para ser exigida, uma vez que consiste em restrição à liberdade que seria primariamente mais ampla. Em segundo lugar, há autorizações de uso privativo de bem público. Como há interesse particular do beneficiário no uso exclusivo do bem ou parcela dele, ensina Di Pietro que "(a) a autorização reveste-se de maior precariedade do que a permissão e a concessão de uso; (b) é outorgada, em geral, em caráter transitório; (c) confere menores poderes e garantias ao usuário; (d) dispensa licitação (salvo a hipótese de outros possíveis interessados, a exigir competição) e autorização legislativa; (e) não cria para o usuário um dever de utilização, mas simples faculdade". Adiciono que a autorização para uso privativo prescinde de previsão legal, cabendo à Administração empregá-la mesmo no silêncio da lei.[20]

A *"permissão de uso"* também se caracteriza pela unilateralidade, discricionariedade e precariedade, e se mostra bastante útil para conferir usos privativos anormais sobre bens públicos afetados. Assim como a autorização, aceitam-se permissões excepcionalmente aprazadas, vinculadas a termo final. Nenhuma dessas características serve para diferenciá-la da autorização de uso privativo. Em verdade, segundo Di Pietro, são outros os fatores que propiciam a manutenção dos dois tipos teóricos como se fossem institutos autônomos. A uma, a autorização conferiria faculdade de uso privativo no interesse privado do beneficiário, enquanto a permissão seria destinada a uso privativo para fins de interesse coletivo. A duas, conquanto a autorização e a permissão sejam precárias, a permissão o seria em menor grau, pois é ela expedida na presença de interesse coletivo, fato que aproximaria o utente externo ao proprietário do bem público. A três, a autorização criaria faculdade de uso ao passo que a permissão obrigaria o uso e, diante de seu descumprimento, o ato poderia ser cassado.[21] Sem prejuízo dessa explicação teórica, na prática, ainda se mostra praticamente impossível diferenciar as situações de autorização das que demandam permissão, razão pela qual os institutos poderiam ser perfeitamente fundidos em um só pela doutrina.

---

20. DI PIETRO, Maria Sylvia Zanella. *Uso privativo de bem público por particular*, 3ª ed. São Paulo: Atlas, 2014, p. 89-90.
21. DI PIETRO, Maria Sylvia Zanella. *Uso privativo de bem público por particular*, 3ª ed. São Paulo: Atlas, 2014, p. 98-99.

17.13 PROPOSTA DE RECLASSIFICAÇÃO DAS OUTORGAS

A classificação tripartite das outorgas de uso desenvolvidas por parte da doutrina brasileira tem alguns inconvenientes, que assim se resumem: (i) não raramente, o Poder Legislativo e o Executivo, ao normatizarem os instrumentos de outorga ou elaborá-los como atos ou contratos, ignoram as características da autorização, da permissão e da concessão de uso ou as distorcem; outras vezes, os termos técnicos são misturados, gerando dificuldades de interpretativas; (ii) frequentemente, são empregados nomes jurídicos (como concessão ou permissão de uso) sem que, com eles, designem-se institutos desenhados e conhecidos pela doutrina especializada; (iii) existem inúmeros outros instrumentos de outorga de uso de bens estatais que não se identificam com a tríade, como a admissão e a licença de uso; e (iv) a autonomia federativa permite aos Estados e aos Municípios criar e utilizar mecanismos de outorga com características próprias, desde que naturalmente não invadam a competência legislativa privativa do Congresso, por exemplo, em matéria de direito civil. Isso significa que a tipologia dos mecanismos utilizados para gestão de bens no âmbito da União não se impõe aos demais níveis federativos.

Por conta desses fatores, a solução para resolver as deficiências apontadas no sistema teórico de outorga de usos consiste em modificar os critérios de classificação adotados pela doutrina. Não há que se abandonar os esforços de sistematização teórica, mas simplesmente de se experimentar novos recortes e perspectivas de análise, tal como já fez a doutrina brasileira em outras oportunidades, a exemplo da obra de Diogo de Figueiredo Moreira Neto.[22]

A partir da perspectiva do jurista fluminense, agregada de algumas alterações, defendo a reclassificação dos mecanismos de outorga de uso e, para tanto, proponho uma tripartição pautada não em tipos ideais, mas sim em características jurídicas essenciais das outorgas em espécie, colocando-se em segundo plano o rótulo dos instrumentos. Em consonância com essa proposta, distinguem-se: (i) *"mecanismos de outorga de uso por via legal"*, ou seja, viabilizados por ato legislativo formal, tanto de conteúdo abstrato, quanto de efeito concreto; (ii) *"mecanismos de outorga por atos administrativos"* discricionários (geralmente chamados de autorização ou permissão, mas não só) ou vinculados (rotulados com frequência como licença ou admissão); e (iii) *"mecanismos de outorga contratual"*, pelos quais se estabelecem obrigações recíprocas entre a entidade administrativa que detém a propriedade do bem e, de outro lado, o utente contratante. A outorga eventualmente virá embutida na delegação contratual de serviços (caso em que é acessória) ou será autônoma, como se vislumbra na contratação de direito real de uso de bem público ou bem estatal privado.

---

22. MOREIRA NETO, Diogo de Figueiredo. *Curso de direito administrativo*, 14ª ed. Rio de Janeiro: Forense, 2005, p. 350 e seguintes.

17.14 CONCESSÃO DE USO, DE DIREITO REAL DE USO E DE OBRA PÚBLICA

A *"concessão"* caracteriza-se pela natureza contratual, bilateral e pela presença de termo final (prazo de duração). Ela abrange duas modalidades básicas. Na translativa, o Estado delega ao particular "poderes e deveres da mesma natureza daqueles que lhe cabe exercer", tal como ocorre na concessão de obra pública, a qual passa a ser gerida integralmente pelo concessionário, inclusive com recursos decorrentes da própria exploração econômica do bem. Na modalidade constitutiva, diferentemente, outorga-se ao concessionário "poderes e deveres de natureza diversa daqueles que lhe incumbe exercer".[23] É exatamente o que sucede na simples concessão de uso de bem público – por exemplo, para se instalar uma loja em um pequeno espaço de certo mercado público.

É imprescindível diferenciar a "concessão de obra pública", a "concessão de direito real de uso" e a "concessão de uso" de bem público. De maneira bastante simplificada, o fator distintivo entre os três institutos reside na natureza jurídica, na abrangência do objeto e nos efeitos de cada um.

A *"concessão de obra pública"* é translativa, pois o bem é integralmente lançado para a administração particular, que se remunera com sua exploração. Não se trata de mera outorga de uso privativo, mas de delegação do poder de administrar e de explorar em sentido econômico certo bem em sua integralidade, como se vislumbra na concessão de rodovias. Isso se dá mediante a celebração de um contrato semelhante ao de concessão de serviços públicos, mas cujo objeto central consiste em bem público, acompanhado eventualmente de serviços acessórios. A legislação de concessões de serviços, por consequência, estende-se a esse instrumento de gestão patrimonial.

A *"concessão de direito real de uso"*, por sua vez, é instituto proveniente do direito privado inserido no rol dos direitos reais (art. 1225, VII do Código Civil), mas também absorvido pelo direito administrativo. Segundo Luciano de Camargo Penteado, ela se dá pela "transferência da faculdade de usar, do poder público, para o particular ou outro ente estatal", o qual se rege, na prática, pelo regime jurídico do usufruto.[24] O Decreto-Lei n. 271/1967, que trata do assunto: (i) restringe o direito real de uso a imóveis públicos (art. 7º) ou ao espaço aéreo desses terrenos (art. 8º); (ii) faculta a outorga gratuita ou condicionada a pagamento; (iii) restringe a concessão do direito real a determinadas finalidades econômicas ou sociais, como a urbanização, a industrialização, a edificação, o cultivo da terra e a preservação de comunidades tradicionais; (iv) determina que, caso se dê destinação diversa ao bem, a concessão se resolva antes de seu termo final (art. 7º, § 3º), daí porque se fala de direito real

---

23. DI PIETRO, Maria Sylvia Zanella. *Uso privativo de bem público por particular*, 3ª ed. São Paulo: Atlas, 2014, p. 109.
24. PENTEADO, Luciano de Camargo. *Direito das coisas*, 2ª ed. São Paulo: Revista dos Tribunais, 2012, p. 609-610.

resolúvel; (v) aponta que o contrato terá prazo de duração, mandamento normativo que se harmoniza plenamente com a necessidade de se proteger o patrimônio público e evitar a "privatização" de bens por contratos de prazo indeterminado; e (vi) permite que se transfira o direito por ato *"inter vivos"* ou por sucessão, salvo disposição em contrário.

Já a *"concessão de uso"* (sem o adjetivo "real") é instituto muito semelhante à modalidade anteriormente explicada pelo fato de que ambas: (i) configuram mecanismo de outorga de uso privativo de bem estatal; (ii) são remuneradas ou gratuitas; (iii) viabilizam-se por instrumento contratual; (iv) marcam-se pela pessoalidade (*"intuitu personae"*); (v) dependem de licitação, salvo nas hipóteses de contratação direta e (vi) devem ter termo final. No entanto, em primeiro lugar, a simples concessão de uso atinge apenas parcela do bem público, e não o bem por completo. Daí que ela representa concessão de natureza constitutiva e não translativa, ao contrário de concessão de obra. Em segundo lugar, a de uso assume natureza exclusivamente obrigacional e constitui mecanismo próprio do direito administrativo, já que não existe no direito privado. Em terceiro, ela pode ser empregada na gestão de bens de uso comum do povo, bens de uso especial e bens dominicais (ou seja, para bem público de qualquer espécie), enquanto a concessão de direito real vale somente para bens públicos dominicais, além de se estender para o campo dos bens estatais privados.

17.15 ONERAÇÃO POR GARANTIAS E PENHORABILIDADE

Em inúmeras situações, os bens pertencentes ao patrimônio do devedor são lançados na função jurídica especial de garantir o pagamento de uma dívida. No direito civil, não é outra a função das garantias reais, as quais oneram móveis (penhor), imóveis (hipoteca) ou frutos (anticrese) conforme ajuste entre os contratantes.[25] A destinação do bem à satisfação do credor é geralmente consensual e prévia, mas em alguns casos será posterior e praticada por força de ato unilateral de autoridade judicial (como revela a hipoteca judiciária, por exemplo).[26] Uma vez que o pagamento deixe de se realizar, o bem será alienado para satisfazer o credor, inclusive contra a vontade posterior do devedor, de seus sucessores ou do terceiro que instituiu a garantia em favor de dívida alheia. Se o bem não bastar para cobrir o valor devido, o devedor responderá pessoalmente pelo restante.

Já no direito processual, o ato de penhora vincula certo bem ou valor do devedor à função de garantir um crédito. Em comparação com as garantias reais, a penhora exerce função análoga e pode ser executada forçadamente, porém apresenta três características diferenciais: é praticada posteriormente à resistência de pagamento;

---

25. Cf. PENTEADO, Luciano de Camargo. *Direito das coisas*, 2ª ed. São Paulo: Revista dos Tribunais, 2012, p. 521.
26. Cf. SILVA, Cláudio Teixeira. Hipoteca judiciária. *Revista Jurídica Virtual da Presidência da República*, v. 1, n. 2, 1999.

depende sempre de mandamento judicial e recai sobre a quantidade variável de bens. Se um bem não for suficiente para cobrir o débito, serão penhorados dois ou mais objetos nos limites do patrimônio do devedor, ressalva feita aos bens impenhoráveis.

No direito privado, a lista de bens impenhoráveis é significativa (art. 833 do CPC). Inclui, por exemplo, a pequena propriedade rural produtiva, os vestuários e os pertences de uso pessoal do executado, salvo se de grande valor, os bem móveis necessários ao exercício da profissão do executado, entre outros. Isso revela que o direito civil e o direito processual civil vedam a sujeição plena do bem à execução no intuito de proteger alguns direitos fundamentais e interesses públicos. Além disso, todo bem caracterizado pela inalienabilidade por ato de liberalidade se considera automaticamente impenhorável.

No direito administrativo dos bens, também existem bens imunes a restrições para garantir a satisfação de créditos de terceiros perante o Estado. A situação dos bens estatais varia com o posicionamento do bem na escala de dominialidade. Assim:

Os *"bens do domínio público estatal"* são impenhoráveis e incompatíveis com garantias, pois, em favor das pessoas jurídicas de direito público interno, a Constituição Federal prevê um sistema diferenciado de pagamento de dívidas por meio de precatórios ao prescrever que "os pagamentos devidos pelas Fazendas Públicas Federal, Estaduais, Distrital e Municipal, em virtude de sentença judiciária, far-se-ão exclusivamente na ordem cronológica de apresentação dos precatórios e à conta dos créditos respectivos, proibida a designação de casos ou de pessoas nas dotações orçamentárias e nos créditos adicionais aberto para este fim" (art. 100). Mesmo sem o sistema de precatórios, esses bens continuariam impenhoráveis, pois, no direito brasileiro, a inalienabilidade a induz. Como os bens afetados não ingressam no comércio privado – senão apenas em relações públicas especiais –, jamais poderiam ser descolados de suas finalidades precípuas, coletivamente essenciais, para satisfazer dívidas contraídas pelo ente público frente a um ou outro particular. Além disso, para que o Judiciário pudesse penhorar bens de uso comum do povo e de uso especial teria que se arrogar o papel da autoridade administrativa competente para os desafetar. Extrapolaria, pois, as funções judiciais em detrimento da harmonia entre os poderes estatais e em violação ao art. 2º da Constituição brasileira.[27]

"Bens do domínio público impróprio": A lógica funcional dos bens do domínio público estatal estende-se aos bens do domínio público impróprio. Conquanto privados, sua relevância pública atrai o direito administrativo e afasta a regra geral da penhorabilidade, além de impedir que sejam onerados com garantia real. Como os bens impróprios são "públicos de fato", não será lícito que seu proprietário deles disponha com total liberdade enquanto forem considerados essenciais para a atividade pública. Reitere-se que o regime protetivo incide exclusivamente sobre os

---

27. MARRARA, Thiago. *Bens públicos, domínio urbano, infraestrutura.* Belo Horizonte: Fórum, 2007, p. 119-120.

bens essenciais ao serviço público, à tarefa administrativa ou a atividade de interesse público em situação especial. Se o bem não se mostrar essencial, ele não fará parte do domínio público impróprio, mas sim do domínio privado estatal (caso o ente privado pertença ao Estado) ou do domínio privado não estatal (caso o ente privado seja pessoa física ou pessoa jurídica totalmente particular ou com mera participação minoritária do Estado). Seguindo essa lógica de proteção do interesse público, a Lei 14.334/2022 previu a impenhorabilidade de bens de hospitais filantrópicos e Santas Casas, salvo as obras de arte e adornos suntuosos. Essa regra de proteção, contudo, não se aplica para cobrança de dívida relativa ao próprio bem, execução de garantia real e dívida a trabalhadores (art. 4º).

"Bens dominicais": Como bens públicos não afetados, a situação dos dominicais é peculiar. A penhorabilidade judicial não os atinge, mas a oneração por instituto de garantia real, sim. O regime de precatórios ancorado na Constituição da República para fins de pagamento de dívidas estatais beneficia pessoas jurídicas de direito público interno. Nenhum bem pertencente a tais entidades se sujeita à penhora judicial, seja afetado ou não afetado. Não fosse o regime de precatórios, aí os bens dominicais se subordinariam à determinação judicial de penhora e a instrumentos análogos, enquanto os afetados permaneceriam protegidos. Já no tocante à vinculação dos bens dominicais a garantias, a situação é outra. Como são alienáveis, desde que respeitadas certas condições, os entes públicos estão autorizados a utilizá-los como forma de garantir o interesse de credores. Daí a razão pela qual é plenamente aceitável o emprego do penhor (em relação aos móveis), da hipoteca (em relação aos imóveis) e da anticrese (em relação aos frutos) de bens dominicais.

Bens estatais privados: Mais maleável é o regime dos bens estatais privados, cuja penhorabilidade judicial e oneração por garantias reais são plenamente aceitáveis. O direito civil e a flexibilidade de gestão patrimonial que os caracteriza aplica-se de modo amplo, pois seus proprietários são obrigatoriamente entes com natureza de direito privado, de sorte que não se beneficiam do regime de precatórios e sujeitam-se à alienação forçada de seus bens para saldar dívidas. Os bens estatais privados, móveis ou imóveis, não são empregados em função administrativa típica, afastando-se do princípio da indisponibilidade dos interesses públicos primários e das intensas restrições à alienabilidade. A titularidade privada, a consequente natureza privada do bem e a utilidade primariamente comum tornam prescindíveis restrições administrativas à penhorabilidade e ao emprego de direito reais de garantia. Isso não impede que sejam previstas restrições à penhora por força de normas de direito civil ou de direito processual.

17.16 PRESCRITIBILIDADE

Os efeitos do tempo no direito são positivos ou negativos: geram direitos ou os limitam e até os extinguem. A prescritibilidade aquisitiva representa o efeito do tempo na criação da propriedade em favor de um possuidor e em detrimento do proprietário originário. Sua expressão no direito das coisas é conhecida pelo instituto da usucapião em inúmeras versões. Por ela, bens corpóreos móveis ou imóveis são transferidos, por força do tempo, do patrimônio de uma pessoa ao de outra.

Em relação à usucapião, o Estado coloca-se em duas situações. Na primeira, assume o papel de possuidor de bem alheio e, aqui, parece inexistir grande dificuldade teórica. Como ao particular é lícito adquirir o bem de outrem por força do tempo, não há por que se vedar a usucapião em favor do Estado. Um particular, pessoa física ou jurídica, perderá seu bem corpóreo, móvel ou imóvel, caso o ente estatal, público ou privado, ocupe-o pelo tempo mínimo apontado para as diversas espécies de usucapião previstas no direito privado. Repita-se: o que rege a usucapião que beneficia o Estado é o próprio direito privado, não o direito administrativo.

A segunda situação, mais complexa, é aquela em que o bem estatal é possuído por terceiros. A esse respeito, a Constituição da República consagrou vedação à prescritibilidade aquisitiva de bens do Estado em dois dispositivos. O art. 183, § 3º, constante de capítulo referente à política urbana, dispõe que "os imóveis públicos não serão adquiridos por usucapião". Por erro ou com o objetivo de frisar o mandamento transcrito, no art. 191, parágrafo único, inserido em capítulo sobre a política agrária, copiou referida redação em todas as suas palavras, mas para se referir aos bens rurais. Em 2002, superando a lacuna do diploma de 1916, o novo Código Civil trouxe dispositivo específico sobre o tema. Em seu art. 102 prescreveu que os bens públicos não estão sujeitos a usucapião. Com isso, ampliou as normas constitucionais, na medida em que não se fez limitação quanto a bens móveis ou imóveis, nem qualquer distinção quanto a bens afetados e bens não afetados.

O Código Civil reforçou intensamente a proteção dos bens estatais públicos, mas não solucionou questões referentes a todos os bens do Estado nem dúvidas acerca dos bens privados em função pública. Dessa sorte, para se esclarecer plenamente a questão da imprescritibilidade, há que se retornar à escala de dominialidade:

- *"Bens do domínio público estatal"*: Por força dos artigos da Constituição da República (art. 183, § 3º e 191, parágrafo único), de dispositivo do Código Civil (art. 102) e da Súmula n. 340 do STF, não sobram dúvidas acerca da imprescritibilidade dos bens públicos afetados, ou seja, dos bens de uso comum do povo e dos bens de uso especial. A transferência de sua propriedade para outrem somente ocorre de maneira voluntária e dentro das raras hipóteses e dos rígidos limites da alienabilidade dos bens afetados. A posse contínua por terceiro, seja por um ente público, seja por um particular, não é fator capaz de extinguir a propriedade estatal sobre os bens de uso comum do povo e de uso especial. A razão disso está na necessidade de se protegerem as utilidades, as funções e os interesses a que esses bens se associam por força do ato formal de afetação, expressa ou implícita. Ao contrário da alienabilidade, existente de modo bastante limitado, a prescritibilidade é incompatível por completo com o regime do domínio público estatal.

- *"Bens do domínio público impróprio"*: Apesar de serem privados, esses bens exercem funções análogas a dos bens públicos de uso especial. Por isso, a afirmação da prescritibilidade aquisitiva sobre tal tipo de bem teria por efeito um grave prejuízo às utilidades e às funções por eles desempenhadas em detrimento da coletividade. Aceitar a prescrição aquisitiva desses bens privados seria o mesmo que permitir a priorização de um interesse particular em detrimento dos interesses legítimos de um grupo muito maior, da própria sociedade. Em certos casos, a usucapião representaria um prejuízo à continuidade de serviços públicos. Daí a razão pela qual, a despeito de norma específica no Código Civil que venha a disciplinar a propriedade privada de utilidade pública, não se mostra compatível com a Constituição a prescrição aquisitiva de quaisquer bens do domínio público impróprio. Esse entendimento há que ser aplicado tanto para os bens empregados atualmente na prestação do serviço público ou em outra atividade pública exercida pelo ente privado, como também para bens de uso potencial, necessários à atividade, mas que ainda não foram nela empregados, como bens já adquiridos, porém estocados.

- *"Bens dominicais"*: Embora não afetados, esses bens estão associados à produção de utilidades públicas, ainda que indiretamente, dado que integram o patrimônio de entes de direito público interno, criados por lei com finalidades específicas diante da sociedade. Por conseguinte, é possível sustentar em teoria que a indisponibilidade de interesses públicos sugere o caminho da imprescritibilidade também para esse tipo de bem estatal público. Outro princípio a reforçar esse argumento é o do Estado republicano. Se o Estado é de todos, não faria sentido permitir que particulares se apropriassem de bens públicos quaisquer por força de posse prolongada e a despeito do comportamento do proprietário estatal. Esse entendimento se alinha tanto à Constituição da República, quanto ao Código Civil e à Súmula n. 340 do STF. Esses três documentos estendem a imprescritibilidade aquisitiva aos bens públicos dominicais. É verdade que a Constituição protege somente os imóveis públicos contra a usucapião, mas o Código Civil e a Súmula (não vinculante, registre-se) referem-se a bens em geral.

- *"Bens estatais privados"*: Mais complexa é a dúvida quanto aos bens estatais privados, incluindo bens de empresas estatais em exercício de atividade econômica em sentido estrito. Aqui, não existe função administrativa, nem titular com personalidade pública, mas simplesmente um ente privado estatal. Por conseguinte, o regime jurídico aplicável a tais entes e ao seu patrimônio deve ser o mais próximo possível ao regime privado, evitando que sejam beneficiados por poderes ou prerrogativas administrativas ou que sejam prejudicados por sujeições de direito público. Seguindo essa lógica, além de alienáveis mediante observância de certas condições, os bens estatais privados, móveis ou imóveis, estão sujeitos à usucapião. Nesse sentido, os dispositivos da Constituição e do Código Civil, bem como a Súmula do Supremo Tribunal Federal n. 340 devem ser interpretados em sentido literal, de modo a se excluir da expressão "bens públicos" os bens estatais privados, tal como já aduziu o STF a respeito de usucapião em prejuízo do patrimônio de sociedade de economia mista (RE n. 23314-9).

17.17 ALIENABILIDADE

A alienabilidade, entendida como a possibilidade de o Estado transferir seus bens a outrem, tampouco é assunto simples, passível de uma solução unitária ou padronizada. Inicialmente, há que se diferenciar o seu âmbito, daí se diferenciando: (i) a alienação que se opera entre dois entes estatais, de mesmo ou distinto nível federativo e (ii) a alienação do bem estatal para uma pessoa física ou jurídica não estatal.

Além disso, é preciso considerar a natureza e a função do bem, traduzidas na escala de dominialidade, pois são esses fatores que indicarão seu grau de alienabilidade. Nesse sentido:

- Os *"bens do domínio público estatal"*: em razão de serem bens públicos afetados, as restrições à sua alienabilidade são altas. Contudo, perdura um grau de "alienabilidade mínima", resultante da possibilidade de se transferir sua propriedade por instrumentos de direito administrativo no âmbito das relações intraestatais. Quando a União cria uma autarquia para prestação de serviço público e lhe transfere parte de seu patrimônio, praticará, com isso, alienação de bens públicos, incluindo bens previamente afetados ao serviço absorvidos pelo novo ente descentralizado. Imagine-se ainda que certo Estado transfira ao Município a propriedade sobre uma rodovia situada em seu território local. Mais uma vez, operar-se-á alienação de bem público afetado dentro de uma relação de direito público e em perspectiva federativa. Daí se percebe que existe um grau de alienabilidade de bens públicos afetados, mas parcial, limitada a relações de comércio público, viabilizar por meios de direito administrativo e dependente do cumprimento de inúmeros requisitos (motivação, presença de interesse público, avaliação e eventual licitação). Há, porém, hipóteses excepcionais em que a alienabilidade dos bens públicos afetados se mostra ainda mais restrita. É o que se verifica com os *"bens públicos reservados"* a certa esfera da federação e exclusivos, bens geralmente naturais e explicitamente mencionados pela Constituição da República como parte imutável do patrimônio da União ou dos Estados, como os rios, os potenciais de geração de energia hidráulica e as jazidas de minérios nucleares. Esses recursos naturais, dentre outros bens listados pela Constituição, não aceitam transferência sequer por instrumentos de direito administrativo tanto por razões federativas, como de eficiência no funcionamento do Estado. Assim, eles estariam sujeitos exclusivamente a hipóteses de alienação no plano do direito internacional público, ou seja, o Estado somente poderia deles se desfazer ao transferir, a outro sujeito internacional, a parcela do território no qual eles se encontram.

- Os *"bens do domínio impróprio"*: apesar da natureza jurídica privada, a função que esses bens exercem afasta o espírito privatista, abrindo espaço para restrições impostas por lei específica ou por contratos administrativos celebrados pelo proprietário com o Estado. De fato, nem o conceito de domínio público impróprio, nem as restrições à sua alienabilidade, ora discutidas, estão consagradas como regra geral no direito administrativo ou no Código Civil. No entanto, o que marca essa categoria teórica é a natureza privada somada à função pública, daí porque seu regime jamais se acoplaria à lógica regente dos bens do domínio privado estatal ou não estatal. A função impõe restrições de alienação cuja função é salvaguardar utilidades, interesses e funções públicas. Como não existe norma geral explícita sobre tais bens, cabe ao legislador elaborá-las em leis especiais de cada setor ou, na sua ausência, deverá a Administração Pública prevê-las em atos ou contratos celebrados com os proprietários desses bens privados que se tornam "públicos de fato". No entanto, o Estado jamais deverá estender o regime publicístico que mitiga a alienabilidade a bens que não se mostrem essenciais à função pública (regra da adequação) e as restrições do regime ao proprietário particular não poderão ser escolhidas aleatoriamente, cabendo ao Estado selecionar sempre a menor limitação apta a atingir o fim desejado (regra da necessidade). Imagine-se uma concessionária de serviço público. Essenciais são os bens de que o serviço público delegado depende e que são nele empregados atual ou potencialmente. Isso vale para entes privados que exerçam serviços públicos sociais em nome do Estado e, em muitos casos, para proprietários de bens adquiridos com fomento estatal para ações de interesse público. Somente os bens essenciais ensejarão restrições administrativas. As restrições à alienabilidade desses bens são de diferentes configurações. Elas podem decorrer de lei, ato ou contrato. No conteúdo, examinando-se a legislação brasileira, é possível que essas restrições estatais à alienação se manifestem pela exigência de que: (i) o proprietário substitua o bem; (ii) transfira-o a certo ente estatal, tal como ocorre com reversíveis adquiridos pelo concessionário; (iii) transfira-o para determinado particular, sucessor direto no exercício da função pública ou que exerça atividade semelhante, como se vislumbra no campo do fomento ou (iv) respeite regras de controle prévio à alienação, como a garantia de direito de preferência ou a exigência de autorização estatal. Em síntese, a alienabilidade dos bens particulares que compõem o domínio público impróprio existe, mas sofre restrições em razão dos interesses públicos que circundam esses objetos. No que tange às empresas estatais, a alienação de bens em função pública dependerá ainda da realização de licitação nos termos estabelecidos em lei própria, tal como determina o art. 170, §1º, III, da Constituição da República.

- Os *"bens dominicais"*: seu grau de alienabilidade é muito maior que o dos bens públicos afetados, mas não chega a ser pleno nem comparável ao dos bens particulares. A ausência de afetação não significa descompromisso com utilidades públicas. Os dominicais não devem ser abandonados, subutilizados, desperdiçados, apenas pelo fato de não estarem, primária e formalmente, vinculados a um uso comum ou a usos administrativos, internos ou externos. O princípio republicano e o princípio da eficiência demandam que sejam utilizados, bem geridos e destinados à maximização das utilidades públicas. No geral, há basicamente dois tipos de restrição à sua alienação. As especiais incidem sobre bens com determinadas características ou funções. Exemplos disso são a exigência de autorização do Congresso Nacional para alienação de terras públicas superiores a 2.500 hectares (art. 49, XVII da CF) e a proibição de alienação de terras indígenas (art. 231, § 4º da CF).[28] De outra parte, há restrições de ordem geral, que se revelam nos condicionamentos para a alienação de bens públicos móveis ou imóveis, estabelecidas pela legislação de licitações e contratos. As obrigatoriedades de a alienação ser precedida de avaliação, de declaração de interesse público e de motivação representam restrições dessa ordem. Ademais, a Lei de Licitações prevê que, em caso de imóveis, a Administração deverá garantir direito de preferência aquele que comprove ocupação do imóvel (art. 77).

- Os *"bens estatais privados"*: dada sua vinculação ao patrimônio de pessoas estatais de direito privado e seu uso em atividades econômicas em sentido estrito, esses bens estatais são os que mais se aproximam do regime privado. Nem o Código Civil, nem a Constituição, nem a legislação administrativa é explícita ao discipliná-los por regra geral. No entanto, pela sua função e natureza, é possível afirmar que o regime privado, inclusive quanto aos mecanismos de outorga de uso e de alienação, estende-se a eles apenas com algumas limitações. Uma delas é a aplicabilidade da lógica licitatória, que vai se reger pela norma aplicável ao proprietário. Assim, em se tratando de bem de empresa estatal, aplicar-se-á o estatuto respectivo (Lei n. 13.303/2016, art. 28), que, inclusive, também contém hipóteses excepcionais de contratação direta (sem licitação), por exemplo, na alienação de bens de uma empresa estatal para outra (art. 29, XI) ou na permuta com bens da Administração Pública (art. 29, XVI).

---

28. Também nesse sentido, DI PIETRO, Maria Sylvia Zanella. A gestão jurídica do patrimônio imobiliário do poder público. *Cadernos Fundap: "o patrimônio imobiliário do Poder Público"*, 1989, p. 55-56.

17.18 INSTRUMENTOS DE ALIENAÇÃO

Em paralelismo com o que se demonstrou na análise da aquisição de bens e das outorgas de uso, a alienação também se opera por mecanismos de direito internacional público, de direito administrativo e de direito privado.

Os mecanismos privados, quando aplicados pelo Poder Público, dependem de requisitos prévios e são ocasionalmente alterados pela presença de cláusulas exorbitantes baseadas nos valores centrais do direito administrativo. No entanto, seguem a estrutura determinada pelo direito civil. É o que se vislumbra em relação aos contratos de compra e venda, de doação, de permuta e tantos outros. Como todos eles são objeto de intensa e consagrada elaboração teórica e vasta disciplina normativa pelos privatistas, aqui interessa ressaltar e aprofundar os instrumentos de direito administrativo, quais sejam:

- *"Convênio administrativo"*. Trata-se de instrumento contratual que se destina a viabilizar ações cooperativas principalmente entre entes administrativos de uma ou mais esferas da Federação. É igualmente comum sua celebração para reger a cooperação estatal com entidades privadas sem fins lucrativos, como associações e fundações, quando não houver instrumento especial para tanto. Isso acontece, por exemplo, no âmbito do Sistema Único de Saúde (SUS), cuja disciplina constitucional prevê um dever de priorização de convênios com entes não lucrativos caso se considere necessária a estruturação de uma rede de saúde complementar aos serviços prestados diretamente pelo Estado. Não raramente, esses convênios preveem a transferência de recursos e bens públicos.

- *"Consórcio"*. Antes visto como mero acordo entre entidades de igual natureza, desde 2005, em decorrência da Lei n. 11.107, passou o consórcio a indicar tanto um contrato associativo entre entes políticos quanto a pessoa jurídica que dele deriva sob forma de associação. Como essa pessoa jurídica assume natureza de direito público interno ou de direito privado, é mais correto falar-se de consórcio "estatal", e não consórcio "público", já que este adjetivo constante da lei confunde o intérprete. A despeito das nuances terminológicas, fato é que o consórcio está autorizado a receber bens públicos para fins de mero uso ou mediante efetiva alienação por parte do ente público consorciado, hipótese na qual ingressam em seu patrimônio. Se houver cláusula expressa neste sentido, os bens alienados ao consórcio serão revertidos ao ente que praticou a alienação caso deixe de participar da entidade de cooperação. Na falta de cláusula expressa, o bem permanecerá no patrimônio do consórcio a despeito da saída do ente que o alienou (art. 11, § 1º da Lei n. 11.107/2005). Note-se, ademais, que esse tipo de alienação de bens é levemente diferente da incorporação, já que, no consórcio, ela não se resume ao momento de criação da entidade. Assim, é possível que as transferências ocorram em várias etapas ao longo de sua existência por força de renovações dos contratos de programa.

- *"Acessão pública"* e *"incorporação"*. Ambos indicam modalidades de incorporação patrimonial de bens necessários à criação de um ente estatal, geralmente da Administração Indireta. Quando isso ocorre, alguns bens do domínio público se desprendem do patrimônio do ente político criador e passam ao da entidade criada. Em sentido mais restrito, Edmir Netto de Araújo[29] e José dos Santos Carvalho Filho apontam a incorporação para situações em que o Estado cria ente descentralizado com personalidade privada, como uma sociedade de econômica mista ou uma empresa pública. Nessas situações, "faz integrar no seu capital dinheiro ou bens móveis ou imóveis. Como se trata de incorporação no capital, tais pessoas devem ter natureza societária (...). Para legitimar-se, a incorporação deve ter autorização legal, normalmente da lei que autoriza a instituição da entidade, e registro nos assentamentos desta".[30]
- *"Concessão"* e instrumentos análogos. Tanto na concessão de serviços públicos, quanto na de obras públicas, o Estado cede ao delegatário bens para seu mero uso e lhe aliena outros (sobretudo alguns bens móveis consumíveis). A esses instrumentos se soma o que Carvalho Filho chama de concessão de domínio, celebrada para transferir bens entre entes públicos. Diferentemente, a concessão de mero uso ou de direito real de uso não se enquadram como meios de alienação, porque não efetivam transferência global de objeto de propriedade estatal. Isso revela, mais uma vez, que sob o nome concessão escondem-se institutos com variadas funcionalidades a exigir extrema cautela interpretativa.
- *"Contratos de fomento"*. Nas incontáveis relações que o Estado estabelece com entes públicos ou privados firmam-se acordos para estimular a realização de tarefas de interesse público, como pesquisa, lazer, cultura, esporte etc. Ao fazê-lo, também é concebível a transferência definitiva de bens dominicais ou bens estatais privados com a finalidade de estimular o ente fomentado. Nesse sentido, a título de exemplo, a Lei n. 9.637/1998, em seu artigo 12, prevê que "às organizações sociais poderão ser destinados recursos orçamentários e *bens públicos necessários* ao cumprimento do contrato de gestão". Essa mesma possibilidade de destinação de bens aparece nos contratos tratados pela Lei n. 13.019, que cuida das relações do Estado com as Organizações da Sociedade Civil (OSC).
- *"Retrocessão"*. De acordo com o Código Civil (art. 519), por meio desse instituto, "a entidade que processou à desapropriação do bem oferece-o de volta ao ex-proprietário, pagando o preço atual, isso quando o bem não tiver o destino para o qual fora preordenado, ou se não houver sua utilização em

---

29. ARAÚJO, Edmir Netto de. *Curso de direito administrativo*, 5ª ed. São Paulo: Saraiva, 2010, p. 1172.
30. CARVALHO FILHO, José dos Santos. *Manual de direito administrativo*, 26ª ed. São Paulo: Atlas, 2013, p. 1.202.

obras e serviços públicos".[31] Nessa hipótese, é preciso que o requisito da avaliação prévia continue a incidir para que se verifique o "preço atual". Tal avaliação configura requisito obrigatório que decorre do princípio constitucional da eficiência. Daí não parecer aceitável que a Administração Pública receba apenas o exato valor nominal que pagou ao particular pela medida de desapropriação sem verificar se o valor atual, do momento da retrocessão, é maior ou menor.

- *"Investidura"*. Na redação da Lei de Licitações (art. 76, § 5º), o instituto indica a alienação: (a) ao proprietário lindeiro, da área remanescente ou resultante de obra pública que se tornar inaproveitável; ou (b) ao legítimo possuidor direto ou, na falta dele, ao poder público, de imóvel para fins residenciais construído em núcleo urbano anexo a usina hidrelétrica, desde dispensável na operação da usina e não enquadrado como bem reversível. De acordo com o art. 76, I, 'd', a investidura se realiza por contratação direta, ou seja, sem licitação.

- *"Legitimação da posse"*. A origem da legitimação da posse se encontra na Constituição de 1967 (art. 171). Posteriormente, o instituto foi disciplinado para imóveis estatais rurais (Lei n. 6.383/1976) e para imóveis estatais urbanos dentro da política nacional de regularização fundiária de interesse social (Lei n. 11.977/2009). Mais tarde, editou-se a Lei n. 13.465/2017, que passou a disciplinar as hipóteses de reurbanização social e específica, e mencionou o instituto, mas o excluiu expressamente de imóveis urbanos públicos. Assim, o instrumento ficou restrito à Lei n. 6.383/1976, em que a legitimação na posse opera a emissão, em favor de ocupantes de terras públicas de até 100 hectares que as tenham tornado produtivas com seu trabalho ou de sua família, de uma licença de ocupação e, após o decurso de alguns ambos, cria o direito de preferência do ocupante à aquisição da área. Na linha do que sustenta José dos Santos Carvalho Filho, não há como se confundir a legitimação na posse com a usucapião, pois, se assim fosse, o instituto seria inconstitucional por violar as normas que vedam a prescrição aquisitiva de imóvel público rural ou urbano.[32] Além desse oportuno argumento, entendo que, se de usucapião se tratasse, não seria aceitável que a alienação da propriedade fosse condicionada à manutenção do uso do bem para finalidade social sob pena de reversão de sua propriedade ao Estado. A presença dessa condição resolutiva (que a

---

31. CARVALHO FILHO, José dos Santos. *Manual de direito administrativo*, 26ª ed. São Paulo: Atlas, 2013, p. 1202.
32. "O referido diploma prevê que, decorridos cinco anos da legitimação de posse, o interessado pode requerer ao oficial de registro a *conversão* desse título em registro de propriedade. Diz a lei que a conversão decorre de aquisição por usucapião, mas, em nosso entender, o fundamento é equivocado, visto que as áreas públicas não são passíveis de usucapião, como registra o art. 183, § 3.º, da CF. O fundamento real consiste na possibilidade de o Poder Público alienar áreas públicas mediante anuência legal e o preenchimento de certos requisitos. Assim, quando a lei em foco contempla a legitimação de posse, já está autorizando, implicitamente, a alienação da área, permitindo ao possuidor obter o registro de propriedade" (CARVALHO FILHO, José dos Santos. *Manual de direito administrativo* cit., p. 1203).

qualifica como propriedade resolúvel) não se compatibiliza com o conceito de usucapião. Por isso, em termos teóricos, a legitimação de posse configura instituto público e autônomo que viabiliza uma forma de alienação de propriedade estatal para ocupantes de terras públicas com finalidades sociais, cabendo ao legislador apenas decidir, ao prevê-la, se a transferência do domínio dependerá do cumprimento de requisitos preestabelecidos em lei (ato vinculado) ou se a Administração Pública terá discricionariedade para obstar a transferência de propriedade em favor do possuidor (ato discricionário). Sem prejuízo da opção, em sua natureza e regime jurídico notam-se algumas marcas fundamentais: a relação com uma finalidade social, a necessidade da posse prévia de um bem estatal não afetado, a geração ao legitimado na posse de um direito de preferência na aquisição, a inexigibilidade de licitação e a associação da alienação a condição resolutiva.

- *"Legitimação fundiária"*. A Lei n. 13.465/2017, ao tratar da regularização fundiária (Reurb), criou esse novo instituto de transferência da propriedade pública, ou seja, de aquisição originária de direito de propriedade sobre área pública por ocupantes de núcleos urbanos informais consolidados comprovadamente existentes até 22 de dezembro de 2016.

17.19 REQUISITOS PARA A ALIENAÇÃO

Para que certo bem estatal seja alienado por instrumentos públicos ou privados, é preciso que haja algum interesse secundário a justificar a disposição patrimonial devidamente harmonizado com um interesse público primário. A alienação se dá para promoção de programas de habitação, para viabilização de reforma agrária, para o fomento de ações de interesse público (nas áreas de educação, esporte e cultura, por exemplo), para viabilizar a delegação de serviços públicos, para evitar a deterioração do bem e por inúmeros outros motivos compatíveis com as políticas públicas estatais adotadas em determinado momento histórico.

Em algumas hipóteses excepcionais, o interesse público consiste na necessidade de se gerarem receitas públicas. Fala-se de excepcionalidade, pois não deve a Administração Pública se valer da desafetação para, em seguida, alienar bens originariamente classificados como de uso comum do povo ou de uso especial com o objetivo de elevar suas receitas em prejuízo das utilidades que tais bens proporcionariam à coletividade. E isso se justifica por uma razão muito simples. O Estado detém o poder de tributar, de gerar moeda (no caso da União) e deve exercê-los para custear suas atividades. A geração de renda por meio da alienação de bens há que se vincular a algum outro tipo de interesse, como o de se desfazer de bens ociosos e fora de perspectiva de utilização.

A alienação de bem estatal sempre dependerá de suporte em interesse público primário, seja a promoção de serviços, o atendimento a necessidades sociais, o fomento a atividades relevantes para a coletividade, a prevenção da deterioração do patrimônio público, seja alguma outra causa justificável por finalidades maiores do Estado. O motivo e a finalidade da doação estatal como técnica de disposição patrimonial são fundamentais e obrigatórios, assentando-se nos valores gerais que guiam a Administração Pública, daí porque não dependem de qualquer mandamento expresso na legislação.

Sem prejuízo, o legislador considerou oportuno prever, na Lei de Licitações (art. 76, *caput*), como primeiro requisito necessário à alienação de bens móveis ou imóveis, a comprovação da *existência de interesse público* a sustentar a transferência de propriedade em concreto. Trata-se de norma geral que, por sua natureza, estende-se aos entes dos três níveis federativos. Essa conclusão também vale para a regra de *obrigatoriedade de motivação* da alienação em cada caso, que se extrai facilmente do princípio da publicidade, previsto no plano constitucional. A motivação está prevista na lei de licitações, mas seria igualmente compulsória ainda que a lei não a houvesse determinado como requisito prévio e essencial para alienação de bens estatais.

Um terceiro requisito prévio, geral e obrigatório, é o da *avaliação prévia*, procedimento administrativo pelo qual se busca comprovar o valor aproximado de mercado do bem a ser alienado. A avaliação prévia deve ser considerada requisito geral, aplicável a todos os entes da Federação e à alienação de qualquer tipo de bem por força do princípio da eficiência, da racionalidade, da economicidade nas ações do Estado.

É preciso que a Administração detenha informações confiáveis sobre o valor do bem para que não arruíne o patrimônio estatal ao realizar a alienação. A propósito, desfazer-se de bem por preço abaixo ao do mercado configurará improbidade administrativa quando houver dolo (art. 10, IV da Lei n. 8.429/1992). Somente em hipóteses bastante excepcionais e muito fundamentadas, como a de intervenção econômica ou abastecimento, certo bem estatal poderá ser alienado com valor abaixo do mercado, abaixo do próprio custo ou até de modo gratuito – ainda assim, em todas essas situações, a avaliação continuará sendo adequada, pois é medida de planejamento da ação essencial a um Estado que se quer racional e eficiente.

Oportunas são as observações de Marçal Justen Filho acerca do procedimento de avaliação. Para realizá-la, a Administração agirá por seus próprios agentes ou com a ajuda de terceiros especialistas. A participação de agentes externos, com conhecimento técnico para avaliar certo bem, torna-se fundamental diante da responsabilidade do agente público pelo resultado da avaliação e sua idoneidade. Afinal, ela passa a fazer parte do ato convocatório da licitação[33] e deverá constar do processo administrativo nas situações de contratação direta. Não há dúvidas que, em caso de investigação de improbidade por dilapidação do patrimônio induzida

---

33. JUSTEN FILHO, Marçal. *Comentários à lei de licitações e contratos administrativos*, 15ª ed. São Paulo: Dialética, 2012, p. 260.

por avaliação incorreta, o avaliador, interno ou externo, participará do processo na qualidade de acusado.

Além da existência de interesse público, da motivação e da avaliação – requisitos prévios e obrigatórios que resultam dos princípios constitucionais que regem Administração Pública –, a legislação brasileira prevê requisitos licitatórios eventuais, dependentes do tipo de bem alienado e requisitos individuais de contratação. Na lista dos requisitos eventuais, incluem-se: (i) a desafetação; (ii) a aprovação do legislativo e (iii) a realização de licitação. Já a observância de normas de vedação de alienação para certos indivíduos pode ser tratada como uma medida de controle posterior à licitação e anterior à celebração do contrato.

A *desafetação*, já examinada anteriormente, constitui um ato, legislativo ou administrativo, essencial para transformar em dominicais os bens de uso comum do povo e de uso especial (bens afetados) e, com isso, inseri-los no comércio privado. Enquanto bens afetados, os bens de uso comum do povo e os de uso especial até podem ser alienados, mas apenas no âmbito do comércio público, entre entes estatais. Contudo, para serem objeto de mais ampla comercialidade e serem alienados para pessoas físicas e entidades não estatais, essencial será a desafetação.

17.20 AUTORIZAÇÃO LEGISLATIVA PARA ALIENAÇÃO

Outro requisito eventual – e bastante polêmico – para a alienação de bens consiste na autorização do Poder Legislativo. Esse requisito ora encontra fundamento constitucional, ora aparece como mandamento legal. Quanto às autorizações exigidas por norma infraconstitucional, as dúvidas que surgem dizem respeito à sua compatibilidade com a tripartição dos Poderes e, por reflexo, à sua real constitucionalidade.

Na Constituição da República, a autorização legislativa está prevista em dois dispositivos, o art. 49, XVII e o art. 188, § 1º e 2º. Ambos dispõem que compete ao Congresso Nacional, com exclusividade, aprovar previamente a alienação, a pessoas físicas ou jurídicas, de terras públicas com área superior a dois mil e quinhentos hectares, excetuando-se as terras destinadas à reforma agrária. O ato de aprovação não é legislativo em sentido material, mas sim ato legislativo de efeito concreto. Por conseguinte, para cada terra, supõe-se uma aprovação prévia e individualizada do Congresso.

Ainda no plano constitucional, existem outras exigências de autorização de alienação de bens, mas que não estão expressas no texto normativo. São elas determinações normativas implícitas. Isso se dá, por ilustração, nas hipóteses de incorporação, que constituem mecanismos publicísticos de transferência da propriedade estatal. Como a Constituição exige lei para a criação de pessoa jurídica de direito público e autorização do Legislativo para instituição de empresa estatal, nessas duas situações se requer uma "autorização legislativa implícita" para que certos bens saiam do patrimônio de ente público pré-existente e ingressem no patrimônio da entidade que constituída. Esse fenômeno não se restringe a entidades da Administração Indireta. Ocorre ainda em movimentos de reorganização da Administração Direta, por exemplo, mediante a fundação de novos ministérios ou mesmo pelo desmembramento de Estados da federação e de Municípios. Nessas situações, a exigência de lei para constituir a entidade estatal representa, por reflexo, necessidade de autorizativo legal para transferências patrimoniais.

Na legislação ordinária, há outros dispositivos do gênero, embora não aderentes ao mesmo objeto disposto na Constituição. Dizendo de outro modo: por vezes, o legislador impõe a autorização legislativa prévia da alienação de bens estatais mesmo fora das hipóteses constantes, implícita ou explicitamente, da Constituição. Veja-se um exemplo: a Lei de Licitações determina que a alienação de bens imóveis seja precedida obrigatoriamente de autorização legislativa (art. 76, I) mesmo nas situações de contratação direta. Porém, a autorização não se aplica para móveis, nem para alienação de imóveis adquiridos por procedimentos judiciais ou dação em pagamento (art. 76, § 1º).

Debate-se ainda a forma da autorização e sua constitucionalidade. Sobre a primeira questão, Celso Antônio Bandeira de Mello mitiga o requisito ao afirmar que a autorização ora é expressa, tal como normalmente ocorre, ora é conferida de modo implícito.[34] O fato de ser implícita, a meu ver, não significa que a autorização possa ser genérica. É preciso que ela esteja em uma manifestação de efeito concreto, dirigida à situação específica, embora a autorização da alienação, em si, não esteja expressa. Mais uma vez, retome-se a hipótese de lei que cria autarquia e implicitamente lhe transfere certos bens. A lei criadora contém autorização implícita, porém concreta.

A despeito da forma, para outros especialistas a autorização legislativa quanto à alienação de bens estatais sequer constitui requisito compatível com a divisão de poderes prevista na Constituição da República. Nesse sentido, Floriano de Azevedo Marques Neto é enfático ao sustentar que a autorização é descabida, inconveniente e inconstitucional. A impertinência ou falta de cabimento decorre, a uma, da existência de uma autorização na legislação orçamentária que distribui os recursos entre as entidades estatais, daí porque não seria necessário exigir mais autorização adicional. A duas, é descabida pelo fato de que sequer na desapropriação se a exige. Nesse particular, recorde-se que a autorização é exigida somente para desapropriação de bens públicos, ou seja, toda vez que um ente público é forçado a alienar seu bem a outro. A inconveniência, por sua vez, reside na constatação de que a autorização "tolheria toda a capacidade de negociação do comprador (poder público), além de

---

34. BANDEIRA DE MELLO, Celso Antônio. *Curso de Direito Administrativo*, 28ª ed. São Paulo: Malheiros, 2011, p. 932.

acarretar ineficiência na condução das atividades administrativas".[35] Por tudo isso, o requisito em debate seria inconstitucional por interferir na competência do Executivo para gerir o patrimônio público, revelando invasão indevida do legislativo em outro poder.[36]

Concordo com praticamente todos os argumentos, salvo o que diz respeito à desapropriação. Ademais, parece pertinente agregar mais uma consideração final. A autorização legislativa como requisito prévio para alienação de bens se sustenta na necessidade de controlar operações que tenham por objeto o patrimônio estatal e que possam ter implicações graves para o Estado. Por conta dessa suposição, certas operações deveriam depender da chancela de não um, mas de dois poderes (o Poder que tem a propriedade do bem e o Legislativo). O problema adicional que se vislumbra na Lei de Licitações está no critério utilizado para se exigir a autorização. A Lei divide os bens em móveis e imóveis e considera a autorização necessária para imóveis apenas. Os imóveis se sujeitariam a mais controle que os móveis. Ocorre que existem inúmeros bens móveis muito mais relevantes que imóveis. Seria mais adequado que o Legislativo se manifestasse sobre a venda de um terreno de quatrocentos metros quadrados sem qualquer utilidade pública ou sobre um quadro valiosíssimo? Seria mais adequado o controle do tal terreno ou da venda de um equipamento científico caríssimo pertencente a uma universidade pública?

Nos termos em que foi disciplinado pela Lei de Licitações, o requisito da autorização legislativa, além de sua constitucionalidade duvidosa, não se harmonizará com inúmeras situações reais, seja porque imporá um controle legislativo inútil da alienação de certos imóveis, seja porque não afastará importante controle de operações envolvendo bens móveis de acentuado valor para o Estado ou para a sociedade brasileira.

17.21 LICITAÇÃO PARA ALIENAÇÃO DE BENS

Os princípios republicano e democrático proíbem que o Estado gerencie seu patrimônio de sorte a beneficiar uma ou outra pessoa, física ou jurídica. A princípio, a todos os cidadãos e agentes de mercado se deve garantir a possibilidade de contratar com o Estado, seja para lhe prestar serviços, fornecer uma mercadoria, realizar uma obra ou assumir um serviço público, seja para adquirir bem público ou bem estatal privado. É por isso que a licitação apresenta grande utilidade no campo da gestão patrimonial como procedimento que visa a racionalizar os negócios estatais e a garantir a isonomia nas relações da Administração com a sociedade, dando vida aos valores centrais do Estado. Uma vez que a licitação se aplica a situações mais

---

35. MARQUES NETO, Floriano de Azevedo. *Bens públicos: função social e exploração econômica – o regime jurídico das utilidades públicas*. Belo Horizonte: Fórum, 2009, p. 253.
36. MARQUES NETO, Floriano de Azevedo. *Bens públicos: função social e exploração econômica – o regime jurídico das utilidades públicas*. Belo Horizonte: Fórum, 2009, p. 254.

simples, como a de certas outorgas de uso de bem, natural que seja conduzida para viabilizar alienações. Se ela consiste em requisito para atos menos gravosos ao patrimônio, não poderia deixar de sê-lo para os mais.

Ocorre que a aplicabilidade dessa regra depende de certas circunstâncias. Para se exigir licitação, é preciso que alguns requisitos estejam presentes, a saber: (i) a necessidade de garantir a isonomia no tratamento de agentes de mercado e a racionalidade na contratação; (ii) a existência de uma pluralidade de potenciais interessados no contrato (do contrário haverá inexigibilidade); (iii) a ausência de hipótese de contratação direta e (iv) a inexistência de procedimento de escolha alternativo.

Sobre o último requisito, impõe-se um esclarecimento. Os procedimentos usados para viabilizar a alienação valem tanto para os bens públicos dominicais, quanto para os estatais privados. Não é a categoria do bem que define o regime do procedimento de contratação e licitação, mas geralmente a natureza da pessoa estatal ou da relação jurídica. Para ilustrar essa afirmação, veja-se que as empresas estatais, prestadoras de serviços públicos ou exercentes de atividades econômicas, realizarão a contratação com base em regime próprio do Estatuto da Empresa Estatal e não da Lei Geral de Licitações. Já nas relações de fomento, a alienação de bens se realizará com base em processos de seleção específicos, como chamamentos públicos, e não exatamente com base nas modalidades licitatórias tradicionais.

Em outras palavras, há variados contextos em que o procedimento licitatório tradicional da Lei n. 14.133/2021 não se aplicará para viabilizar a alienação do bem estatal. No entanto, aqui, resumirei o exame procedimental ao cenário mais comum, levando em conta, tão somente, as regras gerais da Lei de Licitações.

Na legislação de 1993, a modalidade licitatória para alienação de bens variava entre concorrência ou leilão. Já a Lei n. 14.133/2021 faz indicações diretas ao uso do leilão, procedimento mais célere, menos burocratizado[37] e marcado por uma etapa de lances que viabiliza a elevação do preço final do contrato em favor da Administração Pública.

No que se refere ao tipo licitatório, não há alternativa além do critério do maior lance ou oferta. Quando certo bem é lançado para alienação por meio de uma licitação tradicional, entende-se que existe interesse do mercado em adquiri-lo, motivo pelo qual a seleção será feita com base no maior retorno aos cofres públicos em termos monetários. Não é de se descartar, porém, a instituição de condição resolutiva no contrato de alienação do bem estatal ao particular, de modo a direcioná-lo para certa finalidade que a Administração Pública considere relevante. Nessas hipóteses – certamente excepcionais –, o particular que assumir o posto de licitante e

---

37. Além da previsão de prazos menores para essa modalidade e da possibilidade de realização por leiloeiro externo, a Lei de Licitações prevê que o leilão não terá fase de habilitação e deverá ser homologado assim que concluída a fase de lances, superada a fase recursal e efetivado o pagamento pelo licitante vencedor (art. 31, § 4º da Lei 14.133/2021).

concorrer para celebrar o contrato terá que ser informado da condição resolutiva já pelo ato convocatório do certame, do qual esse tipo de cláusula haverá que constar obrigatoriamente.

Note-se que, na alienação por leilão, o valor pelo qual o bem foi avaliado não se confunde com o preço mínimo pelo qual poderá ser alienado (art. 31, § 2º, II da Lei n. 14.133/2021). Na verdade, embora em geral o preço seja igual ou maior ao da avaliação, entendo que o preço mínimo poderá ser excepcionalmente menor que o valor do bem. Afinal, há situação em que a permanência do bem nas mãos do Estado lhe causa considerável prejuízo – como o material de construção adquirido, porém não utilizado para a obra pública. Do ponto de vista econômico, é preferível aliená-lo rapidamente por um valor mais baixo que o de mercado no intuito de evitar custos futuros do que tentar alienar por preço de mercado, sabendo-se que dificilmente haverá comprador e que a continuidade dos bens nas mãos do Estado ocasiona prejuízos (com estocagem, por exemplo). Todas essas questões devem estar devidamente documentadas no procedimento administrativo da licitação.

Observe-se que algumas dessas situações diferenciadas poderão ser encaixadas em hipótese de dispensa. É o que se vislumbra em relação à alienação de bens por preço abaixo ao do mercado ou abaixo do próprio custo para fins de regulação de preços ou normalização de abastecimento (art. 75, X da Lei n. 14.133/2021).

17.22 HIPÓTESES DE CONTRATAÇÃO DIRETA

A contratação sem licitação, conhecida como contratação direta, depende da configuração de hipótese legal de dispensa ou da configuração de situação de inexigibilidade.

A dispensa engloba situações artificialmente criadas, ou seja, consagradas de forma explícita no ordenamento jurídico por opção do legislador e ainda que a licitação seja possível e viável na prática. Para justificar a dispensa, o legislador ora se vale de quatro critérios: o valor do contrato, a constatação de situações excepcionais, as características do objeto ou do contratante.[38]

Na Lei de Licitações e Contratos de 2021, há dois conjuntos de dispensa. O primeiro consta do art. 75 e se aplica aos mais diferentes tipos de contrato, inclusive os de alienação por meios privados e públicos. O segundo consta do art. 76 e se restringe a situações especiais de dispensa para alienação de bens públicos, não se aplicando a contratos de prestação de serviços, fornecimento de bens ou realização de obras.

Dentre as hipóteses gerais de dispensa do art. 75, há algumas de acentuada importância para a gestão patrimonial. A esse respeito, cumpre destacar a existência de faculdade de realização de licitação: nos casos de guerra ou grave perturbação da

---

38. DI PIETRO, Maria Sylvia Zanella. *Direito administrativo*. 27. ed. São Paulo: Atlas, 2014, p. 398.

ordem (inc. VII); nos casos de emergência ou calamidade pública (inc. VIII); após realização de licitação deserta ou fracassada (inc. III); para fins de intervenção do Estado no domínio econômico no intuito de regular preços ou normalizar o abastecimento (inc. X); na celebração de contrato de programa com ente federativo (inc. XI); na contratação que possa acarretar comprometimento da segurança nacional (inc. VI) etc.

Embora nem sempre os dispositivos do art. 75 façam menção ao instituto da alienação de bens, a interpretação das situações abstratas mencionadas e o emprego de palavras genéricas (como "contratação") permitem concluir sem grande dificuldade que esse dispositivo legal, sobretudo nas situações enumeradas, constitui fundamento válido para atos de dispensa de licitação e para a consequente contratação direta. Isso não significa que a Administração esteja dispensada de justificar a alienação com base em interesse público primário e de avaliar o bem, ainda que o venda por valor abaixo de mercado, abaixo de custo ou o transfira gratuitamente nas situações excepcionais consideradas relevantes e plausíveis.

Além das hipóteses genéricas do art. 75, existe dispositivo específico na Lei de Licitações para tratar de outras situações de dispensa voltadas especificamente à alienação de bens. No art. 76, as hipóteses são diferenciadas de acordo com a natureza móvel ou imóvel do objeto.

Para Marçal Justen Filho, apesar da distinção dos incisos, existe um ponto comum a nortear o dispositivo legal, qual seja: a ausência de interesse financeiro do Estado.[39] A dispensa seria, a seu ver, prevista em decorrência ora de interesses sociais, ora da necessidade de se viabilizar relações interadministrativas. A alienação direta ocorre dentro do âmbito público para concretizar políticas do Estado ou para satisfazer interesses maiores da sociedade. Essa afirmação é verdadeira, mas apenas em parte, uma vez que existem diversas exceções a essa lógica, principalmente no tocante à alienação de móveis, como a dispensa para venda de ações negociadas em bolsa ou de títulos no mercado, bem como a alienação de bens produzidos ou comercializados por entidades da Administração Pública em virtude de suas finalidades institucionais.

Quanto aos bens imóveis, a dispensa está prevista no art. 76, I para casos de: a) dação em pagamento; b) doação, permitida exclusivamente para outro órgão ou entidade da Administração Pública, de qualquer esfera de governo, com certas ressalvas; c) permuta por outros imóveis que atendam aos requisitos relacionados às finalidades precípuas da Administração, desde que a diferença apurada não ultrapasse a metade do valor do imóvel que será ofertado pela *"União"* (g.n.), segundo avaliação prévia, e ocorra a torna de valores, sempre que for o caso; d) investidura; e) venda a outro órgão ou entidade da Administração Pública de qualquer esfera de

---

39. JUSTEN FILHO, Marçal. *Comentários à Lei de Licitações e Contratos Administrativos.* 15. ed. São Paulo: Dialética, 2012, p. 263.

governo; f) alienação gratuita ou onerosa, aforamento, concessão de direito real de uso, locação e permissão de uso de bens imóveis residenciais construídos, destinados ou efetivamente usados em programas de habitação ou de regularização fundiária de interesse social desenvolvidos por órgão ou entidade da Administração Pública; g) alienação gratuita ou onerosa, aforamento, concessão de direito real de uso, locação e permissão de uso de bens imóveis comerciais de âmbito local, com área de até 250 m² (duzentos e cinquenta metros quadrados) e destinados a programas de regularização fundiária de interesse social desenvolvidos por órgão ou entidade da Administração Pública; h) alienação e concessão de direito real de uso, gratuita ou onerosa, de terras públicas rurais da União e do Instituto Nacional de Colonização e Reforma Agrária (Incra) onde incidam ocupações até o limite de que trata o § 1º do art. 6º da Lei nº 11.952/2009, para fins de regularização fundiária, atendidos os requisitos legais; i) legitimação de posse de que trata o art. 29 da Lei nº 6.383/1976, mediante iniciativa e deliberação dos órgãos da Administração Pública competentes; e j) legitimação fundiária e legitimação de posse de que trata a Lei nº 13.465/2017.

No que se refere aos bens móveis, o rol de hipóteses de dispensa concentra-se no art. 76, inc. II e abrange: a) doação, permitida exclusivamente para fins e uso de interesse social, após avaliação de oportunidade e conveniência socioeconômica em relação à escolha de outra forma de alienação; b) permuta, aceita exclusivamente entre órgãos ou entidades da Administração Pública; c) venda de ações, que poderão ser negociadas em bolsa, observada a legislação específica; d) venda de títulos, observada a legislação pertinente; e) venda de bens produzidos ou comercializados por entidades da Administração Pública, em virtude de suas finalidades; f) venda de materiais e equipamentos sem utilização previsível por quem deles dispõe para outros órgãos ou entidades da Administração Pública.

Ainda no tocante ao art. 76 da Lei n. 14.133/2021, que reproduz em grande parte o art. 17 da antiga Lei n. 8.666/1993, certamente persistirão dúvidas sobre a natureza geral das normas de contratação para alienação de bens. Explico. Embora o art. 76 apresente certas diferenças em alguns trechos quando comparado ao art. 17 da lei anterior – em especial, ao tratar da permuta de bens imóveis com dispensa de licitação no inciso I, alínea c, que agora menciona diretamente a União, dando a entender que não valem para estados e municípios – outros trechos reproduzem limitações questionáveis presentes na Lei n. 8.666/1993, como se vislumbra no tocante à doação de imóvel público com dispensa, limitada apenas a entes públicos e vinculada a condição resolutiva (art. 76, I, b e § 2º). Desse modo, posicionamentos do STF sobre o tema continuarão a ser debatidos, mormente para se evitar que o Congresso imponha amarras indevidas aos poderes de gestão patrimonial que a federação garante aos Estados e Municípios.

Tal como afirmei em edições anteriores, já no curso da Lei n. 8.666/1993, firmou-se o entendimento de que nem todas as normas sobre contratações que tenham por objeto móveis ou imóveis estatais valem para todos os entes da federação, ou seja, algumas normas presentes na legislação se restringem à União e às respectivas entidades federais. Essa interpretação se consolidou com base em discussão do STF, apresentada na MC na ADI 927-3/RS, sob relatoria do Min. Carlos Velloso. No julgamento da cautelar, debateram-se as restrições impostas pela Lei de Licitações e Contratos para a doação e a permuta de bem imóvel (art. 17, I, *b* e *c* da Lei 8.666/1993), inclusive em relação à condição resolutiva (art. 17, § 1.º) e para a doação e permuta de bem móvel (art. 17, II *a* e *b* do referido diploma). Nesses dois tipos de operação, além da condição resolutiva, o texto legal limitava a alienação ao campo das relações negociais entre entes públicos (relações interadministrativas).

Após debate sobre a matéria, o STF entendeu que as restrições da Lei de Licitações se aplicam apenas para bens da União, razão pela qual declarou a suspensão de eficácia da expressão "permitida exclusivamente para outro órgão ou entidade da Administração Pública, de qualquer esfera de governo" e também de todo a redação constante do art. 17, § 1.º (equivalente ao art. 76, § 2º da Lei 14.133/2021), referente à condição resolutiva em doação de imóveis públicos.[40] A suspensão da eficácia

---

40. A interpretação da decisão do STF na ADI 927-3/RS não é simples. Sobre o assunto, permite-se a transcrição das considerações oportunas de Marçal Justen Filho. "No tocante ao inc. I, alínea 'b', foi deferida a liminar para suspender a vigência, até o julgamento final, quanto a Estados, Distrito Federal e Municípios e respectivas administrações indiretas, da expressão 'permitida exclusivamente para outro órgão ou entidade da Administração Pública, de qualquer esfera de governo', contida no inc. I, alínea 'b', do art. 17. Não houve maiores divergências quanto a esse ponto, ficando vencido apenas o Min. Paulo Brossard. No tocante à alínea 'c' do mesmo inc. I, verifica-se a maior dúvida. É que o único voto que explicitamente referiu-se à questão foi o do Relator, que rejeitava o pleito, mas adotando interpretação conforme perfeitamente razoável. No referido voto, afirmou-se que 'ali está disposto, ao que penso, é que será dispensada a licitação, tratando-se de permuta de imóvel que atenda aos requisitos do inc. X do art. 24 (...)'. Ou seja, o Relator reputou que o dispositivo não restringia as hipóteses de permuta, mas disciplinava os casos em que tal se processaria sem a necessidade de licitação. Rigorosamente, somente o Min. Marco Aurélio se referiu ao dispositivo, mas em termos gerais, admitindo o deferimento da 'liminar, com a limitação, no tocante aos Estados, Municípios e Distrito Federal'. A proclamação do julgamento refere-se a decisão por maioria, indicando que teriam ficado vencidos, além do Relator, também os Ministros Ilmar Galvão, Sepúlveda Pertence e Néri da Silveira. *Mas o exame dos votos respectivos não permite localizar qualquer referência aos dispositivos. De todo o modo, tem de admitir-se que o entendimento que prevaleceu foi o da não aplicabilidade do dispositivo fora da órbita da União. Essa advertência é essencial porque não constou do acórdão, que se restringiu a indicar o deferimento da medida para 'suspender' sua aplicabilidade.* As dificuldades de interpretação da decisão têm seguimento no tocante ao inc. II, alínea 'a'. É que o voto do Ministro Relator indeferiu o pedido. O Min. Marco Aurélio votou em sentido diverso, por entender que extravasava a competência da União para editar normas gerais. O Min. Sydney Sanches manifestou-se no sentido de que a União pode disciplinar apenas as doações pertinentes a seus próprios bens. Mas o voto do Relator (objeto de aclaramento por parte do Min. Sepúlveda Pertence) deixava evidente que o dispositivo dispunha apenas sobre os casos de dispensa de licitação. Portanto e sob certo ângulo, a medida foi deferida, para adotar-se interpretação conforme. Vale dizer, se o dispositivo se referisse a limitação para formalização de doação de bens, possivelmente teria sido deferida a suspensão de sua aplicabilidade. Não foi deferida a liminar por adotar-se interpretação que restringiu significativamente a abrangência do dispositivo. Vale dizer, a União, os Estados, o Distrito Federal e os Municípios podem doar seus bens móveis, sem observância das restrições estabelecidas no art. 17, II, *a*, mediante licitação. O peculiar é que, adotada idêntica postura, teria de chegar-se à conclusão equivalente para o art. 17, II, *b*. Ou seja, a restrição à permuta entre órgãos ou entidades da Administração Pública teria de reputar-se como relacionada com a dispensa de licitação. No entanto, foi deferida por unanimidade a liminar, para o fim de ressalvar que o dispositivo se aplica exclusivamente na órbita da União. Por fim, o § 1.º do art. 17 foi reputado como mera derivação da previsão contida no inc. I, alínea 'b', com a única discordância do

atingiu apenas os Estados, o Distrito Federal e os Municípios. O julgamento não chegou a declarar a inconstitucionalidade do texto, mas simplesmente o interpretou conforme à Constituição e à competência legislativa do Congresso Nacional para editar tão somente normas gerais sobre licitações e contratos. Normas não reconhecidas como gerais se impõem no plano exclusivo da União, nunca nacionalmente. Nesse contexto, ao reproduzir muitas normas do art. 17 da Lei de 1993, o art. 76 da Lei de Licitações de 2021 também deverá se submeter a interpretações cautelosas.

Para além da dispensa, a contratação direta se faz igualmente mediante inexigibilidade de licitação, que denota uma situação em que o procedimento racional e formal de escolha do contratante se mostra inviável ou impossível. Por essa característica fundamental, a inexigibilidade não se sujeita a uma listagem exaustiva na legislação, mas tão somente à exemplificação. Trata-se afinal de um dado, de um contexto fático não modificável pelo direito, mas apenas reconhecido por ele. Já a dispensa abrange caso em que a licitação poderia ser realizada, mas a legislação confere ao administrador público a faculdade de contratar diretamente, daí por que tais situações se limitam às previstas explicitamente em lei.

A princípio, as duas figuras são tratadas de modo apartado na lei. As dispensas estão no art. 75 e 76, enquanto o tratamento da inexigibilidade consta do art. 74. Todavia, uma advertência merece registro quanto à sistematização legal. Como advertiu Marçal Justen Filho, certas hipóteses de dispensa configuram, em realidade, situações de licitação inviável ou impertinente, tal como ocorre no tocante à alienação de bens pelo instituto da legitimação de posse. Nesse exemplo, "é evidente que a atribuição do título somente pode ser realizada em favor do sujeito que vem exercitando posse ao longo do tempo. Aliás, essa interpretação foi adotada pelo próprio STF, ao apreciar questão similar".[41]

Agregue-se a isso outra ressalva relevante. Embora o art. 74 traga cinco hipóteses de inexigibilidade de licitação, todas de cunho meramente ilustrativo, nenhuma delas se aplica à alienação de bens públicos. Dentro do dispositivo, a inexigibilidade é prevista para a contratação de: fornecedor único ou exclusivo; prestadores de serviços técnico-especializados de notória especialização; artistas consagrados e, novidade de 2021, para objetos que devam ou possam ser contratados por meio de credenciamento, bem como para aquisição ou locação de imóvel cujas caracte-

---

relator. No entanto constou do acórdão que se produzia, sem qualquer ressalva, a suspensão da eficácia do dispositivo. Ora, os diversos Ministros apontaram a coerência de motivos para decidir sobre ambos os dispositivos. Logo, não se pode reputar que sua decisão, a propósito do § 1.º, seria mais ampla do que a adotada em relação ao disposto no inc. I, alínea 'b'. Deve reputar-se que o dispositivo teve sua aplicação suspensa relativamente a outras órbitas federativas, mantendo-se sua plena aplicação no tocando à União" (JUSTEN FILHO, Marçal. *Comentários à Lei de Licitações e Contratos Administrativos*. 15. ed. São Paulo: Dialética, 2012, p. 274-275) (grifos nossos).

41. Idem, p. 256. O caso do STF a que se refere discutia medidas de regularização de áreas ocupadas no Distrito Federal, as quais, após parcelamento, foram alienadas sem licitação aos ocupantes. Cf. STF – ADI: 2.990/DF, rel. Min. Joaquim Barbosa, relator para acórdão Min. Eros Roberto Grau, j. 18.04.2007, *DJe*-087 24.08.2007. A tal respeito, cf. relato disponível no Informativo STF 463/2007.

rísticas de instalações e de localização tornem necessária sua escolha. De maneira geral, nenhuma dessas hipóteses trata especificamente de alienação de bens. Isso não significa, contudo, que inexista inexigibilidade no campo da gestão patrimonial. Além das hipóteses que estão camufladas no rol das dispensas, outras são concebíveis, ainda que não previstas em lei. Basta que a inviabilidade ou impertinência da licitação se comprove.

17.23 PROIBIÇÕES DE ALIENAR A CERTAS PESSOAS

O último requisito eventual a condicionar a validade de atos de alienação de bens estatais se encontra no Código Civil. Trata-se do art. 497, dispositivo que detém incontestável valia pelo fato de limitar a celebração de contratos com certos indivíduos. De acordo com sua redação, "sob pena de nulidade, não podem ser comprados, ainda que em hasta pública: (...) II - pelos servidores públicos, em geral, os bens ou direitos da pessoa jurídica a que servirem, ou que estejam sob sua administração direta ou indireta; III - pelos juízes, secretários de tribunais, arbitradores, peritos e outros serventuários ou auxiliares da justiça, os bens ou direitos sobre que se litigar em tribunal, juízo ou conselho, no lugar onde servirem, ou a que se estender a sua autoridade; IV - pelos leiloeiros e seus prepostos, os bens de cuja venda estejam encarregados".

De acordo com Nelson Rosenvald, existem determinados negócios que dependem tanto de capacidade de gozo, quanto de um tipo especial de legitimação. A estipulação de requisito especial na legislação persegue objetivo muito claro: evitar a celebração de negócios entre certas pessoas no intuito de proteger interesses dos próprios contratantes ou de terceiros. Por vezes, ainda, a vedação tem um valor ético e busca afastar conflitos de interesses, em benefício da ordem pública.[42]

As normas constantes dos três incisos selecionados do art. 479 miram exatamente esse efeito moralizante. Busca-se evitar que certos agentes públicos se valham de seus poderes, funções e informações privilegiadas para se beneficiar em termos patrimoniais. Não interessa se a alienação é contratada diretamente, se é realizada por meio de hasta pública ou por licitação. O conflito de interesses existe em todos os casos e o princípio da impessoalidade impõe que referidos agentes se afastem do negócio. Não interessa tampouco que o bem venha a ser vendido a esses agentes pelo valor de mercado. Ainda que a Administração não seja lesada, a vedação de comprador se aplicará para afastar benefícios indevidos a agentes públicos em razão de sua função.

A vedação de aquisição de bens estatais por certos agentes públicos ou pessoas privadas no exercício de função administrativa (como o leiloeiro contratado em lei-

---

42. ROSENVALD, Nelson. Comentário ao art. 479. In: PELUSO, Cezar (coord.). *Código Civil Comentado*. Barueri: Manole, 2007, p. 390-391.

lões administrativos ou judiciais) é aplicável no âmbito dos três poderes (Executivo, Legislativo e Judiciário) dos três níveis federativos (União, Estados, Distrito Federal e Municípios). Por meio dessa proibição, viabiliza-se a proteção da coisa pública e coíbem-se estratégias maliciosas de corrupção ou de patrimonialização disfarçada.

Dada a função das normas em tela, acompanho de modo integral o entendimento de Nelson Rosenvald a favor da interpretação extensiva do dispositivo contido no Código Civil. No entendimento do civilista, as restrições não se esgotam em situações descritas pela lei. Além disso, é preciso aplicar os mandamentos de modo ampliado no intuito de se evitarem simulações, ou seja, negócios por pessoas interpostas ("laranjas") realizados com o objetivo de se afastar, maliciosamente, a incidência das normas de vedação de certos adquirentes privados.[43]

A interpretação ampliativa se ancora nos princípios constitucionais da impessoalidade e do Estado republicano. Por força deles, referidos mandamentos legais valem para as mais diversas entidades da Administração Pública. Não bastasse isso, a interpretação ampliativa se acopla à Lei de Processo Administrativo federal, regente das funções administrativas desempenhadas no âmbito do Executivo, do Legislativo e do Judiciário e para Estados e Municípios que não tenham norma processual (por força de entendimento do STJ). Nesse diploma, estão previstas normas que impedem a ação ou a participação de agentes públicos em qualquer tipo de processo em que tenham interesse direto ou indireto.

Na Lei de Licitações, igualmente, há normas sobre o assunto. Nesse sentido, o art. 9º, III dispõe que o servidor ou dirigente de órgão ou entidade contratante ou responsável pela licitação não poderá participar "direta ou indiretamente" da licitação. Embora o foco desse artigo sejam casos de aquisição de bens e serviços pela Administração, não há dúvidas de que ele abrange igualmente as situações de alienação no que couber.

Considerando-se as normas do Código Civil, da Lei de Processo Administrativo e da Lei de Licitações, é possível concluir que:

i A alienação, ainda que em hasta pública, não poderá ocorrer caso o adquirente atue como agente público da entidade alienante;

ii Não interessa, para fins de aplicação da vedação, o tipo de vínculo funcional. A proibição abrange comprador que aja na qualidade de servidor público estável ou vitalício, de empregado público, de agente público temporário

---

43. Em sentido contrário, certos autores defendem a interpretação restritiva das limitações. Segundo Galiza e Scanove Júnior, "a proibição imposta é taxativa, não admitindo ampliações. Em razão disso, as pessoas que não estiverem incluídas e não foram especificamente mencionadas na referida norma, podem se considerar excluídas da proibição, mesmo que sejam semelhantes ou equiparadas àquelas mencionadas". Cf. GALIZA, Cássio / SCAVONE JÚNIOR, Antonio. Comentários o art. 479. In: CAMILLO, Carlos Eduardo Nicoletti et al. (coord.). *Comentários ao Código Civil*. São Paulo: Editora Revista dos Tribunais, 2006, p. 503.

ou comissionado, de colaborador ou de particular no exercício da função pública;

iii A vedação se estende, por força do princípio da impessoalidade, para meios de alienação privados ou públicos, gratuitos ou onerosos, realizados mediante licitação ou por contratação direta;

iv Será descabida a vedação quanto aos adquirentes para certos tipos de alienação por força de sua função especial ou característica. É o caso do instituto administrativo da investidura relativa a imóveis inseridos em núcleos habitacionais construídos por ocasião de obras de usina hidrelétrica e que são alienados, posteriormente, aos seus legítimos possuidores (art. 17, § 3º).

Quando violadas, as regras de limitação do adquirente acarretarão: (i) a nulidade do negócio jurídico com efeitos "ex tunc";[44] (ii) a responsabilização, na esfera disciplinar ou da improbidade, do agente público que adquiriu indevidamente o bem e iii) a responsabilização – em eventual discussão de improbidade – de agentes públicos ou particulares que, dolosamente, tiverem estimulado a prática ilícita, colaborado com ela ou dela se beneficiado.

17.24 TUTELA DOS BENS

Pouquíssima efetividade teriam as normas regentes do patrimônio estatal caso não houvesse mecanismos de tutela e de responsabilização de pessoas físicas e jurídicas por condutas consistentes no mau uso de bens, em seu desvio, destruição, subtração ou apropriação indevida. Ao Estado cumpre não apenas adquirir bens e empregá-los na concretização de suas funções, mas também editar regras de proteção desse patrimônio e executá-las quando necessário. Além disso, pode criar programas de estímulo de denúncias de infrações administrativas e criminais relativas ao patrimônio público, inclusive com o oferecimento de recompensas ao reportantes ("whistleblowing", Lei n. 13.608/2018).[45]

Assim como os mecanismos de aquisição, de outorga de uso e de alienação de bens estatais, os instrumentos de tutela não estão limitados ao direito administrativo. Dentro do panorama básico e inicial das esferas de responsabilidade e dos respectivos meios de tutela de bens estatais, é possível incluir: (i) o desforço necessário; (ii) o processo administrativo por infração disciplinar; (iii) o processo administrativo por infração a norma de polícia; (iv) o processo administrativo por infração contratual; (v) as ações civis possessórias e indenizatórias; (vi) as ações especiais (ação popular, ação civil pública e mandado de segurança) e (vii) as ações penais.

---

44. Nesse sentido, BARBOZA, Heloisa Helena; MORAES, Maria Celina Bodin de; TEPEDINO, Gustavo. *Código Civil interpretado conforme a Constituição da República*. Rio de Janeiro: Renovar, 2006, vol. II, p. 160-161.
45. Em detalhes, cf. RAFIH, Rhasmye El. *Whistleblowing, delinquência econômica e corrupção*. São Paulo: Tirant lo Blanch, 2022, p. 157 e seguintes.

17.25 MECANISMOS DE TUTELA ADMINISTRATIVA CONTRATUAL E EXTRACONTRATUAL

As utilidades para quais os bens estatais existem pressupõe que se confira à Administração poderes de tutela na esfera administrativa. Não por outra razão, em alguns ordenamentos, a legislação civil traz normas sobre a matéria. O Código Civil brasileiro, que contém a disciplina geral dos bens públicos, não trata desse assunto. Sem prejuízo, é consenso que há um poder-dever de proteção dos bens e, para exercê-lo, não é necessário que a Administração recorra ao Poder Judiciário, pois dispõe de meios de atuação direta que resultam da autotutela administrativa.[46] Em outras palavras, são os princípios da legalidade e da proteção do interesse público primário que legitimam a Administração a empregar meios próprios de defesa de sua propriedade, afetada ou não.

Na esfera administrativa, a tutela dos bens se concretiza por quatro vias, a saber: (i) o desforço necessário; (ii) a apuração de infração disciplinar; (iii) a apuração de infração regulatória (ou de norma de polícia) e (4) a apuração de infração contratual relativa a uso ou a alienação.

A primeira medida tem raízes no direito privado. O Código Civil (art. 1210, § 1º) assim prevê: "o possuidor turbado ou esbulhado poderá manter-se ou restituir-se por sua *própria força, contanto que o faça logo*: os atos de defesa, ou de desforço, não podem ir além do indispensável à manutenção, ou restituição da posse". Se o desforço necessário é válido para a propriedade privada, muito mais cabível será para a propriedade estatal, sobretudo quando afetada a determinadas utilidades coletivas extremamente relevantes. Destarte, tanto para bens públicos de uso comum do povo e de uso especial (afetados), quanto para bens públicos dominicais e bens estatais privados, a medida de proteção do Código Civil é cabível e útil. Por força do contexto publicístico, já se sustentou que o desforço não deve ser limitado temporalmente em todas as hipóteses. A expressão "contanto que se faça logo", prevista no dispositivo legal transcrito, mostra-se incompatível com bens públicos afetados, embora coerente com a realidade dos dominicais e dos bens estatais privados.

A segunda forma de tutela patrimonial se executa na esfera disciplinar. Nesse campo, diversas são infrações que se referem à proteção do patrimônio e dos bens estatais. Tome-se o Estatuto dos Servidores Civis da União (Lei n. 8.112/1990) para ilustrar essa afirmação. Conforme seu art. 132, X, considera-se infração disciplinar punível com pena de demissão a dilapidação do patrimônio nacional ou a utilização de recursos materiais da repartição em serviços ou atividades estritamente particulares. Ademais, as condutas ilícitas relativas a bens estatais que configurarem ato de improbidade poderão ser igualmente investigadas em processo disciplinar, dando

---

46. DI PIETRO, Maria Sylvia Zanella. *Uso privativo de bem público por particular*, 3ª ed. São Paulo: Atlas, 2014, p. 19.

origem à pena de demissão, inclusive quando o processo judicial a respeito da mesma conduta culminar em absolvição por falta de provas.

Em contraste, a tutela dos bens estatais por processo administrativo lastreado em poder de polícia é extroversa, voltada para fora. No seu conteúdo, tal tutela se desenvolve por meios informativos, preventivos ou repressivos. Aqui se ressalta a ação repressiva, sancionatória, que se direciona tanto a pessoas físicas quanto jurídicas, brasileiras ou estrangeiras, que estejam dentro dos limites de soberania do Estado brasileiro. Exemplos dessas normas de tutela de bens estatais encontram-se no Código de Trânsito Brasileiro ou na legislação que trata do uso dos recursos hídricos.

Em terceiro lugar, existe tutela administrativa de bens por mecanismos contratuais. Pela violação de normas contratuais referentes à gestão de bens, a Lei de Licitações impõe a condução de processo administrativo acusatório com garantia da ampla defesa e demais instrumentos ao devido processo. Diante de provas que permitam a condenação, a lei também autoriza a aplicação de sanções de advertência, multa, suspensão de participação em licitações e declaração de inidoneidade. Ainda no campo da tutela contratual, o direito administrativo prevê instrumentos de reversão de bens alienados que sejam, por exemplo, destinados a finalidades indevidas pelo adquirente em violação ao contrato (art. 76, § 3º da Lei n. 14.133/2021).

17.26 TUTELA NA ESFERA DE REPRESSÃO DA IMPROBIDADE

Tamanha é a gravidade do mau uso, do desvio, da destruição ou da subtração de objetos do patrimônio estatal que a Lei de Improbidade dedicou a tais condutas um dispositivo legal exclusivo. Refere-se aqui ao art. 10, que disciplina as condutas, omissivas ou comissivas, de "perda patrimonial, desvio, apropriação, malbaratamento ou dilapidação dos bens ou haveres" das entidades estatais de direito público ou privado, bem como de certas entidades não estatais, mas para cuja criação ou custeio o Estado contribua nos termos legais. Até 2021, a improbidade poderia ser confirmada por conduta dolosa ou apenas culposa. Porém, com a edição da Lei n. 14.230/2021, que alterou significativamente a lógica e a redação da Lei de Improbidade, tornando-a mais favorável aos acusados, a condenação agora somente pode ocorrer quando se comprova a prática dolosa.

As condutas exemplificadas na Lei como lesivas ao patrimônio estatal estão, em sua grande parte, relacionadas com a gestão de bens. É o que se verifica nos seguintes incisos do art. 10: "I - facilitar ou concorrer, por qualquer forma, para a indevida incorporação ao patrimônio particular, de pessoa física ou jurídica, de bens, de rendas, de verbas ou de valores integrantes do acervo patrimonial das entidades referidas no art. 1º desta Lei (Redação dada pela Lei nº 14.230); II – permitir ou concorrer para que pessoa física ou jurídica privada utilize *bens* (...) sem a observância das formalidades legais ou regulamentares aplicáveis à espécie; III – doar à pessoa física ou jurídica bem como ao ente despersonalizado, ainda que de fins educativos ou assistências, *bens* (...) sem observância das formalidades legais e regulamentares aplicáveis à espécie; IV – permitir ou facilitar a alienação, a permuta ou a locação de *bem* (...) por preço inferior ao de mercado; XI – incorporar, por qualquer forma, ao seu patrimônio *bens* (...); XIII – permitir que se utilize, em obra ou serviço particular, veículos, máquinas, equipamentos ou material de qualquer natureza (...)".

Note-se, porém, que a Lei 14.230/2021 inseriu um novo mandamento a temperar a acusação da improbidade por prejuízo ao Erário. De acordo com o § 2º do art. 10 da Lei de Improbidade: "a mera perda patrimonial decorrente da atividade econômica não acarretará improbidade administrativa, salvo se comprovado ato doloso praticado com essa finalidade".

Superando-se os limites do art. 10, há condutas listadas no art. 9.º e 11 que também dizem respeito ao uso indevido de bem estatal, ainda que sem a necessidade de geração de dano ao Erário. O art. 9º, por exemplo, tipifica a ação de "IV - utilizar, em obra ou serviço particular, qualquer bem móvel, de propriedade ou à disposição de qualquer das entidades referidas no art. 1º desta Lei, bem como o trabalho de servidores, de empregados ou de terceiros contratados por essas entidades" (com redação dada pela Lei n. 14.230)", assim como o comportamento de "XI - incorporar, por qualquer forma, ao seu patrimônio bens, rendas, verbas ou valores integrantes do acervo patrimonial das entidades mencionadas no art. 1º desta lei". Já no art. 11, apesar da lastimável revogação da improbidade por desvio de finalidade e da restrição de seu caráter exemplificativo, ainda se encontram condutas de improbidade relativas à má-gestão de bens públicos, em especial, de obras, como se observa no seguinte inciso: "XII - praticar, no âmbito da administração pública e com recursos do erário, ato de publicidade que contrarie o disposto no § 1º do art. 37 da Constituição Federal, de forma a promover inequívoco enaltecimento do agente público e personalização de atos, de programas, de obras, de serviços ou de campanhas dos órgãos públicos".

Nas referidas condutas tipificadas pela Lei n. 8.429/1992, a improbidade sempre pressupõe desonestidade dolosa, conduta qualificada pela imoralidade intencional e não qualquer tipo de irregularidade administrativa. É verdade que os atos de improbidade se sujeitam a exame no processo administrativo disciplinar (com certas ressalvas no tocante às sanções aplicáveis), mas o contrário não é verdadeiro. Nem toda infração disciplinar será automaticamente improbidade, inclusive em matéria de gestão de bens estatais. Por conta disso, a esfera de tutela de bens pela Lei de Improbidade é especial, mais gravosa, mais severa e dependente de condutas graves. Após a reforma operada pela Lei n. 14.230/2021, nem mesmo o art. 10 (referente à improbidade por dano ao patrimônio) permite a condenação por comportamento culposo.

Sobre a necessidade de se utilizar a lei de improbidade com cautela, sobretudo diante de outras esferas de responsabilização, merecem registro certos trechos da exemplar ementa do REsp 892.818/RS, sob a relatoria do Min. Herman Benjamim.

Conquanto referido julgado tenha afastado a aplicação do princípio da insignificância para atos de improbidade – o que nos parece de todo adequado, sobretudo diante da flexibilidade que a Lei hoje confere à escolha das sanções pelo juiz –, nele se encontram duas lições oportunas sobre o significado especial da responsabilização por improbidade. De acordo com a primeira, "não se deve trivializar a Lei de Improbidade Administrativa!" Já a segunda lição, resultante da anterior, ensina que "nem toda irregularidade administrativa caracteriza improbidade, nem se confunde o administrador inábil com o administrador ímprobo".[47]

Essa lógica foi bastante reforçada pela polêmica Lei n. 14.230/2021, que alterou significativamente a Lei de Improbidade de 1992. Entre outras novidades, a Lei agora explicitamente dispõe que: (i) a repressão da improbidade serve para assegurar a integridade do patrimônio público e social; (ii) apenas atos dolosos tipificados nos art. 9º, 10 e 11 ou em leis específicas consideram-se atos de improbidade; (iii) não configura improbidade a ação ou omissão decorrente de divergência interpretativa da lei, baseada em jurisprudência, ainda que não pacificada, mesmo que não venha a ser posteriormente prevalecente nas decisões dos órgãos de controle ou dos Tribunais do Poder Judiciário.

Advirta-se que a inexistência de regulamento ou ato normativo interno a disciplinar o uso de bens estatais em cada entidade não representa impeditivo à caracterização da improbidade por dano ao Erário. A configuração da imoralidade não depende de regulamentos de uso patrimonial, tal como já decidiu o STJ.[48] O inverso também é verdadeiro, ou seja, mesmo que determinada entidade preveja em ato normativo interno condutas abusivas em relação ao patrimônio, a improbidade restará constatada quando se observar que elas são flagrantemente incompatíveis com os valores que guiam a Administração Pública e estejam tipificadas na lei. A

---

47. STJ, REsp 892.818/RS, 2.ª T., j. 11.11.2008, rel. Min. Herman Benjamin, DJ 10.02.2009.
48. "Recurso especial. Ação popular e ação civil pública por ato de improbidade administrativa (...) Presidente da Câmara Municipal de Vereadores. Veículo oficial. Utilização em passeios com a família e em transporte para ração de cavalo de propriedade do agente político. Regulamentação interna da Câmara. Ausência. Irrelevância. 1. As ações popular e civil pública foram propostas contra agente político que, comprovadamente, utilizou veículo oficial em passeios com pessoas da família e em transporte de ração para cavalo de sua propriedade. 2. A eventual ausência de disciplina específica no âmbito da Câmara de Vereadores no tocante ao uso dos bens públicos não garante ilimitados direitos aos agentes políticos respectivos. Ao contrário, no direito público brasileiro, os agentes públicos e políticos podem fazer somente o que a lei – em sentido amplo (leis federais, estaduais e municipais, Constituição Federal etc.) – permite, não aquilo que a lei eventualmente não proíba de modo expresso. Assim, *a possível falta de regulamentação implica adotar as restrições próprias e gerais no uso dos bens públicos, os quais se destinam, exclusivamente, a viabilizar atividades públicas de interesse da sociedade*. No caso, o veículo recebido destina-se a auxiliá-lo na representação oficial da Casa por ele presidida, comparecendo a eventos oficiais, reuniões de interesse público, localidades atingidas por calamidades públicas e que precisam de ajuda da municipalidade etc. Flagrantemente, não estão incluídos passeios com a família fora do expediente, em fins de semana e feriados, e transporte de ração para cavalo de propriedade do parlamentar. Nesses últimos exemplos há um induvidoso desvio de poder, considerando que o bem de propriedade pública foi utilizado com finalidade estranha ao interesse público, distante do exercício da atividade parlamentar (...)." (STJ, REsp 1.080.221/RS, 2.ª T., j. 07.05.2013, rel. Min. Castro Meira, DJe 16.05.2013) (grifos nossos).

responsabilidade, nesse caso, não se limitará ao servidor que geriu o bem de modo inadequado. Atingirá também aqueles que eventualmente tenham elaborado, de má-fé, atos normativos violadores da moralidade no intuito de viabilizar a destruição ou o uso indevido do patrimônio estatal. De acordo com o art. 3º, *caput* da Lei de Improbidade, as disposições repressivas se aplicam ainda àqueles que tenham induzido ou concorrido dolosamente para a prática do ato ilícito.

17.27 TUTELA POR AÇÕES ESPECIAIS

Diante da unicidade de jurisdição, toda lesão ou ameaça de lesão a direito jamais será afastada do Poder Judiciário. Aos mecanismos de tutela administrativa do patrimônio público se somam, portanto, meios judiciais, abertos à utilização tanto pelo Estado na qualidade de proprietário, quanto por inúmeras outras entidades, públicas ou privadas, e os cidadãos.

A multiplicidade de meios de tutela judicial e a amplitude legal dada à legitimação ativa para seu emprego fortalecem o controle do patrimônio estatal, permitindo que se combata com mais facilidade, frequência e intensidade os usos indevidos, as apropriações ilícitas e demais desvios relacionados a tais bens. Dentre as ações judiciais especiais que servem à tutela do patrimônio, merecem destaque, por ora, a ação popular, a ação civil pública e o mandado de segurança.

A *ação popular* constitui remédio empregado por qualquer pessoa para combater ato que afronte a moralidade administrativa ou seja danoso ao patrimônio público (art. 5º, LXXII da CF). Trata-se de meio judicial para proteção de interesse metaindividual, uma vez que o cidadão age em nome da coletividade e contra um ou mais administradores públicos que atuem contra os bens difusos tutelados pela norma constitucional. Quando ajuizada para fins de tutela do patrimônio, a finalidade da ação popular será principalmente corretiva, pois visará à desconstituição do ato danoso e permitirá que se condenem os administradores a restaurar a situação anterior.[49]

Na prática, é válido seu emprego contra atos ilícitos ou imorais de aquisição, de alienação e de outorga de uso de bens estatais. Conforme explica Diógenes Gasparini, como meio de tutela do patrimônio público, a ação popular "alcança os bens móveis, imóveis, semoventes, direitos e ações da União, dos Estados, do Distrito Federal e dos Municípios, das autarquias, das associações públicas e das entidades das quais o Estados participa, ou seja, o patrimônio público material de cada uma dessas entidades". Além disso, abarca o patrimônio público natural e cultural, de sorte a incluir bens estatais de valor, artístico, estético, arqueológico, antropológico, turístico ou paisagístico.[50]

---

49. Cf. MANCUSO, Rodolfo de Camargo. *Ação popular: Proteção do erário, do patrimônio público, da moralidade administrativa e do meio ambiente*, 7ª ed. São Paulo: Revista dos Tribunais, 2011.
50. GASPARINI, Diógenes. Art. 1º (Patrimônio Público). In: COSTA, Susana Henriques da et al (coord.). *Comentários à Lei de Ação Civil Pública e Lei de Ação Popular*. São Paulo: Quartier Latin, 2006, p. 83.

Assim como a ação popular, a *ação civil pública* é igualmente útil para tutelar os bens imprescindíveis à preservação da ordem urbanística, de valores históricos, estéticos, artísticos, turísticos e paisagísticos e do patrimônio natural, urbano ou cultural. Ela configura remédio especial de proteção de interesses metaindividuais (sobretudo coletivos ou difusos) eficaz ao controle patrimonial do Estado. Enquanto o autor da ação popular é um cidadão; na ação civil pública, a legitimidade não o abrange, mas é assaz alargada. Abarca inúmeras pessoas jurídicas, a saber: o Ministério Público,[51] a Defensoria Pública, entes políticos, entes da Administração Indireta e associações que cumpram determinados requisitos legais.

A ampla legitimação ativa viabiliza seu emprego de duas maneiras: (i) pela entidade estatal proprietária do bem lesado por ato de terceiros ou (ii) por entidades não proprietárias (MP, Defensoria etc.) contra atos lesivos da entidade proprietária ou de terceiros. Em ambos os cenários, os atos atacados poderão consistir em aquisição, alienação, mau uso ou outorga de uso de bem estatal. Quando exitosa, a ação civil pública ocasionará a desconstituição dos atos lesivos e a condenação dos acusados à reparação do bem lesado.

Já o *mandado de segurança* é remédio especial para proteção de direito líquido e certo contra o abuso de poder ou ato ilegal praticado por autoridade pública ou quem lhe faça às vezes, salvo no tocante a atos de gestão comercial de empresas estatais, concessionárias e, por interpretação analógica, particulares em situação semelhante.

Em matéria de bens, é concebível o ajuizamento do mandado para, a título ilustrativo, assegurar o direito de uso dos bens de uso especial de uma universidade pública por alunos devidamente admitidos e que deles necessitem para aproveitar o serviço, salvo diante de legítima restrição. Também se pode imaginá-lo no combate à restrição estatal ilícita de acesso a bem de uso comum do povo, a exemplo de um ato de indeferimento imotivado ou abusivo de licença de uso extraordinário (condicionado) de vias públicas por motorista de veículo pesado que tenha cumprido todos os requisitos legais.

De outra banda, vislumbra-se válido o *mandado de segurança* impetrado pelo próprio Estado contra ato de outro agente estatal de esfera política diversa ou de ente privado que o represente no exercício de função pública. A favor dessa possibilidade já se posicionava Hely Lopes Meirelles. O mandado de segurança seria cabível, para ele, contra ato atentatório de outra autoridade ao domínio público do impetrante.[52] A situação inversa é igualmente imaginável. Afigura-se adequado o emprego de mandado de segurança para garantir o acesso a certo bem essencial para atividade econômica ou serviço público. Destarte, o instrumento seria imaginável para afastar

---

51. A respeito da ação do Ministério Público tutela da coisa pública, cf. BRESSER PEREIRA. Cidadania e res publica: a emergência dos direitos republicanos. *Revista de Direito Administrativo*, v. 208, 1997, p. 173.
52. MEIRELLES, Hely Lopes. *Direito municipal brasileiro*. São Paulo: Malheiros, 2001, p. 285.

recusa abusiva ou ilícita de Prefeito em expedir licença de uso do subsolo urbano para fins de instalação de infraestrutura de serviço público federal ou estadual relevante para a população local.

A legislação em vigor também prevê o *mandado de segurança coletivo* para proteção de interesse individual homogêneo ou interesse coletivo. Sua interposição se abre a partido político com representação no Congresso Nacional, organização sindical, entidade de classe ou associação que cumpram certos requisitos legais (art. 5º, LXX da CF). A decisão proferida faz coisa julgada apenas para os membros do grupo ou categoria substituídos pelo impetrante. Nesse tipo de tutela, a ação coletiva não obstará iniciativas individuais. Todavia, a coisa julgada somente se estenderá àquele que requerer desistência no prazo legal.

É de se imaginar o mandado impetrado por associação de moradores para garantir o uso de praça injustificadamente fechada pelo Poder Público local ou por associação de alunos de uma escola pública para garantir acesso à biblioteca. Ressalte-se apenas que o mandado de segurança, em versão individual ou coletiva, pressupõe direito líquido e certo diante do Poder Público, daí a razão pela qual seu cabimento se amplia no tocante a conflitos que envolvam direitos de uso de bens públicos e, em certas hipóteses, direitos de aquisição de bem dominical ou de bem estatal privado por meio de alienação vinculada (ou seja, condicionada meramente ao cumprimento de certos requisitos legais).

17.28 TUTELA POR AÇÕES POSSESSÓRIAS

Do Código de Processo Civil, a Administração Pública aproveita as ações declaratórias, condenatórias e cautelares, bem como as possessórias, fundamentais à tutela dos bens estatais. Por meio da *ação de manutenção de posse*, combate-se a turbação; pela *ação de reintegração*, afasta-se o esbulho de bem estatal, público ou privado. O *interdito possessório*, por sua vez, desponta como medida que dissuade a turbação ou o esbulho iminente. A *ação de demarcação* permite extremar os limites de certa propriedade junto a bens imóveis do Estado. E a *ação de nunciação de obra* serve para controlar inúmeras situações de risco a bens estatais. Por meio dela, certo Município pode impedir que particular construa em dissonância com a lei, regulamento ou postura municipal, inclusive sobre espaços públicos ou de modo a prejudicar as utilidades ou obstar as finalidades de bens estatais.

Todas as situações evidenciam a extrema relevância das ações possessórias no campo da gestão de bens estatais – ações que, inclusive, aceitam pedido de condenação em perdas e danos, de imposição de pena por nova turbação ou esbulho e de desfazimento de construção ou plantação. Não obstará a possessória o fato de o bem ser público afetado, público não afetado ou estatal privado. Ainda que bens públicos não se sujeitem à usucapião e que os afetados estejam circunscritos aos limites do comércio público, disso não resulta a impossibilidade de se aplicar o instituto da posse e as ações possessórias para solucionar conflitos em relação a eles.[53]

Não se deve concluir que as possessórias estejam apenas à disposição da Administração Pública. Em verdade, é possível prever ao menos três situações conflituosas em que elas são úteis, quais sejam: (i) a do Estado, como proprietário, contra terceiros que turbem, esbulhem ou prejudiquem bem em sua posse; (ii) a do utente legítimo e privativo de bem estatal contra atos abusivos do Estado proprietário e (iii) a do utente legítimo e privativo de bem estatal contra terceiros. Isso revela que a entidade pública proprietária figurará ora como autora, ora como ré.

Dessa segunda situação (Administração como ré) já se ocupou Maria Sylvia Zanella Di Pietro em sua tese sobre o uso privativo de bens públicos. Com base em análise de ordenamentos estrangeiros e dos Códigos Civis brasileiros de 1916 e 2002, concluiu Di Pietro que os usos privativos, dentro dos limites em que foi outorgado em título próprio, são tuteláveis pelo utente em dois sentidos.[54] Em primeiro lugar, pode ele ajuizar tais ações contra terceiros que turbem ou esbulhem a posse do bem que se encontra sob sua responsabilidade. Isso se vislumbra quando certa Organização Social se vale de ação de reintegração contra invasores de um edifício público em sua posse por força de contrato de gestão. Em segundo lugar, o utente privativo lança mão das possessórias para se proteger contra o próprio ente proprietário, desde que este turbe a posse ou a esbulhe antes de extinto o título de outorga de uso privativo. Em referida hipótese, o Código de Processo Civil veda a manutenção ou reintegração liminar sem a prévia audiência da entidade pública (art. 928, parágrafo único), criando-se, assim, uma etapa processual que favorece o Estado no polo passivo da ação.

Nas duas situações descritas, há três condições relevantes para que o utente se valha das possessórias para proteger o bem estatal. A uma, como dito, o uso há que ser privativo, de modo que não poderá o pedestre ajuizar possessória para proteger a rua pública, nem o aluno para tutelar a faculdade pública contra a turbação de grevistas. A duas, a possessória do usuário se limitará a proteger o bem naquela dimensão ou parcela que está em uso privativo. Se o Município conceder o direito real de uso sobre o subsolo de bem dominical, o particular que se beneficia da outorga de uso poderá tutelar por possessória apenas o subsolo contra eventual turbação de terceiro, pois o solo e o espaço aéreo não estarão em sua posse. A defesa do bem em sua integralidade cumprirá unicamente ao ente proprietário. A três, é preciso que haja posse verdadeira, ou seja, o bem deve estar sob a responsabilidade do usuário privativo. Daí porque a outorga de um uso precaríssimo, geralmente imediato, não

---

53. É o que ensina DI PIETRO, Maria Sylvia Zanella. *Uso privativo de bem público por particular*, 3ª ed. São Paulo: Atlas, 2014, p. 59.
54. DI PIETRO, Maria Sylvia Zanella. *Uso privativo de bem público por particular*, 3ª ed. São Paulo: Atlas, 2014, p. 60-61.

serve para justificar o uso de possessórias pelo particular. Aos beneficiários de uso simplesmente autorizado não se mostra compatível o emprego dessas ações.

17.29 TUTELA CRIMINAL DOS BENS

Na legislação criminal, identifica-se uma pluralidade de tipos que têm como objeto condutas direcionadas ou relativas a bens do Estado. Esses tipos encontram-se no Código Penal e em leis especiais voltadas à proteção do patrimônio estatal, inclusive em matéria ambiental (Lei n. 9.605/1998). Em todos os casos tratados nessa legislação, a apuração do ilícito se dará por meio do processo penal e, a depender do tipo, por iniciativa da entidade proprietária lesada e/ou do Ministério Público.

Do Código Penal, extraem-se alguns relevantes crimes funcionais contra a Administração Pública cujo objeto tutelado abrange bens estatais. Dentre eles, vale destacar:

i) O *peculato* (art. 312), que pressupõe a apropriação indevida de bem móvel, corpóreo, público ou particular, de que o agente público tem a posse em razão do cargo, emprego ou função. Também se enquadra no tipo a conduta de desvio do bem em proveito próprio ou alheio, além do comportamento do agente público que, valendo-se de sua posição, participa da subtração de bem em proveito seu ou de outrem. Em vista dessas situações hipotéticas diversas, a doutrina penal separa respectivamente as figuras do *"peculato--apropriação"*, do *"peculato-desvio"* e do *"peculato furto"*.

ii) A *exclusão de dados públicos* (art. 313-A), em 2000, passou a ser conduta criminalizada. Para que isso ocorra, a exclusão deve atingir dados corretos de sistemas informatizados ou bancos de dados da Administração Pública e ser realizada com o fim de obter vantagem indevida para si ou para outrem ou para causar dano. Aqui, há um tipo de destruição de bens estatais imateriais.

iii) O *extravio ou a inutilização de livro ou documento público* (art. 314). Tal conduta abrange o dano a objetos móveis e materiais da Administração por agente que dele tem a guarda em razão do cargo.

Além dos crimes funcionais, inúmeros outros tipos do Código Penal guardam relação com bens móveis ou imóveis e funcionam como mecanismos de tutela dos bens estatais, conquanto nem sempre se dirijam expressamente à propriedade do Estado. Nessa categoria, entre outros crimes, inserem-se: a inutilização de edital, de sinal ou de selo (art. 336); a subtração ou a inutilização, total ou parcial, de livro oficial, processo ou documento confiado à custódia de agente público (art. 337); a usurpação de águas (art. 161, I); o dano qualificado (art. 163, parágrafo único, III), inclusive contra o patrimônio de sociedade de economia mista e de concessionária de serviços públicos; a alteração de limites para se apropriar de parte de imóvel (art. 161, § 1º); a falsificação de papéis públicos, incluindo selos, bilhetes de transporte, alvarás, guias etc. (art. 293); a falsificação de marcas, logotipos, siglas ou quaisquer outros símbolos utilizados ou identificadores de órgãos ou entidades da Administração Pública (art. 296, § 1º, III) e a violação de sigilo funcional por meio de acesso indevido de sistemas de informação e bancos de dados da Administração Pública (art. 325), o que representa forma de uso criminoso de bem estatal.

A legislação esparsa é igualmente prolífica na oferta de tipos penais que instrumentalizam a função de tutela do patrimônio Estatal e seus bens. Nesse particular, são dignas de menção: a Lei n. 9.605/1998, que trata de crimes ambientais e protegem, entre outras coisas, a fauna e a flora pública; a Lei n. 3.924/1961, que criminaliza condutas consistentes na destruição ou na mutilação de monumentos arqueológicos e a Lei n. 8.137/1990, que prevê crimes contra a ordem tributária, inclusive o extravio de livro oficial, processo fiscal ou qualquer outro documento (art. 3º).

17.30 BIBLIOGRAFIA PARA APROFUNDAMENTO

ABE, Nilma de Castro. *Gestão do patrimônio público imobiliário*. Belo Horizonte: Fórum, 2017.

AMARAL, Diogo Freitas do. *A utilização de bens públicos por particulares*. São Paulo: Juriscredi, 1972.

AZEVEDO MARQUES, José Manuel. Histórico da formação do artigo 67 do Código Civil sobre a alienabilidade e prescritibilidade dos bens públicos. *Revista dos Tribunais*, v. 63, n. 334, 1927.

AZEVEDO, Bernardo. O domínio privado da Administração. In: OTERO, Paulo; GONÇALVES, Pedro (coord.). *Tratado de Direito Administrativo Especial*, v. III. Coimbra: Almedina, 2010.

BORGES, Alice Maria Gonzalez. Impenhorabilidade de bens. Sociedade de economia mista concessionária de serviços portuários. Bens afetados a prestação de serviços públicos. *Revista Diálogo Jurídico*, n. 10, 2002.

COSTA, Susana Henriques da. *O processo coletivo na tutela do patrimônio público e da moralidade administrativa: ação de improbidade administrativa, ação civil pública e ação popular*. São Paulo: Quartier Latin, 2009.

CRETELLA JÚNIOr, José. *Tratado do domínio público*. Rio de Janeiro: Forense, 1984.

DI PIETRO, Maria Sylvia Zanella. A gestão jurídica do patrimônio imobiliário do poder público. *Cadernos Fundap: "o patrimônio imobiliário do Poder Público"*, n. 17, 1989.

DI PIETRO, Maria Sylvia Zanella. Concessão de uso especial para fins de moradia. In: Dallari, Adilson Abreu/ Ferraz, Sérgio (org.). *Estatuto da cidade, comentários à lei federal 10.257/2001*. São Paulo: Malheiros, 2002.

DI PIETRO, Maria Sylvia Zanella. Natureza jurídica dos bens das empresas estatais. *Revista da Procuradoria Geral do Estado de São Paulo*, n. 30, 1988.

DI PIETRO, Maria Sylvia Zanella. *Uso privativo de bem público por particular*, 3ª ed. São Paulo: Atlas, 2014.

FIGUEIREDO, Marcelo. Utilização de subsolo para passagem de equipamentos públicos – aspectos gerais e desafios do uso compartilhado. *Revista de Direito Administrativo*, v. 217, 1999.

GRAU, Eros Roberto. Concessão de direito real de uso – concessão, permissão e autorização de serviço público e empresas estatais prestadoras de serviço público. *Revista Trimestral de Direito Público*, v. 18, n. 76, 1993.

MANCUSO, Rodolfo de Camargo. *Ação popular: proteção do erário, do patrimônio público, da moralidade administrativa e do meio ambiente*, 7ª ed. São Paulo: Revista dos Tribunais, 2011.

MARQUES NETO, Floriano de Azevedo. *Bens públicos: função social e exploração econômica – o regime jurídico das utilidades públicas*. Belo Horizonte: Fórum, 2009.

MARQUES NETO, Floriano de Azevedo. Bens reversíveis nas concessões do setor de telecomunicações. *Revista de Direito Público da Economia*, n. 10, 2004.

MARRARA, Thiago. Acessibilidade da infraestrutura urbana: conceito e análise evolutiva da legislação brasileira a partir da década de 1990. *Revista de Direito Público da Economia*, v. 39, 2012.

MARRARA, Thiago. *Bens públicos, domínio urbano, infraestrutura*. Belo Horizonte: Fórum, 2007.

MARRARA, Thiago. Regulação sustentável de infraestruturas. *Revista Brasileira de Infraestrutura (RBINF)*, v. 01, 2012.

MARRARA, Thiago; FERRAZ, Luciano. *Tratado de direito administrativo*, v. 3: direito administrativo dos bens e restrições estatais à propriedade. São Paulo: Revista dos Tribunais, 2014.

MARTINS, Fernando Rodrigues. *Controle do patrimônio público*. São Paulo: Revista dos Tribunais, 2021.

MIRANDA, Caleb Matheus Ribeiro de; LUCA, Carolina Baracat Mokarzel de; MACHADO, Lorruane Matuszewski. *Os bens públicos e o registro de imóveis*. São Paulo: Revista dos Tribunais, 2022.

MONIZ, Ana Raquel Gonçalves. Direito do domínio público. In: OTERO, Paulo (coord.); GONÇALVES, Pedro (coord.). *Tratado de Direito Administrativo Especial*, v. III. Coimbra: Almedina, 2010.

PENTEADO, Luciano de Camargo. *Direito das coisas*, 2ª ed. São Paulo: Revista dos Tribunais, 2012.

RAFIH, Rhasmye El. *Whistleblowing, delinquência econômica e corrupção*. São Paulo: Tirant lo Blanch, 2022.

SAMPAIO, Luís Felipe. *Naming rights de bens públicos*. São Paulo: Almedina, 2017.

SOUZA, Luciano Anderson. *Crimes contra a Administração Pública*. São Paulo: Revista dos Tribunais, 2018.

SUNDFELD, Carlos Ari; Souza, Rodrigo Pagani de. Instalação e remanejamento de redes no domínio público municipal. *Revista de Direito Municipal*, n. 09, 2003.

Anotações